21世纪经济学类管理学类专业主干课程系列教材

电子商务概论

（第3版修订本）

主 编 刘 宏 石声波

清华大学出版社
北京交通大学出版社
·北京·

内 容 简 介

全书共分为9章,第1章到第3章是基础内容,主要是从整体上介绍电子商务及其社会支撑环境和网络支撑环境,第4章到第6章分别介绍了电子支付、网络营销、物流管理及供应链管理,这是电子商务活动过程中所涉及的主要内容,第7章、第8章则主要介绍最新最受关注的电子商务领域,包括移动电子商务、互联网金融、微商、农村电子商务、跨境电子商务的内容,第9章介绍网上创业相关知识,为想要进行网上创业的读者提供理论基础。

本书可作为高等院校电子商务专业的基础课教材,以及相关领域各层次开设电子商务课程的教材;本书还适合于企业管理人员以及电子商务从业人员作为电子商务研究和实践的参考用书。

本书封面贴有清华大学出版社防伪标签,无标签者不得销售。
版权所有,侵权必究。侵权举报电话:010-62782989　13501256678　13801310933

图书在版编目(CIP)数据

电子商务概论/刘宏,石声波主编. —3版. —北京:北京交通大学出版社:清华大学出版社,2018.8(2021.7重印)
21世纪经济学类管理学类专业主干课程系列教材
ISBN 978-7-5121-3686-1

Ⅰ.①电… Ⅱ.①刘… ②石… Ⅲ.①电子商务-高等学校-教材 Ⅳ.①F713.36

中国版本图书馆CIP数据核字(2018)第183381号

电子商务概论

DIANZI SHANGWU GAILUN

策划编辑:郭东青		责任编辑:郭东青		
出版发行:	清 华 大 学 出 版 社	邮编:100084	电话:010-62776969	
	北京交通大学出版社	邮编:100044	电话:010-51686414	
印 刷 者:	北京时代华都印刷有限公司			
经　　销:	全国新华书店			
开　　本:	185 mm×260 mm　印张:22.5　字数:576千字			
版　　次:	2018年8月第3版　2020年1月第1次修订　2021年7月第4次印刷			
书　　号:	ISBN 978-7-5121-3686-1/F·1793			
印　　数:	5 501~8 500册　定价:59.90元			

本书如有质量问题,请向北京交通大学出版社质监组反映。对您的意见和批评,我们表示欢迎和感谢。
投诉电话:010-51686043,51686008;传真:010-62225406;E-mail:press@bjtu.edu.cn。

前　言

近年来，中国电子商务发展迅速，对人们的生活和消费带来了变革性的影响，同时也为中小企业创造了更多的发展机会和空间，而且在促进就业、推动全球贸易便利化等方面发挥了非常重要的作用。为了能让读者对电子商务领域的相关知识有一个比较全面的了解，我们编写了这本教材。第 2 版出版于 2012 年，距今已有 6 年，在这 6 年里，电子商务获得了飞速的发展，其所涉及的领域和服务越来越多，人们对电子商务的了解也越来越深刻。因此，在第 3 版中，我们针对这些情况对原书从结构到内容做了必要的调整和修改，并对部分内容进行重点介绍，使读者不仅能够全面了解电子商务的基本知识，而且能够了解前沿电子商务发展。

本书在编写上有以下三个特点。

第一，理论与实践结合。全书每章由案例导入，每章结尾设置实战演习和扩展阅读。我们本着最新最具有启发性的原则来选取案例，实战演习与课程内容紧密相关，扩展阅读是对课程内容的有效补充，有助于读者理论联系实际，扩展知识面。

第二，结构清晰，内容新颖。本书首先介绍电子商务的基础理论，再介绍电子商务活动所涉及的主要相关内容，第三部分介绍电子商务应用与服务，最后介绍网上创业。本书涵盖了电子商务发展的最新内容，包括互联网金融、微商、跨境电子商务、农村电子商务等内容，力求为读者展现电子商务发展的最前沿信息。

第三，通俗易懂，突出重点。本书编写内容由浅入深，图表结合，语言通俗流畅，逻辑关系清晰，注重对知识的全面把握，使读者轻松把握电子商务相关知识。

全书共分为 9 章，第 1 章到第 3 章是基础内容，主要是从整体上介绍电子商务及其社会支撑环境和网络支撑环境，第 4 章到第 6 章分别介绍了电子支付、网络营销、物流管理及供应链管理，这是电子商务活动过程中所涉及的主要内容，第 7 章、第 8 章则主要介绍了最新最受关注的电子商务领域，包括移动电子商务、互联网金融、微商、农村电子商务、跨境电子商务的内容，第 9 章介绍网上创业相关知识，为想要进行网上创业的读者提供理论基础。

本书可作为高等院校电子商务专业的基础课教材，以及相关领域各层次开设电子商务课程的教材；本书还适合于企业管理人员以及电子商务从业人员作为电子商务研究和实践的参考用书。

本教材由刘宏、石声波主编，辽宁师范大学研究生艾春梅、段文倩参与了资料收集、整理和校对工作。

本书在编写过程中，北京交通大学出版社的编辑郭东青女士给予了很大的支持，参考了国内外电子商务教材、相关的文献资料和一些网络资料，吸收了前人的研究成果，谨在此向相关作者表示衷心的感谢！

由于作者水平有限及本书编写仓促，书中难免存在纰漏或错误之处，欢迎专家和读者不吝赐教，批评指正。

编　者
2018 年 6 月

目　录

第 1 章　电子商务概述 … 1
引导案例 … 1
1.1　电子商务的产生与发展 … 2
1.1.1　电子商务的产生 … 2
1.1.2　从传统商务到电子商务 … 3
1.1.3　电子商务的发展 … 4
1.2　电子商务概述 … 8
1.2.1　电子商务定义 … 8
1.2.2　电子商务的特点 … 9
1.2.3　电子商务的组成 … 11
1.2.4　电子商务的人才结构 … 12
1.2.5　电子商务的功能 … 13
1.3　电子商务应用模式 … 14
1.3.1　B2B 电子商务模式 … 14
1.3.2　B2C 电子商务模式 … 19
1.3.3　C2C 电子商务模式 … 21
1.3.4　O2O 电子商务模式 … 23
1.3.5　移动电子商务 … 25
1.3.6　跨境电子商务 … 26
1.3.7　电子商务模式的创新 … 26
1.4　电子商务对社会经济的影响 … 29
1.5　我国发展电子商务面临的主要问题及解决措施 … 30
1.5.1　我国电子商务发展面临的主要问题 … 30
1.5.2　我国电子商务发展的措施 … 31
习题 … 33

第 2 章　电子商务社会支撑环境 … 36
引导案例 … 36
2.1　信息化环境 … 37
2.1.1　企业信息化 … 37

	2.1.2 金融信息化	39
	2.1.3 税收信息化	39
2.2	经济环境	41
2.3	信用环境	42
2.4	人文环境	45
2.5	政策与法律环境	47
	2.5.1 电子商务法概述	47
	2.5.2 电子商务交易中存在的法律问题	49
	2.5.3 电子商务中的知识产权问题	52
	2.5.4 电子商务中隐私权的保护	53
	2.5.5 电子商务的税收问题	55
	2.5.6 网络侵权案件的管辖	59
习题		63

第3章 电子商务网络支撑环境 … 70

引导案例		70
3.1	计算机网络概述	71
	3.1.1 计算机网络的定义、产生及发展	71
	3.1.2 计算机网络的分类	74
	3.1.3 计算机网络体系结构	78
	3.1.4 Internet 网络基本服务	80
3.2	电子商务安全技术	81
	3.2.1 电子商务安全概述	81
	3.2.2 网络安全控制技术	84
	3.2.3 加密技术	86
	3.2.4 认证技术	87
	3.2.5 安全技术协议	89
	3.2.6 电子商务安全管理	90
3.3	电子商务网站建设	92
	3.3.1 网站总体规划	92
	3.3.2 网站开发的支撑平台	93
	3.3.3 网站开发	94
	3.3.4 网站测试、发布与推广	95
	3.3.5 网站维护	97
3.4	电子商务数据处理技术	98
	3.4.1 关系数据库	99
	3.4.2 数据仓库	100
	3.4.3 大数据	101

  3.4.4 云计算 103
  3.4.5 物联网 105
 习题 109

第4章 电子支付 115
 引导案例 115
 4.1 电子货币与电子支付 116
  4.1.1 电子货币概述 116
  4.1.2 电子支付概述 118
  4.1.3 电子支付方式 119
  4.1.4 电子支付模式 126
  4.1.5 电子支付系统 129
 4.2 第三方支付 132
  4.2.1 第三方电子支付平台概述 132
  4.4.2 第三方电子支付平台产品介绍 133
 4.3 网上银行与移动银行 136
  4.3.1 网上银行 136
  4.3.2 移动银行 139
 4.4 新型支付方式 140
  4.4.1 人脸识别支付 140
  4.4.2 二维码扫码支付 140
  4.4.3 声纹识别支付 140
 习题 141

第5章 网络营销 148
 引导案例 148
 5.1 网络营销概述 149
  5.1.1 网络营销的含义 149
  5.1.2 网络营销的内容 150
  5.1.3 网络营销的特点 151
  5.1.4 网络营销的理论基础 152
 5.2 网络市场调研 153
  5.2.1 网络市场概述 153
  5.2.2 网络市场调研概述 156
  5.2.3 网络市场调研的步骤和方法 158
 5.3 网络消费者分析 160
  5.3.1 网络消费者类型与特征 160
  5.3.2 网络消费者的决策 161

5.3.3 影响网络消费者购买决策的因素 ………………………………………… 164
5.4 网络营销策略 …………………………………………………………………… 165
　　5.4.1 网络营销产品策略 ………………………………………………………… 165
　　5.4.2 网络营销定价策略 ………………………………………………………… 167
　　5.4.3 网络营销渠道策略 ………………………………………………………… 169
　　5.4.4 网络营销促销策略 ………………………………………………………… 171
5.5 网络营销方法 …………………………………………………………………… 172
　　5.5.1 网络广告营销 ……………………………………………………………… 172
　　5.5.2 搜索引擎营销 ……………………………………………………………… 177
　　5.5.3 许可 E-mail 营销 ………………………………………………………… 180
　　5.5.4 微营销 ……………………………………………………………………… 182
　　5.5.5 大数据营销 ………………………………………………………………… 185
　　5.5.6 病毒式营销 ………………………………………………………………… 186
5.6 网络营销管理 …………………………………………………………………… 186
　　5.6.1 成本管理 …………………………………………………………………… 187
　　5.6.2 绩效评价 …………………………………………………………………… 187
　　5.6.3 客户关系管理 ……………………………………………………………… 188
　　5.6.4 风险控制 …………………………………………………………………… 189
习题 ……………………………………………………………………………………… 191

第6章 物流管理及供应链管理 …………………………………………………… 199

引导案例 ………………………………………………………………………………… 199
6.1 物流管理 ………………………………………………………………………… 200
　　6.1.1 物流概述 …………………………………………………………………… 200
　　6.1.2 物流管理概述 ……………………………………………………………… 204
6.2 电子商务物流管理 ……………………………………………………………… 206
　　6.2.1 电子商务与物流 …………………………………………………………… 206
　　6.2.2 电子商务物流模式 ………………………………………………………… 209
　　6.2.3 电子商务物流相关技术 …………………………………………………… 213
　　6.2.4 我国电子商务物流发展现状与趋势 ……………………………………… 216
6.3 供应链管理 ……………………………………………………………………… 219
　　6.3.1 供应链概述 ………………………………………………………………… 219
　　6.3.2 供应链管理概述 …………………………………………………………… 221
6.4 电子商务供应链管理 …………………………………………………………… 224
　　6.4.1 电子商务对供应链管理的影响 …………………………………………… 224
　　6.4.2 电子商务供应链管理模式 ………………………………………………… 225
　　6.4.3 我国电子商务供应链管理发展趋势 ……………………………………… 228
习题 ……………………………………………………………………………………… 229

第7章 移动电子商务 240

引导案例 240

7.1 移动电子商务概述 241
7.1.1 移动电子商务的含义及特性 241
7.1.2 移动电子商务的发展阶段 243
7.1.3 移动电子商务技术 244
7.1.4 移动电子商务的发展现状及趋势 246

7.2 移动电子商务模式 249
7.2.1 O2O模式 249
7.2.2 平台模式 251

7.3 移动电子商务的应用 252
7.3.1 移动金融 252
7.3.2 移动支付 253
7.3.3 移动医疗 257
7.3.4 移动教育 257
7.3.5 移动旅游 258
7.3.6 移动购物 258
7.3.7 移动娱乐 259
7.3.8 基于位置的服务 260

7.4 我国移动电子商务存在的问题及对策 261
7.4.1 我国移动电子商务发展存在的问题 261
7.4.2 我国移动电子商务发展的对策 262

习题 264

第8章 电子商务应用与服务 271

引导案例 271

8.1 企业电子商务应用 273
8.1.1 企业电子商务应用概述 273
8.1.2 企业内部电子商务 275
8.1.3 基于电子商务的供应链整合 276

8.2 互联网金融 278
8.2.1 互联网金融的含义 278
8.2.2 互联网金融的模式 280
8.2.3 互联网金融存在的问题及风险 287

8.3 微商 287
8.3.1 微商的含义 287
8.3.2 微商的形态 288

　　　　8.3.3　微商案例 ……………………………………………………………… 291
　8.4　农村电子商务 ………………………………………………………………… 293
　　　　8.4.1　农村电子商务概述 …………………………………………………… 293
　　　　8.4.2　农村电子商务成功案例 ……………………………………………… 295
　　　　8.4.3　农村电子商务存在的问题 …………………………………………… 296
　8.5　跨境电子商务 ………………………………………………………………… 297
　　　　8.5.1　跨境电子商务概述 …………………………………………………… 298
　　　　8.5.2　跨境电子商务模式 …………………………………………………… 299
　　　　8.5.3　跨境电子商务物流 …………………………………………………… 301
　　　　8.5.4　跨境电子商务进口平台 ……………………………………………… 302
　　　　8.5.5　跨境电子商务出口平台 ……………………………………………… 304
　习题 ………………………………………………………………………………… 307

第9章　网上创业 ……………………………………………………………… 313

　引导案例 …………………………………………………………………………… 313
　9.1　网上创业概述 ………………………………………………………………… 315
　　　　9.1.1　网上创业的含义 ……………………………………………………… 315
　　　　9.1.2　网上创业的模式 ……………………………………………………… 316
　　　　9.1.3　网上创业的政策环境 ………………………………………………… 318
　9.2　创业者与创业团队 …………………………………………………………… 320
　　　　9.2.1　创业者概述 …………………………………………………………… 320
　　　　9.2.2　创业团队概述 ………………………………………………………… 322
　　　　9.2.3　创客空间和创客文化 ………………………………………………… 324
　9.3　创业机会的识别 ……………………………………………………………… 325
　　　　9.3.1　创业机会识别 ………………………………………………………… 325
　　　　9.3.2　创业机会识别的过程及影响因素 …………………………………… 326
　9.4　网上创业风险与防范 ………………………………………………………… 328
　　　　9.4.1　网上创业风险概述 …………………………………………………… 328
　　　　9.4.2　网上创业风险识别 …………………………………………………… 329
　　　　9.4.3　网上创业风险的防范 ………………………………………………… 329
　9.5　商业计划书 …………………………………………………………………… 331
　　　　9.5.1　商业计划书概述 ……………………………………………………… 331
　　　　9.5.2　商业计划书的结构及内容 …………………………………………… 331
　　　　9.5.3　商业计划书模板 ……………………………………………………… 333
　习题 ………………………………………………………………………………… 339

参考文献 ……………………………………………………………………………… 348

第1章 电子商务概述

学习目标：
1. 了解电子商务的产生与发展；
2. 理解电子商务的定义、特点、组成及功能；
3. 掌握电子商务应用模式；
4. 了解电子商务对社会经济的影响；
5. 了解我国电子商务发展面临的主要问题及解决措施。

2017年中国电子商务市场概况

根据艾瑞咨询发布的报告，2017年中国网络购物市场交易规模达到6.1万亿元，与2016年相比增长29.6%，增长有所回暖。艾瑞分析认为，2017年是线上线下融合的实践年，线上对线下的数据赋能以及线下对线上的导流作用初见成效，稳定发展的网络购物迎来新的发展活力。

2017中国网购B2C占比持续扩大，达60.0%。艾瑞咨询的研究数据显示，2017年中国网络购物市场中B2C市场交易规模预计为3.6万亿元，在中国整体网络购物市场交易规模中的占比达到60.0%，较2015年提高4.8个百分点；从增速来看，2017年B2C网络购物市场增长40.9%，远超C2C市场15.7%的增速。艾瑞分析认为，2017年度过后，B2C市场占比仍将持续增加。随着网购市场的成熟，产品品质及服务水平逐渐成为影响用户网购决策的重要原因，未来这一诉求将推动B2C市场继续高速发展，成为网购行业的主要推动力。而C2C市场具有体量大、品类齐全的特征，满足长尾市场的需求，未来规模也会持续增长。

2017年中国移动购物市场交易规模预计达4.9万亿元，同比增长37.4%，增速逐渐放缓，但仍保持了较高的增长水平。艾瑞分析认为，在中国零售市场线上线下加速融合的大趋势下，消费场景日益多元和分散，逐步构建起全渠道零售网络。移动端作为连接线上、线下消费场景的核心途径，得以进一步渗透发展。

艾瑞咨询最新数据显示，2017年中国移动购物在整体网络购物交易规模中占比预计达81.3%，较2016年增长4.6%。移动端渗透率进一步提升，移动网购已成为最主流的网购方式。艾瑞分析认为，智能手机和无线网络的普及、移动端碎片化的特点及更加符合消费场景化的特性，使用户不断向移动端转移。全渠道融合的浪潮之下，购物场景变得多元化、碎片化，用户线下的消费行为通过移动端得以数据化，全渠道、系统化、纵深化的数据能为零售所有环节提供指导，帮助企业提高运营效率、实现精准营销。

根据艾瑞咨询最新统计数据，2017年中国中小企业B2B运营商平台营收规模预计为291.7亿元，同比增长17.5%。艾瑞分析认为，中国经济已经进入高质量增长阶段，国家供给侧结构调整的改革主线为企业互联网的发展带来一波政策红利；此外，面对消费互联网端逐渐消失的人口红利，资本市场也逐渐瞄准企业端发力。政策和资本加持，将为中国B2B数字经济提供巨大的发展机遇。虽然增长相对缓慢，但在产业互联网领域，中国市场还有非常大的潜力。

2017年即时物流行业订单量持续上升，接近90亿。消费升级的主要表现之一在于消费者对消费体验期望值的增加。即时物流由于快捷、便利的典型优势受到消费者的热捧，需求逐渐提升。2017年中国即时物流行业整体订单量预计达到89.2亿，增幅相较2016年有所下降，但仍保持59.0%的较高增速。

（资料来源：艾瑞咨询《2017年中国电商及物流行业年度数据发布》，资料经过整理和删减）

互联网创造了一个新的世界——虚拟网络世界。在互联网的基础上产生的电子商务技术是20世纪最重要的科技成果。在商务活动中，蓬勃发展的电子商务的兴起已经导致流通领域发生了一场革命，它打破了时空界限，改变了贸易形态，改善了物流、资金流、信息流的环境与系统，加快了整个社会的商品流通，有效地降低了企业生产成本，提高了企业竞争力。

1.1　电子商务的产生与发展

20世纪末信息技术飞速发展，互联网投入商业化运营以后，电子商务应运而生并蓬勃发展，这标志着一个崭新的电子商务时代的来临。电子商务正以其无可比拟的优势和不可逆转的趋势，改变商务活动的运作模式，给社会经济各方面带来根本性的变革，电子商务将是21世纪全球经济增长最快的领域之一。

1.1.1　电子商务的产生

电子商务最初起源于计算机的电子数据处理（EDP）技术、文字处理软件和电子表格软件的出现，这些软件大大加快了企业商业文件的处理，使之从手工书面文件的准备和传递转变为电子文件的准备和传递。

随着网络技术的发展，电子资料的交换从磁盘、软盘等物理载体的寄送转变为通过专用的通信网络传送。近年来又转移到通过 Internet 进行传送。银行间的电子资金转账技术与企事业单位间电子数据交换技术相结合，产生了早期的电子商务。信用卡、自动柜员机、零售业销售终端和联机电子资金转账技术的发展，以及相应的网络通信技术和安全技术的发展，导致今天网上持卡购物与企业之间网上交易这两种模式的电子商务得到进一步完善。因此，电子商务是随着信息技术的逐渐发展而产生的。电子商务演变过程如图 1-1 所示。

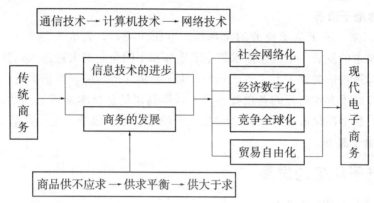

图 1-1 电子商务演变过程

1.1.2 从传统商务到电子商务

回顾人类发展的历史，我们的祖先很早就开始了商品交易活动，最早的交易方式是"以物易物"。但最初的物与物的交换不是必需的，后来随着分工越来越细，交换就逐步变为必需的，而且越来越复杂，出现了以一般等价物为中介的交易模式。一般等价物的高级阶段就是货币的产生。但是货币和其他一般等价物又不同，只有当贵重金属用来固定充当一般等价物时，才标志货币的正式产生。货币的出现以及后来纸币的替代形成了以货币为中介的交易模式，交易活动变得更方便和容易，以至于一直延续至今。然而无论是"以货易货"，以一般等价物为中介，还是以货币为中介的交易模式，商品交易的原理并没有发生任何本质的变化，不断延伸和扩大的是其内涵。

在人类几千年的商务活动过程中，人们总是随着环境和社会的演变及时地利用各种新方法、新技术、新工具等手段使交易活动变得更快捷、更准确、更便宜、更有效率。20 世纪后半叶以来的电子化的商务活动，则使人可以在虚拟的时空中进行商务活动。

从传统商务到电子商务的形成大约经历了三个阶段。

1. 基于 EDI 的电子商务

该阶段为 20 世纪 60 年代至 90 年代。电子数据交换（electronic data interchange，EDI）在 20 世纪 60 年代末期产生于美国，美国首先利用电子设备使簿记工作自动化（无纸办公），降低了成本，提高了效率。从最初单项业务的电子化，逐步发展成应用第三方服务或商业增值网，以统一的数据标准进行多项业务的电子化处理，形成了以计算机、局域网和数据标准为框架的商务系统，即基于 EDI 的电子商务。

2. 基于因特网的电子商务

该阶段为20世纪90年代以后，因特网迅速普及，逐步从大学、科研机构走向百姓家庭和企业，其功能从信息共享演变为一种大众化的信息传播工具。同时，以XML（可扩展标识语言）为代表的新技术不断涌现，它们不仅能融合原有的EDI系统，还可协调和集成异构数据、支持不同应用平台，能电子化处理全部商业信息。从此，局限于局域网、基于EDI的电子商务发生了质的飞跃，形成了以计算机和信息技术为支撑、基于Internet的电子商务。

3. E概念电子商务

2000年以来，由于电子商务的全球性、方便快捷性、低成本等不可比拟的优势，伴随着信息技术的发展、个性化需求的不断增加和不同企业的大量进入，其内涵和外延在不断充实，逐步扩展到了E（electronic，电子）概念的高度，开拓了更广阔的应用空间。凡是通过电子方式进行的各项社会活动，即利用信息技术来解决问题、创造商机、降低成本、满足个性化需求等活动（包括电子政务、电子医务、电子军务等），均被概括为E概念电子商务。

1.1.3 电子商务的发展

1. 电子商务在国际的发展

从20世纪90年代中期开始至今，电子商务的发展虽然只有短短二十多年时间，但已经成为国家发展、社会活动以及人们生活不可分割的有机组成部分。电子商务的发展经历了三个阶段。

1) 第一个阶段是初期的爆炸式发展

20世纪的最后几年，计算机与通信技术结合的网络的出现，使在互联网上从事能产生效益的商务活动成为经济活动中的热点。抱着对发展前景的美好展望，电子商务得到了爆炸式发展。根据著名咨询公司CMP Research在1998年年初做的一项调查，大约有1/3的美国企业宣布会在一年内实施电子商务；而在已经实施了电子商务的企业当中，64%期望能在一年内收回投资。据另一项调查显示，美国1997年1—6月申请商业域名（.com）的公司从17万多个增加到近42万个。到1997年年底，这一数据又翻了一番。电子商务经历了其发展初期的爆炸式发展阶段。

2) 第二个阶段是在2000年以后经历的寒冬

2000年年初，IT业经历了十多年的高速发展之后积累的问题开始暴露，电子商务也不例外。尽管一些电子商务网站的营业收入已经做得很大，但支出更大，一直不能实现盈利。此外，随着规模的扩大，支付、物流和管理等方面的问题开始突出。据不完全统计，这段时间超过1/3的网站销声匿迹，电子商务经历了其发展过程中的寒冬。

3) 第三个阶段是近年来开始复苏稳步发展

2002年年底至今，电子商务步入了复苏和稳步发展阶段，经过上一阶段严峻的市场考验，生存下来的电子商务企业开始懂得经营电子商务的特点，即首先要在网站运营上找到经济性的盈利点，有了这种可贵的磨炼和经营实践，使人们看到了希望，互联网的世界出现了另一个春天，其标志是不断有电子商务企业开始宣布实现盈利。如雅虎公司2002

年年底公布连续3个季度盈利的财务报告,净利润为4 620万美元,销售收入激增51%。

2. 电子商务在中国的发展

根据CNNIC(中国互联网络信息中心)第40次中国互联网统计报告给出的数据,截至2017年6月,中国网民规模达到7.51亿人,互联网普及率达到54.3%,较2016年年底提升了1.1个百分点。中国居民上网人数已过半。其中,2017年1月至2017年6月,新增网民1 992万人,半年增幅为2.7%。中国互联网网民规模及普及率如图1-2所示。

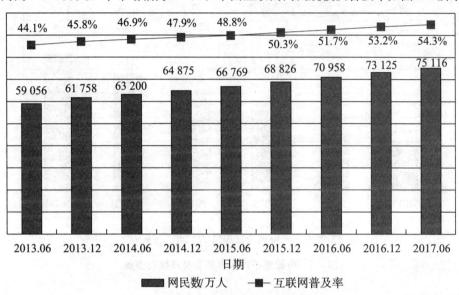

图1-2 中国互联网网民规模及普及率

分析中国网民的城乡结构可以发现,截至2017年6月,我国网民中农村网民占比26.7%,规模为2.01亿人;城镇网民占比为73.3%,规模为5.50亿人,较2016年年底增加1 988万人,半年增幅为3.7%。相较2016年而言,城镇网民所占比例进一步上升,城乡间网民规模差距较大。图1-3显示的是我国网民的城乡结构。

图1-3 中国网民城乡结构

1) 交易规模

艾瑞咨询数据显示，2016年中国电子商务市场交易规模为20.5万亿元，增长25.6%，增速有所上升，随着中国电子商务的逐步完善，预计2017年中国电子商务整体交易规模将达24亿元，增长16.7%。图1-4显示的是中国电子商务市场2013—2016年的交易规模及预测。

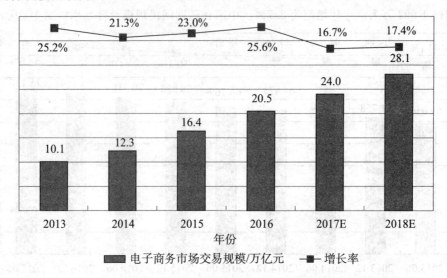

图1-4 中国电子商务市场交易规模及预测

2) 行业结构

在电子商务市场细分行业结构方面，2016年B2B电子商务所占百分比超过70%，其中中小企业B2B电子商务的占比为44.4%，规模以上企业B2B电子商务占比为27%。此外，中小企业B2B、网络购物、在线旅游交易规模的市场占比与2015年均有所上升。电子商务市场细分行业构成如图1-5所示。

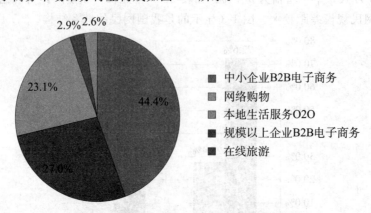

图1-5 2016年中国电子商务市场细分行业构成

3) 从业人员

电子商务正在成为创造新经济增长点、新市场、新就业量的方式。根据《2016年度中国电子商务人才状况调查报告》数据，截至 2016 年年底，电子商务服务企业直接从业人员超过 305 万人，目前由电子商务间接带动的就业人数已经超过 2 240 万人，如图 1-6 和图 1-7 所示。

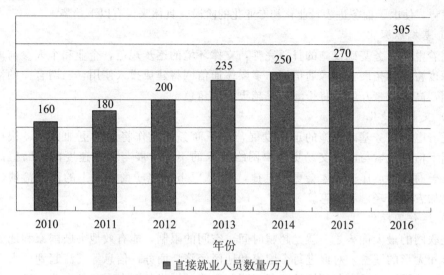

图 1-6　2010—2016 年我国电子商务服务企业直接就业人员数量

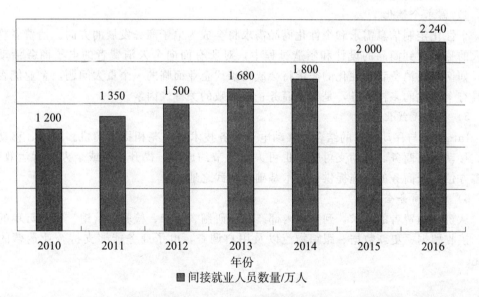

图 1-7　2010—2016 年我国电子商务服务企业间接就业人员数量

在直接从业人员方面，随着更多的中小企业加入到电子商务的阵营中来，专业人才的需求不断增加，这一趋势未来还将延续。在间接从业人员方面，电子商务衍生出如服务商、网络模特、快递人员等，同时也促进依托电子商务的新兴群体的产生，电子商务的持续发展，必将带动相关产业的联动发展，使间接从业人员的数量不断增长。

3. 电子商务发展趋势

国际著名的咨询公司麦肯锡指出,第一代电子商务专注于技术,第二代电子商务专注于内容,而下一代电子商务将增值信息和商务平台相结合,充分发挥互联网在信息服务方面的优势,使电子商务进入行业化和专业化的阶段。具体来说有以下趋势。

1)基础纵深化

随着电子商务基础设施的日益完善,支撑环境的逐步规范,企业和个人参与电子商务的深度将得到拓展。图像通信网、多媒体通信网将建成投入使用,三网合一的潮流势不可挡,高速宽带互联网将扮演越来越重要的角色。

2)交易便捷化

随着电子商务基础设施的迅速发展,电子商务的运作将趋于更加方便、快捷、可靠。网上信息检索与电子交易更需要网络技术的不断发展与网络速度的不断提高,这样,电子商务的运作速度才会更加迅捷,基于 Web 的电子商务网上的商务洽谈、购物才能更加方便、轻松和实惠。

3)运作国际化

互联网的最大优势之一就是超越时间、空间的限制,能有效地突破国家和地区间各种有形和无形的壁垒,对促进每个国家和地区经济、商务、信息等交流起到巨大的推动作用。随着国际电子商务环境的不断规范和完善,世界各国电子商务企业将进一步参与到经济全球化的进程之中。

4)需求个性化

个性化定制信息需求和个性化商品需求将会成为电子商务发展的方向。消费者将把个人的嗜好放到商品的设计和制造过程中,对所有面向个人消费者的电子商务活动来说,如何满足消费者个性化的需求将会成为现代企业面临的一个重大问题,企业能否提供具有个性化的多样服务,是电子商务企业成败的关键性因素。

5)商务无线化

Internet 与移动技术的结合为移动电子商务技术登台亮相提供契机。同时,移动办公、移动网上商务、移动支付等,也可大量地节约成本,提升企业或个人的营运效率,为多方位电子商务的实施提供了技术基础与用武之地。

6)电子商务全程化

从辨别消费者的需求,到企业内部产品的研制、生产、检验、营销、用户订单的发送、接收票据、更新数据、跟踪物流以及用户调查,电子商务能够支持企业运营的全程化。

1.2 电子商务概述

1.2.1 电子商务定义

电子商务(electronic commerce,EC)至今没有统一的定义,这也是电子商务概念很容易引起混乱的原因之一。国内外电子商务研究者从不同角度给出了众多电子商务定义，如图1-8所示。

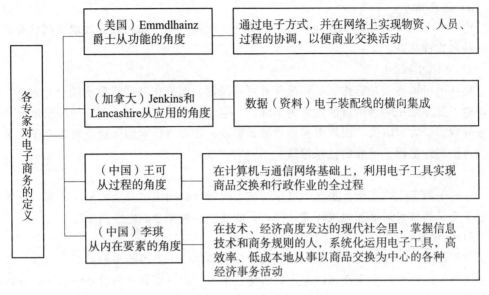

图1-8　各专家对电子商务的定义

电子商务是一个全新的学科，有各种各样的定义不足为奇，相反如果过早地追求统一的定义，反而限制了人们的思维而不利于电子商务的健康发展。

电子商务是指人们利用电子手段进行商业、贸易等活动，是传统商务活动的电子化。电子手段包括电子技术、电子工具、电子设备及系统，包括电话、电报、电视、传真、E-mail、电子数据交换、电子计算机、通信网络、信用卡、电子货币和Internet。商务活动包括询盘、报价、磋商、签约、履约、支付等经济活动。**狭义的电子商务**是指人们利用电子手段进行的以商品交换为中心的各种商务活动，是指公司、厂商、商业企业、工业企业与消费者个人双方或多方通过计算机网络，主要是Internet进行的商务活动。广义的电子商务是指各行各业中各种业务的电子化，又可以称为电子业务，包括电子政务、电子军务、电子教务、电子公务等。

1.2.2　电子商务的特点

1. 电子商务的技术特点

电子商务是在互联网的推动下迅速发展起来的，表现出与互联网相关的技术特点。

1) 信息化

电子商务是以信息技术为基础的商务活动，它通过计算机网络系统来实现信息交换和传输，因此电子商务的实施和发展与信息技术密切相关，也正是信息技术的发展推动了电子商务的发展。

2) 虚拟性

在互联网上的商务活动和交易都是数字化的。由于信息交换不受时空限制，因此可以跨越时空形成虚拟市场,完成过去在实物市场中无法完成的交易,这正是电子商务发展的根本所在。

3) 集成性

电子商务的集成性表现在新老技术的协调,使用户能更加行之有效地利用已有的资源和技术完成任务。

4) 可扩展性

要使电子商务正常运作,必须确保其可扩展性。如果在高峰状况下能及时扩展,就可使电子商务系统阻塞的可能性大为下降。在电子商务中,耗时仅两分钟的重新启动也可能导致大量客户流失,因而可扩展性极其重要。计算机技术的飞速发展为电子商务系统的可扩展性提供了可靠的技术保障。

5) 安全性

在电子商务中,安全性是必须考虑的核心问题,必须提供安全的解决方案,制定安全电子交易的技术标准和协议标准,使企业能建立一种安全的电子商务环境。

6) 系统性

电子商务系统涉及面广,覆盖区域大,一般各单位不太可能单独地组织开发。故一般系统开发过程中,企业都是以考虑如何建立本单位的商贸管理信息系统为主,并同时规划如何加入到已有的电子商贸网络中去。

2. 电子商务的应用特性

电子商务的应用特性可归结为以下几点:商务性、服务性、协调性、社会性和全球性。

1) 商务性

电子商务最基本的特性是商务性,即为网上购物者提供一种方便快捷的买卖交易的服务手段和机会。因而,电子商务对任何规模的企业而言,都是一种机遇。就商务性而言,电子商务可以扩展市场,增加客户数量;通过将万维网信息连至数据库,企业能记录下客户每次访问、销售、购买形式和购货动态以及客户对产品的偏爱,这样企业可以通过统计这些数据来获知客户最想购买的产品。

2) 服务性

在电子商务环境中,客户不再受地域的限制,像以往那样,忠实地只做某家邻近商店的老主顾,他们也不再仅仅将目光集中在最低价格上,因而,服务质量在某种意义上成为商务活动的关键。技术创新带来新的结果,万维网应用使得企业能自动处理商务过程,不再像以往那样强调公司内部的分工。现在因特网上许多企业都能为客户提供完整的服务,而因特网在这种服务中充当了催化剂的角色。企业通过将客户服务过程移至因特网上,使客户能以一种比过去简捷的方式完成过去他们较为费事才能获得的服务。如将资金从一个存款户头移至另一个支票户头、查看一张信用卡的收支、记录发货请求,乃至搜寻购买稀有产品,这些都可以足不出户而实时完成。显而易见,电子商务提供的客户服务具有一个明显的特性:方便。不仅对客户来说如此,对于企业而言,同样也能受益。在国外的银行,客户能够通过电子商务全天候地存取资金,快速地阅览诸如押金利率、贷款过程等信息,从而使服务质量大为提高。

3)协调性

商务活动是一种协调过程,它需要雇员和客户、生产方、供货方以及商务伙伴间的协调。为了提高效率,许多组织都提供了交互式的协议,电子商务活动可以在这些协议的基础上进行。传统的电子商务解决方案能加强公司内部相互作用,电子邮件就是其中一种,但那只是协调员工合作的一小部分功能。利用万维网将供货方连接到客户订单处理,并通过一个供货渠道加以处理,这样公司就节省了时间,消除了纸张文件带来的麻烦并提高了效率。电子商务是迅捷简便的、具有友好界面的用户信息反馈工具,决策者们能够通过它获得高价值的商业情报、辨别隐藏的商业关系和把握未来的趋势。因而,他们可以做出更有创造性、更具战略性的决策。

4)社会性

电子商务的发展和应用是一个社会性的系统工程,因为电子商务活动涉及企业、政府组织、消费者的参与,以及适应电子虚拟市场的法律法规和竞争规则的形成等。如果缺少任意一个环节,势必制约甚至妨碍电子商务的发展。

5)全球性

作为电子商务的主要媒体,Internet是全球开放的,电子商务的开展是不受地理位置限制的,它面对的是全球性的电子虚拟市场。

1.2.3 电子商务的组成

电子商务是在Internet开放的网络环境下,基于浏览器-服务器的应用方式,实现消费者的网上购物、商户之间的网上交易和在线电子支付的一种新型的商业运营模式。电子商务的组成包括:网络和电子商务系统、商家、消费者、认证机构、配送中心、网上银行、管理机构等,如图1-9所示。

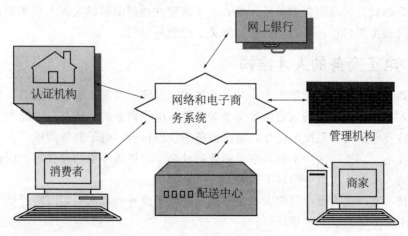

图1-9 电子商务组成部分

1. 网络和电子商务系统

Internet是电子商务的基础,是商务、业务信息传递的载体;Intranet是企业内部商务活动的场所;Extranet是企业与用户进行商务活动的纽带。电子商务系统是保证以

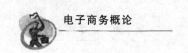

电子商务为基础的网上交易实现的体系。电子商务系统的体系被分解成：表示层，以Web服务器为基础，负责信息的发布；应用层，负责处理核心逻辑；数据层的基础是数据库管理系统DBMS，主要负责数据的组织并向应用层提供接口。

2. 商家

商家或企业作为电子商务的重要参与者是电子商务的主要推动者和受益者，没有企业的参与就没有电子商务。企业用户通过实施电子商务，对人、财、物、产、供、销进行科学管理。

3. 消费者

消费者是经济活动的主体，作为经济活动不可缺少的一部分也必然介入到电子商务环境中，电子商务不仅大大改变了消费者的购物方式，而且也正在逐步改变着人们的生活方式和整个社会的就业结构。

4. 认证机构

认证机构是法律承认的权威机构，负责发放和管理电子证书，使网上交易的各方都能够互相确认身份。

5. 配送中心

它接收商家的要求，组织运送无法从网上直接得到的商品，跟踪商品流向，将商品送到消费者手中。

6. 网上银行

在网上实现买卖双方结算等传统的银行业务，为商务交易中的用户和商家提供24小时实时服务。

7. 管理机构

政府是电子商务的推动者，政策的制定者，也是参与者。电子商务应用发展不仅会建立起新型的规范的政府企业关系，也有利于政府在适当的时候实现宏观调控。商务活动的管理机构主要包括：工商、税务、海关、经贸等部门。

1.2.4 电子商务的人才结构

电子商务人才属于复合型人才，其涉及技术、经济、贸易、管理等能力，优秀的电子商务人才，对提升企业的核心竞争力至关重要。电子商务的实施是一项庞大的社会系统工程，涉及电子商务系统的建立，电子商务系统的运营，电子商务的推广，电子商务的管理以及电子商务的前台实现，电子商务的社会、法律等环境的设置等。因此，电子商务所需的人才基本可以分为以下几类。

(1) 技术支持层人员，这类人才主要是掌握电子商务的技术，如网络通信、计算机处理、电子商务标准、软件翻译等。

(2) 应用操作人员，这类人才需要熟悉电子商务的具体操作应用，掌握信息使用技术，结合商务理论与实务，通过电子商务活动，为本单位和社会提供电子商务服务。

(3) 管理人员，可分为初级管理人员、中级管理人员和高级管理人员，管理人员需要了解电子商务在企业的经营生产和管理中的重要性，并且能够利用电子商务来改善企业经营战略，以取得更好的经济效益。

就人才结构来说，电子商务处于初期的粗放发展阶段，企业对运营人才、技术型人才、推广销售型人才需求较为迫切。目前我国电子商务人才状况特征如下。

1）行业急速扩张，人才缺口巨大

随着电子商务在各领域的快速扩张，电子商务领域已经出现巨大的人才缺口，绝大部分企业存在人才招聘压力。

2）电子商务人才稀缺，流动性大

人才需求缺口巨大也造成了人才流动性大，很多企业面临全线人员缺乏。电子商务是新型产业，行业现存熟练人才稀缺，招聘难度大；企业间人才竞争相当激烈，人才流动性大；同时高校人才培训体系与企业实践严重脱节，造成高校毕业学生不能适应企业的发展。

3）电子商务企业人力资源成本高

随着电子商务行业快速成长，企业人力资源也面临各种压力，薪酬增长压力成为困扰企业 HR 部门的关键问题之一。随着电子商务企业的进一步发展成熟，问题将会逐步聚焦到企业文化和制度的建设上。

4）企业人力资源管理难度增大

目前电子商务企业 80 后、90 后已经成为企业的主体，他们的工作热情与工作创造力正在推动行业企业不断创新发展，但这个主体存在个性鲜明和价值观超现实的特点，这对企业管理提出了巨大挑战。电子商务企业处于创业初期，在许多企业制度建设、企业文化等方面不健全；同时由于工作压力大、节奏快、加班频繁，造成企业员工流失率高于其他行业。

1.2.5　电子商务的功能

电子商务可提供网上交易和管理等全过程的服务，因此它具有广告宣传、咨询洽谈、网上订购、网上支付、电子账户、意见征询、交易管理等各项功能。

1. 广告宣传

电子商务可凭借企业的 Web 服务器和客户的浏览器，在 Internet 上发布各类商业信息。客户可借助网上的检索工具迅速地找到所需的商品信息，而商家可利用网上主页和电子邮件在全球范围内做广告宣传。与传统的各类广告相比，网上的广告成本最低，而给顾客的信息量却最为丰富。

2. 咨询洽谈

电子商务可借助非实时的电子邮件（E-mail）、新闻组（News Group）和实时的讨论组（Chat）来了解市场和商品信息、洽谈交易事务，如有进一步的需求，还可用网上的白板会议来交流即时的图形信息。网上的咨询和洽谈能超越人们面对面洽谈的限制，提供多种方便的异地交谈形式。

3. 网上订购

电子商务可借助 Web 中的邮件交互传送实现网上的订购，网上的订购通常都是在产品介绍的页面上提供十分友好的订购提示信息和订购交互格式框。当客户填完订购单后，通常系统会回复确认信息订单来保证订购信息的收悉。订购信息也可采用加密的方式使客户和商家的商业信息不会泄露。

4. 网上支付

电子商务要成为一个完整的过程，网上支付是重要的环节，客户和商家之间可采用信用卡账号进行支付。在网上直接采用电子支付手段将省略交易中很多人员的开销。网上支付将需要更为可靠的信息传输安全性控制以防止欺骗、窃听、冒用等非法行为。

5. 电子账户

网上的支付必须由电子金融来支持，即银行或信用卡公司及保险公司等金融单位为资金融通提供网上操作服务，而电子账户管理是其基本的组成部分。信用卡号或银行账号都是电子账户的一种标志，而其可信度需配以必要的技术措施来保证，如数字证书、数字签名、加密等手段的应用提供了电子账户操作的安全性。

6. 意见征询

电子商务能十分方便地采用网页上的"选择""填空"等格式文件来收集用户对销售服务的反馈意见，这样使企业的市场运营能形成一个封闭的回路。客户的反馈意见不仅能提高企业售后服务的水平，更能使企业获得改进产品、发现市场的商业机会。

7. 交易管理

整个交易的管理将涉及人、财、物等多个方面，企业和企业、企业和客户及企业内部等各方面的协调和管理，因此，交易管理是涉及商务活动全过程的管理。电子商务的发展，将提供一个良好的交易管理的网络环境及多种多样的应用服务系统，这就保障了电子商务获得更广泛的应用。

1.3 电子商务应用模式

目前电子商务的应用模式主要有企业对企业（business to business，B2B）、企业对消费者（business to customer，B2C）、消费者对消费者（consumer to customer，C2C）、线上对线下（online to offline，O2O）、移动电子商务、跨境电子商务，以及一些创新型性的电子商务应用模式。

1.3.1 B2B 电子商务模式

1. B2B 概述

企业与企业之间的电子商务模式称为 B2B，B2B 电子商务的内涵是企业通过内部信息系统平台和外部网站将面向上游的供应商的采购业务和下游代理商的销售业务有机地联系在一起，从而降低彼此之间的交易成本，提高满意度。

目前基于互联网的 B2B 的发展速度十分迅猛，2015 年上半年，中国 B2B 电子商务市场交易额达 5.8 万亿元，同比增长 28.8%。中国目前比较出名的 B2B 网站有：阿里巴巴、慧聪网、万国商业网、全球五金网、百纳网、中国网库、中国制造交易网、中国制造网、铭万网等。

2. B2B 两种模式

1) 面向制造业或面向商业的垂直 B2B（又可以称之为行业 B2B）

垂直 B2B 可以分为两个方向，即上游和下游。生产商或商业零售商可以与上游的供应商之间形成供货关系，如 Dell 电脑公司与上游的芯片和主板制造商就是通过这种方式进行合作的。生产商与下游的经销商可以形成销货关系，如 Cisco 与其分销商之间进行的交易。其中以中化网为首的网盛旗下网站成为行业 B2B 的代表网站，将垂直搜索的概念重新诠释，让更多生意人习惯用搜索模式来做生意圈，找客户。垂直 B2B 成本相对要低很多，因为垂直 B2B 面对的多是某一个行业内的从业者，所以，他们的客户相对比较集中而且有限。类似网站有阿里巴巴、中国网库等。

2) 面向中间交易市场的水平 B2B（又可以称之为区域性 B2B）

水平 B2B 是将各个行业中相近的交易过程集中到一个场所，为企业的采购方和供应方提供交易的机会，比如阿里巴巴、慧聪网、中国制造网、环球资源网、中国网库等。

3. 影响中国 B2B 电子商务发展的因素

根据艾瑞咨询最新的研究成果，本书列举了影响我国 B2B 电子商务发展的主要因素，如表 1-1 所示。

表 1-1 影响中国 B2B 电子商务发展因素分析

有利因素分析	不利因素分析
互联网环境大幅改善，企业人员素质提升很快。中小企业对 B2B 商务认识加深，营销热情提高	非支付型电子商务仍占主流。大部分企业仍是网上营销，网下支付
中小企业数量持续增长，东南沿海地区外贸型企业的大量增加，为 B2B 电子商务发展打下良好基础	信息监管不到位，有关的法律法规还有待完善
政府的大力支持，在政策税收等方面扶持 B2B，为电子商务发展提供很好的发展空间	地区和行业发展不平衡，传统行业和中西部地区行业电子商务发展缓慢
电子签名法，电子支付指引，为 B2B 电子商务发展提供法律保障	网络安全问题仍然影响电子商务发展
	商业信用缺失，B2B 电子商务平台上的虚假信息甚至是恶意欺诈信息对网络平台本身的发展带来较大的负面影响

4. B2B 电子商务盈利模式

从 B2B 盈利模型（见图 1-10）来看，盈利点主要是会员收入、交易佣金、出租网上商店等。

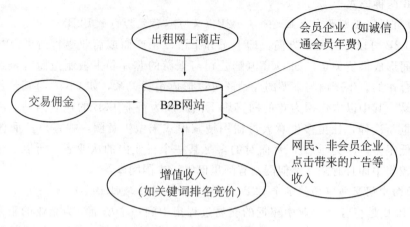

图 1-10 B2B 盈利模型

目前，B2B 领域已经出现四种比较成型的盈利模式。

1)"核心互联网产品＋传统营销渠道"的盈利模式

通过核心互联网产品与传统营销渠道的整合来使企业实现盈利的模式是 B2B 电子商务中最典型的一种盈利模式。在这种盈利模式中，企业通过核心互联网产品来促进平台客户的线上洽谈、交易、结算等业务的进行，同时，通过传统营销渠道为客户提供座谈会、展览会以及纸质版的行业资讯、行业分析报告等服务。

慧聪网通过线上的标王、买卖通、采购通和微门户来帮助买家和卖家速配，通过各种资讯和商务服务对接使用户迅速掌握行业和行情动态，抓住商机；同时也通过线下的各种洽谈会、交易会、展会、行业十大、工商目录和企业黄页等促进业界沟通与活动，实现了线上线下营销的客户资源转移与成本的交叉补贴效应，致使电子商务营销效果最大化，从而提高交易的成功率。

慧聪网公布的截至 2017 年 6 月 30 日 6 个月的中期业绩中，销售收入为 13.426 亿元，较 2016 年 4.658 亿元同比增加 188.3%；EBITDA 为 3.338 亿元，较 2016 年 6 890 万元同比增加 384.5%；权益持有人应占溢利为 1.075 亿元，较 2016 年同期 2 900 万元增长 270.1%。每股盈利 0.1039 元，与 0.0312 元相比每年上升约 233%。业绩显示，营收主要来自互联网服务、工商业目录及黄页、会议及其他服务、防伪产品及服务、B2B 交易平台及金融服务。业绩称，慧聪网在升级 1.0 资讯与广告产品的同时，持续推进垂直产业平台的 2.0 交易化服务进程。2017 上半年 B2B1.0 收入（包括互联网产品、工商业黄页及目录、线下会议）占集团总收入 5.16 亿元，与 2016 年同期 3.93 亿元同比增长约 31.3%。慧聪网的价值链盈利模式如图 1-11 所示。

2) 产业相关多元化的盈利模式

产业相关多元化的盈利模式是目前应用较为广泛的 B2B 电子商务盈利模式之一，是指通过原有的 B2B 电子商务业务规模不断发展，向与之相关的地产、金融、保险、IT 等相关行业不断拓展，从而使企业形成业务领域多元化的盈利模式。

焦点科技是国内领先的综合型第三方 B2B 电子商务平台运营商，其开发及运营的

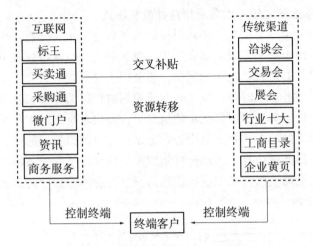

图 1-11 慧聪网的价值链盈利模式

中国制造网（Made-in-China.com）位列国内 B2B 电子商务领域前三甲，该平台现已成为全球采购商采购中国制造产品的重要渠道。

2010 年，焦点科技成功收购台湾本土最大的 B2B 电子商务平台文笔国际股份有限公司，实现两岸行业内首度牵手，借此番收购，焦点科技成功整合两岸 B2B 行业资源，为大陆企业、台湾企业及海外采购商三方无障碍的沟通创造了便利。

除了中国制造网电子商务平台，焦点科技还自主开发运营了新一站保险网、百卓采购网、领动企业在线管理软件、商聚园商务社区、爱聘才求职招聘平台、百分百物流网等多个运营平台，同时还创办了焦点商学院，将虚拟与实体相结合，构建了"商贸＋保险＋软件＋HR＋物流"的价值链盈利模式，通过价值链中各平台之间的资源转移与交叉补贴，使企业实现盈利。焦点科技的价值链盈利模式如图 1-12 所示。

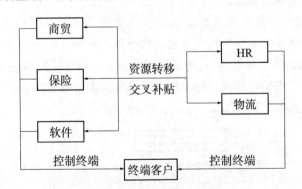

图 1-12 焦点科技的价值链盈利模式

3) 业务单元专业化的盈利模式

业务单元专业化的盈利模式下，企业致力于 B2B 电子商务的专业领域，以便提高企业的服务质量与客户的满意度。一般中小企业在开展 B2B 电子商务过程中，由于企业资金规模有限，常采用业务单元专业化的盈利模式实现企业利润最大化。大型企业在开展 B2B 电子商务业务之初，也多采用这种盈利模式。

中药材天地网是全球唯一集"中药材商品市场信息采集与分析、中药材信息资讯与咨询、中药材商品网上交易和线下撮合"于一身的最大的行业信息及电子商务平台，是成都天地网信息科技有限公司旗下的网站。该公司主要营运中药材天地网，并辅以仓储式代购代销的线下服务，同时还开发了一套监控药材价格的计算机软件，以及中药材价格变化技术分析软件，为客户提供优越的信息平台和供求平台。中药材天地网不仅已经发展成为行业内最大的网上药材交易中心，更是成为中国最权威的药材信息中心，该网站每日发布原创性的产地信息、各地药材集贸市场信息以及各类品种技术分析信息，是行业内唯一可以在全国范围内采集准确信息的一家行业网站。中药材天地网的价值链盈利模式如图 1-13 所示。

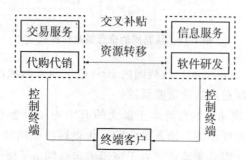

图 1-13　中药材天地网的价值链盈利模式

4)"小门户＋联盟"的盈利模式

"小门户＋联盟"是以专业网和综合网共同组成的平台体系为基础诞生的一种创新型 B2B 电子商务盈利模式，其在精准锁定用户群体的基础上，能够有机贯通产业链，大大提升用户做成生意的概率。

"小门户＋联盟"的盈利模式是由网盛生意宝携手专业网站建立的一种盈利模式。网盛生意宝与大量优秀专业网站建立紧密战略合作，向所有的达成合作的专业网站赠送联盟网站提供的"综合 B2B 服务"，满足了用户真正的需求，可以让用户获得专业的资讯与精确的商机，并能平等地将各行业网站的内容、流量等资源有效整合。网盛生意宝的价值链盈利模式如图 1-14 所示。

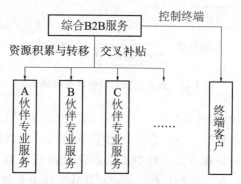

图 1-14　网盛生意宝的价值链盈利模式

1.3.2 B2C 电子商务模式

1. B2C 概述

B2C 是企业对消费者的电子商务模式，这种形式的电子商务一般以网络零售业为主，主要借助于 Internet 开展在线销售活动，一般是商家与顾客之间的商务活动，也就是通常所说的"网上购物网站"。企业、商家可充分利用电子商城提供的网络基础设施、支付平台、安全平台、管理平台等共享资源有效地、低成本地开展自己的商业活动。它是电子商务按交易对象分类中的一种，即表示商业机构对消费者的电子商务。

B2C 电子商务通过互联网为消费者提供一个新型的购物环境——网上商店，消费者可以进行网络购物、网上支付。由于这种模式节省了客户和企业的时间与空间，大大提高了交易效率。B2C 电子商务的付款方式是货到付款与网上支付相结合，而大多数企业的配送选择物流外包方式以节约运营成本。随着用户消费习惯的改变以及优秀企业示范效应的促进，网上购物用户不断增长，2016 年中国网络购物用户规模达到 5 亿人，比 2015 年同比增长 8.6%，2016 年网络购物市场中 B2C 市场交易规模为 2.97 万亿元，在中国整体网络购物市场交易规模中的占比达到 54.9%。

2. B2C 商务模式

可以从不同角度对 B2C 的电子商务模式进行分类和探析。

1) 从企业和消费者买卖关系的角度分析

(1) 卖方企业—买方个人的电子商务模式。这是商家出售商品和服务给消费者个人的一种电子商务模式。在这种模式中，商家首先在网站上开设网上商店，公布商品的品种、规格、价格、性能等，或者提供服务种类、价格和方式，由消费者个人选购，下订单，在线或离线付款，商家负责送货上门。这种网上购物方式可以使消费者获得更多的商品信息，虽足不出户却可货比千家，买到价格较低的商品，节省购物的时间。当然这种电子商务模式的发展需要高效率和低成本的物流体系的配合。这种方式中比较典型的代表就是全球知名的亚马逊网上书店（http://www.amazon.com）。

(2) 买方企业—卖方个人的电子商务模式。这是企业在网上向个人求购商品或服务的一种电子商务模式。这种模式应用最多的就是企业用于网上招聘人才，如许多企业在深圳人才市场网、智联招聘等网站上发布招聘信息。在这种模式中，企业首先在网上发布需求信息，然后由个人上网洽谈。这种方式在当今人才流动量大的社会中极为流行，因为它建立起了企业与个人之间联系的平台，使得人力资源得以充分利用。

2) 从交易客体的角度分析

(1) 无形商品和服务的电子商务模式。计算机网络本身具有信息传输和信息处理功能，无形商品和服务（如电子信息、计算机软件、数字化视听娱乐产品等）一般可以通过网络直接提供给消费者。无形商品和服务的电子商务模式主要有网上订阅模式、广告支持模式和网上赠予模式。

① 网上订阅模式。消费者通过网络订阅企业提供的无形商品和服务，并在网上直接浏览或消费，这种模式主要被一些在线企业用来销售报纸杂志、有线电视节目等。网上订阅模式主要有以下几种：在线出版、在线服务、在线娱乐。

② 广告支持模式。在线服务商免费向消费者提供在线信息服务，其营业收入完全靠网站上的广告来获得。这种模式虽然不直接向消费者收费，但却是目前最成功的电子商务模式之一。Yahoo 等在线搜索服务网站就是依靠广告收入来维持经营活动的。对于上网者来说，信息搜索是其在 Internet 的信息海洋中寻找所需信息最基础的服务。因此，企业也最愿意在信息搜索网站上设置广告，通过单击广告可直接到达该企业的网站。采用广告支持模式的在线服务商能否成功的关键是使用该在线搜索服务网站的用户规模是否大，网页能否吸引大量的广告，能否吸引广大消费者的注意。

③ 网上赠予模式。这种模式经常被软件公司用来赠送软件产品，以扩大其知名度和市场份额。一些软件公司将测试版软件通过 Internet 向用户免费发送，用户自行下载试用，也可以将意见或建议反馈给软件公司。用户对测试版软件试用一段时间后，如果满意，则有可能购买正式版本的软件。采用这种模式，软件公司不仅可以降低成本，还可以扩大测试群体，改善测试效果，提高市场占有率。

(2) 有形商品和服务的电子商务模式。有形商品是指传统的实物商品，采用这种模式，有形商品和服务的查询、订购、付款等活动在网上进行，但最终的交付不能通过网络实现，这种电子商务模式也叫在线销售。目前，企业实现在线销售主要有两种方式：一种是在网上开设独立的虚拟商店；另一种是参与并成为网上购物中心的一部分。有形商品和服务的在线销售使企业扩大了销售渠道，增加了市场机会。与传统的店铺销售相比，即使企业的规模很小，网上销售也可将业务伸展到世界的各个角落。网上商店不需要像一般的实物商店那样保持很多的库存，如果是纯粹的虚拟商店，则可以直接向厂家或批发商订货，省去了商品存储的阶段，从而大大节省了库存成本。

3. B2C 电子商务盈利模式

B2C 电子商务模式决定了 B2C 电子商务企业的盈利模式，不同类型的 B2C 电子商务企业其盈利模式是不同的，B2C 盈利模型如图 1-15 所示。

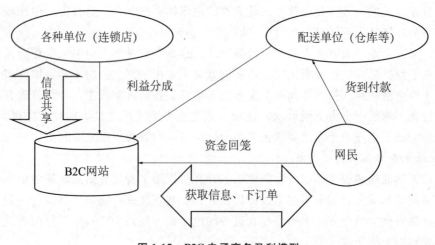

图 1-15　B2C 电子商务盈利模型

一般来说，B2C 电子商务企业主要是通过以下几个方面获得盈利。

(1) 销售本行业产品。通过网络平台销售自己生产的产品或加盟厂商的产品。商品制造企业主要是通过这种模式扩大销售,从而获取更大的利润,如海尔电子商务网站。

(2) 销售衍生产品。销售与本行业相关的产品,如中国饭网出售食品相关报告、就餐完全手册;莎啦啦除销售鲜花外,还销售健康美食和数字产品。

(3) 产品租赁。提供租赁服务,如太阳玩具开展玩具租赁业务。

(4) 拍卖。拍卖产品收取中间费用,如汉唐收藏网为收藏者提供拍卖服务。

(5) 销售平台。接收客户在线订单,收取交易中介费,如九州通医药网、书生之家。

(6) 特许加盟。运用该模式,一方面可以迅速扩大规模,另一方面可以收取一定加盟费,如当当、莎啦啦、E康在线、三芬网等。

(7) 会员。收取注册会员的会费,大多数电子商务企业都把收取会员费作为一种主要的盈利模式。

(8) 广告。为企业发布广告,目前广告收益几乎是所有电子商务企业的主要盈利来源。这种模式成功与否的关键是其网页能否吸引大量的广告,能否吸引广大消费者的注意。

(9) 咨询服务。为业内厂商提供咨询服务,收取服务费,如中国药网、中药通网站等。

1.3.3 C2C电子商务模式

1. C2C概述

C2C是指消费者与消费者之间进行的电子商务或网上事务合作活动。这类电子商务或网上事务合作主要借助一些特殊的网站在个人与个人之间开展事务合作或商业交易。这里所指的个人可以是自然人也可以是商家的商务代表。目前,C2C电子商务模式主要有网上拍卖、第三方交易平台和分类广告三种。

C2C以1999年易趣成立为标志,采用C2C电子商务模式的网站主要有Ebay易趣、淘宝、拍拍等公司。C2C电子商务模式是一种个人对个人的网上交易行为,C2C采用的运作模式是通过为买卖双方搭建拍卖平台,按比例收取交易费用,或者提供商务平台给个人在上面开店铺,以会员制的方式收费。

另外,C2C电子商务模式的特点也类似于现实商务世界中的跳蚤市场,参加者将自己用过的或者暂时用不上的东西通过网络进行交换或者买卖,并没有固定的商品或者是固定价格的商品。C2C电子商务营运商在网上搭建一个平台,为买卖双方架起一座桥梁,并从每笔成功的交易中抽取提成。但是C2C电子商务运营商一般不提供物流配送,而是由买卖双方在网上谈条件,事后在网下直接见面交易或者利用第三方物流配送,而采用哪种支付方式由买卖双方自己解决。C2C电子商务模式的框架结构如图1-16所示。

从图1-16可以看出,C2C电子商务模式的业务完成需下列步骤:

(1) 消费者通过虚拟交易平台发布或选择商品;

(2) 交易双方通过讨价还价来决定商品的价格,达成交易;

(3) 交易双方通过网络或其他方式完成付款;

(4) 商品转移(物流配送或见面交易)。

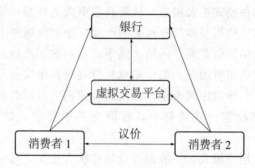

图 1-16 C2C 电子商务模式的框架结构图

2. C2C 商务模式

1) 网上拍卖

网上拍卖是典型的 C2C 电子商务交易模式,是 20 世纪 90 年代从美国兴起的一种电子商务形式,其最大的特点是将传统拍卖方式与互联网相结合,将拍卖的交易场所转移到网络上来,突破了传统拍卖的时间和空间限制。网上拍卖是传统拍卖在互联网上的延伸,是现代信息技术在传统拍卖业中的应用。

2) 第三方交易平台

第三方交易平台是由独立的第三方搭建的电子商务平台,方便个人在交易平台上开设网店,以会员制的方式收费,也可通过广告或其他增值服务收取费用。卖家只需登录交易平台,按照要求注册成为用户,填写开店信息,根据个人喜好对店铺进行网页设计,最后发布就完成了开店的过程。这种运作模式不需要用户在前期投入大量资金,只需要有能够上网的计算机即可。淘宝网就是这一模式的典型代表。

3) 分类广告

分类广告网站一般针对企业发布广告信息收费,个人发布信息是免费的,广告浏览者同时也是免费的,如智联招聘、58 同城等。收费的分类广告网站通常具有较高的可信度,而不收费的分类广告的可靠性有待验证,而且垃圾信息较多。

3. C2C 盈利模式

C2C 电子商务盈利的手段主要有收取会员费、交易提成、广告费、搜索排名竞价、支付环节收费和"首页黄金铺位"推荐费。

1) 会员费

会员费也就是会员制服务收费,是指 C2C 网站为会员提供网上店铺出租、公司认证、产品信息推荐等多种服务组合而收取的费用。由于提供的是多种服务的有效组合,比较能适应会员的需求,因此这种模式的收费比较稳定。费用第一年交纳,第二年到期时需要客户续费,续费后再进行下一年的服务,不续费的会员将恢复为免费会员,不再享受多种服务。

2) 交易提成

交易提成是 C2C 网站的主要利润来源。因为 C2C 网站是一个交易平台,它为交易双方提供机会,就相当于现实生活中的交易所、大卖场,从交易中收取提成是其市场本性的体现。

3）广告费

企业将网站上有价值的位置用于放置各种类型广告，根据网站流量和网站人群精度标定广告位价格，然后再通过各种形式向客户出售。如果 C2C 网站具有充足的访问量和用户黏度，广告业务会非常大。但是 C2C 网站出于对用户体验的考虑，均没有完全开放此业务，只有个别广告位不定期开放。

4）搜索排名竞价

C2C 网站商品的丰富性决定了购买者搜索行为的频繁性。搜索的大量应用就决定了商品信息在搜索结果中排名的重要性。由此便引出了根据搜索关键字竞价的业务。用户可以为某关键字提出自己认为合适的价格，最终由出价最高者竞得，在有效时间内该用户的商品可获得竞得的排位。只有卖家认识到竞价为他们带来的潜在收益，才愿意花钱使用。

5）支付环节收费

支付问题一向是制约电子商务发展的瓶颈，直到阿里巴巴推出了支付宝才在一定程度上促进了网上支付业务的开展。买家可以先把预付款通过网上银行打到支付公司的个人专用账户，待收到卖家发出的货物后，再通知支付公司把货款打入到卖家账户，这样买家不用担心收不到货还要付款，卖家也不用担心发了货而收不到款。而支付公司就按成交额的一定比例收取手续费。

6）"首页黄金铺位"推荐费

Alexa 是一家专门发布网站世界排名的网站。根据 Alexa 网站统计分析，除了目的性较强的上网者外，有 70% 的上网者只是观看一个网站的首页。所以网站首页的广告铺位和展位都具有巨大的商业价值。对于 C2C 网站首页的"黄金铺位"，网站可以定价销售也可以进行拍卖，购买者或者中标者可以在规定时间内在铺位上展示自己的商品。

1.3.4 O2O 电子商务模式

1. O2O 概述

当人们渐渐接受从购物网站上选中一件商品，通过在线支付，购买的商品通过物流公司送到人们手中的消费方式时，在享受这种购物方式所带来的便捷、低价、低交易成本的优势的同时，也被其无法提供商品的直观体验、假货横行、图片与实物不符的弊端所困扰。为解决这些问题，一种新的电子商务模式 O2O 模式诞生。

O2O 即通过线上营销、线上购买来带动线下经营和消费，线上营销是指利用互联网平台发布商品及服务信息，特别是商品打折信息，为互联网用户推送线下商店的消息，并将其转换为自己的线下客户，消费者对其购买的商品和服务进行在线支付；而线下则是指让消费者亲自到实体店去享受线上消费的服务。

2. O2O 商务模式

O2O 商务模式如图 1-17 所示，该模式将电子商务和传统消费有机结合起来，将互联网作为线下交易的前台。从表面上看，O2O 商务模式似乎只是在网络上发布信息，但实际上，O2O 商务模式的核心是在线预付，试想如果缺乏在线支付的功能，互联网公司将难以统计自己的业绩。就团购而言，若没有在线支付的功能，O2O 企业将缺少向商家收取佣金的依据，这样一来就很容易引发商业纠纷。在线支付不仅是某次消费最终形成的唯一标志，而且还是消费数据唯一可靠的考核标准。在电子商务中，任何一种模式都是在消费者进行在线支付后，才形成完整的网上交易。可见，在线支付是O2O模式中极其重要的一环。

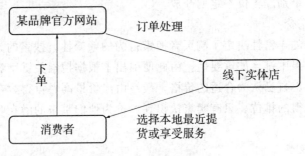

图 1-17　O2O 商务模式

O2O 电子商务的参与者，包括消费者、商家、第三方服务提供商和O2O运营商，他们之间的合作与分工关系可由图 1-18 清晰地表现出来。

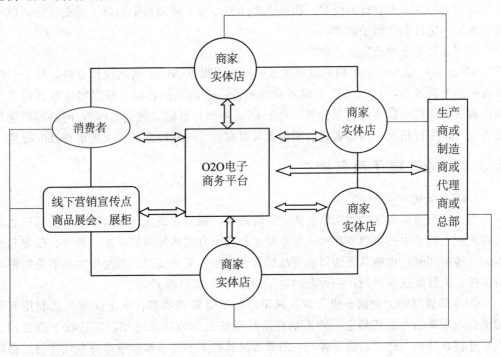

图 1-18　O2O 参与者之间的合作与分工关系

3. O2O 商业模式

1）O2O 交易型销售模式

该模式以团购为典型范例。随着 O2O 模式的迅速发展，网络团购尤为突出，已成为典型代表。团购是一种以打价格战为主的销售模式，打折销售是其突出的优势。团购型的 O2O 也是通过提供信息、服务预订以及打折等方式，为互联网用户推送线下实体店的消息，组织其抱团采购，使他们成为线下客户。O2O 交易型销售模式具有两个特点，一是产品同质化，二是价格是交易的唯一焦点。

2）O2O 顾问型销售模式

与交易型销售模式不同，顾问型销售模式主要强调利润而不是成本。顾问型销售模式的营销战略是建立在产品差异化和服务差异化的基础上，常采用差异化营销手段。此外，该模式强化品牌、广告和体验。①强化网络品牌宣传，通过 O2O 来带动线下销售；②利用 O2O 营造广告效应。O2O 模式必须在下单后再进店，这样就容易对线上推广效果做出正确的评判。对商家而言，加入 O2O 无疑是做定向广告推广；③利用 O2O 营造较好的线上体验，O2O 模式本身就具有提供良好用户体验的优势。

4. O2O 盈利模式

1）商品销售

在团购网站上直接销售商品，货源可以自行采购或与商家合作，从而获得商品销售利润，这种盈利模式是把传统方式和网站运作相结合，从而实现盈利。

2）团购项目佣金

团购网站利用自身的优势，能够吸引有意向的商家和潜在消费者。团购网站会规定达成团购的有效人数，并且规定达到不同人数规模后，团购网站收取部分佣金，这是团购网站的核心利润。

3）团购网站广告

团购类网站除了具有区域性特征外，它的受众一般都是具备消费能力、有购买欲望的人群，因此，团购网站是商家进行广告宣传的最佳平台。

4）分站加盟

团购网站发展到一定规模可提供授权给加盟者成立分站，为加盟者提供网络平台、运作经验、共享网站品牌等，在获得加盟费的同时也扩大了自身规模的影响力。

1.3.5 移动电子商务

移动电子商务是指利用手机、掌上电脑等移动通信设备与因特网结合后进行的电子商务活动。 它将因特网、移动通信技术、短距离通信技术以及其他信息处理技术完美地结合在一起，使人们能够在任何时间、任何地点进行各种网上交易活动，实现了随时随地、线上线下的购物与交易。移动电子商务是电子商务在移动互联网上的应用，是电子商务的一种延伸，但绝不能认为移动电子商务是电子商务的一种简单扩展。移动电子商务在很多方面具有传统电子商务所不能媲美的优势，比如移动性、及时性、个性化、定位性、可识别性等。移动电子商务模式将在本书的第 7 章进行详细讲解。

1.3.6 跨境电子商务

跨境电子商务是指分属不同国家的交易主体，利用现代信息技术通过电子商务平台达成交易、进行支付结算，并通过跨境物流送达商品、完成交易的一种国际商业活动。电子商务交易在很大程度上克服了地理空间对商业的限制，在全球经济一体化进程日益加快的今天，跨境电子商务成为推动国际贸易的重要手段。跨境电子商务不仅冲破了国家间的障碍，使国际贸易走向无国界贸易，同时它也正在引起世界经济贸易的巨大变革。对企业来说，跨境电子上网构建的开放、多维、立体的多边经贸合作模式，极大地拓宽了进入国际市场的路径，大大促进了多边资源的优化配置与企业间的互利共赢；对于消费者来说，跨境电子商务使他们非常容易地获取其他国家的信息并买到物美价廉的商品。跨境电子商务将在本书的第8章进行详细讲解。

1.3.7 电子商务模式的创新

随着电子商务的不断发展、市场结构以及消费观念的不断变化，电子商务模式也在不断地变化。在追求个性化需求与服务的电子商务新时代，电子商务已经衍生出多种新的运营模式。

1. "1＋N"电子商务模式

"1＋N"电子商务模式，这里的"1"是指一个独立自主经营的网上商城，即自主式电子商务模式，"N"是指在多个第三方电子商务平台上搭建网店，即平台式电子商务模式。随着国内网上购物用户规模的不断扩大，相应的企业运营效率也越来越高，企业客户量也越来越大，这时第三方平台上的运营管理缺陷和企业自主权缺少等问题显现出来了，平台式电子商务无法满足企业用户的电子商务需求，这就导致平台式电子商务发展遇到瓶颈。一些企业用户开始将目光更多地投放在独立于第三方平台之外的自主式电子商务上，采用"1＋N"的电子商务模式，可使企业获得更加深入的发展。

例如，电子商务品牌网站——凡客诚品就属于"1＋N"电子商务模式，它既有独立自主经营的网上商城，同时还依托天猫商城进行在线销售。对于企业而言，自主式电子商务是能够为自己培养忠诚客户的"商城"，而第三方平台则相当于"网店"，能够为企业带来更多的销售额和知名度。将二者结合起来，实现"1＋N"电子商务模式，将成为市场发展的趋势和企业商家的诉求。

2. BAB 电子商务模式

BAB电子商务是基于B2B电子商务提出的新的电子商务模式，它的目的是创造一个有信用的电子商务环境。BAB电子商务模式中的A即业务代理机构（agent），A不是BAB网站平台本身，而是由网站平台、数字认证系统、银行、有信誉的物流企业、质检机构及企业信誉评估机构组成的集合体。这个集合体以其各自承担的责任及技术上的可靠性，建立了BAB平台的信用体系，为用户提供新型电子商务的全过程、全方位服务，例如全程风险控制（CA认证中心）、资源配置服务、个性化推荐服务等。

BAB电子商务模式中的第二个B也可以换成C，即BAC电子商务模式。BAC电子商务模式是通过整合知名厂家的高品质产品资源和全国优秀渠道代理商资源，借助终端发展 VIP 会员，通过 VIP 会员卡服务消费者，实现厂家、代理商、客户互利共赢的新型电子商务模式。

3. D2C 电子商务模式

1）经销商对消费者

D2C 可以看作是 B2D（business to distribution）和 D2C 的整合，主要包含了三层关系：首先是企业与经销商之间的供销关系，即企业可通过平台掌握各经销商库存与销售状况，并将网民的订单转交至经销商手上，这时经销商就可以通过平台向企业发出订货；其次是经销商与消费者之间的买卖关系，经销商在接到转移订单之后，根据临近消费者的终端销售点，实现最终的线下配送交易；最后是企业与消费者之间的主客关系，企业通过平台，与消费者形成互动。

2）消费者 DIY

其核心概念是普通用户针对所用产品体验心得自主进行推荐分享，主要借助互联网进行互动推荐活动，并且通过推荐获得积分、消费券或者现金的一种新型的电子商务模式，如社区化电子商务网站美丽说、蘑菇街。

3）设计师对消费者

D2C 设计师对消费者，是指设计师直接面对客户（可以是中间客户也可以是终端客户）的一种新型商品销售模式，通过构建设计师与客户直接沟通的在线销售商务平台，由设计师直接传达自己的设计理念和相关设计产品，达到出售原创产品的目的，使设计师的原创设计价值得以充分体现，客户得到人性化的贴心服务，最终形成设计师、网络运营商、制造企业与终端客户全新的价值链，成为极具市场潜力的新一代电子商务主流新模式之一。

另外，还有很多种电子商务的创新模式，比如 EM2C（工厂网络直销）、B2B2C、BAC 等，此处不再一一赘述。当然，伴随着互联网的普及、网上交易平台的日益完善，还会出现更多的电子商务创新模式。

4. 众筹电子商务模式

众筹，原是指艺术创作者们为创作筹措资金的手段。随着互联网技术的不断发展，传统的众筹与互联网思维相融合，形成了现代众筹模式。一般来说，现代众筹模式是一种社会大众通过互联网为企业和个人发起的项目进行小额投资的一种新模式，其往往由筹款人、投资人和平台构成。与传统众筹相比，现代众筹具有门槛低（对筹款人和投资人无身份、地位、职业、年龄、性别等诸多限制）、多样性（众筹的项目不再局限于艺术作品，往往涉及多个领域）、依靠大众力量（支持者通常是普通的民众，而非公司、企业或是风险投资人）、注重创意（筹款人必须先将自己的创意达到可展示的程度，才能通过平台的审核）等特性。

典型的众筹电子商务模式案例是美国的 Kickstarter 网站。2009 年 4 月，Yancey Strickler、Charles Adler 和 Perry Chen 三位合伙人在美国纽约创立了 Kickstarter 网站。Kickstarter 网站致力于支持和激励创新性、创造性、创意性的活动。通过网络平台面对公众募集小额资金，让有创造力的人有可能获得他们所需要的资金，以便实现他们的梦想。随着众筹与电子商务的进一步融合，众筹模式也在不断细化演进，具体可以分为产品众筹、股权众筹、债权众筹等。

1) 产品众筹

产品众筹是指投资人将资金投给筹款人用以开发或实现某种产品（或服务），待该产品（或服务）开始对外销售或已具备对外销售的条件的情况下，筹款人按照约定将开发或实现的产品（或服务）无偿或以低于成本的方式提供给投资人的一种众筹方式。产品众筹的商业逻辑是建立在以客户为中心的基础上的。客户需求成了价值链上的第一环，并驱动价值链后续环节的展开。通过产品众筹，筹款人可以直接了解目标客户的真实需求，有针对性地逐步改进产品（或服务），直到产品（或服务）被目标客户接受，并愿意在产品（或服务）生产前预先支付购买的款项。从本质上来说，产品众筹是一种团购＋预售模式。典型的产品众筹网站有京东众筹、淘宝众筹和苏宁众筹等。

2) 股权众筹

股权众筹是指筹资人通过互联网渠道面向普通投资人出让一定比例的股份，投资人则通过出资入股，获得未来收益的一种众筹模式。股权众筹的另一种解释就是"私募股权互联网化"。从股权众筹是否有担保来看，可将股权众筹分为两类：无担保股权众筹和有担保股权众筹。无担保股权众筹是指投资人在进行众筹投资的过程中没有第三方提供相关权益问题的担保责任。有担保股权众筹是指股权众筹项目在进行众筹的同时，由第三方公司提供相关权益的固定期限的担保。目前国内基本上都是无担保股权众筹。典型的产品有京东东家、蚂蚁达客等。

3) 债权众筹

债权众筹是投资人和筹资人双方按照一定利率和必须归还本金等条件出借货币资金的一种众筹模式。债权众筹的典型模式就是通过 P2P 借贷平台，使多位投资人对 P2P 网站上的项目进行投资，按投资比例获得债权，并获取未来利息收益和收回本金。典型的债权众筹产品有人人贷、陆金所等。

5. 社交电子商务模式

随着社交媒体技术的快速发展，社交媒体技术与电子商务深度融合催生出社交电子商务模式。社交电子商务模式是指在社交媒体情境下借助社交网站、社交媒介、网络媒介等传播途径，利用社交媒体技术进行人际关系、商业信息流的互动，通过社交互动、用户自生内容等手段来辅助商品的购买和销售行为的新型电子商务模式。社交电子商务将关注、分享、沟通、讨论、互动等社交化的元素应用于电子商务交易过程。在社交电子商务模式里，每一个人都是消费者、分享者、传播者和销售者。从本质来说，社交电子商务模式打破了传统商业模式中非常清晰的销售者和消费者的界限，使之统一在社交电子商务的每一个参与者身上。从社交关系强度上来分，社交电子商务有两种模式，一种是强关系的社交电子商务，即通过微信、QQ 等渠道本身的社交属性达成裂变式传播的效果，以较低的成本延长产品的生命周期以及活跃度。另一种是弱关系的社交电子商务，即以兴趣爱好为纽带来实现电子商务运营，这类社交电子商务起源最早，例如美丽说与蘑菇街，最初是导购平台，之后转型为社交电子商务模式。

1.4 电子商务对社会经济的影响

作为一种不同于传统方式的新型交易方式,电子商务将生产企业、流通企业以及消费者和政府带入了一个数字化的虚拟空间,使人们不再受地域、时间的限制,从而以非常简捷、快速的方式完成较为繁杂的商务活动,它将人工操作和电子信息处理集成为一个不可分割的整体,从而优化了资源配置,提高了商务系统运行的严密性和效率。电子商务的发展对社会经济生活产生的影响是多方面的。

1. 电子商务改变了商务活动的方式

传统的商务活动最典型的情景就是"推销员满天飞""采购员遍地跑""说破了嘴、跑断了腿",消费者在商场中筋疲力尽地寻找自己所需要的商品。现在,通过互联网人们只要按下鼠标,就可以进入网上商场浏览、采购各类商品,而且还能得到在线服务;商家们可以在网上与客户联系,利用网络进行货款结算服务;政府还可以方便地进行电子招标、政府采购等。

2. 电子商务改变了人们的消费方式

网上购物的最大特征是消费者的主导性,购物意愿掌握在消费者手中;同时消费者还能以一种轻松自由的自我服务的方式来完成交易,消费者主权可以在网络购物中充分体现出来。

3. 电子商务改变了企业的生产方式

由于电子商务采用一种快捷、方便的购物手段,消费者个性化、特殊化的需要可以通过网络展示在生产厂商面前,为了满足顾客个性化需求,企业纷纷发展和普及电子商务,最终目的是能够实现按照用户的不同要求提供商品,利用网络提供顾客个性化服务。

4. 电子商务改变和正在改变着厂家生产过程的组织与管理

生产过程的组织与管理处于物流链条的中间位置,它也同样受到电子商务的深刻影响。企业生产流程输出端与输入端的巨大变化,必然带来中间端的巨大变化。为了适应电子商务所引起的输入端与输出端的变化,企业生产流程的再造必不可免。事实上,虚拟企业的出现,就已经将生产过程的组织方式进行了细化,使部分生产活动外化,从而导致生产流程的再造。

5. 电子商务将给传统行业带来一场革命

电子商务是在商务活动的全过程中,通过人与电子通信方式的结合,极大地提高了商务活动的效率,减少了不必要的中间环节,传统的制造业借此进入小批量、多品种生产的时代,"零库存"成为可能;传统的零售业和批发业开创了"无店铺"的网上营销新模式;各种线上服务为传统服务业提供了全新的服务方式。

6. 电子商务将带来一个全新的金融业

由于在线电子支付是电子商务的关键环节,也是电子商务得以顺利发展的基础条件,随着电子商务在电子交易环节上的突破,网上银行、银行卡支付网络、银行电子支付系统以及电子支票、电子现金等服务,将传统的金融业带入一个全新的领域。1995年10月,全球第一家网上银行"安全第一网络银行"(Security First Network Bank)在美国诞生,这家银行没有建筑物,没有地址,营业厅就是首页画面,员工只有10人,与总资产超过2 000亿美元的美国花旗银行相比,"安全第一网络银行"的资产简直是微不足道,但与花旗银行不同的是,该银行所有交易都透过互联网进行,1996年存款金额达1 400万美元。

7. 电子商务将转变政府的行为

政府承担着大量的社会、经济、文化的管理和服务的功能,尤其作为"看得见的手",在调节市场经济运行,防止市场失灵带来的不足方面起着很大的作用。在电子商务时代,当企业应用电子商务进行生产经营,银行的金融电子化,以及消费者实现网上消费的同时,将对政府管理行为提出新的要求,电子政府或称网上政府,将随着电子商务发展而成为一个重要的社会角色。

另外,在电子商务市场中,形成工农差别、城乡差别(时差、地差)的重要障碍被消除,因此有利于实现共同富裕。

总而言之,作为一种商务活动过程,电子商务将带来一场史无前例的革命。其对社会经济的影响会远远超过商务本身,除了上述这些影响外,它还将对就业、法律制度以及文化教育等带来巨大的影响,电子商务将使人类真正进入信息社会。

1.5 我国发展电子商务面临的主要问题及解决措施

1.5.1 我国电子商务发展面临的主要问题

1. 我国电子商务发展仍处在初级阶段

1) 基础设施建设依然落后

在基础设施建设方面,我国的网民渗透率、宽带上网渗透率、国际出口带宽、手机和手机上网渗透率等指标仍然在国际排名中处于中等水平,和发达国家相比,我们的差距还很大。

2) 电子商务应用处在较低水平

在电子商务应用水平方面,我国网民的网购率水平还比较低,网上交易额和社会零售商品总额的比例也处在低位;企业信息化水平也有待提高,在企业销售、采购和管理环境中尚未大面积普及电子商务。

3) 传统品牌面临网上渠道和传统渠道价格冲突的难题

网购的爆发式增长也吸引了传统品牌企业的注意。然而,传统品牌在网上和传统渠道进行销售时,面临着价格的矛盾和冲突,核心矛盾是线上产品的定价问题。如果线上产品定价太高,商品就没有竞争力;但是如果线上产品定价较低,势必会影响传统渠道的价格体系,引起传统经销商的不满。另外,由于传统渠道的地域性造成产品价格差别，会导致网上窜货现象严重，影响传统经销商利益。最后是从事品牌商品服务的网站良莠不齐，会损害企业的品牌形象。

2. 配套环境还需改善

1）电子商务人才供需矛盾依然没有解决

企业开展电子商务的过程中，人才匮乏依然是主要问题，人才不足是影响企业电子商务应用的一个重要因素。企业需要的是掌握传统商务手段与现代商务手段的复合型人才，而高校培养的学生缺乏传统商务和实践能力。

2）物流仍然是制约电子商务行业发展的瓶颈

国内第三方物流企业在规模、服务水平、服务扩展性等方面都落后于电子商务的发展要求，致使物流业与电子商务的发展出现衔接不顺畅、发展不协调的问题。

3）网上支付服务尚需完善和深化

尽管网上支付在用户规模和交易额方面取得了突破性增长，但是，网上支付服务仍然需要完善和提高。目前存在的主要问题包括：服务品种单一、功能同质化、用户操作烦琐；支付安全尚存隐患，系统建设、管理制度、突发事件预防等尚没有形成完善、可靠的安全体系；金融机构对网络支付发展趋势认识不足，缺乏动力和推动积极性；网络支付缺乏标准，无法实现信息共享和规模效应；网络金融的监管机制不健全；网络支付相应的法律、法规发展滞后。

4）缺乏健全的信用机制

网络购物过程中，诚信问题已成为阻碍电子商务发展的重要瓶颈。假货的存在，也降低了消费者的网购欲望。

5）安全问题仍然是制约电子商务发展的头号障碍

安全问题的存在和法律的缺乏，无疑加大了电子商务活动的风险，也严重制约了电子商务的持续快速发展。虽然社会各界都积极采取各种措施，维护电子商务交易安全，但是，电子商务交易安全问题，并没有彻底解决。

6）法律法规尚需建立和完善

电子商务是新兴领域，但是，它涉及物流、资金流和信息流，对生产、生活的影响重大。我国在电子商务立法方面，虽然做了一些尝试和努力，如颁布的《电子签名法》，但是我国在电子商务方面的立法依然明显滞后。不仅是已有立法的范围只覆盖了很小的领域，而且立法的效力层次也较低。

7）原有利益关系阻碍电子商务发展

电子商务在经过初步探索和发展后，面临着更快速的发展阶段。但是，电子银行、电子支付、物流、交易安全、信用体系等环境建设问题制约着电子商务的发展。这些问题反映出一方面是我国市场经济先天发育不足，培育良好的电子商务发展环境需要一个过程；另一方面是电子商务在市场上运作发展到一定程度以后，和原来既有的利益结构、政策规定发生了摩擦和碰撞。

1.5.2 我国电子商务发展的措施

1. 完善政策法律环境，加强引导

加强组织建设、法律法规、财税、投融资环境的完善，推动网络仲裁、网络公证等法律服务与保障体系建设；打击电子商务领域的非法经营以及危害国家安全、损害人民群众切身利益的违法犯罪活动，保障电子商务的正常秩序，完善电子商务投融资机制。

2. 加快电子商务支撑体系建设，推进企业信息化

我国应加快与电子商务相配套的信用、认证、标准、支付、物流等支撑体系的建设。严格信用监督和失信惩戒机制；实现行业、地方等安全认证机构的交叉认证；参与国际标准的制定和修正；推进在线支付体系建设，发展现代物流体系。应分别从推进骨干企业、行业、中小企业和消费者的电子商务应用入手。以产业链为基础，以供应链管理为重点，整合上下关联企业相关资源，实现企业间业务流程的融合与信息系统的互联互通；探索行业电子商务发展模式，建立行业信息资源共享和交换机制，促进行业内有序竞争与合作；扶持服务于中小企业的第三方电子商务服务平台建设。

3. 提升电子商务技术与服务水平

积极引进、消化和吸收国外先进适用的电子商务应用技术，开展电子商务工程技术研究、成果转化、咨询服务、工程监理等服务工作，逐步建立和完善电子商务统计和评价体系，推动电子商务服务业健康发展。

4. 加强宣传教育培训

电子商务是信息化与传统商务的有机结合，需要大量既掌握现代信息技术又精通现代商贸理论与实务的复合型人才。目前，开展电子商务活动的主要障碍之一是人们对计算机和网络知识的缺乏，必须加大计算机普及教育，扩大宣传，让更多的人认识计算机、认识网络、了解电子商务。

本章小结

本章主要介绍了电子商务的产生与发展，电子商务定义及相关内容，电子商务的应用模式，电子商务对社会经济的影响，以及我国发展电子商务面临的主要问题及解决措施。

本章的重点在于电子商务定义以及电子商务的应用模式。**狭义的电子商务是指人们利用电子手段进行的以商品交换为中心的各种商务活动**，包括商品和服务的提供者、广告商、消费者、中间商等有关各方行为的总和，**主要利用 Internet 从事商务活动**。广义的电子商务是指各行各业中各种业务的电子化，又可以称为电子业务，包括电子政务、电子军务、电子教务、电子公务等。目前电子商务的应用模式主要有 B2B 模式、B2C 模式、C2C 模式、O2O 模式、移动电子商务、跨境电子商务，以及一些创新的电子商务应用模式。

电子商务将生产企业、流通企业及消费者和政府带入了一个数字化的虚拟空间，使人们不再受地域、时间的限制，从而能以非常简捷、快速的方式完成较为繁杂的商务活动，优化了资源配置，提高了商务系统运行的严密性和效率，对社会经济各个方面都将产生重大的影响。

我国电子商务目前仍处在初级阶段，相关的配套设施需要完善，需要政府、企业、人才等各方面协商共同解决。

关键词

电子商务；B2B；B2C；C2C；O2O。

 习题

一、选择题

1. 以下不属于无形商品和服务的电子商务模式的是（　　）。
   A. 网上订购模式　　B. 在线销售模式　　C. 网上赠予模式　　D. 广告支持模式
2. 企业间网络交易的电子商务模式是（　　）。
   A. B2C　　　　　B. B2B　　　　　C. C2C　　　　　D. P2P
3. 以下（　　）是电子商务的优点所在。
   A. 电信带宽不足
   B. 个人之间可以更方便地进行远程访问
   C. 顾客可能会质疑电子商务的安全
   D. 电子商务的理论和实践都在不断改进中
4. 电子数据交换的简称是（　　）。
   A. EFT　　　　　B. EDI　　　　　C. NET　　　　　D. EC
5. 以下（　　）不属于消费者在网上商店进行购物的操作。
   A. 浏览产品　　　B. 选购产品　　　C. 订购产品　　　D. 信息发布
6. "电子商务是实现业务和工作流自动化的技术应用"，其对电子商务定义的角度是（　　）。
   A. 业务流程　　　B. 服务　　　　　C. 通信　　　　　D. 在线
7. 类似于现实商务世界中的跳蚤市场的电子商务模式是（　　）。
   A. B2C　　　　　B. C2C　　　　　C. G2B　　　　　D. B2B
8. 电子商务通过快捷、高效的信息处理手段可以比较容易地解决（　　）（信息交换）、（　　）（所有权转移）和（　　）（支付）的问题。
   A. 信息流 商流 资金流　　　　　　B. 信息流 物流 商流
   C. 数据流 商流 资金流　　　　　　D. 数据流 物流 资金流
9. 下列不适合电子商务的业务是（　　）。
   A. 软件、音像制品的购销　　　　　B. 时装和易腐食品的购销
   C. 旅游服务的促销　　　　　　　　D. 出版业务
10. 从技术上分析，下列不属于 B2C 购物系统需要具备的基本要素是（　　）。
    A. 安全机制　　　B. 支付系统　　　C. 购物引擎　　　D. 娱乐系统
11. B2B 模式的特点不包含（　　）。

A. 传输的信息可能涉及个人机密

B. 用户群固定，操作人的真实身份明确，客户信息真实可靠，详细准确

C. 传输的信息涉及商业机密或企业机密

D. 商务活动中需要协商和签署具有法律效应的合同、协议等

12. 电子商务就是指（　　）。

  A. 商务电子化　　B. 网上交易　　C. 网上商务　　D. 在线贸易

13. 一种能够将线上虚拟经济与线下实体经济全面融合的商业模式是（　　）。

  A. 团购　　　　B. O2O 模式　　C. C2B　　　　D. 1+N

14. 下列选项中不属于 B2C 网络购物平台的是（　　）。

  A. 库巴　　　　B. 苏宁易购　　C. 京东商城　　D. 淘宝

二、思考题

1. 如何认识和理解电子商务的概念？

2. B2C 电子商务可分为无形商品和服务的电子商务模式以及有形商品和服务的电子商务模式，两者各有哪些具体的商务模式？

3. 何为 C2C 商务模式？电子商务交易平台供应商在 C2C 商务模式中扮演了什么角色？

4. O2O 商务模式未来的发展方向是什么？

5. 电子商务中各个应用模式如何实现盈利？

6. 电子商务对人类的工作和生活产生了哪些影响？

实战演习——使用电子商务相关网站查找信息

1. 实验目的

能够使读者了解电子商务信息的相关网站，能够找到电子商务发展的相关信息和数据。

2. 实验要求

登录指定网站，查找中国互联网发展状况统计报告，另外读者可以自行查找自己感兴趣的内容。

(1) 中国互联网络信息中心（http：//www.cnnic.cn/）；

(2) 中国互联网数据平台（http：//www.cnidp.cn/）；

(3) 中国电子商务研究中心（http：//www.100ec.cn）；

(4) 艾媒咨询（http：//www.iimedia.cn/）。

扩展阅读

1. 2016 年中国电商十大新闻事件和启示及 2017 年电商行动指南。

链接网址：http://blog.sina.com.cn/s/blog_a5274ef10102x6si.html.

2. 新华网北京1月8日电（薛涛）2017年我国快递业务量完成401亿件，同比增长28%；业务收入完成4 950亿元，同比增长24.5%。马军胜表示，党的十八大以来，我国快递业务量从57亿件增长到401亿件，连续4年稳居世界第一，包裹快递量超过美、日、欧等发达经济体。

链接网址：http://www.xinhuanet.com/politics/2018-01/08/c_1122228648.htm.

3. 中国电子商务研究中心

中国电子商务研究中心主要发布电子商务研究的相关信息，包括电子商务、网络零售、O2O、电子商务服务、互联网金融、电子商务研究、电子商务专家等栏目，聚合网络各界力量，关注电子商务发展，深化电子商务研究，服务电子商务事业。相关内容请登录中国电子商务研究中心网站进行查找，阅读。

链接地址：http://www.100ec.cn.

第2章 电子商务社会支撑环境

学习目标：
1. 理解电子商务的经济环境；
2. 掌握信用体系的建立；
3. 了解人文环境在电子商务中的作用；
4. 理解电子商务中的政策与法律环境。

引导案例

电商行业热点侵权案例

案例一：跨境网购火热，产品质量、服务难保证

通过京东全球购、天猫国际、淘宝全球购、苏宁海外购、亚马逊中国、丰趣海淘、Hai360海外购等跨境网购平台购买进口商品成为众多消费者的选择。但出现产品质量差、售后服务差等问题，联系客服成为难题，不是客服电话无人接听就是网站上无止境的排队等候回复。

案例二：微商"杀熟经济"模式遭质疑，被央视曝光

近几年涌现微商大军，微信朋友圈等社交圈成为熟人经济的滋生地。然而由于监管缺乏、营销方式混乱、产品质量参差不齐，微商购物成为用户投诉的热点，假货、次品、欺诈等问题接踵而来，微商变成"杀熟经济"，甚至被冠上了"传销"的头衔。

案例三：海淘转运风险大，丢了货找谁？

日渐火爆的海淘带火了一批转运公司，相比其他物流方式，转运覆盖大部分电商网站和商品种类，在时效性和价格方面相对于走国际平邮的直邮有先天的优势。然而由于转运周期长、服务参差不齐、清关等原因，很多消费者的海淘商品最终都没有拿到手，造成钱货两失，而维权之路漫漫。

案例四：携程网、去哪儿网机票"潜规则"：高额退票费成"霸道条款"

登录携程网、酷讯网、淘宝旅行网、去哪儿网等OTA平台后均可发现，提供高退改签费或不可退改签特价机票的情况不在少数,已成为行业潜规则。

案例五:美团"黑作坊"被指无证经营,暴露外卖平台食品安全问题

美团外卖下属的天外飞鲜,在没有任何证照的情况下,从事餐饮制作和食品销售,天外飞鲜除了本身没有餐饮服务许可证,目前正在销售的产品,也没通过生产经营许可,即QS或SC认证。

案例六:分期乐、趣分期质量差、退款慢,大学生分期消费市场猫腻多

大学生消费分期平台从2013年开始进入爆发期,学生群体基数很大,据统计,全国在校大学生人数约为3 000万人。但目前校园分期行业处于监管真空,分期乐、趣分期、优分期、人人分期、爱学贷等校园分期平台存在手机质量不过关、退款缓慢、售后服务效率低下等诸多问题,频频遭到用户的投诉。

案例七:e租宝非法吸存涉案金额500亿元,P2P行业现跑路潮

2015年12月8日,北京某公司运营的"e租宝"平台以及关联公司在开展互联网金融理财业务过程中,涉嫌违法经营活动,非法吸收资金500多亿元,涉及的投资金额和受害人数更是惊人。

(资料来源:http://b2b.toocle.com/detail-6317747.html,资料经过整理和删减)

电子商务赖以发展的环境主要包括社会支撑环境和网络技术支撑环境两大部分。没有社会支撑,电子商务就像无水之鱼,无法生存;没有网络技术支撑,电子商务就无法实现,就会回归传统商务。本章主要介绍社会支撑环境,网络技术支撑环境将在第3章介绍。

2.1 信息化环境

2.1.1 企业信息化

1. 企业信息化概述

企业信息化是指企业在生产、经营、管理和决策的过程中,不断开发和广泛应用信息和网络技术,使企业经济效益和竞争能力不断提高的过程,是企业开展电子商务的前提条件。企业信息化的内容包括产品设计信息化、资源管理信息化、决策信息化和信息化的人力资源培养等诸多方面。企业是否能够利用电子商务带来良好的经济效益和社会效益,依赖于企业信息化的水平。

企业信息化是由一系列要素构成的,这些要素的成熟度和作用效果决定了企业信息化的发展水平、应用水平和效用发挥。企业信息化的要素可以分为两大类,分别是内部要素和外部要素。

1)企业信息化的内部要素

(1)信息基础设施。信息基础设施是决定企业的信息能力和信息化水平的重要因素,它由硬件、软件和网络构成。

(2) 信息资源。一种是内部信息资源；另一种是外部信息资源。

(3) 信息化人员。企业信息化的建设，不仅需要专业的工程师，而且也对相关员工的信息技能提出了较高要求。企业信息化需要的是企业全体员工的参与，以及全体员工信息意识的建立。

2) 企业信息化的外部要素

(1) 社会信息基础设施。企业信息化向网络化和电子商务发展的趋势，使得企业对外部网络和通信设施的依赖性日益增强。信息基础设施，特别是通信和网络基础设施的发展水平、运行效率将对企业信息化产生重要影响。

(2) 外部供应商。外部供应商包括计算机和通信设备供应商、软件供应商（ISV）、软件开发商、系统集成商、咨询顾问公司、信息系统监理商等。外部供应商的专业化程度将极大地影响企业信息化建设的投资效率、开发效率和技术的先进性和实用性。

(3) 政策法规与标准规范。尽管企业信息化是以企业为主体、以市场机制为导向的一种自发过程，但是，政府的投资政策、税收政策、技术产业政策、法律法规、标准规范等也将对企业信息化建设的效率产生广泛而深刻的影响。

2. 电子商务与企业信息化的关系

企业要想开展电子商务，必须从企业信息化建设入手，企业只有真正实现自身的信息化，才有能力参与电子商务市场竞争。因此，企业信息化是实现电子商务的基础，发展电子商务一定要与企业自身的信息化水平相结合。

1) 企业信息化是实现电子商务的基础

企业在集成一体化的信息系统基础上，利用互联网及其他现代化通信技术建立企业之间的动态联盟，开展电子商务。如果企业没有建立自身的信息系统，就不可能实现电子商务。例如，企业没有基本的原辅料库存管理信息系统，就不能与材料供应商进行电子交易；没有良好的客户信息管理系统，就很难有效地进行网络营销和售后服务。

2) 企业信息化为电子商务提供支持

企业如果没有基础的信息化技术和专门的人才，其电子商务就很难发展。电子商务涉及许多技术，如 Internet 技术、网络通信技术、网络安全技术、信息认证技术、电子支付技术等。企业信息技术和人才不到位，就会使电子商务的发展面临很大的困难。因此，要发展电子商务就必须首先推进企业信息化建设。

3) 电子商务是企业信息化建设的助推器

企业信息化建设需要大量的资金，而电子商务有助于降低企业的交易成本，可以为企业节约资金，这就为企业信息化建设提供了有利的条件。

4) 企业信息化与电子商务相互制约

由于电子商务与传统企业的经营模式有很大的区别，传统企业通过信息化开展电子商务，就必须依靠信息技术和现代管理思想来重构自身的组织架构、业务流程、经营策略等。对企业而言这是极具挑战的工作。传统企业在利用信息技术时，很容易依循工业化的思路，单纯追求信息技术的自动化应用，造成由于对信息技术的投资，影响企业电子商务的进一步实施。电子商务在实施的过程中要求企业在技术、资金、人力资源等方面都达到一定的要求,这给企业管理和企业信息化建设带来更大的压力,在发展电子商务的同时,企业信息化建设也面临着更大的挑战。

5) 企业信息化和电子商务共同为国民经济服务

企业信息化是国民经济信息化的基础,电子商务是国民经济信息化的核心内容,要正确处理好两者之间的关系,使之相互促进、共同发展。推进国民经济信息化,要做好企业信息化、金融电子化和电子商务这三个方面的工作。企业信息化是基础,金融电子化是保证,而电子商务则是核心。电子商务是一项新生事物,在发展过程中,既有本身的新问题,又有与现有体制的矛盾,作为国民经济信息化基础的企业信息化还需加强建设,企业信息技术和人才的缺乏又阻碍着电子商务发展的步伐。因此,需要正确处理各种矛盾,使企业信息化和电子商务共同为国民经济服务,共同为国民经济的发展做出贡献。

2.1.2 金融信息化

经过十余年的探索和发展,我国的电子商务已经由最初的 C2C、B2C 类网络购物,延伸到更为广阔的 B2B 领域,越来越多的传统企业开始依托电子商务来改善自身产、供、销的整体效率。在这一趋势下,如何能让资金流转得更快,以适应新时代企业发展的需要,既是企业面对的现实挑战,也是企业实现超越发展的机遇所在。金融信息化时代的到来,使得以信息技术优化流动资金管理成为可能。

作为电子商务三流(信息流、资金流、物流)之一的资金流,金融信息化应用程度是发展电子商务的关键。**金融信息化是指金融机构在其为客户提供金融服务和进行经营管理的过程中,通过对信息资源的深入开发和广泛运用,使金融机构通过信息网络开展业务,为广大企事业单位和社会大众提供各种金融信息服务,包括网上银行、电子现金、电子票据、电子支付与结算等。**在电子商务中,企业对企业、企业对消费者、消费者对消费者进行交易时,消费者要在网上直接购物,商品交易的过程完全在网络环境下的虚拟市场完成,支付过程和支付手段必须完全电子化,因此必须通过网上支付这种新的支付方式。

一个良好的金融信息化环境除了要提供更好的各类增值服务以外,还必须保障网上银行的运营安全、金融信息传输安全以及个人隐私安全等。

2.1.3 税收信息化

1. 税收信息化的内涵

税收信息化是将信息技术广泛应用于税务管理、深度开发和利用信息资源,提高管理、监控、服务水平,并由此推动税务部门业务重组、流程再造、文化重塑,进而推进税务管理现代化建设的综合过程。税收信息化的内涵可以概括为以下几个方面。

(1) 税收信息化是税务管理改革与信息技术运用相互结合和互相促进的过程,以技术创新为驱动,在税务管理中广泛地采用现代信息技术手段。

(2) 税收信息化是个技术创新的过程,同时也是个管理创新的过程,将引发管理变革,推动建立与之相适应的人文观念、组织模式、管理方式和业务流程。

(3) 税收信息化的核心在于有效利用信息资源,只有广泛采集和积累信息,迅速流通和加工信息,有效利用和繁衍信息,才能提高管理、监控、服务效能。

(4) 税收信息化是以实现税务管理现代化为目标,它既是实现管理现代化的强大推动力,又是管理现代化有机的组成部分,因而税收信息化不仅包括税收征管业务的信息化,还应包括税务行政管理的信息化。

2. 税收信息化的目的

(1) 利用现代信息技术改造生产方式,大幅度提高劳动生产率。

(2) 利用信息技术强化信息采集、处理、传输、存储和信息资源的使用,提高管理、监控、服务的效能。

(3) 利用现代信息技术使管理方式发生根本性变革,影响和促进人类发展和进步。

3. 税收信息化建设的主要内容

税收管理信息化建设的主要内容,概括起来就是"一个平台,两级处理,三个覆盖,四个系统"。

1) 一个平台

一个平台是指建立一个包含网络硬件和基础软件的统一的技术基础平台。主要任务是逐步建立覆盖总局、国地税各级机关以及与其他政府部门联通的网络,形成基于因特网的纳税人服务网络平台,建设硬件设备平台,构建电子税务应用组件平台,建立安全管理和运行维护体系,以保证税收工作在统一、安全、稳定的网络化平台支撑下平稳运行。

2) 两级处理

两级处理是指依托统一的技术基础平台,结合各地的实际情况,逐步建立总局、省税务局两级数据处理中心和以省税务局为主、总局为辅的数据处理机制,实现涉税电子数据在总局、省税务局两级的集中存储、集中处理和集中管理。

3) 三个覆盖

三个覆盖是指应用内容逐步覆盖所有税种、税务工作重要环节、各级国税局地税局并与有关部门联网。逐步实现税务管理信息系统对国税、地税局管理的所有税种、税务工作的重要环节进行全面、有效的电子监控,并实现与有关部门的联网,以保证税收工作便捷、规范、高效运行。

4) 四个系统

四个系统是指通过业务的重组、优化和规范,逐步形成一个包括征收管理、行政管理、外部管理、决策管理系统在内的四个信息管理应用系统。建立以税收征管业务为主要处理对象的税收征收管理应用系统,以外部信息交换和为纳税人服务为主要处理对象的外部信息管理应用系统,以税务系统内部行政管理事务为处理对象的税务行政管理应用系统以及面向各级税务机关税收经济分析、监控和预测的税务决策支持管理应用系统,以满足税务工作多层面、全方位的应用需求。

就像企业信息化是企业电子商务发展的基础一样,目前大多数发展中国家的国家信息化基础还非常薄弱,还无法面对全球化的电子商务环境以及相应的电子税收体系的运营,特别是与电子政务相关的体系。例如,专门的电子商务税务登记制度;网络申报和税款结算制度,完善的电子账簿,要求纳税人在网上交易进行会计记录等。因此,大部分发展中国家希望对电子商务征收关税,从而保护民族产业和维护国家权益。

2.2 经济环境

1. 国民经济生产总值

改革开放以来,中国国民经济快速增长。2016 年,全年国内生产总值 744 127 亿元,比 2015 年增长 6.7%。全年人均国内生产总值 53 980 元,比 2015 年增长 6.1%。全年国民总收入 742 352 亿元,比 2015 年增长 6.9%。国民经济总体呈现"增长速度较快、经济效益较好"的良好发展态势,经济社会发展的协调性日益增强。尽管世界经济发展仍面临一些不稳定、不确定因素,国内经济运行中也存在一些矛盾和问题,但总体上有利于我国经济发展的积极因素仍居主导地位,国民经济仍将保持平稳较快发展。如图 2-1 所示。

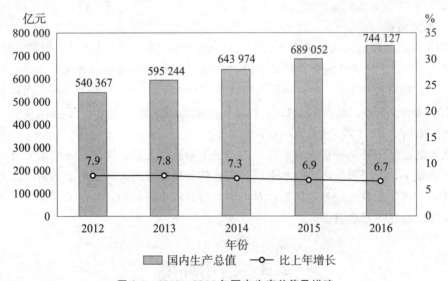

图 2-1 2012—2016 年国内生产总值及增速

2. 国民收入

2016 年,全年全国居民人均可支配收入 23 821 元,比 2015 年增长 8.4%,扣除价格因素,实际增长 6.3%;按常住地分,城镇居民人均可支配收入 33 616 元,比 2015 年增长 7.8%,扣除价格因素,实际增长 5.6%;农村居民人均可支配收入 12 363 元,比 2015 年增长 8.2%,扣除价格因素,实际增长 6.2%;按全国居民五等份收入分组,低收入组人均可支配收入 5 529 元,中等偏下收入组人均可支配收入 12 899 元,中等收入组人均可支配收入 20 924 元,中等偏上收入组人均可支配收入 31 990 元,高收入组人均可支配收入 59 259 元;贫困地区农村居民人均可支配收入 8 452 元,比 2015 年增长 10.4%,扣除价格因素,实际增长 8.4%。全国农民工人均月收入 3 275 元,比 2015 年增长 6.6%。如图 2-2 所示。

图 2-2 2011—2016 年全国居民人均可支配收入

3. 国民消费

2016 年，全国居民人均消费支出 17 111 元，比 2015 年增长 8.9%，扣除价格因素，实际增长 6.8%。按常住地分，城镇居民人均消费支出 23 079 元，增长 7.9%，扣除价格因素，实际增长 5.7%；农村居民人均消费支出 10 130 元，增长 9.8%，扣除价格因素，实际增长 7.8%。恩格尔系数为 30.1%，比上年下降 0.5 个百分点，其中城镇为 29.3%，农村为 32.2%。

从当前的经济环境分析来看，在国内经济平稳适度发展、国民收入和消费支出稳定提升的背景下，电子商务将向更加适应当前经济发展需求的方向发展。同时，随着城镇和农村居民可支配收入的不断增加，对生活品质要求不断提高，对电子商务产品个性化和品质需求也在不断提升。

2.3 信用环境

信用环境是指企业与企业之间、企业和个人之间以及个人与个人之间的信任关系和信用程度。 信用关系作为现代社会生活中一种最普遍的经济关系，蕴含着行为主体信守约定的道德意识及道德规范，体现着行为主体自觉、主动履行承诺或践行约定的道德规范。

传统商务与电子商务的核心区别在于从事商务活动各方的信息沟通方式。传统商务的信息沟通方式的特点是可面对面的或可感知的，如声音（电话）、签字（传真）等，而电子商务的信息沟通方式的特点是无须见面和不可感知，仅为电子信息。这种不可感知的信息沟通方式降低了从事商务活动各方对履约能力信任的预期，也为各方提供可能发生违约的客观环境和条件。因此，必须加快电子商务信用体系的建立，为电子商务的发展营造一个安全的环境，以推动电子商务的健康快速发展。

1. 中国电子商务信用体系现状

当前全球电子商务发展正处于飞速发展时期，中国也是如此。网络技术对经济活动带来的深刻影响已经不可逆转，电子商务以自身独特的魅力正在逐步改变着传统的交易方式。在电子商务全球化的发展趋势中，电子商务交易的信用危机也悄然袭来，虚假交易、假冒行为、合同诈骗、网上拍卖哄抬标价、侵犯消费者合法权益等各种违法违规行为屡屡发生，这些现象在很大程度上制约了我国电子商务快速、健康的发展。

2005 年，我国第一部企业信用管理体系标准《商贸企业信用管理技术规范》出台，它是我国第一部规范企业信用管理制度，制定了企业信用管理技术的行业标准。

2008 年，是中国改革开放 30 周年，又是中国建设市场经济体制的第 15 个年头。2008 年奥运会在中国成功举办，中国信用 4·16 高峰论坛暨第四届全国信用体系建设经验交流年会成功举行。随着征信系统建设的逐渐完善，个人信用记录也已成为银行为个人提供信贷服务的"决策者"。个人信用信息基础数据库是由中国人民银行组织商业银行建立的个人信用信息共享平台，目前已经实现全国联网，其日常运行和管理由征信中心承担。它就像一个"信用信息仓库"，采集、保存、整理个人信用信息，为商业银行和个人提供信用报告查询服务，为货币政策、金融监管提供统计信息服务。

随着科技的飞速发展，互联网络的快速普及，各信用网站在信用体系建设中起到了很大作用，为广大使用者所接受。我国比较权威的信用网站——信用中国，开设了信用动态、政策法规、联合惩戒、信用服务、信用研究和信用知识栏目，用户可自行进入门户网站，进行查询学习等。

2. 我国信用管理主要问题

完善健全的信用管理体系包括国家关于信用方面的立法、执法，政府对征信行业的监督管理，行业自律等方面。我国在信用管理体系方面存在的问题比较突出，并未建立起健全的征信管理体系，缺乏有效的失信、违规行为监督惩罚机制。我国尚处于信用制度建立的初级阶段，各个方面还是不太规范，存在的主要问题有以下几点。

1) *市场化运作模式虽已初露端倪，但运作存在不规范现象*

就企业诚信来说，我国已初步形成了不同类型的诚信公司按照商业化原则在市场上开展竞争的格局，目前已有中国诚信证券评估有限公司、大公国际资信评估有限责任公司、联合资信评估有限公司等知名征信机构。然而与之相配套的监管体制相对落后，缺乏对征信机构、征信活动有效的管理，出现了一些征信机构采取低价格、高回扣、高评级的手段抢夺市场，使评级结果成为一种可以买卖的商品的不规范的情况。

2) *未形成有效的行政管理机制*

多头管理现象仍然存在，管理要求不一，给企业增加了不必要的管理负担。同时，各部门未形成合力，又缺少对整个行业行使统一管理的行政管理部门。

3) *行业自律尚未形成*

从事征信行业的队伍总体素质和水平偏低，缺乏对从业人员必要的管理以及行使行业标准制定、行业国际交流的职能机构。

3. 建立电子商务信用管理体系的重要意义

1) *有利于促进企业信用管理体系的建立*

企业是电子商务交易中的主体，建立企业电子商务信用管理体系，无疑会更大程度地促进企业信用管理体系的建立。因为企业内部的信用管理体系包含企业电子商务信用管理，它们之间的大部分是共存的，如对信息化程度的要求、客户的信用评估、授信、客户档案管理，同时，两者建立的目的都是对客户进行风险控制，提升企业竞争力，更好地开拓市场。因此，电子商务信用管理体系的建设会促进企业信用管理体系的科学化、规范化。

2）促进电子商务交易快速、健康发展

目前，我国从事电子商务的传统企业非常少，加入WTO之后，企业还涉及与国际接轨的问题，实现电子商务则成为企业的必然选择。然而，在全球电子商务快速发展的同时，我国电子商务交易出现了恶意欺诈、假冒行为等众多违法行为，严重影响了我国企业开展电子商务交易的进程，必须要加强对网上交易商的身份进行验证，促进我国电子商务交易的快速发展。

3）提升企业国际竞争力的需要

加入WTO后，竞争日益激烈，外国企业来势汹汹，国内传统企业要立足本国，走向世界，就必须加入到电子商务的大军中去，加速企业信息化建设进程。国内贸易中有很多不规范的现象，包括企业间支付、三角债等，而相对来讲，国际贸易的规则比较健全，支付等方面的信用度较高。在海外众多企业都在利用电子商务手段从事跨国贸易时，我们如不尽快改变这种传统的交易方式，不但会失去更多的市场份额和竞争优势，还将被迫退出在国际市场上竞争的舞台。目前，大多数中小企业都有强烈的需求，但鉴于网上用户身份验证难的问题，他们有订单不敢发货，有需求不敢签单，有单证不敢结算等。通过电子商务信用管理体系的建设，可使企业有足够的信心从事和开展电子商务活动，从而达到提升企业竞争力的目的。

4）电子商务信用管理体系建设的相关政策建议

电子商务的信用管理体系建设是社会信用体系的重要内容。我国电子商务企业还没有形成与社会主义市场经济相适应的诚信意识，从电子商务的流程看，信息、交易、支付款、物流等每个环节都存在信用风险。从交易对象看，有企业和个人等每个交易对象也都有信用风险存在，所以应积极开展电子商务信用管理体系建设的探索工作，加快研究电子商务信用管理体系，包括：研究和制定交易规则、企业内部风险管理控制机制、客户和供应商的信用分析与管理等，确保电子商务交易的安全可靠。此外，还要强化政府对企业电子商务的信用监管，探索电子商务信用管理体系的相关立法，积极开展对电子商务企业，包括电子商务平台服务商、信息服务类网站、电子商务交易商等的征信和评级工作，制定和实施电子商务企业信用信息标识制度等。

4. 构建电子商务信用体系的思路

1）政府应实施积极的电子商务政策

政府应实施积极的电子商务政策，设立全国电子商务协调指导小组，统一协调全国电子商务推进工作。建议国家设立全国电子商务协调指导小组作为推进我国电子商务发展的常设机构，统一协调各部门、各行业和各地区的电子商务发展的相关政策法规，并注意发挥地方政府的作用，以城市和行业电子商务试点为突破点，加强推广工作。

2）以大中型企业和传统产业为先导，加快实施企业内部信息化

我国电子商务的发展应以大中型企业和传统产业的内部信息化为依托，通过基于电

子商务平台的供应链和产业生态群带动中小企业开展电子商务活动。要重点抓好示范工程，注重改造企业传统的生产管理模式，优化企业流程，培育企业核心竞争能力。

3）构建网上信用销售评估模型

在电子商务交易之前，首先通过两种方式评估客户信用，一种方式是根据客户的财务报表进行评估，另一种方式是开发出适合本行业特点和本企业特征的信用评估系统。目前我国大多数企业还只是停留在感性认识阶段，只有一部分外贸企业吸收了最近几年的经验教训，已经开始重视收集客户的信息资料，并取得了良好的效果：应收账款逾期率、坏账率大幅下降，企业效益明显回升。

4）加强网上客户档案管理

我国企业不能及时根据用户信息的变化及时调整信用额度，使得优良的客户订单得不到增加；也不利于及时发现信誉较差的客户，造成坏账损失，给企业蒙上了一层阴影。

5）完善第三方支付

第三方支付优势在于利益中立，商业模式比较开放，能够满足不同企业的商业模式变革，帮助商户创造更多的价值。第三方支付是以银行的服务为基础，与银行合作，向大大小小的企业提供个性化的电子支付服务，为银行发展面向用户的增值服务。很显然，银行的个性化服务成本仍然较高，一些银行操作起来成本高的业务，对第三方支付服务商可能是盈利的业务。建立和实现安全、简单、大众化的电子支付功能，是我国电子商务发展的要求，这应该是政府、银行和支付服务商共同的责任。作为行业的管理者，政府和央行并不是行业创新的主体，应该更多发挥政策的支撑作用。

电子商务需要社会信用体系，没有社会信用体系支持的电子商务风险极高，这极大阻碍了我国电子商务的发展，建立电子商务的信用管理体系，就成为一种需求，一种目标，一项任务。

2.4 人文环境

人文环境是专指由于人类活动不断演变的社会大环境，是人为因素造成的、社会性的，而非自然形成的。电子商务发展需要人的参与，其发展水平与网络的普及、大众参与、人才培养及媒体宣传密切相关。

1. 网络的普及

根据中国互联网络信息中心（CNNIC）在北京发布的第41次《中国互联网络发展状况统计报告》，截至2017年12月末，中国网民规模达7.72亿人，手机网民规模达7.53亿人，中国网民普及率达到55.8%，超过全球平均水平（51.7%）4.1个百分点，超过亚洲平均水平（46.7%）9.1个百分点。手机网民规模达7.53亿人，较2016年年底增加5734万人。网民中使用手机上网人群的占比由2016年的95.1%提升至97.5%，网民手机上网比例继续攀升。

2. 大众参与

电子商务得以发展和普及的主要标志是大众参与的程度，虽然我国网民数量已经成为世界第一,但参与网上交易的网民数量还不足三成。因此需要不断扩大电子商务大众参与的热情和可持续投入。

(1) 建立面向社会大众的电子商务网站信用评估中介,对电子商务网站的服务和产品的质量给予客观公正的评价,并以量化的方式向大众公布。在评估过程中,既要注重评估中的公正、客观,又要建立一套集各方面评估结果于一身的综合评估体系。

(2) 培养全社会的诚信意识和信用消费习惯。电子商务由于是在虚拟化环境下进行的,相对于传统商务更需要诚实守信。需要积极稳妥地引导消费者采用先进的信用消费手段。如果更多人接受了这种电子信用支付模式,就会逐渐将这种消费行为演化为习惯,而这种习惯会大大提高人们的诚信意识,会推进电子商务诚信机制的日益完善。

(3) 建立信用奖惩机制。对信誉良好的网站企业给予优惠政策,对于失信网站和个人,应让其受到应有的处罚,并对其进行重点监管,同时将失信企业或个人的不良行为记录在案,让失信者引以为戒,不再重犯。

3. 人才培养

电子商务发展不仅需要参与网民的数量,更重要的是网民的质量。目前社会大众学习电子商务知识除了一般普及性教育和接受被动的宣传教育以外,主要包括学历教育和职业培训两条人才培养途径。

1) 学历教育

在学历教育方面,截至 2015 年年底,开设电子商务专业的学校已达 592 所,有近百所学校招收该专业的硕士或博士研究生。不过,在目前电子商务人才培养中存在的问题也很突出,应该引起有关电子商务人才培养单位的关注和重视。

(1) 师资严重缺乏。电子商务课程的大多数教师是从计算机、网络、管理、营销或其他专业转来的,其知识储备大多来自目前出版的一些电子商务书籍,很不系统,很不深入,再加上大多人没有电子商务实务的经验,不少教师在从事电子商务教学时显得勉为其难。

(2) 培养方向模糊。许多培养单位甚至不能很清楚地说出其培养的电子商务人才将来究竟能够具体从事什么工作,或者培养目标宽泛,试图培养出"万能型的"电子商务人才,这是非常不现实的。

(3) 课程设置欠佳。由于缺乏对电子商务的广泛、深入的理解,课程设置的随意性很大,其问题主要表现在两个方面:一是将现有的有关技术和商务方面的课程简单堆砌在一起,缺乏有机结合的系统特性;二是强于书本而弱于实务,缺乏必要的案例教学和实际操作能力的培养。

2) 职业培训

中国电子商务协会在教育部的支持下,成立了中国电子商务技能委员会。制定了电子商务职业技能标准,组织开展了电子商务的职业技能培训,推出电子商务培训认证、电子商务职业经理人等行业培训项目。目前开展职业技能培训和认证的还有中国商业联合会开展的商业电子商务师职业资格认证、阿里巴巴推出的企业电子商务认证等。

电子商务人才培养开始呈现遍地开花的态势,有学校教育,也有社会教育;有课堂方式的教育,也有网络化的远程教育;有学历教育,也有非学历教育,这些都大大坚实了我国今后电子商务应用与发展的人才基础。

4. 媒体宣传

电子商务极大地推进了中国社会经济的发展和创新体系的建设,国务院信息化工作办公室等各级政府和部门积极推动电子商务发展的进程,社会媒体和宣传机构也在推动电子商务大众化的过程中起到了重要的作用。

1) 商务部

高度重视电子商务的宣传和推广工作,积极主办 APEC 电子商务会议、电子商务高级研讨会等多个年度会议,每两年组织发布的《中国电子商务报告》,真实客观地反映了我国电子商务的发展现状。

2) 中国电子商务协会

中国电子商务协会每年召开一次的国际电子商务大会,已经在国内外产生了较大的影响。

3) 阿里巴巴

作为中国电子商务发展的典型代表和拥有几千万电子商务用户的行业龙头,从 2005 年开始,阿里巴巴每年与中国电子商务协会和政府联合举办网商大会,开展评选年度十大网商和举办各类论坛,很大程度上推动了网民深入参与电子商务的能动性,也提升了企业本身的层次。

2.5 政策与法律环境

电子商务从起步开始就受到了各国政府的高度重视,先后出台了从政策立法到经济扶植的各项措施。由于电子商务是在虚拟市场环境下交易双方进行的一种不谋面的商务活动,这种虚拟市场的特性决定了要保障这种活动规范和有序进行,法律体系的基本框架至少应包括以下几个方面的内容:数字签名法规;电子凭证法规;电子文件公证法规;电子商务商家法规;网上经营和服务法规;网上个人隐私和消费者权益保护法规;网上知识产权法规;电子商务安全法规。

2.5.1 电子商务法概述

1. 电子商务法概念

由于电子商务活动的发展变化异常迅速,而人们对它的认识需要有个过程,并且观察角度不同,因而缺乏关于电子商务法的一个普遍被接受的定义。

1) 广义的电子商务法

广义的电子商务法,是与广义的电子商务概念相对应的,它包括所有调整以数据通信方式进行的商事活动的法律规范。其内容极其丰富,至少可分为调整以电子商务为交易形式的和调整以电子信息为交易内容的两大类规范。前者如联合国国际贸易法委员会的《电子商务示范法》(也称狭义的电子商务法),后者如联合国贸法会的《电子资金传输法》、美国的《统一计算机信息交易法》等。

2) 狭义的电子商务法

从便于立法和研究角度出发可以认为，**电子商务法是调整以数据通信为交易手段而形成的因交易形式所引起的商事关系的规范体系。**

1996年联合国国际贸易法委员会《电子商务示范法》的颁布为各国电子商务立法提供了包括原则和框架在内的示范文本。同时，该示范法也可用来解释妨碍电子商务的现有国际公约和其他国际机制。随后，相关世界组织和国家纷纷出台了一系列的电子商务相关法律和法规，为电子商务健康稳定的发展提供了法律基础。我国也陆续制定和完善了电子商务相关法律法规，2005年4月1日实施的《中华人民共和国电子签名法》在电子商务法的发展中具有里程碑的意义。

2. 电子商务法律的任务

1) 为电子商务发展创造良好的法律环境

电子商务的发展需要通过法律加以鼓励、引导、促进。因此，通过立法，为电子商务的主体提供交易规则，充分发挥现代科学技术在商务活动中的作用，从法律上为电子商务创造良好、宽松的经营环境，是电子商务法律的基本任务。

2) 保障电子商务交易安全

交易安全是交易主体决定选择利用网络进行电子商务的最重要的因素。没有安全，就没有电子商务的存在与发展。安全性原则要求与电子商务有关的交易信息在传输、存储、交换等整个过程不被丢失、泄露、窃听、拦截、改变等，要求网络和信息保持可靠性、可用性、保密性、完整性、可控性和不可抵赖性。网络和电子商务的开放性、虚拟性和技术性使得网络和电子商务过程中的信息和信息系统极易受到攻击。因此，保证电子商务交易安全是电子商务法律的重要使命。

3) 鼓励利用现代信息技术促进交易活动

电子商务法的目标包括：促进电子商务的普及（或为此创造方便条件），平等对待基于书面文件的用户和基于数据电文的用户，充分发挥高科技手段在商务活动中的作用。这些目标都是促进经济增长和提高国际、国内贸易效率的关键所在。因而，电子商务法的目的不是从技术角度来处理电子商务关系，而是创立尽可能安全的法律环境，以便有助于电子商务参与各方之间高效率地开展贸易活动。

3. 电子商务法律建设过程

为了保证电子商务健康正常的发展，电子商务的法律建设应该逐步实施以下几个步骤。

1) 以法规带动法律建设

在一些法律作用还不明确的地方，为慎重起见，先制定相应的法规，条件成熟时再制定相应的法律。

2) 以地方法规建设为先导

条件成熟和发达的地区，可先行试点，制定地方的法规，然后再逐步完善地方立法，求得实施中的经验，促进地方相应法律的建设。

3) 建设重要的行业和部门的法规

比如有关网上安全和电子媒介方面的部门性的全国法规可以先行颁布执行，以加快电子商务的法律保障的建设工作。

4) 数字签名和认证法律法规应尽快出台

为了防止虚假买卖和信任危机的问题,应尽快颁布实施数字签名和认证的法律法规,以扫除电子商务具体实施中的障碍。

5) 建立电子商务仲裁机制

一部由中国国际经济贸易仲裁委员会颁布的《中国国际经济贸易仲裁委员会网上仲裁规则》2009年5月1日起正式施行,该规则特别适用于解决电子商务争议。对于电子商务、计算机数据、应用软件等IT案件,网上仲裁具有明显的技术优势。电子商务争议最适合通过网上仲裁来解决,因为交易双方常常相隔遥远,而交易过程中会保留完整的通信痕迹。网上仲裁可以保证公正、快速地解决纠纷,有利于全社会层面上的电子商务的发展。

2.5.2 电子商务交易中存在的法律问题

电子商务交易中的法律问题主要包括电子合同的效力和履行、电子合同作为证据的效力和种类、电子签名的效力和交易主体身份的认证等。

1. 电子签名

1) 电子签名法制定

在电子商务中,由于通过计算机网络以数据电文传递交易信息,不可能采用传统的手书签名、盖章方式,为此人们创造了在数据电文中用电子数据"签名"的技术,以其作为保证网上交易安全的重要手段。这种签名是否具有与手写签名同等的法律效力,也需要法律予以明确。

为了消除电子商务发展过程中的法律障碍,十届全国人大常委会第十一次会议审议通过了《中华人民共和国电子签名法》。电子签名法的颁布实施,对于规范电子签名行为,确立电子签名的法律效力,维护有关各方的合法权益,将起到重要的作用。

2) 数据电文与电子签名的法律效力

数据电文、电子签名的法律效力问题,是电子签名法要解决的首要问题。电子签名法第三条明确规定:"民事活动中的合同或者其他文件、单证等文书,当事人可以约定使用或者不使用电子签名、数据电文。""当事人约定使用电子签名、数据电文的文书,不得因为其采用电子签名、数据电文的形式而否定其法律效力。"

关于数据电文的法律效力包括以下主要内容。

(1) 关于书面形式。电子签名法第四条规定:"能够有效地表现所载内容,并可以随时调取查用的数据电文,视为符合法律、法规要求的书面形式。"

(2) 关于原件形式要求。电子签名法第五条规定:"符合下列条件的数据电文,视为满足法律、法规规定的原件形式要求:(一)能够有效地表现所载内容并可供随时调取查用;(二)能够可靠地保证自最终形成时起,内容保持完整、未被更改。但是,在数据电文上增加背书以及数据交换、储存和显示过程中发生的形式变化不影响数据电文的完整性。"

(3) 关于文件保存要求。电子签名法第六条规定:"符合下列条件的数据电文,视为满足法律、法规规定的文件保存要求：（一）能够有效地表现所载内容并可供随时调取查用；（二）数据电文的格式与其生成、发送或者接收时的格式相同，或者格式不相同但是能够准确表现原来生成、发送或者接收的内容；（三）能够识别数据电文的发件人、收件人以及发送、接收的时间。"

（4）关于证据效力。电子签名法第七条规定："数据电文不得因为其是以电子、光学、磁或者类似手段生成、发送、接收或者储存而被拒绝作为证据使用。"同时第八条规定："审查数据电文作为证据的真实性，应当考虑以下因素：（一）生成、储存或者传递数据电文方法的可靠性；（二）保持内容完整性方法的可靠性；（三）用以鉴别发件人方法的可靠性；（四）其他相关因素。"

同时，在电子签名法中还对数据电文的归属、数据电文的收讫确认、数据电文的发送和接收时间及数据电文的发送和接收地点进行了规定。

（5）关于电子签名的法律效力，电子签名法第十四条规定："可靠的电子签名与手写签名或者盖章具有同等的法律效力。"并在第十三条第一款规定了可靠的电子签名的条件，即：（一）电子签名制作数据用于电子签名时，属于电子签名人专有；（二）签署时电子签名制作数据仅由电子签名人控制；（三）签署后对电子签名的任何改动能够被发现；（四）签署后对数据电文内容和形式的任何改动能够被发现。"同时在第十三条第二款规定："当事人也可以选择使用符合其约定的可靠条件的电子签名。"也就是说，只要电子签名符合法律规定或者当事人约定的可靠条件，就与手写签名或者盖章具有同等的法律效力。

2. 电子合同

电子合同，又称电子商务合同，根据联合国国际贸易法委员会《电子商务示范法》及世界各国颁布的电子交易法，同时结合我国《合同法》的有关规定，**电子合同可以界定为：电子合同是双方或多方当事人之间通过电子信息网络以电子的形式达成的设立、变更、终止财产性民事权利义务关系的协议。**通过上述定义可以看出电子合同是以电子的方式订立的合同，其主要是指在网络条件下当事人为了实现一定的目的，通过数据电文、电子邮件等形式签订的明确双方权利义务关系的一种电子协议。

电子合同与传统的合同有着显著的区别，电子合同的当事人、要约、承诺及合同的效力问题都是现代立法中的一个难点。

1）意思表达真实问题

（1）系统故障。系统故障是指计算机系统软件或硬件方面出现问题，导致计算机整个系统或某些软件无法正常使用。如证券公司显示股票价格的电子告示板，出现故障无法显示股票价格等信息，致使投资者无法在股票剧烈变动的时间及时了解股票走向，从而导致损失等。

（2）电子错误。美国《统一计算机信息交易法》第十条第二款给电子错误下的定义是："电子错误指，如商家没有提供检测并纠正或避免错误的合理方法，消费者在使用一个信息处理系统时产生的电子信息中的错误。"这里的"信息处理系统"指的是交易的商家提供的交易平台，而不是指计算机终端用户自己的信息处理系统。

（3）系统故障及电子错误应承担的法律责任。电子商务本身就是依赖网站经营者的系统进行的，对从事此业务的经营者在技术设备及维护上提出了很高的要求。网站的经营者对网站系统的稳定性、安全性负有责任。

迄今为止，中国的法律规定中虽然涉及系统故障的内容，但没有相应的法律责任。中国证券监督管理委员会于2000年3月30日发布的《网上证券委托暂行管理办法》（证监信息字〔2000〕5号）规定，从事网上证券业务的证券公司的网上委托系统应有完善的系统安全、数据备份和故障恢复手段。在技术和管理上要确保客户交易数据的安全、完整与准确。网上委托系统应包含实时监控和防范非法访问的功能或设施；应妥善存储网上委托系统的关键软件（如网络操作系统、数据库管理系统、网络监控系统）的日志文件、审计记录。网上委托系统中有关数据传输安全、身份识别等关键技术的产品应通过国家权威机构的安全性测评；网上委托系统及维护管理制度应通过国家权威机构的安全性认证；涉及系统安全及核心业务的软件应由第三方公证机构（或双方认可的机构）托管程序源代码及必要的编译环境等。但是，没有法律责任的规定。

中国人民银行2001年颁布了《网上银行业务管理暂行办法》（中国人民银行令〔2001〕第6号）。该暂行办法第三章"网上银行业务的风险管理"中用十二条内容规定了银行开展网上银行业务应采取各种物理的和技术的安全措施，保证数据安全，防止未授权使用、病毒侵袭、黑客入侵等，保障系统安全。对系统安全保障措施不充分，造成重大泄密，危害客户利益和银行体系安全的行为，承担的法律责任是行政处罚、停止网上银行业务，但没有涉及造成消费者损失的赔偿。

我国《电子签名法》第九条规定，数据电文是发件人的信息系统自动发送的，视为发件人发送。由此可见，如果发件人的系统出错，收件人据此做出了相关意思表达，发件人应承担相关法律责任。

实践中，中国的银行和证券公司在从事网上银行或网上证券业务时，与消费者签订的网上银行或证券委托合同中，虽然向消费者提示了网上业务的风险，但将出现系统故障、病毒入侵、黑客攻击等情况下的风险和责任一律转嫁给消费者，银行或证券公司方面不承担任何赔偿责任。

2）书面形式问题

（1）数据电文是否是法律要求的书面形式。合同是否采用书面形式，依照我国《合同法》第十条的规定：合同当事人可根据自己的意愿来确定，可以是书面形式也可以是其他形式，但法律另有规定的除外。

我国《合同法》第十一条规定：书面形式是指合同书、信件和数据电文（包括电报、电传、传真、电子数据交换和电子邮件）等可以有形地表现所载内容的形式。在电子商务活动中，中国合同当事人可以以数据电文形式订立法律要求的"书面合同"。我国《电子签名法》第四条规定，能够有形地表现所载内容，并可以随时调取查用的数据电文，视为符合法律、法规要求的书面形式。

（2）特殊书面形式在电子商务中的应用。对于在特殊形式的交易中，法律规定订立合同必须采取的形式在电子商务中是否应当采用的问题，我国《拍卖法》中规定，拍卖必须签订确认书。在电子商务中存在各式各样的"拍卖"，涉及是否应当签订确认书的问题。

3）合同成立的时间和地点

合同成立的时间和地点对合同的履行有重要影响。我国《合同法》规定：要约到达受要约人时生效，承诺通知到达要约人时生效，承诺生效时合同成立。采用数据电文形式订立合同的，收件人指定特定系统接收数据电文的，该数据电文进入该特定系统的时间，视为到达时间；未指定特定系统的，该数据电文进入收件人的任何系统的首次时间，视为到达时间。承诺生效的地点为合同成立的地点。采用数据电文形式订立合同的，收件人的主营业地为合同成立的地点；没有主营业地的，其经常居住地为合同成立的地点。当事人另有约定的，按照约定的地点。

4）数据电文的证据效力

我国《电子签名法》规定：数据电文视为书面形式；符合一定条件的数据电文，视为满足法律、法规规定的原件形式要求或文件保存要求；且数据电文不得仅因为其是以电子、光学、磁或者类似手段生成、发送、接收或者储存的，而被拒绝作为证据使用。

2.5.3 电子商务中的知识产权问题

知识产权是指人们对其创造性的智力成果依法享有的专有权利，知识产权包括著作权、商标权、专利权，既包括相关的人身权利又包括经济权利。随着网络信息流量的不断加大，网络知识产权的法律保护越来越成为人们关注的焦点。网络知识产权保护涉及的面很广，下面将主要介绍有关网络著作权的法律保护、有关域名的法律保护、网络数据库的法律保护问题。

1. 网络著作权的法律保护

因为电子商务是建立在因特网技术基础上的，因特网技术发展极为迅速，对传统法律提出了极大的挑战。原有的法律无法满足在电子商务中对著作权的保护，于是我国近几年出台了一系列法律以期弥补原有法律的不足。最高人民法院于2000年出台了《最高人民法院关于审理涉及计算机网络著作权纠纷案件适用法律若干问题的解释》，并于2003年年底对此解释进行了修改完善，发布了《最高人民法院关于修改〈审理涉及计算机网络著作权纠纷案件适用法律若干问题的解释〉的决定》，该决定于2004年1月起实施。然而，这些司法解释只规定了对网上著作权案件审理时的适应措施，无法在更大范围内保护广大著作权人的实体权利。目前，我国对网上著作权保护的法律存在很大盲区，对传统的著作权保护的办法无法完全适用于网络。尽管2001年10月修订的《中华人民共和国著作权法》将信息网络传播权规定为著作权人的权利——信息网络传播权，即以有线或者无线方式向公众提供作品，使公众可以在其个人选定的时间和地点获得作品的权利，但并没有规定相应的保护办法，对网上相关主体在著作权保护方面的权利义务规定得不明确，难以适应行政执法的需要。于是根据《中华人民共和国著作权法》第五十八条的授权，国家版权局和信息产业部制定了《互联网著作权行政保护办法》。

2. 有关域名的法律保护

域名是因特网时代出现的一个名词，它最先是一个技术用语，指网络设备和主机在因特网中的字符型地址标识。这种字符型的地址标识，把作为因特网寻址基础的IP地址转换为与人们的语言习惯相似的表达方式，方便人们对因特网的运用，使用计算机的人由此获得了巨大的便利。可是，域名在给用户带来便利的同时，也产生了一系列纠纷，主要是"域名抢注"和"域名盗用"。

域名具有认知网站或企业的标识功能。因为域名有商业价值或商业标识作用，如果将他人的商标、服务标识或商号注册为域名，容易导致利用他人积累的商业信誉来实现自己的目的，构成了搭便车或寄生性等不正当竞争行为。因此，这是一种不正当竞争行为。还有一种行为是恶意抢注域名行为，即域名注册人注册域名的目的不是为了某种经营或服务，而是为了阻止他人注册或租售域名牟利。由于域名注册实行非实体审查，加之域名规范的技术性，一旦自己的商标或商号被他人注册为域名，原权利人就无法使用商标或商号作为域名，开展网上经营，因此有必要通过法律进行规范。

国内外有关域名的立法包括：因特网网络机构于1999年10月通过的《统一域名争议解决规则》，美国国会于1999年1月通过的《反域名抢注消费者保护法》，中国因特网信息中心发布的《中文域名争议解决办法（试行）》，最高人民法院于2001年6月公布的《最高人民法院关于审理涉及计算机网络域名民事纠纷案件适用法律若干问题的解释》。此外，法院还经常把《反不正当竞争法》作为判案根据。

3. 网络数据库的法律保护

数据库技术是计算机软件技术的一个组成部分，是对信息进行收集、整理、储存与高速传递处理的一项技术，是数字技术出现和运用的结果。数据库具有集合性、有序性、可访问性及信息容量的庞大性等特征。

从法律保护的角度出发，需要对数据库进行分类。依照数据库开发时是否具有独创性，可将数据库分为具有独创性的数据库与不具有独创性的数据库。所谓具有独创性的数据库是指对信息进行选择、编排、分类、筛选等智力工作，构成智力创作的数据库；而不具有独创性的数据库则是指未进行智力创作的数据库，二者具有不同的法律地位与意义。

我国《著作权法》规定，数据库为"若干作品、作品的片段或者不构成作品的数据或其他材料，对其内容的选择或编排体现独创性的作品"。因此，《著作权法》以"独创性"为条件，对具有独创性的数据库进行法律保护，非独创性的数据库不受法律保护。

2.5.4 电子商务中隐私权的保护

信息网络技术的出现为信息的收集、传播和管理等提供了得天独厚的物质条件，然而，人类在享受它带来的众多方便的同时，也应看到，它使得个人隐私遭到前所未有的威胁。由于计算机具有强大的记录、储存功能，以及网络这一新兴媒介的迅速发展，使得对个人信息的搜集和利用较以往更为容易、便捷。随着人们对网络的依赖性增强，个人隐私被窥探、窃取的可能性随之增大。

1. 隐私权和网络隐私权概念

隐私权的概念和理论最初源于美国。一般认为，隐私权是一种基本人格权，是指公民"享有的私人生活安宁与私人信息依法受到保护，不被他人非法骚扰、知悉、利用和公开的一种人格权"。隐私权的主体只能是自然人，其内容具有真实性和隐秘性，主要包括个人生活宁静权、私人信息保密权、个人通信秘密权及个人隐私利用权。

网络隐私权是隐私权在网络空间中的延伸，它是伴随着因特网的普及而产生的新难题，网络时代使得对个人隐私的保护比对传统隐私保护更为困难。网络隐私权包含的主要内容为：个人数据、私人信息、个人领域。网络隐私权大致有如下内容。

（1）知情权。用户有权知道网站收集了哪些关于自己的信息，这些信息将用于什么目的，以及该信息会与何人分享。

（2）选择权。消费者对个人资料的用途拥有选择权。

（3）合理的访问权限。消费者能够通过合理的途径访问个人资料并修改错误的信息或删改数据，以保证个人信息资料的准确与完整。

（4）足够的安全性。网络公司应该保证用户信息的安全性，阻止未被授权的非法访问。用户有权请求网站采取必要而合理的措施，保护用户个人信息资料的安全。

（5）用户的信息控制权和请求司法救济权。用户的信息控制权是指，用户有权决定是否允许他人收集或使用自己的信息；请求司法救济权是指，用户针对任何机构或个人侵犯自己信息隐私权的行为，有权提起民事诉讼。

2. 在网络中侵犯隐私的特点

1）客体的扩大化和数据化

信息技术的发展，使网络中容易受到侵犯的隐私较传统中容易受到侵犯的隐私在内容上更为广泛，并呈现出扩大化的趋势，包括个人的姓名、性别、身高、指纹、血型、病史、联系电话、财产等，以及一切与个人有关的信息在内。由于因特网的数字化、信息传输分组化特点，使得网络隐私主要以"个人数据"的形式出现。

2）性质的双重化

传统上一般认为，侵犯隐私是侵犯了受害者的一种独立的精神性人格权，不具有物质性或财产权属性。但是，在网络空间中，对个人隐私的侵犯不仅仅是基于窥探他人隐私的好奇心，而大多数是基于利益的驱使。因为个人的信息已经具有了经济价值和财产属性，所以才会被网络经营商收集、利用、买卖。

3）侵权行为手段的智能化、隐蔽化

同传统隐私侵权行为的手段相比，网络隐私侵权更多的是依靠智力和高科技去实施侵权行为，行为人必须具备相当程度的专业知识和熟练的操作技能，否则难以达到收集他人数据或侵入他人系统的目的。而且，有高科技作支撑，侵权行为可以瞬间完成，侵权证据又多存于数据、代码等无形信息中，很容易被更改和删除，甚至不留任何痕迹。

4）侵权后果的严重化

由于网络空间的全球性和信息传输的迅捷性，公民隐私一旦在网上披露，全球范围的人在瞬间都能看到，这将给当事人带来严重的损害后果。

3. 在侵犯网络隐私权的行为

1）非法收集，利用个人信息

这类行为包括利用网络跟踪软件非法跟踪用户在网上的一举一动，大量收集用户喜欢访问哪些网站，在哪些网站停留时间长等信息，从而掌握用户的习惯，建立起庞大的用户个人信息数据库，再把数据库用于自身的营销战略或贩卖给其他商家，从中获取巨额利润。例如,美国最大的信用机构之一的 EQuifax 公司,收集有关 1.6 亿个用户的信息记录,并将其贩卖给 5 万家企业使用。

2) 非法干涉、监视个人活动

这类行为包括截获和篡改个人电子邮件,使收信人看到的不是真正的发信人发来的内容;利用电子监控系统监视他人在网上的言行等。

3) 非法侵入、窥探个人领域

这类行为包括侵入他人计算机,进行浏览、下载、更改、删除、窃取等破坏活动;向个人电子邮箱投放垃圾邮件等。

4) 擅自泄露个人隐私

这是未经本人许可,在网上公开他人个人资料的行为。

4. 我国隐私权的现行法律保护

我国关于隐私权保护至今没有相应的直接法律,对消费者隐私权的保护也分散在各个法规条例当中,没有正式立法。但在 2013 年 10 年 25 日通过的《中华人民共和国消费者权益保护法》修正案中确定了保护消费者个人信息的原则,《中华人民共和国消费者权益保护法》修正案第二十九条规定:经营者收集、使用消费者个人信息,应当遵循合法、正当、必要的原则,明示收集、使用信息的目的、方式和范围,并经消费者同意。经营者收集、使用消费者个人信息,应当公开其收集、使用规则,不得违反法律、法规的规定和双方的约定收集、使用信息。经营者及其工作人员对消费者个人信息必须严格保密,不得泄露、出售或者非法向他人提供。经营者应当采取技术措施和其他必要措施,确保信息安全,防止消费者个人信息泄露、丢失。在发生或者可能发生信息泄露、丢失的情况时,应当立即采取补救措施。经营者未经消费者同意或者请求,或者消费者明确表示拒绝的,不得向其发送商业性信息。

2.5.5 电子商务的税收问题

电子商务代替传统的贸易方式,一方面使得传统税收制度中的纳税环节、纳税地点、国际税收管辖权等碰到了新情况,另一方面传统的税收理论、税收原则受到了不同程度的冲击,与此同时传统的税收征管也遇到了新的挑战。

1. 电子商务征税面临的难题

1) 常设机构概念重新界定问题

在现行国际税收中,《经济合作与发展组织关于避免双重征税的协定范本》和《联合国关于发达国家与发展中国家间避免双重征税的协定范本》使用了"常设机构"这一概念。常设机构是指一个企业在某一国境内进行全部或部分经营活动的固定经营场所,包括管理场所、分支机构、办事处、工厂、作业场所等。按国际惯例,企业只有在某一国家设有常设机构,并取得归属于该常设机构的所得,才可认定为从该国取得所得,从而由该国对其进行征税。但电子商务完全建立在一个虚拟的市场上,打破了空间界限,使传统意义上的固定营业场所的界线变得更加模糊。企业的贸易活动不再需要原有的固定营业场所、代理商等有形机构来完成,大多数产品或劳务的提供也并不需要企业实际出现,只需将其装入事先核准软件的服务器,消费者在满足了付款等先决条件后,在任何地方都可以下载服务器中的数字化产品,这与传统的签订销售协议过程完全不同。因此,电子商务并不依赖传统意义上的常设机构,并且因特网上的网址、E-mail 地址与产品或劳务的提供者并没有必然的联系,仅从信息上是无法判断其机构所在地的。因此,常设机构概念不清,已成为税收中的障碍,需重新界定。

2) 国际税收管辖权的重新确认问题

国际税收管辖权可以分为居民税收管辖权及地域税收管辖权。一般来说,发达国家的公民有大量的对外跨国经营活动,能够取得大量的投资收益和经营所得,因此,发达国家侧重于维护自己的居民税收管辖权;而发展中国家更偏向维护自己的地域税收管辖权。不论实行哪种管辖权,都坚持地域税收管辖权优先的原则。但随着电子商务的出现,跨国营业所得征税的问题就不仅仅局限于国际税收管辖权的划分,更多的是由于电子商务交易的数字化、虚拟化、隐匿化和支付方式的电子化所带来的对交易场所、提供服务和产品的使用地难以判断的问题上,从而也就使地域税收管辖权失去了应有的效益。因此,对税收管辖权的重新确认问题已成为加强电子商务环境下税收管理的一个重要问题。

3) 课税对象性质模糊不清问题

现行的税制以有形交易为基础,对有形商品的销售收入、劳务收入及特许权使用费收入等规定不同的税种和税本。因特网使得有形商品和服务的界限变得模糊,将原来以有形产品形式提供的商品转化为以数字形式提供。企业可以通过任一站点向用户发放专利或非专利技术及各种软件制品等,用户只需通过有关密码将产品打开或从网页上下载就可以了,还可以复制。例如,一本书的承载媒体是纸张,如果把这本书制成光盘,那么实物形态就发生了变化。在税收征收管理上,显然销售书籍容易征税,而对销售光盘征税的难度大多了。

4) 税收征收管理监督问题

税收征收管理是以纳税人的真实合同、账簿、发票、往来票据和单证为基础,税务机关可以依此进行税务检查、监督,但电子商务交易给传统的税收征收管理带来了一系列的问题:①收入难以界定。以往的征税以发票、账簿、会计凭证为依据,纳税人缴纳税款的多少通过发票、账簿、会计凭证来计算;而在电子商务交易中,交易双方在网络中以电子数据形式填制,但这些电子数据可以轻易地加以修改,不会留下任何痕迹和线索。这样使收入难以确定,给税收征收管理带来了难度,从而造成税款大量流失;②随着电子银行的出现,一种非计账的电子货币可以在税务部门毫无察觉的情况下,完成纳税人的付款业务。无纸化的交易没有有形载体,从而致使本应征收的增值税、消费税、营业税、所得税、印花税等均无从下手。再加上计算机的加密技术高速发展,纳税人可以利用超级密码隐藏有关信息,使税务机关搜寻信息更加困难,致使税款严重流失。

5) 国际避税问题

电子商务从根本上改变了企业进行商务活动的方式,原来由人进行的商业活动现在则更多地依赖于软件和机器来完成,这样就使商业流动性进一步加强,企业或公司可以利用在免税国或低税国的站点轻易避税。同时电子商务使大型跨国公司能更轻易地在其内部进行商品转让定价,甚至任意一家上网交易的国内企业都可以在免税国或低税国设立站点并借此与他国企业进行商务活动,而国内企业将作为一个仓库和配送中心的角色出现。由此可见,国际避税问题也是电子商务面临的一个严峻问题。

2. 国外电子商务的税收政策

1) 美国及世界贸易组织对电子交易采取的税收政策

美国财政部于 1996 年下半年颁布了有关《全球电子商务选择税收政策》白皮书,它支持电子和非电子交易间的"税收中性"目标。美国财政部认为:"没有必要对国际税收原则做根本性的修改,但是要形成国际共识,以确保建立对电子商务发展至关重要的统一性。明确对电子商务征税的管辖权,以避免双重税赋。"

1997 年 7 月 1 日美国总统克林顿发布了《全球电子商务纲要》,号召各国政府尽可能地鼓励和帮助企业发展因特网商业应用,建议将因特网宣布为免税区,凡无形商品(如电子出版物、软件、网上服务等)经由网络进行交易的,无论是跨国交易或是在美国境内的跨州交易,均应一律免税,对有形商品的网上交易,其赋税应按照现行规定办理。

1998 年 5 月 14 日,几经修改的美国《互联网免税法案》在美国参议院商业委员会以 41 票对 0 票的优势通过,为美国本土企业铺平自由化的发展道路;5 月 20 日,美国又促使 132 个世界贸易组织成员方的部长们达成一致,通过了《关于电子商务的宣言》,规定至少一年内,免征因特网上所有贸易活动关税。

美国于 1998 年通过的《互联网免税法案》,禁止各州和地方政府对因特网接入服务征税,也不允许在现行税收的基础上增加新的税种。《互联网免税法案》以三年为期,2001 年和 2004 年分别延长两次。2007 年,《互联网免税法案》原本计划延长 4 年,但由于参众两议院要求永久性《互联网免税法案》的呼声很高,考虑到此法案可能会长期对美国国家和政府构成潜在影响,因而最终采取了折中方案,将此法案再度延长了 7 年。

2) 欧盟电子商务税收政策

欧盟认为,税收系统应具备法律确定性,电子商务不应承担额外税收,但也不能为电子商务免除税收,电子商务必须履行纳税义务,否则将导致不公平竞争。欧盟正在积极寻求和确定一种能使欧盟成员国共享税收利益的体制。

1997 年,欧盟发布"增值税第六指令"及其修改建议。指令明确通过因特网销售数字化产品、提供网上服务属于电讯服务的范畴,即"电讯服务是指通过电线、无线电、光学或电子系统,传送、发射或接收任何形式的信号,包括文字、图画、声音或信息,包括此类传送、发射和接收权利的转让或过渡"。指令规定:"非欧盟的电讯服务提供者,必须在其服务被使用的每一个欧盟成员国注册(后因美国的压力,改为在其中一个成员国注册即可)。"指令还指出:"增值税是消费型税收,商品和劳务将在终点被消费,因此该税由消费地所在国按其税率征收,税收收入也属于该国。"以上规定,为欧盟将数字化产品销售视为提供劳务并在消费地征税,提供了理论和政策依据。

1998 年 6 月,欧盟发布了《关于保护增值税收入和促进电子商务发展的报告》,并在 1998 年 10 月召开的经济合作与发展组织财长会议上提出,鉴于欧盟大多数国家实行增值税体制,因此将数字化产品销售视同提供劳务而在消费地(欧盟成员国)征收增值税,并且迫使美国接受此项提议。

2000年,欧盟对这一提议的具体实施问题进行研究,初步确定了消费地的判定、纳税人的认定、增值税纳税人的义务、欧盟以外国家的电子商务公司的税务登记等原则。但由于欧盟各成员国的增值税税率不同,这将导致非欧盟电子商务公司选择税率低的国家注册,进而影响欧盟成员国之间的税收分配,所以有关征税规定并未立即执行。经过几年协调,欧盟确定了一种能使各成员国共享税收利益的体制,即非欧盟公司只需在一个欧盟国家登记,并按该国的增值税税率缴税,若购买方不属于该国居民,则由该国负责向购买方所在国移交税款。这样,即使电子商务公司选择低税率国家注册,税率高的欧盟成员国亦能分享税收利益。成员国间的协调一致,为欧盟实施新的电子商务增值税奠定了政治基础。

2002年5月7日,欧盟理事会通过决议,决定从2003年7月1日开始,对欧盟以外公司通过因特网向欧盟成员国出售的数字产品或服务征收增值税。2003年7月1日起,欧盟对境外公司通过因特网向欧盟15个成员国出售计算机软件、游戏软件等商品和提供网上下载音乐等服务征收增值税。具体规定是:年销售额10万欧元以上的非欧盟公司必须缴税(年销售额10万欧元以下的免税);非欧盟公司只需在一个欧盟国家登记即可,并按该国的增值税税率缴税,而不必在15个欧盟国家全部登记;登记后,该国税务机关将征收的税款移交给购买者(购买者须留下自己的真实地址)所在国家。

3. 我国电子商务的税收对策

我国电子商务系统环境还不够完善,但由于电子商务发展势头迅猛,为适应电子商务发展,必须制定相应的税收政策。

1) 尽快建立适应电子商务的征收管理方法

世界各国对电子商务的税收征收管理问题都十分重视,而且行动迅速。经济合作与发展组织成员同意免征电子商务关税,但也认为在货物的定义不稳定的情况下决定一律免征关税是不妥的,与此同时通过因特网销售的数字化产品视为劳务销售而征税;欧盟贸易委员会提出了建立以监管支付体系为主的税收征收管理体制的设想;日本规定软件和信息这两种商品通常不征关税,但用户下载境外的软件、游戏等也有缴纳消费税的义务;新加坡和马来西亚的税务部门都规定在电子商务中的软件供应行为要征收预提税,等等。综合各国的经验及我国国情,可以考虑对网络服务器进行强制性的税务链接、海关链接和银行链接,以保证对电子商务的实时、有效监控,确保税收征管,打击租用网上交易的避税行为。

2) 尽快建立电子商务法律、法规,完善现行税法

世界各国已纷纷制定了针对电子商务的法律框架。在我国,对电子商务税收问题的研究正处于起步阶段,因此,要尽快建立电子商务的法律法规体系。一是要制定电子交易条例,为电子商务行为提供有效的法律保障;二是要制定电子货币法,为电子支付系统提供相应的法律保障;三是要协调与国际金融、商务有关的法律法规,防止发达国家凭借经济和技术的优势制定不平等条约。此外,要改革和完善现行增值税、消费税、所得税税收法律,补充对电子商务的有关条款。

3）坚持税收中性和效率原则相结合，适当给予电子商务税收优惠政策

税收中性原则要求有形交易和电子交易间应遵循中性原则，平等对待经济上相似的交易收入。而税收效率原则要求税收的征收和缴纳应尽可能方便快捷，尽可能避免额外负担，促使市场经济有效运转，在不影响纳税人对贸易选择的前提下制定一档优惠税率引导企业合法经营，但要求上网企业必须将通过网络提供的服务、劳务和产品销售等业务单独核算，否则不能享受税收优惠。

4）积极参与国际对话，加强税收协调合作

电子商务是涉及全球性的经济贸易活动，它所带来的税收问题是国际性的问题，因此，必须加强国际的合作与协商来解决。电子商务是一个网络化、开放化的贸易方式，税务系统要同外国税务机关互换税收情报和相互协调监控，深入了解纳税人的境内、境外信息，充分收集来自世界各地的相关信息、情报，及时掌握纳税人分布在世界各国的站点，特别是开设在避税地的站点，防范偷税与避税行为。

5）统一税收管辖权，实行单一的居民管辖权

我国现行的税收管辖权是地域管辖权和居民管辖权二者兼而有之，目的是最大限度地保证国家的财政收入。但是，收入来源地的概念在电子商务中变得相当模糊，不易确定，交易双方往往借此偷逃税款。居民概念的确定较之收入来源地概念要清晰得多，只要是本国的居民从事电子商务活动，就得征税。对电子商务征税采用单一居民管辖权在操作上简便，且能增加税收收入。

6）开发电子税收软件，实现征税信息化

随着电子商务的迅猛发展，电子商务税收将成为国家税收的重要组成部分。因此，要大力加强税收征收管理方面的科研投入，尽快开发出一种电子商务管理的技术平台，加快税收管理电子化进程，提高税务管理能力和效率，完善电子税收系统，为电子商务征税提供技术上的保障。这种电子税务管理技术平台，其功能应当十分强大，操作简单，能在每笔交易时自动按交易类别和金额进行统计，计算税金并自动交割、入库，从而完成针对电子商务的无纸税收工作。

7）培养"网络时代"的复合型高级税务管理人才

现代竞争是人才的竞争，税务部门应依托计算机网络，加大现代技术投入，要培养既懂计算机又精通外语和税收专业知识的高素质人才，将税收事业带入"网络时代"。

2.5.6 网络侵权案件的管辖

1. 传统管辖制度受到的挑战

1）司法管辖区域界限的模糊化

在传统的"现实世界"侵权纠纷案件中，某一特定法院的管辖区域能够通过地理上的界限加以界定。但网络空间是一个开放的全球性系统，没有明确的边界。人们在网络上的交往借助于数字传输可以在瞬息之间往返于千里之外甚至跨越数国，而其本人却无须发生空间上的位移变化。如何在这样的虚拟空间中划定法院的管辖界限，是传统管辖基础理论面临的第一个困难。而某一特定法院对于数字传输的管辖究竟是涉及其全过程或者仅仅涉及其中一个或数个环节，也是划定管辖区域需要考虑的问题。

2) "原就被"原则的理论困境

在传统的民事诉讼中,由原告向被告住所地的法院起诉被认为是最理所当然而应当优先予以考虑的管辖原则。但是,在网络侵权案件中,由于网络本身是一个虚拟的系统,网络空间的行为人在上网时通常无须经过真实的身份认证,该行为人的住所地的确定并不如传统条件下那样便利。同时,在网络侵权案件中,被告往往与原告相距甚远,而且跨国的侵权行为很多,如果适用"原就被"的原则,一来受害人获得司法救济十分困难,不利于保护受害者的正当权益;二来也有损国家司法主权。

3) 侵权行为的不确定性

网络侵权行为以数字传输为手段,其最大的特性莫过于阶段性和复制性。根据网络数字传输规则,一个完整的网络侵权行为可以分解如下:①具体侵权人通过终端设备在某一特定时空条件下进行联网、访问、远程控制或下载、上传、设置超链接、设置URL(统一资源定位器)、转发等行为;②侵权人的操作指令及侵权指向的目标内容以数据流的形式在终端设备、IAP(Internet access provider,因特网接入提供商)服务器、节点计算机设备、ICP(Internet content provider,因特网内容服务提供商)服务器及其他网络设备(线缆、modem、网卡、中继器等)之间进行传播;③指令及数据流到达目的服务器,完成相应操作(复制或存储等)。从这一过程分析中可知,网络侵权行为不仅涉及多个侵权环节,而且在多个网络设备中发生了相应的影响(存储或复制)。因此,在网络侵权案件中,确定侵权行为发生地、发生时间及结果地、侵权结果发生时间,变得十分困难。

2. 美国和加拿大对网络侵权案件的司法管辖

1) 美国

美国属于联邦制国家,各个州都具有独立的立法权。美国各州关于网络案件的管辖权确定显得比较混乱,相同或者相似的案件可能在不同的州法院得出完全不同的管辖权结果。但是总的来说,美国的司法实践中已经有了一种将"长臂管辖权"理论适用于网络案件管辖权的确定上的倾向,只是各个法院在关于最低限度联系标准的认定上有些不统一,而且这种理论的实质是由原告首先向法院提出诉讼,然后再由具体的法院裁定自己是否对此案件具有管辖权,并非首先明确地制定出成文的法律,规定什么案件由什么法院管辖。

2) 加拿大

加拿大的法院受到美国较大的影响,使用"真实而实质的联系"来判断一个法院是否有权对域外的人行使属人管辖,其实是美国长臂管辖理论的变种,而且法院判定联系的根据也是传统的物理空间(如法人的住所或办事处所在地)。

3. 我国网络侵权案件的管辖立法

1) 我国网络域名纠纷案的管辖立法

2001年7月17日,最高人民法院发布了《关于审理涉及计算机网络域名民事纠纷案件适用法律若干问题的解释》(以下简称《域名解释》)。该解释第二条规定了管辖权问题:"涉及域名的侵权纠纷案件,由侵权行为地或者被告住所地的中级人民法院管辖。对难以确定侵权行为地和被告住所地的,原告发现的该域名的计算机终端等设备所在地可以视为侵权行为地。……在中华人民共和国领域内发生的涉外域名纠纷案件,依照民事诉讼法第四编的规定确定管辖。"而《民事诉讼法》第四编第二百四十三条规定:对在中华人民共和国领域内没有住所的被告提起的诉讼,可由侵权行为地或者被告代表机构住所地人民法院管辖;可以用书面协议选择与争议有实际联系的地点的法院管辖;被告对人民法院管辖不提出异议,并应诉答辩的,视为承认该人民法院为有管辖权的法院。

根据 CNNIC 的《通用网址争议解决办法》,中国国际经济贸易仲裁委员会域名争议解决中心自 2001 年 1 月 1 日起接受 CNNIC 授权正式受理中文域名和通用网址争议以来,截至目前已裁决数起中文域名的争议。由此改变了在此之前绝大多数的域名纠纷案件必须到法院解决的情况,使域名争议解决机制与国际接轨,在提高.cn 域名的竞争力、减少司法诉讼方面起到积极作用。

《域名解释》与《著作权解释》都未突破现行管辖确定的一般理论。有待进一步研究。传统意义上的商标取得是以国家为范围,于一国内完成注册程序即取得商标专用权。假设有一美国人在美国创设了以"ABCD"为域名的网页,而"ABCD"已由我国某著名企业取得商标专用权,按照《民事诉讼法》第四编对涉外域名纠纷案件的规定及商标权人的管辖选择,再根据国内法院对侵权行为地的见解,该美国人必将面临在中国被诉之危险,得出的必然结果就是我国强行将我国的商标法及在我国登记取得的商标专用权,扩充领域至全世界。但若不如此规定和理解,对商标权人的权利保障又将严重缺失。究竟以何为当,实为网络环境下难以解决的困境和盲点,仍有待在实践中不断摸索。

有的司法实践部门和律师对于域名抢注纠纷案件主张以域名注册地为管辖标准。认为域名侵权者要达到侵权的目的,必须先到 CNNIC 为域名办理注册手续,取得对该域名的专用权,CNNIC 是构成侵权行为要件事实的相当重要的处所,应当由此推论该处为侵权行为实施地。也有学者认为,在我国,由于".cn"项下一级域名注册由中国互联网信息中心(CNNIC)独家负责,以域名注册地为管辖标准的结果是此类纠纷案件只能由北京市特定法院受理。这种结果不存在任何法律依据,也不符合最高审判机关的主张,该标准也不是"侵权行为直接产生的结果发生地",不应作为管辖依据,还会造成当事人不便于参加诉讼、法院不便于行使审判权的局面。对于这些争论,北京市高级人民法院在《关于审理因域名注册、使用而引起的知识产权民事纠纷案件的若干指导意见》中做了明确答复:"域名纠纷案件由被告住所地、侵权行为地人民法院管辖。当域名注册地又是侵权行为地时,注册地法院可以管辖。不能仅依据域名注册地这一事实确定域名注册机构所在地为侵权行为地。"可见,中国在这方面的规定与美国的属物管辖权完全不同。

2)我国网络名誉侵权案件的管辖立法

我国在网络侵权案件管辖方面的法律规定目前仅限于《著作权解释》和《域名解释》,在网络名誉权侵权案件的管辖方面,目前尚没有专门的法规。司法实践中都是援引传统的名誉权侵权规定来确定管辖。如《民事诉讼法》第二十九条规定:因侵权行为提起的诉讼,由侵权行为地或者被告住所地管辖。《最高人民法院关于审理名誉权案件若干问题的解释》(以下简称《名誉权解释》)规定:人民法院审理名誉权案件时,受侵权的公民、法人和其他组织的住所地，可以认定为侵权结果发生地。由此司法解释得出结论：原告不仅可以在侵权行为地和被告住所地提起诉讼，而且可以在原告所在地提起诉讼，这是其他侵权案件管辖中所没有规定的，具有特殊性。

对于将原告住所地作为网络侵权案件的地域管辖基础之一，我国学界和实务界有很多赞同的呼声。有人认为，由于网络的特殊性质，侵权行为可在任一连网的计算机上实行，原告不能在原告所在地提起诉讼，将导致原告为确定被告所在地和侵权行为地而疲于奔命，其所承担的诉讼成本将大大超过传统侵权之诉，甚至会使原告因而放弃诉权，违反便利原则，不利于司法公正；对于涉外网络侵权案件来说，此管辖基础能较好地保护国内被侵权人的合法权益，防止本国法院丧失对来自国外侵权行为的管辖权。另外，网络侵权的影响力往往在原告所在区域最为严重，尤其是隐私权、名誉权侵权在原告所在地对原告造成的损害是其他地方所无法比拟的，原告住所地可以确立为侵权结果发生地。将原告住所地作为网络侵权案件的地域管辖基础虽说有原告有滥用诉权之虞，但是因为其与网络名誉权侵权之诉的实质性关联，仍不失为一种解决网络名誉侵权案件管辖的好方法。

对于网络名誉权侵权案件的其他管辖基础，在此试举一例分析。位于美国的甲，在网络上（如通过 E-mail 或 BBS）寄发或张贴诽谤中国人乙的言论。假定邮件被寄往英国的丙与澳大利亚的丁处，BBS 上的内容也被英国的丙与澳大利亚的丁所阅读。那么在此除如前文所述，中国人乙的住所地作为侵权结果发生地有管辖权外，其余可能有管辖权的区域应该有：第一为甲寄发和上传诽谤信息的美国，第二为收信人和浏览者的 ISP 所在地，第三则为收信人和浏览者所在地英国与澳大利亚。甲所处的美国为侵权行为实施地并无疑义，有疑义的是第二地址与第三地址是否为侵权结果发生地。在此我们认为，网络中的 ISP 就好像是物理世界中的邮局，只起到停留的中继站作用，诽谤信息被传至 ISP 处，在邮件未曾被打开和 BBS 上的内容未曾被丙、丁阅读前，并没有产生诽谤的效果。因此我们认为 ISP 所在地并不能构成侵权结果发生地，不能由此取得管辖权。侵权结果发生地在丙与丁所处的英国与澳大利亚。由于网络的全球性，能看到此诽谤信息的并非只有丙、丁两人，如此的话，侵权结果发生地将不可估量，在此该管辖基础因其得出的管辖结果的泛化而趋于失效。所以我们认为，在网络名誉侵权案件中，应以原告住所地（作为侵权结果发生地）与被告实施侵权行为所在地（作为侵权行为实施地）为管辖基础来确定司法管辖权。

本章小结

本章主要介绍了电子商务的社会支撑环境，主要包括经济环境、信用环境、人文环境以及政策与法律环境。

其中经济环境又包括企业信息化、金融信息化和税收信息化。企业信息化是企业开展电子商务的前提条件，金融信息化是企业开展电子商务的关键，税收信息化是推动电子商务活动税务管理现代化的重要内容。

信用环境是指企业与企业之间、企业和个人之间以及个人与个人之间的信任关系和信用程度。与传统商务相比，电子商务在客观上就加大了交易各方的风险，特别是信用风险。因此，必须加快电子商务信用管理体系的建立，为电子商务的发展营造一个安全的环境，以推动电子商务的快速发展。

人文环境是专指由于人类活动不断演变的社会大环境，是人为因素造成的、社会性的，而非自然形成的。电子商务发展需要人的参与，电子商务的发展水平和网络的普及、大众参与、人才的培养及媒体宣传密切相关。

随着电子商务成为未来商业活动的主要形式，电子商务法律的作用将日益重要。电子商务法的任务是为电子商务发展创造良好的法律环境、保障电子商务交易安全、鼓励利用现代信息技术促进交易活动。

关键词

企业信息化；金融信息化；税收信息化；信用环境；人文环境；政策与法律环境。

习题

一、选择题

1. 实现电子商务的基础是（　　）。
    A. 税收信息化　　　　　　　　B. 企业信息化
    C. 金融信息化　　　　　　　　D. 法律信息化
2. 发展电子商务的关键是（　　）。
    A. 法律信息化　　　　　　　　B. 企业信息化
    C. 金融信息化　　　　　　　　D. 税收信息化
3. 电子商务得以发展和普及的主要标志是（　　）。
    A. 大众参与的程度
    B. 中国网民数量突破 5 亿人
    C. 手机网民规模达到 3.88 亿人
    D. 手机首次超越台式电脑成为第一大上网终端
4. 下列问题不属于目前电子商务人才培养中存在问题的是（　　）。
    A. 师资严重缺乏　　　　　　　B. 培养方向模糊
    C. 课程设置欠佳　　　　　　　D. 资金严重缺乏
5. 具有认知网站或企业的标识功能的是（　　）。
    A. 网站　　　　　　　　　　　B. 网站名称
    C. 域名　　　　　　　　　　　D. 网址

6. 美国于1998年通过的，禁止各州和地方政府对因特网接入服务征税，也不允许在现行税收的基础上增加新的税种的法案是（　　）。
   A. 关于电子商务的宣言
   B. 互联网免税法案
   C. 全球电子商务纲要
   D. 关于保护增值税收入和促进电子商务发展的报告
7. 信用环境是指企业与企业之间、企业与个人之间以及（　　）之间的信任关系和信用程度。
   A. 个人与个人　　　　　　　　B. 企业与社会
   C. 个人与社会　　　　　　　　D. 企业与政府
8. 电子商务法是调整以数据通信为交易手段而形成的以（　　）为内容的商事关系的规范体系。
   A. 电子商务　　　　　　　　　B. 电子信息
   C. 交易方式　　　　　　　　　D. 交易形式
9. 下列不属于企业信息化内部要素的是（　　）。
   A. 信息基础设施　　　　　　　B. 供应商
   C. 信息资源　　　　　　　　　D. 信息化人员
10. 电子商务经济环境不包括下列的（　　）。
    A. 企业信息化　　　　　　　　B. 金融信息化
    C. 税收信息化　　　　　　　　D. 银行信息化
11. 电子商务的发展水平和（　　）无关。
    A. 国家的支持　　　　　　　　B. 媒体宣传
    C. 网络的普及　　　　　　　　D. 大众参与
12. 网络隐私包含的主要内容不包括（　　）。
    A. 个人数据　　　　　　　　　B. 个人资料
    C. 个人领域　　　　　　　　　D. 私人信息

二、思考题
1. 试述电子商务与企业信息化的关系。
2. 如何认识和理解税收信息化的概念？
3. 电子商务法的职能有哪些？
4. 我国电子商务信用管理存在哪些问题？应该如何构建电子商务信用管理体系？建立电子商务信用管理体系的重要意义何在？
5. 我国电子商务征税面临哪些困难？可以采用哪些电子商务的税收对策？

实战演习——电子商务诚信问题调查研究

1. 实践目的

诚信问题已经成为影响我国电子商务发展的瓶颈。了解中国电子商务交易诚信问题的现状;掌握制作调查问卷的方法。在网络上发起一个关于电子商务诚信的调查问卷。可以通过相关软件对数据进行分析,找出诚信问题所在,并提出相应的解决策略。

2. 实践步骤

(1) 搜索可以制作调查问卷的网站,如问卷星网。

(2) 打开问卷星网 http://www.sojump.com/,如图 2-3 所示。注册为会员。

图 2-3 问卷星网站主页

(3) 登录成功后,可以选择创建空白问卷,也可以选择问卷模板,或者是导入问卷文本。以创建空白问卷为例,如图 2-4 所示,填入问卷名称,单击"确定"按钮。

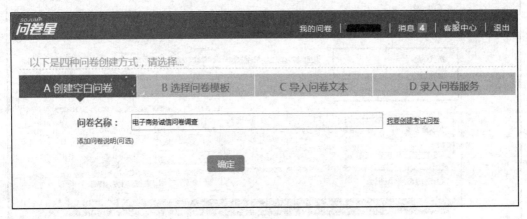

图 2-4 创建空白问卷界面

(4) 单击"确定"按钮进入到此界面,先填写问卷说明(如图 2-5 所示)。界面左上角有添加新题按钮,根据自己所需创建的问卷问题类型来选择,并填写相关问题,如图 2-6 所示。然后单击题目下面"完成编辑"按钮,就添加完一道单选题,可以自行进

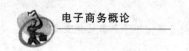

行其他问题类型的创建。

图 2-5 开始创建问卷界面

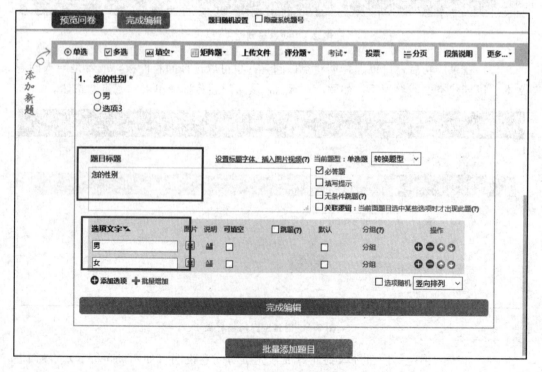

图 2-6 创建单选题

(5) 当所有题目都设置好以后,单击界面左上角"完成编辑"按钮,问卷就会进入如图2-7所示界面,在这个界面可以进行问卷页面设置等行为,进行完相关设置就可以单击"发布此问卷"按钮将问卷发布出去。

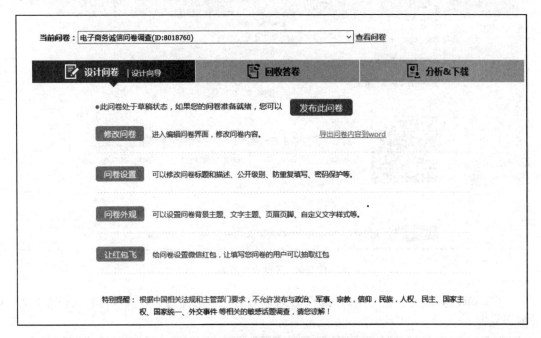

图 2-7 发布问卷界面

(6) 接着进入如图 2-8 所示界面,可以通过链接等方式将问卷发送给朋友,如图2-9所示。

图 2-8 问卷分享

图 2-9　问卷分享方式

（7）单击界面右上角"我的问卷"就可以查看自己的问卷答题次数等相关信息，如图 2-10 所示。

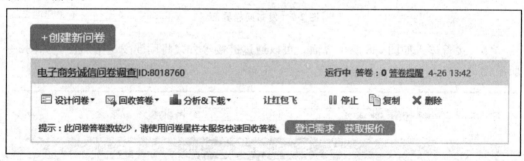

图 2-10　我的问卷

（8）当达到所要求的问卷份数后，单击"分析 & 下载"下拉按钮，如图 2-11 所示，下载问卷，再使用 SPSS 软件对问卷进行分析。

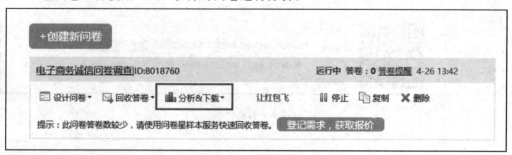

图 2-11　下载问卷

扩展阅读

1. 中国电子商务研究中心"3·15网络消费维权专项行动"

由中国电子商务研究中心发布的"3·15网络消费维权专项行动——聚焦"网络诚信",共享"消费无忧"专栏信息。

链接地址:http://www.100ec.cn/zt/2016315/.

2. 工商总局发布2017年消费者投诉举报十大热点

据消保局局长周石平介绍,消费者投诉热点主要集中在服装鞋帽、家居家装、家用电器、通信器材、交通工具、居民服务、餐饮住宿、互联网服务、文体娱乐、租赁服务十个方面。

链接网址:http://finance.people.com.cn/n1/2018/0314/c1004-29867676.html.

3. 近年来国家出台的电子商务方面的政策法规文件

发布整理了截至2018年1月的部分国家出台的电子商务方面的政策法规文件。

链接地址:http://www.ciib.gov.cn/12/2/index.php?c=content&a=show&id=216.

第3章 电子商务网络支撑环境

学习目标：

1. 理解计算机网络的基本概念；
2. 了解电子商务安全技术；
3. 掌握电子商务网站的建设流程；
4. 理解大数据、云计算、物联网等电子商务数据处理技术。

引导案例

5.28 携程网宕机事件

2015年5月28日11时许，携程网官网出现大面积瘫痪，网页版和手机App均不能正常使用，直至5月28日23：29全面恢复正常。5月29日凌晨4点，携程官方公布网站崩溃具体原因：此次事件是由于员工错误操作导致，由于携程涉及的业务、应用及服务繁多，验证应用与服务之间的功能是否正常运行花了较长时间。从瘫痪到修复，携程"宕机"近12小时，受此影响，携程股价盘前暴跌11.67%，报72美元，5月28日，在纳斯达克挂牌交易的携程股价开盘跌了3.32%。

对于"宕机"的原因，有传言认为是内部员工报复所为。携程方面也两次做出解释，5月28日中午，携程称"因部分服务器疑似遭到不明攻击所致"；次日凌晨，携程又宣布此次事件系内部人员错误操作导致。两次解释，理由不同，对此，携程公关部石凯峰表示："服务器攻击可以来自内部或者外部，此次主要是携程内部技术人员删除了生产服务器上的执行代码所致，内部操作失误显示了漏洞，漏洞被抓住之后可能被'黑客'设计了后门，持续删除代码，导致系统无法发布。"

行业内有人认为生产服务器代码属核心服务器之一，只有权限较高的管理人员可以操作。一般网络公司会对这类代码备份，恢复系统并不会需要太长时间，而从携程宕机12个小时来看，携程很有可能没有备份或备份遭删除，技术操作不严格和管控流程不细，或许是事件原因之一。

实际上，从2015年1月起，乌云平台就已经曝光携程的漏洞超过十次，包括撞库、官方邮件劫持、内部员工邮箱历史信息泄露,但携程的回应大多是"厂商忽略"。

携程网此次的宕机事件,暴露了互联网信息安全问题。就在携程瘫痪的前一天,支付宝也出现多地账户无法登录的情况,不过仅2个小时后便排除故障。在更早,网易也曾因主干网络受到攻击,服务器出现瘫痪故障,恢复处理时间也未超过10个小时。互联网信息安全从业人士认为,携程恢复网站耗时12小时,在互联网公司实属罕见,足以说明其内部管理、系统、技术投入都存在问题,如果有灾难恢复机制,不太可能花如此长时间。此前携程的支付系统调试接口被泄露,已足以暴露它在互联网信息安全管控这块的短板。当前许多互联网公司在系统设计时,没有考虑过系统全盘崩溃、整个代码丢失的问题,但这样的问题一旦发生,后果非常恐怖。

携程"宕机"事件,再次敲响了安全信息防护的警钟。不过,当下现实依然严峻,很多互联网安全信息防护工作因投入资金量大而被忽视,很少有公司真正去做好这方面工作,大部分都只追求与利益产出相关的技术投入。

(资料来源:网易财经,携程"宕机"惊魂12小时全记录,http://money.163.com/15/0602/07/AR3BFMII00253B0H.html,资料经过整理和删减)

3.1 计算机网络概述

3.1.1 计算机网络的定义、产生及发展

1. 计算机网络的定义

计算机网络是指将地理位置不同、功能独立的多台计算机利用通信介质和设备互联起来,在遵循约定通信规则的前提下,使用功能完善的网络软件进行控制,从而实现信息交互、资源共享、协同工作和在线处理等功能。计算机网络具备以下3个基本要素,且三者缺一不可。

1)不同地理位置、独立功能的计算机

在计算机网络中,每一台计算机都具有独立完成工作的能力,并且计算机之间可以不在同一个区域(如同一个校园、同一个城市、同一个国家等)。

2)计算机网络具有交互通信、资源共享及协同工作等功能

资源共享是计算机网络的主要目的,而交互通信则是计算机网络实现资源共享的重要前提。例如,在以Internet为代表的计算机网络上,用户可以传递文件、发布信息、查阅信息、获取资料等。

3)必须遵循通信规则

在计算机网络中,计算机需要互相通信时,它们之间必须使用相同的语言。而这种语言既是通信的规则,也是一种通信协议。

2. 计算机网络的产生

在计算机产生之前,人们就已经开始使用电报、电话来通信了。而世界上第一台电

子计算机问世后，计算机和通信并没有什么关系，计算机一直以"计算中心"服务模式工作。

到1954年计算机终端问世，人们用这种终端将穿孔卡片上的数据从电话线路上发送到远地的计算机。此后，又有了电传打字机，用户可在远地的电传打字机上输入程序，而计算出来的结果又可以从计算机传送到电传打字机打印出来。计算机与通信的结合展开了新的一页。

同时，早在1951年，美国麻省理工学院林肯实验室就开始为美国空军设计称为SAGE的自动化地面防空系统，该系统最终于1963年建成，被认为是计算机和通信技术结合的先驱。

1966年，罗伯茨开始全面负责ARPA网的筹建。经过近一年的研究，罗伯茨选择了一种名为IMP（interface message processor，接口报文处理机，是路由器的前身）的技术，来解决网络间计算机的兼容问题，并首次使用了"分组交换"（packet switching）作为网络间数据传输的标准。这两项关键技术的结合为ARPA网奠定了重要的技术基础，创造了一种更高效、更安全的数据传递模式。

1968年，一套完整的设计方案正式启用，同年，首套ARPA网的硬件设备问世。1969年10月，罗伯茨完成了首个数据包通过ARPA网由加州大学洛杉矶分校出发，经过漫长的海岸线，完整无误地抵达斯坦福大学的实验室。

在这之后，罗伯茨还不断地完善ARPA网技术，从网络协议、操作系统再到电子邮件。1969年12月，Internet的前身——美国的ARPA网投入运行，它标志着计算机网络的兴起。该计算机网络系统是一种分组交换网。分组交换技术使计算机网络的概念、结构和网络设计方面都发生了根本性的变化，并为后来的计算机网络打下了坚实的基础。

20世纪80年代初，随着个人计算机的推广，各种基于个人计算机的局域网纷纷出台。这个时期计算机局域网系统的典型结构是在共享介质通信网平台上的共享文件服务器结构，即为所有连网个人计算机设置一台专用的可共享的网络文件服务器。每台个人计算机用户的主要任务仍在自己的计算机上运行，仅在需要访问共享磁盘文件时才通过网络访问文件服务器，体现了计算机网络中各计算机之间的协同工作关系。由于使用比PSTN（public switched telephone network，公共交换电话网络）速率高得多的同轴电缆、光纤等高速传输介质，个人计算机网上访问共享资源的速率和效率大大提高。这种基于文件服务器的计算机网络对网内计算机进行了分工：个人计算机面向用户，计算机服务器专用于提供共享文件资源。所以它就形成了客户/服务器模式。

计算机网络系统是非常复杂的系统，计算机之间相互通信涉及许多复杂的技术问题。为实现计算机网络通信，计算机网络采用的是分层解决网络技术问题的方法。但是，由于存在不同的分层网络系统体系结构，它们的产品之间很难实现互联。为此，在20世纪80年代早期，国际标准化组织ISO正式颁布了"开放系统互联基本参考模型"OSI国际标准，使计算机网络体系结构实现了标准化。

20世纪90年代，计算机技术、通信技术以及建立在计算机和网络技术基础上的计算机网络技术得到了迅猛发展。特别是1993年美国宣布建立国家信息基础设施NII (national information infrastructure,国家信息基础设施)后,全世界许多国家纷纷制定和建立本国的 NII,从而极大地推动了计算机网络技术的发展,使计算机网络进入了一个崭新的阶段。目前,全球以美国为核心的高速计算机互联网络即 Internet 已经形成,Internet 已经成为人类最重要的、最大的知识宝库。

3. 计算机网络的发展

世界上公认的、最成功的第一个远程计算机网络是在 1969 年由美国高级研究计划署(advanced research projects agency,ARPA)组织研制成功的。该网络称为 ARPANET,它就是现在 Internet 的前身。计算机网络的发展大致可划分为四个阶段。

1)计算机技术与通信技术相结合(诞生阶段)

20 世纪 60 年代末,是计算机网络发展的萌芽阶段。该系统又称终端-计算机网络,是早期计算机网络的主要形式,它将一台计算机经通信线路与若干终端直接相连。终端是一台计算机的外部设备,包括显示器和键盘,无 CPU 和内存。如图 3-1 所示。其主要特征是:为了增加系统的计算能力和资源共享,把小型计算机连成实验性的网络。

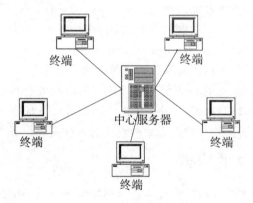

图 3-1 诞生阶段计算机网络

第一个远程分组交换网为 ARPANET,第一次实现了由通信网络和资源网络复合构成计算机网络系统,标志计算机网络的真正产生,ARPANET 是这一阶段的典型代表。

2)计算机网络具有通信功能(形成阶段)

第二代计算机网络是以多台主机通过通信线路互联起来,为用户提供服务,主机之间不是直接用线路相连,而是由接口报文处理机(IMP)转接后互联的。IMP 和它们之间互联的通信线路一起负责主机间的通信任务,构成了通信子网。通信子网互联的主机负责运行程序,提供资源共享,组成了资源子网。这个时期,网络概念为"以能够相互共享资源为目的互联起来的具有独立功能的计算机之集合体",形成了计算机网络的基本概念,如图 3-2 所示。

为了保证两台主机间通信时对传送信息内容的理解,信息表示形式以及各种情况下的应答信号都必须遵守一个共同的约定,称为"协议"。

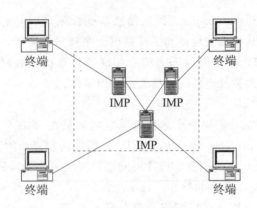

图 3-2　形成阶段计算机网络

3）计算机网络互联标准化（互联互通阶段）

计算机网络互联标准化是指具有统一的网络体系结构并遵循国际标准的开放式和标准化的网络。ARPANET 兴起后，计算机网络发展迅猛，各大计算机公司相继推出自己的网络体系结构及实现这些结构的软硬件产品。由于没有统一的标准，不同厂商的产品之间互联很困难，人们迫切需要一种开放性的标准化实用网络环境，这样应运而生了两种国际通用的最重要的体系结构，即 TCP/IP 体系结构和国际标准化组织的 OSI 体系结构。

4）计算机网络高速和智能化发展（高速网络技术阶段）

20 世纪 90 年代初至现在是计算机网络飞速发展的阶段，其主要特征是：计算机网络化，协同计算能力发展以及全球互联网络（Internet）的盛行。计算机的发展已经完全与网络融为一体。目前，计算机网络已经真正进入社会各行各业。

3.1.2　计算机网络的分类

计算机网络经过多年的发展和变化，各个网络所采用的网络技术、传输介质、通信方式等各方面已经变得多种多样。因此，了解计算机网络的分类方法、类型特征和应用范围便成为掌握网络技术，学习网络知识的基础。

1. 根据网络的地理覆盖范围分类

根据网络所覆盖地理范围的不同，可以将计算机网络分为局域网（local area network，LAN）、城域网（metropolitan area network，MAN）和广域网（wide area network，WAN）三种类型，如图 3-3 所示。由于该分类方式能够从数据传输方式、传输介质及技术等多方面反映网络特征，因此已经成为目前较为流行的计算机网络分类方式。

1）局域网

局域网是一种在有限的地理范围内构成的规模相对较小的计算机网络，其覆盖范围通常小于 20 km。例如，将一座大楼或一个校园内分散的计算机连接起来的网络都属于局域网。

局域网的特点是网络内不同计算机间的分布距离近、连接费用低、数据传输可靠性高等，并且组网较为方便，是目前计算机网络中发展最为活跃的分支。

2）城域网

城域网的网络覆盖范围通常为一个城市或地区，距离从几十千米到上百千米，通常

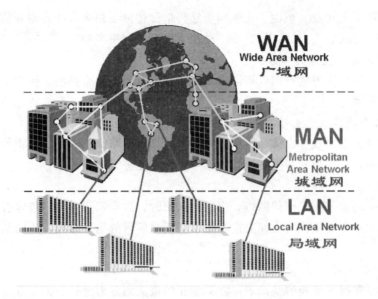

图 3-3　根据网络的地理覆盖范围分类

包含有若干个彼此互联的局域网。城域网通常由不同的系统硬件、软件和通信传输介质构成，从而使不同类型的局域网能够有效地共享资源。

城域网的特点是传输介质相对复杂，数据传输距离相对局域网要长，信号容易受到外界因素的干扰，组网较为复杂，成本较高。

3）广域网

广域网是指能够将众多的城域网、局域网连接起来，实现计算机远距离连接的超大规模计算机网络。广域网的联网范围极大，通常从几百千米到几万千米，其范围可以覆盖市、地区、省、国家，乃至整个世界。

广域网的特点是传输介质极为复杂，并且由于传输距离长，使得数据的传输速率较低，容易出现错误，所以采用的技术最为复杂。

2. 根据网络的传输介质分类

根据网络所采用的传输介质不同，可以将计算机网络分为有线网、光纤网和无线网三种类型。

1）有线网

有线网主要是指采用双绞线来连接的计算机网络。双绞线的价格便宜、安装方便且较为灵活，是目前局域网内最常见的传输介质。双绞线的缺点是容易受到干扰，且传输距离比同轴电缆要短。

2）光纤网

光纤网采用光导纤维作为传输介质，其特点是传输距离长、传输速率高、抗干扰能力强，且不会受到电子监听设备的监听，是高安全性网络的理想选择。但由于光纤的成本较高，且需要高水平的安装技术，因而常用于网络的主干部分。

3）无线网

这是一种采用电磁波作为载体来实现数据传输的网络类型。目前，无线联网的费用较高,因此还不太普及。但由于无线网能够将信号传播至很多有线传输介质无法到达的位置,且联网方式较为灵活,因此是一种很有前途的网络类型。

3. 根据网络的交换方式分类

根据网络的交换方式不同,可以将计算机网络分为电路交换网、报文交换网和分组交换网三种类型。

1) 电路交换网

电路交换最早出现在电话系统中,是早期计算机网络经常采用的数据传输方式。在电路交换网中,数字信号必须转换为模拟信号后才能进行联机传输。

2) 报文交换网

报文交换网是一种数字化网络。当通信开始时,数据发送者会将包含有数据及目的地址的报文发送至交换机内,而交换机则根据报文的目的地址选择合适的路径以完成报文的发送。

3) 分组交换网

分组交换在报文交换的基础上,将不定长的报文划分为定长的报文分组,以分组作为传输的基本单位。这不仅简化了对计算机存储器的管理,也加快了信息在网络内的传播速度。与上面两种交换方式相比,由于分组交换具有许多优点,已经成为目前计算机网络内主要的数据传输方式。

4. 根据网络的通信方式分类

根据网络通信方式的不同,可以将计算机网络分为广播式传输网络和点到点传输网络两种类型。

1) 广播式传输网络

广播式传输网络的特点是网络内的所有计算机共享一个通信信道,即数据在公用介质内进行传输,因此所有计算机都能够接收到网络内的数据,大大降低了网络的安全性能。此外,共享公用介质还使得同一时间内只能有一台计算机发送数据,因此该类型网络的数据传输效率较低。

2) 点到点传输网络

点到点传输网络是指数据以点到点的方式在计算机或通信设备内进行传输。与广播式传输网络不同的是,点到点传输网络内的每条物理线路连接一对计算机(或通信设备),极大地提高了网络的数据传输效率。

5. 根据网络的服务方式分类

根据计算机在网络内所扮演角色的不同,可以将计算机网络分为客户/服务器网络和对等网两种类型。

1) 客户-服务器网络

这是一种由客户机向服务器发出请求并因此获得服务的网络形式,是一种较为常用且比较重要的网络类型,不仅适合于同类型的计算机进行连网,也适合于不同类型的计算机连网(如IBM兼容机和Mac机的混合连网等),其结构如图3-4所示。客户-服务器网络的特点是网络内至少要有一台专用服务器,且所有的客户机都必须以服务器为中心,由服务器统一进行管理。

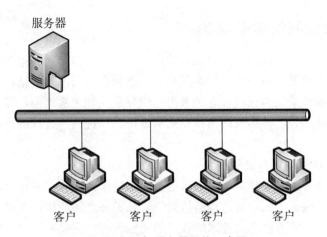

图 3-4　客户-服务器网络示意图

在客户-服务器网络中，由于不同计算机的权限和优先级已经确定，因此比较容易实现网络的规范化管理，且安全性能够得到保证。客户-服务器网络的缺点是网络的安装和维护较为困难；并且网络的性能受到服务器性能和客户机数量的影响，当服务器性能较差或客户机数量较多时，网络性能将严重下降。

2）对等网

对等网的特征是网络内不需要专用的服务器，计算机相互间是一种平等关系。在对等网中，每台接入网络的计算机既是服务器也是客户机，拥有绝对的自主权。例如，不同计算机之间实现互访、进行文件交换或使用其他计算机上的共享打印机等，如图 3-5 所示。

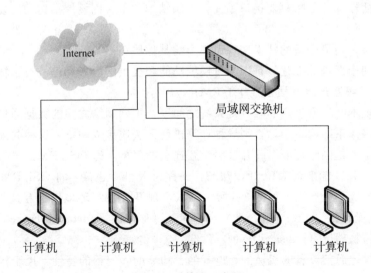

图 3-5　对等网示意图

对等网的特点是网络组建和维护都较为容易、使用简单、可灵活扩展，并且由于不需要价格昂贵的专用服务器，因而可以实现低成本组网。但是，对等网的灵活性使得数据的保密性差、文件的存储较为分散，并且很难实现资源的集中管理。

3.1.3 计算机网络体系结构

计算机网络由多个互连的节点组成,节点之间要不断地交换数据和控制信息,要做到有条不紊地交换数据,每个节点就必须遵守一整套合理而严谨的结构化管理体系。计算机网络就是按照高度结构化设计方法采用功能分层原理来实现的,即计算机网络体系结构的内容。具体来说,计算机网络体系结构是指计算机网络层次结构模型和各层协议的集合。

1. 网络体系和网络体系结构

网络体系是指为了完成计算机间的通信合作,把每台计算机互连的功能划分成有明确定义的层次,并规定了同层次进程通信的协议及相邻之间的接口及服务。而网络体系结构则是指用分层研究方法定义的网络各层的功能、各层协议和接口的集合。

计算机的网络结构可以从网络体系结构、网络组织和网络配置三个方面来描述,网络组织是从网络的物理结构和网络的实现两方面来描述计算机网络;网络配置是从网络应用方面来描述计算机网络的布局、硬件、软件和通信线路;网络体系结构是从功能上来描述计算机的网络结构。

网络体系结构最早是由 IBM 公司在 1974 年提出的,名为 SNA(system network architecture),现在 SNA 已成为世界上较广泛使用的一种网络体系结构。

计算机网络结构采用结构化层次模型,有如下优点。

(1) 各层之间相互独立,即不需要知道下层的结构,只需知道通过层间接口所提供的服务;

(2) 灵活性好,是指只要接口不变,上层结构就不会因该层结构的变化(甚至是取消该层)而变化;

(3) 各层采用最合适的技术实现而不影响其他层;

(4) 有利于促进标准化,是因为每层的功能和提供的服务都已经有了精确的说明。

2. 开放系统互连参考模型(OSI/RM)

为了实现不同厂家生产的计算机系统之间以及不同网络之间的数据通信,就必须遵循相同的网络体系结构模型,否则异种计算机就无法连接成网络,这种共同遵循的网络体系结构模型就是国际标准——开放系统互连参考模型,即 OSI/RM。

最著名的 ISO 标准是 ISO/IEC 7498,又称为 X.200 建议,将 OSI/RM 依据网络的整个功能划分成七个层次,如图 3-6 所示。以实现开放系统环境中的互连性(interconnection)、互操作性(interoperation)和应用的可移植性(portability)。

第一层:物理层(physical layer)

物理层规定通信设备的机械的、电气的、功能的和规程的特性,用于建立、维护和拆除物理链路连接。具体地讲,机械特性规定了网络连接时所需接插件的规格尺寸、引脚数量和排列情况等;电气特性规定了在物理连接上传输比特流时线路上信号电平的大小、阻抗匹配、传输速率距离限制等;功能特性是指对各个信号先分配确切的信号含义,即定义了数据终端设备(data terminal equipment,DTE)和数据通信设备(data communications equipment,DCE)之间各个线路的功能;规程特性定义了利用信号线

图 3-6　开放系统互连参考模型

进行比特流传输的一组操作规程,是指在物理连接的建立、维护、交换信息时,DTE和 DCE 双方在各电路上的动作系列。

第二层:数据链路层(data link layer)

在物理层提供比特流服务的基础上,建立相邻节点之间的数据链路,通过差错控制提供数据帧(frame)在信道上无差错的传输,并进行各电路上的动作系列。

数据链路层在不可靠的物理介质上提供可靠的传输。该层的作用包括:物理地址寻址、数据成帧、流量控制、数据检错、重发等。

第三层:网络层(network layer)

在计算机网络中进行通信的两台计算机之间可能会经过很多个数据链路,也可能还要经过很多通信子网。网络层的任务就是选择合适的网间路由和交换节点,确保数据及时传送。网络层将数据链路层提供的帧组成数据包,包中封装有网络层包头,其中含有发送者和接收者的地址信息。

第四层:传输层(transport layer)

第四层的数据单元也称作处理信息的传输层(transport layer)。但是,当谈论 TCP 等具体的协议时又有特殊的叫法,TCP 的数据单元称为段(segments),而 UDP 协议的数据单元称为"数据报(datagrams)"。这个层负责获取全部信息,因此,它必须跟踪数据单元碎片、乱序到达的数据包和其他在传输过程中可能发生的危险。第四层为上层提供端到端(最终用户到最终用户)的透明的、可靠的数据传输服务。所谓透明的传输是指在通信过程中传输层对上层屏蔽了通信传输系统的具体细节。

第五层:会话层(session layer)

这一层也可以称为会晤层或对话层,在会话层及以上的高层次中,数据传送的单位不再另外命名,统称为报文。会话层不参与具体的传输,它提供包括访问验证和会话管理在内的建立和维护应用之间通信的机制。如服务器验证用户登录便是由会话层完成的。

第六层:表示层(presentation layer)

这一层主要解决用户信息的语法表示问题。它将欲交换的数据从适合于某一用户的抽象语法,转换为适合于 OSI 系统内部使用的传送语法。即提供格式化的表示和转换数据的服务。数据的压缩和解压缩，加密和解密等工作都由表示层负责。例如，图像格式的显示，就是由位于表示层的协议来支持。

第七层：应用层（application layer）

应用层为操作系统或网络应用程序提供访问网络服务的接口。

3.1.4 Internet 网络基本服务

Internet 由大量的计算机和信息资源组成，它为网络用户提供了非常丰富的服务。这些服务包括电子邮件（E-mail）、文件传输（FTP）、远程登录（telnet）、信息服务（word wide web，WWW）、BBS、专题讨论、在线交谈及游戏等。

1. 电子邮件（E-mail）

电子邮件服务是一种利用计算机和通信网络传递电子信件等信息的非交互式服务。通过邮件服务，用户可以方便、快捷地交换电子邮件；传递文件、图形、图像和语音等信息；查询各种信息资源；加入有关的公告、专题讨论、电子论坛等，获得有关信息。与一般邮件相比，电子邮件具有快速、简便、高效、价格低廉等特点。电子邮件不是一种"终端到终端"的服务，其发送方和接收方互相之间不需要直接连接就能工作。因此，即使对方不在，仍然可将邮件送入对方的邮箱里。电子邮件是 Internet 用户使用最多的应用工具之一。

2. 远程登录

远程登录是指在网络通信协议 Telnet 的支持下，用户的计算机通过 Internet 成为远程计算机终端的过程。也就是用户把本地计算机与远程计算机连接起来，然后使用远程计算机系统的资源或提供的其他服务。使用 Telnet 可以在网络环境下共享计算机资源，获得有关信息。通过 Telnet，用户不必局限在固定的地点和特定的计算机上工作，通过网络随时可以使用任何地方的任何计算机。

3. 文件传送

文件传送服务允许 Internet 用户将一台计算机上的文件传送到另一台计算机上，也可以说，每个用户都可以利用文件传输协议（file transfer protocol，FTP）登录到其他计算机上，下载所需的软件和文件到自己的计算机上，或把自己的文件上传到其他计算机上。使用 FTP 几乎可以传送所有类型的文件：如文本文件、二进制可执行文件、图像文件、声音文件、数据压缩文件等。

4. WWW 服务

有人把 WWW 译作万维网或环球网，或称 Web 网、3W 网，实际上它不过是网上的一种服务。它的正式提法是："WWW 是一种广域超媒体信息检索的原始规约，其目的是访问分散的巨量文档"。WWW 给 Internet 用户提供了一种非常简单、易用的手段，去查找和获取全球各种组织机构、大专院校、科研院所、公司厂商，甚至个人所提供的共享信息。它使用了超媒体/超文本的信息组织和管理技术，各单位或个人将需要向外发布的或可共享的信息，以 HTML 的格式编排好，存放在各自的 Web 服务器中。网上的用户需要信息时，可在自己的机器上启动一个"浏览器"软件，例如 Microsoft Explorer，于是就可以检索、查询各种信息。

3.2 电子商务安全技术

3.2.1 电子商务安全概述

信息技术日新月异的发展，使得基于 Internet 技术的电子商务已逐渐成为人们进行商务活动的新模式。伴随着电子商务的日益普及，其安全问题也变得越来越突出。由于电子商务建立在高度开放的因特网平台之上，相关的商业报价、方案、谈判、支付等机密信息都在网络上处理、存储和传输，这就对其安全性提出了更高的要求，安全性也成为决定电子商务进一步发展的关键问题。加强对这一问题的研究和探索，对电子商务的发展具有重要意义。

1. 电子商务安全要素

电子商务安全要素涉及的方面很广泛，主要包括以下几点。

1) 及时性/有效性

保证信息的及时性和有效性是开展电子商务的前提。在电子商务中，只有信息是及时和有效的才能保证交易的顺利完成，无效或是延迟的信息可能使双方的交易失败，造成难以挽回的后果。

2) 机密性

机密性是指保证信息为授权者所享用而不能给未授权者享用。电子商务建立在一个比较开放的网络环境上，其信息直接代表个人、企业或国家的信息，有些是商业机密，维护商业机密是全面推广实施电子商务的一个重要保障。

3) 完整性

完整性包括信息传输和存储两个方面。在存储时，要防止信息被非法篡改和破坏。在传输过程中，要保证信息接收方收到的信息是完整而没有遭到破坏的。信息的完整性将影响到交易各方的交易和经营策略，保持交易信息的完整性是实施电子商务的基础。

4) 可靠性/不可抵赖性/鉴别性

交易双方以及所传递的信息必须是可靠的，具有不可抵赖性，而且在交易信息中为参与的个人、企业或国家提供可靠的标识。这种标识用来保证发送方不能否认已发送信息，接收方不能否认已收到信息，身份的不可否认性常用数字签名来实现。

5) 匿名性

电子商务系统应确保交易的匿名性，防止交易过程被跟踪，保证交易过程中不把用户的个人信息泄露给未知的或不可信的个体，确保合法用户的隐私不被侵犯。

6) 审查能力

根据机密性和完整性的要求，应对数据的审查结果进行记录。对交易数据的审查能力能够保证交易信息的完整性，以便为以后更好地开展多方的交易。审查能力是进一步发展电子商务的基础。

7) 不可修改性

交易的文件是不可修改的，供货单位收到订单后，价格大幅上涨，如能改动交易文件内容，那么订货单位可能会因此蒙受损失。因此，电子交易的文件也要做到不可修改，以保障交易的严肃和公正。

8) 可用性

可用性是指信息和信息系统随时为授权者提供服务，而不会出现被非授权者滥用而对授权者拒绝服务的情况。

消费者准备在网络上购买商品的时候，需要了解商品的价格、性能、质量等信息，决定购买后，要提交订购信息，提供支付相关的信息，这些环节都要求电子商务系统能够随时提供稳定的网络服务，这就是对电子商务系统可用性的要求。如果电子商务系统被攻击而无法提供服务，则整个电子商务交易就会被迫中断。

2. 电子商务安全问题

电子商务是建立在 Internet 基础之上的，所以 Internet 的安全问题同样是电子商务面临的安全问题，电子商务的安全问题主要包括交易双方以及信息传递过程中产生的威胁。作为一个安全的电子商务系统，首先要解决网络安全问题，保证交易信息的安全；其次要保证数据库服务器的绝对安全，防止信息被篡改和盗取。目前电子商务存在的安全问题包括以下几个方面。

1) 系统的中断

这是对系统可用性进行的攻击，使得系统不能正常工作从而中断或者延迟正在进行的交易，对交易双方的数据产生很大的破坏，造成严重的后果。

2) 信息的截获和盗取

这是对信息的机密性进行的攻击。它使得不该享用交易信息的实体通过非法手段盗取交易信息，使得信息机密泄露。攻击者可能通过电话线监听，在互联网上通过截获数据包、搭线等非法手段获取个人、企业或者国家的商业机密，如消费者的银行账号、密码及企业的交易信息机密等。

3) 黑客攻击

黑客攻击一般分为两种：一种是主动攻击，它以各种方式有选择地破坏信息的有效性和完整性，如拒绝服务攻击、内部攻击等；另一种是被动攻击，它是在不影响网络正常工作的情况下，进行截获、窃取、破译以获得重要的机密信息。

4) 信息的篡改

这是对信息完整性的攻击。如果非法授权实体不但存取资源，而且对它进行了修改，则这种攻击变为篡改。如某人可能修改数据库中的数值，修改程序使之完成额外的功能或者修改正在传输的数据，或者做其他更为严重的改动。

5) 信息的伪造

这是针对身份认证机制进行的攻击。在此类攻击中，非法实体伪造计算机系统中的实体或信息。电子商务是直接关系到交易双方或者多方的商业交易，如何确定交易的各方是自己期待的交易方，即有效的身份认证，这一问题则是保证电子商务顺利进行的关键。当攻击者掌握了网络信息的数据规律或者破解交易信息后，可以假冒合法的用户或者发送虚假的信息给交易方用来欺骗用户。

6) 交易抵赖

当交易一方发现交易行为对自己不利的时候，或当利益刺激到一定程度时，就有可能否认电子交易行为。交易抵赖包含很多方面,如发信者事后否认曾经发送过某条信息或内容;收信者事后否认曾经收到过某条信息或内容;购买者做了订单而不予以承认;商家卖出商品因价格变动而不承认原有的交易等。

3. 电子商务的安全体系架构

电子商务的安全需要一个完整的综合保障体系,需要管理制度保障、法律保障和技术保障三方面的支持。

1) 管理制度保障

安全管理制度通过条文对各项安全要求做出规定。主要包括人员管理制度,保密制度,跟踪、审计、稽核制度,系统维护制度,数据容灾制度及制定防范制度和应急制度等。

2) 法律保障

电子商务的安全发展必须依靠法律的保障,通过法律等条文的形式来保护电子商务信息的安全,惩罚网络犯罪违法行为,建立一个良好的电子商务法律来约束人们的行为。

3) 技术保障

谈到电子商务安全,首先想到的就是技术保障,技术保障措施涉及信息加密技术、数字签名技术、TCP/IP服务及防火墙的选择构造等。

概括起来,电子商务安全系统结构由网络服务层、加密技术层、安全认证层、交易协议层、商务系统层、电子商务安全需求层以及管理制度和法律保障组成。其中,下层是上层的基础,为上层提供技术支持,上层是下层的扩展与递进,管理制度和法律保障则贯穿整个安全体系,各层次之间相互依赖、相互关联构成统一整体。各层通过不同的安全控制技术,实现各自的安全策略,保证整个电子商务系统的安全。电子商务安全体系结构如图3-7所示。

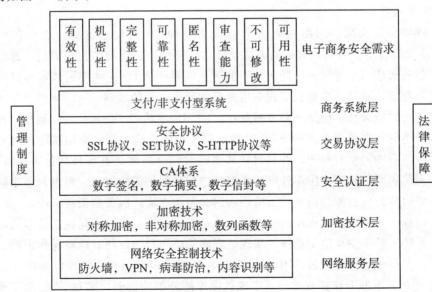

图3-7 电子商务安全体系结构

3.2.2 网络安全控制技术

在互联网上进行电子商务活动，除了在交易过程中会面临一些特殊的安全性问题外，还包括计算机网络系统普遍面临的一些安全问题，比如设备的功能失常、电源故障、由于电磁泄漏引起的信息失密、搭线窃听等物理实体的安全、自然灾害的威胁、黑客的恶意攻击、软件的漏洞和"后门"、网络协议的安全漏洞及计算机病毒的攻击。

为了确保在互联网上电子商务的安全，除了网络传输协议的保证外，还有网络安全控制技术，主要包括防火墙、VPN技术、网络入侵检测技术、反病毒技术等。

1．防火墙

1）防火墙简述

防火墙就是在网络边界上建立相应的网络通信监控系统，用来保障计算机网络的安全，它是一种控制技术。 从逻辑上讲，防火墙起分隔、限制、分析的作用。实际上，防火墙是加强 intranet（内部网）之间安全防御的一个或一组系统，它由一组硬件设备（包括路由器、服务器）及相应软件构成。防火墙是网络安全策略的有机组成部分，它是放在两个网络之间的一组组件，具有如下性质。

（1）允许本地安全策略授权的通信信息通过；

（2）双向通信必须通过防火墙；

（3）防火墙本身不会影响正常信息的流通。

2）防火墙的功能

防火墙是两个网络之间的访问控制和安全策略，增强内部网络的安全性，它能够保证诸如 E-mail、文件传输、telnet 以及特定系统间信息交换的安全。防火墙的主要功能就是过滤不安全的数据，控制不安全的服务和访问，防止内部信息外泄，强化网络安全性。

3）防火墙种类

（1）网络层防火墙。网络层防火墙可视为一种 IP 封包过滤器，运作在底层的 TCP/IP 协议堆栈上。可以以枚举的方式，只允许符合特定规则的封包通过，其余的一概禁止穿越防火墙（病毒除外，防火墙不能防止病毒侵入）。这些规则通常可以经由管理员定义或修改，不过某些防火墙设备可能只能套用内置的规则。

（2）应用层防火墙。应用层防火墙是在 TCP/IP 堆栈的"应用层"上运作，使用浏览器时所产生的数据流或是使用 FTP 时的数据流都属于这一层。应用层防火墙可以拦截进出某应用程序的所有封包，并且封锁其他的封包（通常是直接将封包丢弃）。理论上，这一类防火墙可以完全阻绝外部的数据流进到受保护的机器里。根据侧重不同，应用层防火墙可分为包过滤型防火墙、应用层网关型防火墙、服务器型防火墙。

（3）数据库防火墙。数据库防火墙是一款基于数据库协议分析与控制技术的数据库安全防护系统。基于主动防御机制，实现数据库的访问行为控制、危险操作阻断、可疑行为审计。数据库防火墙通过 SQL 协议分析，根据预定义的禁止和许可策略让合法的 SQL 操作通过，阻断非法违规操作，形成数据库的外围防御圈，实现 SQL 危险操作的主动预防、实时审计。数据库防火墙面对来自于外部的入侵行为，提供 SQL 注入禁止和数据库虚拟补丁包功能。

2. VPN 技术

VPN 的英文全称是"virtual private network",就是"虚拟专用网络"。顾名思义,虚拟专用网络可以理解成是虚拟出来的企业内部专线。它可以通过特殊的加密通信协议在连接在 Internet 上的位于不同地方的两个或多个企业内部网之间建立一条专有的通信线路,就好比是架设了一条专线一样,但是它并不需要真正地去铺设光缆之类的物理线路。VPN 的核心就是利用公共网络建立虚拟私有网。典型的 VPN 应集成包过滤防火墙和应用代理防火墙的功能,具有一个开放架构,完善的认证管理以及能够提供第三方产品的接口。

3. 入侵检测技术

防火墙技术及其他的一些保护计算机网络安全的技术,如后面介绍的密码技术、身份认证技术等属于静态的安全防御技术。针对日益严重的网络安全问题和越来越突出的安全需求,动态安全防御技术和动态安全模型应运而生。其中,入侵检测技术是近年来迅速发展起来的一项网络安全技术。作为动态安全技术的核心技术之一,入侵检测技术是对防火墙隔离技术等静态安全防御技术的合理补充,提高了信息安全基础结构的完整性,拓宽了系统管理人员的安全管理能力,是电子商务系统安全防御体系的一个重要的组成部分。

入侵检测系统(intrusion detection system,IDS)即对入侵行为的检测。它通过收集和分析计算机网络或计算机系统中若干关键点的信息,监测网络或系统中是否存在违反安全策略的行为和被攻击的迹象。

4. 防病毒技术

防病毒技术主要是计算机网络各层防病毒的方法,包括物理层、系统层、网络层、应用层以及管理层的防范措施。

1) 物理层的防范

首先要严把物理硬件安全关。采用国家的机密信息系统所用设备和系列产品,对引进的计算机系统和软件要在进行安全性检查后才能启用,以预防和限制计算机病毒伺机入侵。

2) 系统层的防范

系统层的防范内容包括操作系统本身的安全防范,以及操作系统的安全配置。由于 Windows 操作系统的安全问题越来越受到大家的关注,每隔一段时间,微软就会发布修复系统漏洞的补丁,在网络中架设微软提供的软件升级服务器,使客户机定期自动执行升级操作。随着技术的发展,各种黑客和木马工具层出不穷,密码很容易被窃取。通过 Windows 的域管理和域策略的制定,实现域用户的智能卡登录功能很好地解决了这个问题。通过与 Windows 系统的无缝链接,利用 CA 认证系统的硬件密钥,成功解决上述问题。通过 Windows 的域管理的具体设置实现目录和文件权限的访问控制。

3) 网络层的防范

网络层的防范问题主要体现在网络信息的安全性。在网络核心交换机上设置访问控制列表功能,实现根据访问者的身份、网络地址等参数来确定访问者的访问权限和对数据访问量的实时检测，根据访问数据量的变化来确定对应主机的系统性能。

4）应用层的防范

应用层的防范主要考虑所采用的应用软件和数据的防范。

（1）病毒防护和内容过滤。通过防病毒产品的远程安装、集中管理、统一防病毒策略对计算机进行病毒防范。

（2）监控与审计系统。通过一套专门的计算机监控与审计系统对计算机控制引擎、安全策略、审计日志、系统登录和网络拓扑进行集中的统一管理，尽早地发现可能出现的病毒防范方面的问题，实现锁定计算机的各种硬件设备，如USB端口、打印机端口、光驱等输入输出设备，杜绝外来设备带来的病毒传播。

5）管理层的防范

管理层的防范是指建立计算机病毒防范制度，计算机病毒的防范制度是防范体系中每个主体都必须执行的行为规范，必须按照防范体系对防范制度的要求，建立符合自身特点的防范制度。严格的防范管理制度、明确的部门防范职责划分、合理的人员角色定义都可以在很大程度上减少其他层次的病毒防范漏洞。

3.2.3 加密技术

在电子商务中，信息加密技术是其他安全技术的基础，加密技术是指通过使用代码或密码将某些重要信息和数据从一个可以理解的明文形式变换成一种复杂错乱的、不可理解的密文形式（即加密），在线路上传送或在数据库中存储，其他用户再将密文还原成明文（即解密），从而保障数据的安全。

数据加密的方法很多，常用的有两大类：一种是对称密钥加密，另一种是非对称密钥加密。

1. 对称密钥加密

对称密钥加密也叫私钥加密，是指加密密钥能够从解密密钥中推算出来，同时解密密钥也可以从加密密钥中推算出来。即发送方用密钥加密明文，传送给接收方，接收方用同一密钥解密，其特点是加密和解密使用的是同一个密钥，典型的代表是美国国家安全局的DES。它是IBM于1971年开始研制的，1977年美国标准局正式颁布其为加密标准，这种方法使用简单，加密解密速度快，适合于大量信息的加密。对称密钥的特点是加密速度快，效率高。

2. 非对称密钥加密

非对称密钥加密也叫公开密钥加密。公钥加密法是在对数据加解密时，使用不同的密钥，通信双方各具有两把密钥：一把公钥和一把私钥。公钥对外界公开，私钥自己保管，用公钥加密的信息，只能用对应的私钥才能解密。

3. 混合加密

现在为了提高交易的安全性和可靠性，大多采取混合加密手段，即将对称密钥加密手段和非对称密钥加密手段结合使用，克服各自的缺点，充分利用各自的优点。

3.2.4 认证技术

认证技术的出现是为了保证交易数据在传输过程中的完整性和不可否认性，它是电子商务交易顺利进行的一个基础保障。

1. 数字摘要技术

数字摘要也称为散列函数，通过使用单向散列函数将需要加密的明文压缩成一个固定长度的密文。该密文同明文是一一对应的，不同的明文加密成不同的密文，相同的明文其摘要必然一样。因此，利用数字摘要就可以验证通过网络传输收到的明文是否未被篡改过，从而保证数据的完整性和有效性。

2. 数字签名技术

数字签名是一种以电子形式给一个消息签名的方法，是只有信息发送方才能进行的签名，是任何其他人都无法伪造的一段数字串，这段特殊的数字串同时也是对签名真实性的一种证明。在电子商务的信息传输过程中，通过数字签名来达到与传统手写签名相同的效果。

数字签名的特点主要有：签名的不可伪造性；签名是可靠的；签名是不可重用的；签名是不可改变的；签名是不可抵赖的。

使用公开密钥算法是实现数字签名的主要技术，使用公开密钥算法实现数字签名技术类似于公开密钥加密技术。它有两个密钥：一个是签名密钥，它必须保持秘密，因此称为私有密钥，简称私钥；另一个是验证密钥，它是公开的，因此称为公开密钥，简称公钥。公开密钥算法的运算速度比较慢，因此可使用安全的单向散列函数对要签名的信息进行摘要处理，减小使用公开密钥算法的运算量。

3. 数字信封技术

数字信封的功能类似于普通信封，普通信封在法律的约束下保证只有收信人才能阅读信的内容。数字信封则采用密码技术保证了只有规定的接收人才能阅读信的内容。数字信封技术结合了对称密钥加密技术和非对称密钥加密技术的优点，可克服对称密钥加密中对称密钥数量繁多，管理困难等问题，以及非对称密钥加密中加密算法复杂，加密时间长的问题。信息发送方用接收方的公开密钥对自己的对称密钥进行加密，从而保证只有规定的收信人才能阅读信的内容。采用数字信封技术后，即使加密文件被他人非法截获，因为截获者无法得到发送方的对称密钥，故截获者不可能对文件进行解密，使通信更加安全。

4. 数字时间戳

对于成功的电子商务应用，要求参与交易各方不能否认其行为。这其中需要在经过数字签名的交易上打上一个可信赖的时间戳，从而解决一系列的实际和法律问题。由于用户桌面时间很容易改变，由该时间产生的时间戳不可信赖，因此需要一个权威第三方来提供可信赖的且不可抵赖的时间戳服务。

在各种商务文件中，时间是十分重要的信息。在书面合同中，文件签署的日期和签名一样均是十分重要的防止文件被伪造和篡改的关键性内容。在电子文件中，同样需要对文件的日期和时间信息采取安全措施，而数字时间戳服务（digital time-stamp service，DTSS）就能提供电子文件发表时间的安全保护。数字时间戳服务是网上安全服务项目，由专门的机构提供。

数字时间戳是一个经加密后形成的凭证文档，它的主要内容包括三个部分：需加数字时间戳的文件的摘要；DTS 收到文件的日期和时间；DTS 的数字签名。

数字时间戳的作用如下。

(1) 数据文件加盖的数字时间戳与存储数据的物理介质无关。

(2) 对已加盖数字时间戳的文件不可能做丝毫改动。

(3) 要想对某个文件加盖与当前日期和时间不同的数字时间戳是不可能的。

5．数字证书技术

数字证书是一种权威性的电子文档，它提供了一种在 Internet 上验证身份的方式，其作用类似于司机的驾驶执照或日常生活中的身份证。它是由权威机构——数字证书认证中心（certificate authority，CA）发行的，人们可以在互联网的交往中用它来识别对方的身份。当然在数字证书认证的过程中，证书认证中心作为权威的、公正的、可信赖的第三方，其作用是至关重要的。

数字证书必须具有唯一性和可靠性，为了达到这一目的，通常，数字证书采用公钥体制，即利用一对互相匹配的密钥进行加密、解密。每个用户自己设定一把特定的仅为本人所有的私有密钥（私钥），用它进行解密和签名；同时设定一把公开密钥（公钥），并由本人公开，为一组用户所共享，用于加密和验证签名。当发送一份保密文件时，发送方使用接收方的公钥对数据加密，而接收方则使用自己的私钥解密，这样信息就可以安全无误地到达目的地了。公开密钥技术解决了密钥发布的管理问题，用户可以公开其公开密钥，而保留其私有密钥。一个数字证书的内容一般包括：所有者的公钥、所有者的名字、公钥的失效期、发放机构的名称（发放数字证书的 CA）、数字证书的序列号、发放机构的数字签名。

6．CA 认证体系

为了保证电子商务安全因素的顺利实现，在电子商务中使用了基于公钥体系的加密系统。基于公钥体系的加密系统的每对密钥由公钥和私钥组成，公钥是以数字证书的形式存放的。一个关键的问题是公钥的分发，也就是数字证书的分发问题。如果证书不能得到有效安全的分发，所有的上层应用软件就不能得到安全的保障，为此，需要建立数字证书认证中心（CA）。由认证中心审核申请者信息，审核通过后产生数字证书，发放给申请者，通过数字证书，以确保电子商务中各方的身份，保证在互联网上交易的安全性。

CA 认证体系由以下几个部门组成。一是证书认证中心，负责产生和确定用户实体的数字证书。二是审核授权部门（RA），负责对证书的申请者进行资格审查，并决定是否同意给申请者发放证书。同时，承担因审核错误而引起的、为不满足资格的人发放了证书而引起的一切后果，它应由能够承担这些责任的机构担任。三是证书操作部门（CP），负责为已被授权的申请者制作、发放和管理证书，并承担因操作运营错误所产生的一切后果，包括失密和为没有获得授权的人发放了证书等，它可由 RA 自己担任，也可委托给第三方担任。四是密钥管理部门（KM），负责产生实体的加密钥对，并对其解密私钥提供托管服务。五是证书存储地（Dir），包括网上所有的证书目录。

7．PKI 技术

公钥基础设施（public key infrastructure，PKI）是一种遵循标准的利用公钥加密技术，为电子商务的开展提供一套安全技术和规范的基础平台。简单地说，PKI 技术就是利用公钥理论和技术建立的提供信息安全服务的公共基础设施。PKI 是 20 世纪 80 年代由美国学者提出来的概念。实际上，授权管理基础设施、可信时间戳服务系统、安全保密管理系统、统一的安全电子政务平台等的构筑都离不开它的支持。数字证书认证中心、审核授权部门、密钥管理部门都是组成 PKI 的关键组件。作为提供信息安全服务的公共基础设施，PKI 是目前公认的保障网络社会安全的最佳体系。

3.2.5 安全技术协议

电子商务的核心和关键是实现安全支付。电子交易的实现，需要规范和统一通信系统中的各种行为，使交易各方遵循一定的规则，以保证各方的利益和安全。这些标准和规范就是电子商务安全协议。

1. 安全套接层协议

安全套接层（secure sockets layer，SSL）协议是由 Netscape 公司提出的基于 Web 应用的安全协议。它被 WWW 广泛接受并且已经成为事实上的 Internet 加密标准。1996 年，IETF 批准以 SSL 协议为标准的 Internet 安全协议。SSL 协议采用对称加密密钥和公开密钥相结合的方式，提供了保密性、安全性、服务器认证和可选的客户 TCP/IP 连接验证等安全服务。它位于 TCP/IP 协议中的运输层和应用层之间，因此，SSL 协议用于加密应用层数据，而底层的数据没有加密。SSL 协议由 SSL 握手协议、SSL 记录协议和 SSL 警报协议组成。

SSL 握手协议被用来在客户与服务器真正传输应用层数据之前建立安全机制。当客户与服务器第一次通信时，双方通过握手协议在版本号、密钥交换算法、数据加密算法和散列算法上达成一致，然后互相验证对方身份，最后使用协商好的密钥交换算法产生一个只有双方知道的秘密信息。客户和服务器各自根据此秘密信息产生数据加密算法和散列算法参数。SSL 记录协议根据 SSL 握手协议协商的参数，对应用层进来的数据进行加密、压缩、计算消息鉴别码 MAC，然后经网络传输层发送给对方。SSL 警报协议用来在客户和服务器之间传递 SSL 出错信息。

2. 安全电子交易协议

安全电子交易（security electronic transaction，SET）协议是一种电子支付过程标准，是由 Vista 和 Mastercard 联合 IBM、GTE、Microsoft、Netscape、RSA、SAIC、Terisa、VeriSign 等多个公司推出的一种新的电子支付模型，是专为解决用户、商家、银行之间通过信用卡的交易而制定的标准，用以保护网上支付卡交易的每一个环节。

SET 协议包含多个部分，解决交易中不同阶段的问题。SET 协议来源于 RSA 数据安全的公开加密和身份认证技术，使用数字签名和持卡人证书，对持卡人的信用卡进行认证，使用数字签名和商家证书，对商家进行认证；使用加密技术确保交易数据的安全性；使用数字签名技术确保支付信息的完整性和各方对有关交易事项的不可否认性；使用双重签名技术使商家看不到持卡人的信用卡号，使银行看不到订单信息，进而保证购物信息和支付信息的保密性。可见，SET 协议使用各种安全技术尽可能确保交易的安全，SET 协议有望成为未来电子商务的规范。

3. 安全超文本传输协议

安全超文本传输协议（secure hypertext transfer protocol，S-HTTP）协议是一种面向安全信息通信的协议，它基于 HTTP 开发用于客户和服务器之间的交换信息。它使用安全套接字层（SSL）进行信息交换，简单来说它是 HTTP 的安全版，是使用 TLS/SSL 加密的 HTTP 协议。

4. 安全多媒体 Internet 邮件扩展协议（S/MIME）

S/MIME 是 Secure/Multipurpose Internet Mail Extensions 的缩写，是从 PEM（Privacy Enhanced Mail）和 MIME（Internet 邮件的附件标准）发展而来的。S/MIME 是利用单向散列算法（如 SHA-1、MD5 等）和公钥机制的加密体系。S/MIME 的证书格式采用 X.509 标准格式。S/MIME 的认证机制依赖于层次结构的证书认证机构，所有下一级的组织和个人的证书均由上一级的组织负责认证，而最上一级的组织（根证书）之间相互认证，整个信任关系是树状结构的。另外，S/MIME 将信件内容加密签名后作为特殊的附件传送。

S/MIME 提供两种安全服务：数字签名和邮件加密。

3.2.6 电子商务安全管理

管理是保障电子商务安全的重要环节。电子商务安全管理涉及电子商务安全规划、电子商务安全管理机构、电子商务安全管理制度等。

1. 电子商务安全规划

电子商务安全规划的主要内容是进行电子商务系统的安全需求分析及风险分析，在此基础上，确定电子商务系统的访问控制规划、系统备份与恢复策略以及电子商务系统应急事件的处理规程。电子商务安全规划的结果是电子商务信息系统的安全政策。

电子商务安全规划策略的内容包括：设备采购指南、数据私有性政策、访问政策、审计政策、鉴别政策、可用性申明、系统维护政策、违规报告政策、支援信息、例外情况处理。

2. 电子商务安全管理机构

为了保证电子商务的安全，各电子商务使用单位应建立电子商务安全管理机构。各级电子商务安全管理机构负责与安全有关的规划、建设、投资、人事、安全政策、资源利用和处理等方面的决策和实施。各级电子商务安全管理机构应根据国家电子商务安全的有关法律、法规、制度、规范，结合本单位安全需求确立各自电子商务安全策略和实施细则，并负责贯彻实施。安全管理机构的建立原则如下。

（1）按从上至下的垂直管理原则，上一级机关安全管理机构指导下一级机关安全管理机构的工作。

（2）下一级机关安全管理机构接受并执行上一级安全管理机构的安全策略。

（3）各级安全管理机构不隶属于同级电子商务管理和业务机构。

（4）各级安全管理机构由系统管理、系统分析、软件、硬件、安全保卫、系统稽核、人事、通信等有关方面的人员组成。

（5）安全管理机构应设办事机构，负责安全日常事务工作。

3. 电子商务安全管理制度

电子商务安全管理制度包括：人员管理制度、信息保密制度、网络系统的日常维护管理、跟踪与审计制度、数据备份和应急措施、病毒防护制度等。

1) 人员管理制度

(1) 岗前审查、培训，定期学习规章制度，进行法制教育；

(2) 落实工作责任制；

(3) 贯彻电子商务安全运作基本原则：多人负责原则、任期有限原则、最小权限原则。

2) 信息保密制度

电子商务活动涉及企业多方面的机密，必须实施严格的保密制度。保密制度需要将组织内的各种信息资源进行划分，确定安全级别，确保安全防范重点，并提出相应的保密措施。信息的安全级别一般可分为三级。

(1) 绝密级。公司经营状况报告、订/出货价格、公司的发展规划等。此部分网址、密码不在互联网络上公开，只限于公司高层人员掌握。

(2) 机密级。如公司的日常管理情况、会议通知等。此部分网址、密码不在互联网络上公开，只限于公司中层以上人员使用。

(3) 秘密级。如公司简介、新产品介绍及订货方式等。此部分网址、密码在互联网络上公开，供消费者浏览，但必须有保护程序，防止"黑客"入侵。

3) 网络系统的日常维护管理

(1) 硬件的日常管理和维护。企业通过自己的 intranet 参与电子商务活动，intranet 的日常管理和维护变得至关重要，这就要求网络管理员必须建立系统设备档案。一般可用一个小型的数据库来完成这项功能，以便于一旦某地设备发生故障，进行网上查询。

对于一些网络设备，应及时安装网管软件。对于不可管设备应通过手工操作来检查状态，做到定期检查与随机抽查相结合，以便及时准确地掌握网络的运行状况，一旦有故障发生时能及时处理。

(2) 软件的日常管理和维护。对于操作系统，所要进行的维护工作主要包括：定期清理日志文件、临时文件；定期执行整理文件系统；监测服务器上的活动状态和用户注册数；处理运行中死机情况等。

对于应用软件的管理和维护主要是版本控制。为了保持各客户机上的版本一致，应设置一台安装服务器，当远程客户应用软件需要更新时，就可以从网络上进行远程安装。

4) 跟踪与审计制度

跟踪制度要求企业建立网络交易系统日志机制，用于记录系统运行的全过程。系统日志文件是自动生成的，内容包括操作日期、操作方式、登录次数、运行时间、交易内容等。它对系统的运行监督、维护分析、故障恢复，对于防止案件的发生或为侦破案件提供监督数据，起到非常重要的作用。

审计制度包括经常对系统日志的检查、审核，及时发现对系统故意入侵行为的记录和对系统安全功能违反的记录、监控和捕捉各种安全事件，保存、维护和管理系统日志。

5) 数据备份和应急措施

为了保证数据安全,必须定期或不定期地对网络数据加以备份。应急措施是指在计算机灾难事件(即紧急事件或安全事故)发生时,利用应急计划辅助软件和应急设施,排除灾难和故障,保障电子商务系统继续运行或紧急恢复。

(1) 瞬时复制技术:是使计算机在某一灾难时刻自动复制数据的技术;
(2) 远程磁盘镜像技术:是指在远程备份中心提供主数据中心的磁盘影像;
(3) 数据库恢复技术。

6) 病毒防护制度

病毒在网络环境下具有更强的传染性,对网络交易的顺利进行和交易数据的妥善保存造成极大的威胁。从事网上交易的企业和个人都应当建立病毒防范制度,排除病毒的骚扰。对于病毒防扩散,目前主要有硬件保护和软件防护两种,软件防护采取的都是检测病毒、排除病毒的方法,是在系统被感染了病毒之后,防杀毒软件才会起作用。因此事前防护就显得非常重要,其原理是在网络端口设置一个病毒过滤器,有效将病毒拒之系统之外。

3.3 电子商务网站建设

电子商务网站的建设,一般采用生命周期法。**生命周期法,即结构化系统开发方法,是一种用于了解系统的商业目标并设计出合适的解决方案的开发方法,是信息系统建设的常用方法**。电子商务网站的建设,一般包括网站总体规划,网站开发的支撑平台,网站开发,网站测试、发布与推广以及网站维护五方面内容。

3.3.1 网站总体规划

网站总体规划作为电子商务网站建设的第一步,是整个网站建设成败的关键,只有做好总体规划,才能正确地指导整个网站建设的过程。具体来说,网站的总体规划要做好以下几项工作。

1. 明确网站构建的目标

目标一般分为三个方面,即网站建设目的,网站的访问目的和网站的内容与服务。也就是说,为什么要建立这个网站,这个网站为谁服务以及这个网站能够提供哪些方面的服务。

2. 栏目规划

栏目规划的主要任务是对所收集的大量内容进行有效的筛选,并将它们组织成一个合理的、便于理解的逻辑结构,即建立网站的逻辑结构,需要考虑到建立整个网站的层次结构,以及考虑每一个栏目或者子栏目的逻辑结构。另外,栏目规划还需要确定是重点栏目、需要实时更新的栏目还是功能性栏目等。

3. 目录结构设计

目录结构又称为物理结构,目录结构会对网站的效率产生很大的影响,也会影响到网站性能、网站维护等。目录结构要解决的问题是如何在硬盘上更好地存放包括网页、图片、Flash动画、数据库等所有的网站资源。用户并不能看见目录结构,它只对网站管理员可见,也就是说网站管理员能从文件的角度更好地管理网站的所有资源。

4. 风格设计

规划好网站栏目之后,网页设计也是非常重要的一步,它包括网站命名、Logo设计、网页布局、网页色彩搭配、网站的字体、插图颜色等,需要根据网站的具体性质来设计。

5. 导航系统设计

用户在浏览访问网站时,希望能够明确清楚地知晓自己所在的网页位置,并且能够快速地切换到另一网页。因而,网站导航对网站来说是必要的也是非常重要的,它是衡量一个网站是否优秀的重要标准。一般可以设置导航条,也可以设置路径导航,在网页上显示这个网页在网站层次型结构中的位置。

3.3.2 网站开发的支撑平台

1. 计算机硬件技术

根据计算机性能的不同,计算机可以分成超级计算机、大型计算机、小型计算机和微型计算机。

1) 超级计算机

大多数具有超级计算能力的计算机都是超级计算机。超级计算机是由大型机构使用的、特殊的、具有超强计算能力的计算机,例如,NASA采用超级计算机来跟踪和控制空间探索活动,国家气象局采用超级计算机进行天气预报等工作。

2) 大型计算机

大型计算机是具有较强计算能力的计算机,当然计算能力较超级计算机差一些,但具有较高的运算速度和非常大的存储能力。在一些对计算能力和存储量要求较高的机构,往往需要大型计算机的支持,例如,保险公司、银行的数据处理中心。

3) 小型计算机

小型计算机的体积往往与微型计算机相似,小型计算机通常具有较强的计算能力,其性能稳定、网络功能也较强。主要用于中等规模的机构中进行数据处理或控制。

4) 微型计算机

微型计算机是应用最广泛的一种计算机,包括桌面计算机、笔记本电脑、PDA、平板电脑、手持电脑等。

不管是超级计算机还是微型计算机,计算机的基本结构仍然沿用冯·诺依曼提出的设计思想,即由五个基本部分组成:存储器、运算器、控制器、输入和输出设备。通常,人们把运算器、控制器和存储器统称为主机,而把各种输入和输出设备称为计算机的外设。

计算机是根据存储程序原理来工作的,即人们事先把让计算机执行的工作编制成程序,并存储在存储器中。计算机工作时按照顺序,依次从存储器中取出各种指令,并按照指令的内容去执行相应的操作。

2. 计算机软件技术

计算机软件包括计算机程序及相关文档。计算机程序是指为了得到某种结果而由计算机等具有信息处理能力的装置执行的代码化指令序列，或可被自动换成代码化指令序列的符号化指令序列或符号化语句序列。

计算机软件分为系统软件和应用软件两类，可简单地把应用软件看成是由用户使用的软件，而系统软件则是由计算机使用的软件。

1）系统软件

系统软件中最主要的是操作系统。操作系统是控制应用程序执行的程序，并充当应用程序和计算机硬件之间的接口。它提供的功能包括输入/输出管理、存储器管理、文件管理和进程管理。目前常用的操作系统有 Microsoft Windows 系列、UNIX 和 Linux 等。

2）应用软件与开发语言

应用软件的首要任务就是满足各类终端用户的需求，因此应用软件的种类是非常多的，常用的应用软件开发语言有机器语言、C/C++程序设计语言、Java 语言等。

3）服务器端脚本技术

服务器端脚本技术使得 Web 应用开发者可以在 Web 页面中直接嵌入脚本来生成动态页面，将它与客户端脚本技术联合制作出功能极其强大的页面。这种技术的典型代表包括 ASP（active server pages，动态服务器页面）、Cold Fusion、PHP 和 JSP。

3.3.3 网站开发

1. 网站前期规划

在网站开发前，需要明确建立网站的主题，大致可以分为以下几类：

第1类：网上求职。

第2类：网上聊天/即时信息/ICQ。

第3类：网上社区/讨论/邮件列表。

第4类：计算机技术。

第5类：网页/网站开发。

第6类：娱乐网站。

第7类：旅行。

第8类：参考/资讯。

第9类：家庭/教育。

第10类：生活/时尚。

2. 数据库设计

电子商务是以数据库技术和网络技术为支撑的，其中数据库技术是核心。每一个商务站点后台都有一个强大的数据库支撑其工作，从数据的管理到查询、生成动态网页、数据挖掘以及应用数据的维护都离不开数据库。

3. 页面编辑与调试

设计者作为构架网站的核心力量，对于决策与规划起着一定的制约作用。一名出色的设计者不仅要对某一种语言非常精通,而且要对其他技术,如图片处理有全面的了解,包括服务器、数据库等,因为这些技术都是相互联系的。

网页制作就是页面编辑与调试,通常设计者都会选用一种合适的可视化网页编辑工具来进行编辑。这些工具有很多,而且功能也非常强大,如 Adobe 公司的 DreamWeaver 等。

3.3.4 网站测试、发布与推广

1. 测试

网站设计好后,需要进行严格的测试,以确定设计的结果与设计方案是否吻合,并且要注意网站的兼容性,要在多个浏览器内进行检测,诸如链接是否有效、样式表是否能正确解析等问题都要注意,还要注意评估下载速度。具体包含功能测试、性能测试、可用性测试、客户端兼容性测试和安全性测试等方面。

2. 发布

测试完毕后,将要进行网站的发布。大多数企业都通过 ISP 共同完成电子商务服务器的建设与设置过程,目前主要采用虚拟主机、主机托管和专线主机三种方式,企业可以根据自身情况适当选择。

1) ISP 选择

ISP(Internet service provider)是互联网服务提供商的简称,是指专门从事互联网接入服务和相关技术咨询服务的公司和企业,是很多企业和个人用户进入 Internet 空间的驿站和桥梁。

ISP 的选择需要符合以下条件。

(1) 必须提供完善而且系统的售前、售后培训服务;

(2) 必须能直接或间接地提供强大而稳定的电信上网服务;

(3) 必须是具备权威资质的域名代理机构;

(4) 能够根据企业的需要,为企业量身打造网上公司;

(5) 能够为企业提供电子商务的后台解决方案。

2) 域名注册

国内域名注册由中国互联网络信息中心(CNNIC)(http://www.cnnic.net.cn)授权其代理进行,国际域名注册通过国际互联网络信息中心(INTERNIC)(http://www.cnnic.net.cn)授权其代理进行。

国内域名注册申请人必须是依法登记并且能够独立承担民事责任的组织,注册时要求出示营业执照复印件,然后按照程序规定填写申请单。国际域名注册则没有任何条件限制,单位和个人均可以提交申请。

域名注册的步骤如下。

① 构造、选择企业或公司要注册的域名,查询确认要注册的域名是否已被别人注册。

② 填写域名注册申请表。在申请表上填写注册域名名称、申请单位的中英文名称,单位负责人、域名管理、缴费联系人,各种联系方式,域名服务器放置地与 IP 地址等,

填好后，单击"注册递交"按钮，这样申请表格就会被域名注册系统接收。除上述Web外，也可以采用E-mail方式进行注册。

③ 提交相关信息，并根据要求交纳域名使用费后，就可以使用注册的域名了。

3. 推广

网站发布完毕后，推广工作是其面向市场运作的关键一步。网站推广是指通过各种有效的手段推广网站知名度，提升网站访问量。可以采用搜索引擎推广、登录导航网站、友情链接投放、网络广告投放、邮件广告和微营销等手段进行网站推广。

1）搜索引擎推广

搜索引擎Google、Yahoo、Baidu给网站带来的流量是非常明显的，最简单的方法就是手工登录。但是要想获得好的排名，就要付一定的费用。付费方式包括：固定排名、竞价排名等。如果不想利用付费方式登录搜索引擎，但要获得较好的排名，那么就需要根据各个搜索引擎的特点优化网站，如标题设计、标签设计、内容排版设计等。

2）登录导航网站

对于一个流量不大，知名度不高的网站来说，导航网站带来的流量远远超过搜索引擎以及其他方法。

3）友情链接

友情链接可以给一个网站带来稳定的客流。另外，还有助于网站在Google等搜索引擎中的排名。友情链接原则：最好能链接一些流量比自己网站高的、有知名度的网站；其次是和自己网站内容互补的网站。同类网站容易形成竞争，一般不考虑。

4）网络广告投放

网络广告是常用的网站推广方式之一，在网络品牌、产品促销、网站推广等方面均有明显作用。网络广告的常见形式包括：Banner广告、关键词广告、分类广告、赞助式广告等。也可以认为网络广告存在于各种网络营销工具中，只是具体的表现形式不同。利用网络广告来进行网站推广，具有可选择网络媒体范围广、形式多样、适用性强、投放及时等优点，适合于网站发布初期及运营期的任何阶段。

5）邮件广告

使用邮件广告时，应注意不能滥发垃圾邮件，否则效果适得其反，会引起网友反感。最好的方法是发给注册用户，可以让客户了解网站动态，持续关注网站，但切记要在醒目位置放"退定"选项。

6）微营销

微博、微信等营销是时下流行的营销方式，特别是微信营销。微信平台对于电商来说主要用于客户关系的维系与老客户的回流，需根据客户定期为其分享内容（分析客户属性，制定内容分享规则），并建立微商城。

3.3.5 网站维护

网站发布后，随着时间的推移，为了保持站点的吸引力，必须在其中添加一些新的内容、更换过时的图片。另外，浏览者浏览发布的站点后，可通过反馈表单将意见和建议发送到表单处理程序。所有这些，都需要对站点进行维护，使它与浏览者的想法更加贴近。

网站建设是一个动态的过程，因此，网站维护是一个长期性的工作，其目的是提供一个可靠、稳定的系统，使网站信息与内容更加完整、统一，使内容更加丰富，不断满足用户更高的要求。网站维护主要包括安全管理、性能管理和内容管理。

1. 安全管理

安全问题一直是困扰因特网发展的一个重要问题，不管是普通的因特网用户还是向用户开放的网站，都有可能受到攻击，从而导致网站数据遭到破坏，造成难以估计的损失。比如本章的引导案例，携程网的服务器受到攻击，经过12个小时才得以恢复，给携程网造成了巨大的损失。安全问题可能存在于计算机硬件到软件的各个方面，重点是操作系统的安全管理，WWW服务器软件的安全管理，脚本语言的安全管理，网上信息传输的安全管理，数据库的安全管理和人员的安全管理。

2. 性能管理

性能管理的主要任务是保证WWW服务器的正常运行，然后在正常运行的基础上最大限度地优化系统的性能。另外，当系统的负荷满足不了日益增长的用户访问需求时，需要制定合理的解决方案升级系统的配置。性能管理主要包括网络、操作系统、WWW服务器、动态服务器页面和数据库服务器的管理等。

3. 内容管理

内容管理主要是确保网站的内容、数据和超链接的正确性和实时性，主要有以下几个方面。

1) 网站内容更新

当今处于信息时代，人们最关心的是有无需要的信息、信息的可靠性、信息是否为最新信息等。一个电子商务网站建立起来之后，要让它发挥尽可能大的作用，吸引更多的浏览者，壮大自己的客户群，就必须研究和跟踪最新的变化情况，及时发布企业最新的产品、价格、服务等信息，保持网站内容的实效性。网站内容的更新包括以下三个方面。

第一，维护新闻栏目。网站的新闻栏目是客户了解企业的门户，其将企业的重大活动、产品的最新动态、企业的发展趋势、客户服务措施及时、真实地呈现给客户，让新闻栏目成为网站的亮点，以此吸引更多的客户前来浏览、交易。

第二，维护商品信息。商品信息是电子商务网站的主体，随着外在条件的变化，商品的信息（如商品的价格、种类、功能等）也在不断地变化，网站必须追随其变化，不断地对商品信息进行维护更新，反映商品的真实状态。

第三，为保证网站中的链接通畅，网站的维护人员要经常对网站所有的网页链接进行测试，保证各链接正确无误。

内容更新是网站维护过程中的一个瓶颈，可以从以下四个方面来考虑。

第一，在网站设计期间，就应充分考虑到站点的维护计划，因为站点的整体运作具有开放性、动态性和可扩展性，所以站点的维护是一个长期的工作，其目的是提供一个可靠、稳定的系统，使信息与内容更加完整、统一，并使内容更加丰富、新颖，不断满足用户更高的要求。

第二,在网站开发过程中,对网站结构进行策划设计时,既要保证信息浏览环境的方便性,又要保证信息维护环境的方便性。

第三,制定一整套信息收集、信息审查、信息发布的信息管理体系,保证信息渠道的通畅和信息发布流程的合理性,既要考虑信息的准确性和安全性,又要保证信息更新的及时性。

第四,根据需要选择合适的网页更新工具,如数据库技术和动态服务网页技术。

2) 对留言板进行维护

电子商务网站是一个动态网站,需要与用户进行实时的交流与反馈,因而具有很强的交互性,所以迅速地交互反应是电子商务网站成功的关键。例如,多数电子商务网站都包含留言簿、BBS、投票调查、电子邮件列表等信息发布和存放系统,它提供了与浏览者交流、沟通的平台,通过这些平台,可以收集浏览者提出的各种意见和建议,可以了解浏览者的需求,因而网站制作好留言板或论坛后,要经常维护,总结意见。

3) 网站访问维护

访问者的多少直接关系到网站的经营与生存。一个网站访问次数的多少是其受用户欢迎程度和发展前景好坏的体现,电子商务网站访问量统计是电子商务网站的一个重要组成部分。通过对访问量数据的分析,可以找出网站的优势与不足,从而对网站进行相应的修改,增加网站的可读性,更好地实现网站的建设目标;还可以根据数据变化规律和趋势随时调整网站的发展方向;另外还有助于选择更合适的网站宣传推广手段。

4) 对客户的电子邮件进行维护

所有的企业网站都有自己的联系页面,它通常是管理者的电子邮件地址。经常会有一些信息发到邮箱中,对访问者的邮件要及时答复。最好是在邮件服务器上设置一个自动回复的功能,这样能够使访问者对站点的服务有一种安全感和责任感,然后再对用户的问题进行细致的解答。

3.4 电子商务数据处理技术

数据处理的中心问题是数据管理,数据管理是指对数据的分类、组织、编码、存储、检索和维护,而数据库技术正是数据处理技术发展比较成熟后的产物。数据库技术对电子商务的支持主要表现在以下两个方面。

(1) 存储和管理各种商务数据,这是数据库技术的基本功能。

(2) 决策支持。近几年,随着数据仓库和数据挖掘技术的产生和发展,使企业可以科学地对数据库中海量的商务数据进行科学的组织、分析和统计,从而更好地服务于企业的决策支持。

可以说,数据库技术是电子商务的一项支撑技术,在电子商务的建设中占有重要的地位。

3.4.1 关系数据库

数据库模型依赖于数据的存储模式,即数据存储模式不同,数据库的性质也不相同。以关系模型作为数据组织存储方式的数据库称为关系数据库。关系数据库采用数学的方法来处理数据库中的数据,是建立在严密的数学基础之上的一种数据组织存储方式。关系数据库是目前应用最广泛,也是最重要、最流行的数据库。

1. 关系模型

关系模型的数据关系定义比较复杂,可以把关系模型的数据结构理解为一张二维表格,如表 3-1 所示。

表 3-1　关系模型

学号	姓名	性别	年龄	系别
12000001	李勇	男	19	计算机系
12000002	刘晨	男	19	计算机系
12000003	王敏	女	20	数学系
...	...	...	...	...

表格中的每一行代表一个实体,称为记录;每一列代表实体的一个属性,称为数据项。记录的集合称为关系。关系具有如下性质。

(1) 数据项不可再分(即不可在表中嵌套表)。
(2) 关系中的列是同性质的,称为属性。属性之间不能重名。
(3) 关系中不能出现相同的记录,记录的顺序无所谓。
(4) 每个关系都有一个主键,它能唯一地标识关系中的一个记录。
(5) 关系中列的顺序不重要。

2. 关系模型的组成

关系数据库是以关系模型为基础的数据库,它利用关系来描述现实世界。关系模型由三部分组成:数据结构、关系操作集合和关系的完整性。

1) 数据结构

在关系模型中,无论是实体还是实体之间的联系均由单一的结构类型即关系来表示。

2) 关系操作集合

关系操作包括并、交、差、选择、投影、连接等,其操作方式的特点是集合操作,即操作的对象和结果是集合,称为一次一集合的方式,而不是一次一记录的方式。

3) 关系的完整性

关系完整性是指实体完整性、参照完整性和用户自己定义的完整性。实体完整性是保证数据库中记录的唯一性,即每个记录的主键不能为空值,也不能与其他记录的主键相同。参照完整性是保证表与表之间语意上的完整性,即当一个表引用在另一个表中定义的实体时,要保证这个实体的有效性。用户自定义完整性是针对某一具体关系数据库的约束条件,它反映某一具体应用所涉及的数据必须满足的语义要求。例如,某个属性必须取唯一值,某个非主属性也不能取空值,某个属性的取值范围为 0~100 等。前两种完整性是关系模型必须满足的约束条件,由关系系统自动支持。而用户自定义完整性反映了用户的要求,是用户自行定义的。

3. 关系数据库标准语言 SQL

关系数据库语言是一种非过程语言,非过程语言是有别于过程语言的,即对用户而言只要说明"做什么",至于"如何做",则由系统来实现。由于关系数据模型的抽象级别比较高,数据模型本身也比较简单,这就为设计非过程关系数据库语言提供了良好的基础。

目前为关系数据库配备非过程语言最成功、应用最广的首推 SQL (structured query language),它是一种介于关系代数和关系演算之间的语言,1974 年由 Boyee 和 Chamberlin 提出,并在数据库系统 SYSTEM R 上得以实现。由于使用方便,功能齐全,简洁易学,SQL 很快得到普遍应用。一些主流数据库管理系统(DBMS)产品(如 Oracle、Sybase、DB2、SQL Server 等)都实现了 SQL 语言。到 20 世纪 80 年代中期,国际标准化组织(ISO)采纳 SQL 为国际标准,1992 年公布了 SQL 2 的版本,其后又在 SQL 2 的基础上引入很多新的特征,产生了 SQL 3。目前 SQL 语言已不限于查询,它的功能包括数据定义、数据操纵、数据库控制、事务控制四个方面,是一个综合、通用、功能强大的关系数据库语言。

3.4.2 数据仓库

近年来,随着数据库技术的应用和发展,人们尝试对数据库(data base,DB)中的数据进行再加工,形成一个综合的、面向分析的环境,以更好地支持决策分析,从而形成数据仓库(data warehousing,DW)技术。作为决策支持系统(decision-making support system,DSS),数据仓库系统包括:数据仓库技术、联机分析处理(on-line analytical processing,OLAP)技术、数据挖掘(data mining,DM)技术。

1. 数据仓库技术

数据仓库是一种只读的、用于分析的数据库,常常作为决策支持系统的底层。它从大量的事务型数据库中抽取数据,并将其清理、转换为新的存储格式,即为了决策目标而把数据聚合在一种特殊的格式中。数据仓库的定义是:数据仓库是支持管理决策过程的、面向主题的、集成的、随时间变化的、但信息本身相对稳定的数据集合。

其中,"主题"是指用户使用数据仓库辅助决策时所关心的重点问题,每一个主题对应一个客观分析领域,如销售、成本、利润的情况等;所谓"面向主题"就是指数据仓库中的信息是按主题组织的,按主题来提供信息;"集成的"是指数据仓库中的数据不是业务处理系统数据的简单拼凑与汇总,而是经过系统地加工整理,是相互一致的、具有代表性的数据;所谓"随时间变化",是指数据仓库中存储的是一个时间段的数据,而不仅仅是某一个时刻的数据,所以主要用于进行时间趋势分析。一般数据仓库内的数据时限为 5~10 年,数据量也比较大,在 10 GB 左右;"信息本身相对稳定",是指数据一旦进入数据仓库,一般情况下将被长期保留,变更很少。

2. 联机分析处理技术

联机分析处理是一种软件技术,是 1993 年 E. F. Codd 提出的概念。OLAP 针对特定问题的联机数据进行访问和分析,使分析人员、管理人员或决策者能够从多种角度对从原始数据中转化出来的、能够真正为用户所理解并真实反映企业维持性的信息进行快速、一致、交互的存取,从而获得对信息更深入了解。OLAP 的目标是满足决策支持或多维环境特定的查询和报表及对应的图形分析展示的需求。

3. 数据挖掘技术

数据挖掘是从大量的、不完全的、有噪声的、模糊的、随机的数据中提取隐含在其中的有用的信息和知识的过程，这些信息和知识是人们事先不知道的。随着信息技术的高速发展，人们积累的数据量急剧增长，动辄以 TB 计，如何从海量的数据中提取有用的知识成为当务之急。数据挖掘就是为顺应这种需要应运而生发展起来的数据处理技术。

从数据库角度看，数据挖掘是从数据库的数据中识别出有效的、新颖的、具有潜在效用的并最终可理解的信息（如规则、约束等）的非平凡过程。非平凡是一个数学概念，用来描述其复杂程序，即数据挖掘既不是把数据全部抽取，也不是一点儿也不抽取，而是抽取出隐含的、未知的、可能有用的信息。

从决策支持的角度看，数据挖掘是一种决策支持的过程，主要基于人工智能、统计学和数据库技术等多种技术，能高度自动地分析企业原始的数据，进行归纳推理，从中挖掘出潜在的模式，使系统能通过这些发现的知识来预测客户的行为，帮助企业的决策者调整市场策略，从而减少风险，辅助做出正确的决策。它是提高商业和科学决策过程质量和效率的一种新方法。

3.4.3 大数据

大数据是高科技时代的产物。马云在演讲中曾提到，未来的时代将不是 IT 的时代，而是 DT 的时代，DT 就是数据科技（data technology）。但大数据并不在"大"，而在于"有用"，价值含量、挖掘成本比数量更为重要。对于电子商务行业而言，如何利用这些大规模数据是成为赢得竞争的关键。

1. 大数据的定义

关于大数据的定义，不同研究机构和不同学者均有定义，下面列举几个比较权威的定义。

百度知道对大数据的定义是：大数据（big data），或称巨量资料，指的是所涉及的资料量规模巨大到无法通过目前主流软件工具，在合理时间内达到撷取、管理、处理并整理成帮助企业经营决策更积极目的的信息资产。大数据的特点如下：volume（数量）、velocity（速度）、variety（多样）、veracity（真实性）。

研究机构 Gartner 给"大数据"做出了这样的定义："**大数据**"**是需要新处理模式才能具有更强的决策力、洞察发现力和流程优化能力的海量、高增长率和多样化的信息资产。**

麦肯锡全球研究所给出的定义是：一种规模大到在获取、存储、管理、分析方面大大超出传统数据库软件工具能力范围的数据集合。

互联网周刊认为"大数据"的概念远不止大量的数据（TB）和处理大量数据的技术或者所谓的"4V"之类的简单概念，而是**涵盖了人们在大规模数据的基础上可以做的事情，而这些事情在小规模数据的情况下是无法实现的，换句话说，大数据让我们以一种前所未有的方式，通过对海量数据进行分析，获得有巨大价值的产品和服务，或深刻的洞见，最终形成变革之力。**

2. 大数据的特征

一是数据量非常大，这个数据量既是指大数据技术所能获取到的数据量的多少，同时也表示大数据技术所能处理的数据量也是巨大的。

二是数据类型繁多，大数据的来源包括使用者自身产生的数据和信息，比如电子商务交易记录、邮件记录、微博记录等，另外还有音频、视频和符号数据。

三是价值密度低，海量数据中仅有一小部分数据具有价值。

四是处理速度快，大数据是传统数据挖掘所无法比拟的，这也是大数据明显区别于传统数据的特点。

3. 大数据分析及大数据技术

大数据分析包含以下五个基本方面。

1) 大数据可视化分析

大数据分析的使用者不仅有专家学者，同时还有普通用户，这两个用户群体能够简单直观地理解大数据分析结果。

2) 数据挖掘算法

大数据分析的理论核心就是数据挖掘算法，各种数据挖掘的算法基于不同的数据类型和格式才能更加科学地呈现出数据本身具备的特点，因而使用被全世界统计学家所公认的各种统计方法，大数据才能挖掘出具有价值的信息。另外也是因为这些算法才使大数据能够进行快速处理。

3) 大数据预测性分析能力

大数据分析最重要的应用领域之一就是预测性分析，从大数据中挖掘出特点，通过科学的建立模型，之后便可以通过模型带入新的数据，从而预测未来的数据。

4) 语义引擎

大数据分析广泛应用于网络数据挖掘，可从用户的搜索关键词、标签关键词或其他输入语义，分析、判断用户需求，从而实现更好的用户体验和广告匹配。

5) 数据质量和数据管理

大数据分析离不开数据质量和数据管理，高质量的数据和有效的数据管理，无论是在学术研究还是在商业应用领域，都能够保证分析结果真实和有价值。

大数据技术主要有数据采集、数据存取、基础架构、云存储和分布式文件存储、数据处理、统计分析、数据挖掘、模型预测、结果呈现等。

4. 大数据对电子商务的影响

电子商务平台的营销体系、广告推送、捕获系统、销量预测系统、物流配送系统以及移动终端在运行过程中，产生并积累了大量关于用户的和具有潜在经济价值的数据。要发现、利用这些海量数据的经济价值，就需要对其进行全面系统的挖掘。从传统的统计分析等技术层面上讲，要对存储在云计算中心的这些海量数据进行处理是不大可能的，但大数据技术可以通过对数据的清洗、分析、建模、加密、搜索、制作等一系列环节，得出对电子商务发展具有价值的数据和信息。大数据对电子商务的影响主要体现在以下两个方面。

（1）电子商务平台的综合应用。例如，把握平台自身的宏观数据，即供应商规模、能够供应的产品服务种类、每天的交易规模、供应商与需求者的细分领域及其特征等，从而为自身的综合决策奠定基础；将这些数据结果一方面服务于电子商务应用企业，帮助其分析市场需求，另一方面也服务于其他电子商务服务业伙伴，例如广告、市场调查与分析公司等。

（2）大数据将通过广告实现电子商务平台的产品服务供给者与潜在需求者之间的直接关联，为大量消费者提供精确的产品或服务推送，通过这种精准营销减少市场的信息不对称以及社会交易成本。

3.4.4 云计算

1. 云计算的概念

云计算（cloud computing）是基于互联网的相关服务的增加、使用和交付模式，通常涉及通过互联网来提供动态易扩展且经常是虚拟化的资源。云是网络、互联网的一种比喻说法。过去往往在图中用云来表示电信网，后来也用来表示互联网和底层基础设施的抽象。云计算可以进行每秒10万亿次的运算能力，拥有这么强大的计算能力就可以模拟核爆炸、预测气候变化和市场发展趋势。

对于到底什么是云计算，学者和实践工作者有着不同的理解。现阶段广为接受的是美国国家标准与技术研究院（NIST）的定义：**云计算是一种按使用量付费的模式，这种模式提供可用的、便捷的、按需的网络访问，进入可配置的计算资源共享池（资源包括网络、服务器、存储、应用软件、服务），这些资源能够被快速提供，只需投入很少的管理工作，或与服务供应商进行很少的交互。**

2. 云计算的特点

云计算是通过使计算分布在大量的分布式计算机上，而非本地计算机或远程服务器中，企业数据中心的运行将与互联网更相似。这使得企业能够将资源切换到需要的应用上，根据需求访问计算机和存储系统，好比是从古老的单台发电机模式转向了电厂集中供电的模式。它意味着计算能力也可以作为一种商品进行流通，就像煤气、水电一样，取用方便，费用低廉。最大的不同在于，它是通过互联网进行传输的。云计算特点归结为以下几点。

1）规模大

云计算的规模相当大，它的范围和领域几乎是无限延伸的，囊括了各大系统，能够提供常人难以想象的计算服务，比如 Google 等大型网站一般都拥有数百万台云计算服务器，即便是小企业也至少拥有一台云计算服务器。

2）虚拟性

云计算可以使用户在拥有账号名和密码的情况下，在任何一个位置和服务器都能享受到相同待遇的服务，都能够找到对自己有用的实时数据。

3）安全性高

由于云计算服务商都是大型企业，因此有专业的团队来进行数据安全的维护，比小企业或用户个人来维护数据安全其可靠性和安全性更高。另外，云计算使用数据多副本容错和计算节点同构技术，能够保证服务的可靠性。

4) 针对性服务

云计算中"云"可以精准地记录用户的服务需求和信息,在云计算过程中充分满足账户的要求,提供客户满意的计算服务,大大提高了服务资源的利用率,节省了多余资源的浪费和损耗,使得客户在支付低成本的同时,享受高等级服务。

5) 资源整合

在传统模式下,各个企业和政府机构信息化建设的内容都是自己开发程序,购买服务器和建设计算中心,而这些设备往往大部分时间都是闲置的,且数字资源难以共享。而云计算本身就是对大量 IT 资源的整合,构成庞大的资源池,统一灵活调配资源。在云模式下,通过租用云计算服务,各自为政的信息资源建设模式将会被彻底改变,全球资源可以高度整合,可以实现真正意义上的共享。不管是物理意义上的计算机资源还是数字信息资源,云计算对资源整合后再进行重新配置,发挥了更大的经济效益和社会效益。

6) 成本低

因为数据计算、数据维护和数据存储都是在云端进行,所以对于租用云计算服务的企业和用户来讲,无须再花大量的时间和精力来维护自己的数据中心,节约了一大笔高昂的设备购置费用,并且不用担心设备的淘汰和升级问题。以亚马逊为例,每 1 G 数据的存储费为 15 美分,服务器的租用则是每小时 10 美分,云计算产品价格相当便宜,吸引了大批中小企业,甚至吸引了纽约时报和红帽等大型公司。

3. 云计算的服务形式

云计算包括以下几个层次的服务:基础设施服务(IaaS)、平台服务(PaaS)和软件服务(SaaS)。

1) 基础设施服务

消费者通过 Internet 可以从完善的计算机基础设施获得服务,例如硬件服务器租用。

2) 平台服务

PaaS 实际上是指将软件研发的平台作为一种服务,以 SaaS 的模式提交给用户。因此,PaaS 也是 SaaS 模式的一种应用。但是,PaaS 的出现可以加快 SaaS 的发展,尤其是加快 SaaS 应用的开发速度,比如软件的个性化定制开发。

3) 软件服务

软件服务是一种通过 Internet 提供软件的模式,用户无须购买软件,而是向提供商租用基于 Web 的软件,来管理企业经营活动,例如阳光云服务器。

4. 云计算对电子商务的影响

云计算会引发电子商务三个方面的变革。

1) 新技术架构

技术架构是电子商务得以实现的基础,云条件下,电子商务的技术架构由传统的自行架设转为租用云计算的硬件和软件服务,采用"用多少,付费多少"的付费方式,云改变了原有的信息基础设施架构,节省硬件投资,充分利用了信息资源。

2) 新经营模式

云计算的特殊性在于硬件、软件、数据和开发平台都被作为服务提供给下游的电子商务运营商,这种服务是基于用户的需求而产生的,而且可根据需求的变化而变化。电子商务运营商通过互联网从丰富的云资源中选择和获取服务,从而出现了新的服务理念和经营许可模式。

3)新竞争优势

云计算的发展将导致信息技术成为普通的廉价的公共资源,对于所有人都是一致的,因为信息技术不再具有核心竞争优势。电子商务运营商将其主要精力和资源集中在经营管理上,提高产品和服务质量,构建非信息技术的核心竞争力,导致电子商务产业资源重新进行优化组合。

3.4.5 物联网

1991年美国麻省理工学院的Kevin Ash-ton教授首次提出物联网的概念。1999年美国麻省理工学院建立了"自动识别中心",提出"万物皆可通过网络互联",阐明了物联网的基本含义。在今天,物联网在各方面已有了较大的发展,特别是近年来物联网技术与移动通信技术、互联网完善地结合,嵌入电子商务库存、物流、支付、产品质量管理等整体流程,在提升移动电子商务的整体水平的同时,让人们可以随时随地利用RFID射频芯片手机、PDA及掌上电脑等无线终端自如开展衣食住行、购物娱乐和商务谈判,将物联网技术应用于电子商务,对电子商务企业经营管理、消费者行为保证及物流服务等各方面都会起到非常重要的推动作用。

1. 物联网内涵

物联网(internet of things,IOT)是新一代信息技术的重要组成部分,简单地说,"物联网就是物物相连的互联网"。这有两层意思:① 物联网的核心和基础仍然是互联网,是在互联网基础上延伸和扩展的网络;② 其用户端延伸和扩展到了任何物品与物品之间进行信息交换和通信。目前国家传感网标准化工作组尚未对物联网给出一个统一的定义,但从物联网的应用角度来讲,**它就是通过射频识别(RFID)、红外感应器、全球定位系统、激光扫描器等信息传感设备,按约定的协议,把任何物品与互联网连接起来,进行信息交换和通信,以实现智能化识别、定位、跟踪、监控和管理的一种网络。**所以可以看出,物联网的核心和基础仍然是互联网,物联网是在互联网基础上延伸和扩展的网络,而它的主要对象用户端延伸和扩展到了任何物品与物品之间进行信息交换和通信。

物联网的实质是利用射频识别(RFID)技术,通过计算机互联网实现物品(商品)的自动识别和信息的互联与共享。在物联网中,RFID标签中存储着规范而具有互用性的信息,通过无线数据通信网络把它们自动采集到中央信息系统,实现物品(商品)的识别,进而通过公开性的计算机网络实现信息交换和共享,实现对物品的"透明"管理。其主要工作过程包括以下三步。

(1)对物体属性进行标识,属性包括静态属性和动态属性,静态属性可以直接存储在标签中,动态属性需要由传感器实时探测。

(2)对设备完成对物体属性的读取,并将信息转换为适合网络传输的数据格式。

(3)将物体的信息通过网络传输到信息处理中心(处理中心可能是分布式的,如家

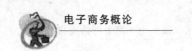

里的计算机或者手机,也可能是集中式的),由处理中心完成物体通信的相关计算。

传感网是感知的网络,是物和物的互联;移动通信网是信息传输网络,是人与人的互联;因特网是连接虚拟信息的网络;而物联网是连接现实物理世界的网络。实质上,物联网是传感网、因特网和移动通信网三网高效合一的产物。

2. 物联网的应用范围

物联网对各行业的发展有强大的推动力,而物联网本身亦拥有庞大的市场;未来物联网的应用将为全球经济、社会发展做出巨大贡献。

物联网将成为信息化带动工业化的现实载体,依靠物联网将生产要素和供应链进行深度重组,压低生产、仓储等各环节的失控损失以实现管理水平的提升及生产成本的降低。全球第三大超市巨头麦德龙在德国已推出了名为"未来商店"的新零售模式,该店整个处于无线局域网的覆盖之中,所有商品均带有标签,陈列在"聪明货架"上,记录了商品从生产、运输、销售直至售后的每一个环节,因此管理者可以随时掌握商品的准确位置和销售情况,消费者结账不必排队,商店不用担心商品被盗,供货商能及时供应商品,店员则腾出精力来为顾客提供更好的服务。这种零售模式将是零售业未来的发展方向。并且,物联网可以有效地控制资源,实现节能环保,缓解资源、环境的压力,同时提高人们生活质量,将个人物品连接到网络中,使生活更加方便。

可见,物联网用途广泛,遍及智能交通、环境保护、政府工作、公共安全管理、平安家居、智能消防、工业监测、溯源管理、老人护理、个人健康等领域,在人类生产、生活的方方面面几乎都能应用。物联网功能已被国际零售巨头沃尔玛列为商品必备的功能,一方面具备物联网功能的商品,将为沃尔玛在采购、运输、仓储、销售等方面的工作带来极大的方便,沃尔玛将以此来完善其全球化的管理体系。另一方面,具备物联网功能的商品,能为终端客户提供购物便利,从而间接起到鼓励消费的作用。沃尔玛要求供货商必须实行标签,不能达到要求的将逐步失去为沃尔玛供货的资格,被沃尔玛全球采购链拒于门外。

3. 物联网对电子商务的影响

物联网在电子商务中的应用,对电子商务企业经营管理、消费者购物等方面将具有十分重要的作用,以下具体从改善电子商务供应链管理、提高电子商务支付售后服务水平、改善物流质量、优化环境质量四方面阐述。

1) 改善电子商务供应链管理

通过物联网,电子商务企业可以实现对每一件产品进行实时监控。对物流体系进行管理,不仅可对产品在供应链中的流通过程进行监督和信息共享,还可对产品在供应链各阶段的信息进行分析和预测。通过对产品当前所处阶段的信息进行预测,估计出未来的趋势或意外发生的概率,从而及时采取补救措施或预警,可极大提高电子商务企业对市场的快速反应能力。

2) 提高电子商务支付售后服务水平

在电子商务过程中,顾客和商家互不见面,所有交易行为都是在网络上进行。按照国务院颁发的《互联网信息服务管理办法》规定,商务网站的开办无须经工商局注册登记并公告,商务网站的关停也无须经过业务清理和清算程序。个人在网上开店几乎没有门槛，必然会吸引大量的网民在网上销售商品，这在一定程度上能促进电子商务的繁荣，但同时也带来了一个不容忽视的问题，就是网上的这些个人商家的主体资格难以把握，尤其是当发生产品支付纠纷或消费者要求售后服务时。这些个人网站一旦关闭，消费者就只能"自吞苦果"。据调查统计，相当一部分网民就是因为担心电子商务的售后服务，而放弃在网上购物的。

物联网的应用有效地解决了这一问题，在产品生产出来之后，厂商即为产品贴上"身份证"——RFID 芯片。芯片上记录了产品的生产厂商、生产日期等相关信息，商家只要将 RFID 芯片上的信息传输到互联网，消费者就可以查询到相关信息。物联网使网上零售商加强与电信运营商之间的合作，探索比较合理的新商业模式，发展多样化的支付业务，借助电信运营商分布极广的充值渠道，增加支付操作的便捷性与安全性。厂商无论采用什么方式销售产品，消费者都能很容易地和厂商取得联系，要求合理地支付售后服务。同时，厂商也可以通过读取商品上的 RFID 芯片来辨别商品是否为该厂生产，以此来决定是否要承担售后服务的责任，双方权责的明确，有利于消费者与商家之间的和谐相处，大大地提高了电子商务售后服务水平。

3）改善物流质量

物流问题一直是制约电子商务发展的主要因素，在网络营销过程中，客户投诉集中在物流配送服务的质量上。虽然和前几年相比，现在的物流网络已经有很大的改善，但在物流服务质量上还有很多不尽人意的地方，如送错目的地网络上查询不到物流状态，送货不及时等现象时有发生。这其中主要是由于企业和消费者对物流过程不能实时监控所造成的。

物联网通过对包裹进行统一的 EPC 编码，并在包裹中嵌入 EPC 标签，在物流途中通过 RFID 技术读取 EPC 编码信息，并传输到处理中心供企业和消费者查询，实现对物流过程的实时监控。这样，企业或消费者就能实现对包裹的实时跟踪，以便及时发现物流过程中出现的问题，有效提高物流服务的质量，切实增强消费者网络购物的满意程度。

4）优化环境质量

在网络购物逐渐被人们接受的今天，仍有许多消费者对这种"看不见、摸不着"的购物方式望而却步。究其原因，除了对网络安全的担心、购买习惯等因素外，对产品质量不放心是一个主要的原因。网店的商品是虚拟商品，消费者既看不见，也摸不着。消费者对商品信息的获取全凭商家的文字描述和图片展示。一些不法商家便利用这一点，对其商品进行大量的、不真实的广告宣传，甚至"挂羊头卖狗肉"，欺骗消费者，使广大网上消费者蒙受损失。消费者与商家之间的极度信息不对称，严重束缚了电子商务的发展。相比而言，消费者觉得在实体店那种"看得见、摸得着"的购物方式比较踏实。

而消费者的这种对网络购物商品质量的疑问在物联网中将得到有效改善。从产品生产（甚至是原材料生产）开始，就在产品中嵌入 EPC 标签，记录产品生产、流通的整个过程。消费者在网上购物时，只要根据卖家所提供的产品 EPC 标签，就可以查询到产品从原材料到成品，再到销售的整个过程，以及相关的信息，从而决定是否购买。这将彻底解决目前网上购物中商品信息仅来自于卖家介绍的问题，消费者可以主动了解产品信息，而这些信息是不以卖家的意志而改变的。并且，消费者也可在网上查到商品的RFID芯片，即可明白无误地了解到商品的型号、材质、颜色、大小、配料等相关信息。这样消除了商家与消费者之间的信息不对称，避免了消费者受虚假广告的误导，消除了消费者对产品质量的顾虑，营造了一个诚信的网络营销环境，有力地推动了电子商务的发展。

本章小结

本章主要介绍电子商务的网络支撑环境，包括计算机网络、电子商务安全技术、电子商务网站建设和电子商务数据处理技术。

计算机网络是将地理位置不同、功能独立的多台计算机利用通信介质和设备互联起来，在遵循约定通信规则的前提下，使用功能完善的网络软件进行控制，从而实现信息交互、资源共享、协同工作和在线处理等功能。

电子商务安全体系包含管理制度、法律保障和技术保障，其中电子商务安全技术主要包括网络安全控制技术、加密技术、认证技术、安全技术协议以及电子商务安全管理等内容。

电子商务网站的建设采用**结构化系统开发方法**，一般包括网站总体规划，网站开发的支撑平台，网站开发，网站测试、发布与推广以及网站维护五方面内容。

电子商务数据处理技术涉及近几年非常火热的大数据、云计算和物联网技术，这三方面的技术对电子商务企业经营管理、消费者行为分析及物流服务等各方面都会起到非常重要的推动作用。

关键词

计算机网络；电子商务安全体系；网站建设；大数据；云计算；物联网。

习题

一、选择题

1. 将一座大楼或一个校园内分散的计算机连接起来的网络称为（　　）。
   A. 局域网　　　　B. 城域网　　　　C. 广域网　　　　D. 互联网
2. 下列服务不属于Internet基础服务的是（　　）。
   A. WWW　　　　B. E-mail　　　　C. 网上支付　　　　D. FTP
3. 一个数据库系统的主要性能由（　　）来决定。

A. 数据库 B. 数据库管理系统

C. 计算机硬件 D. 相关人员

4. 当今主流的数据库技术是（　　）。

　　A. 层次数据库 B. 网状数据库

　　C. 关系数据库 D. 面向对象数据库

5. 防火墙是指（　　）。

　　A. 阻止一切用户进入的硬件

　　B. 阻止侵权进入和离开主机的通信硬件或软件

　　C. 记录所有访问信息的服务器

　　D. 处理出入主机邮件的服务器

6. 在电子商务的信息传输过程中，通过（　　）来达到与传统手写签名相同的效果。

　　A. 数字信封 B. 数字签名 C. 数字摘要 D. 数字时间戳

7. 用于存储已签发的数字证书及公钥的是（　　）。

　　A. CA B. 密钥备份及恢复系统

　　C. 证书作废系统 D. 数字证书库

8. 公钥体制的密钥管理主要是针对（　　）的管理的问题。

　　A. 公钥 B. 私钥 C. 公钥和私钥 D. 公钥或私钥

9. 下列不属于CA认证体系的是（　　）。

　　A. 审核授权机构 B. 证书管理机构

　　C. 证书加密机构 D. 证书存储机构

10. 大数据的特征有（　　）。

　　① 数据量大　② 数据类型多　③ 价值密度低　④ 处理速度快

　　A. ①②③④ B. ②③④ C. ①②③ D. ①③

11. 云计算对电子商务的影响体现在（　　）。

　　① 新技术架构　② 新经营模式　③ 新竞争优势　④ 新服务模式

　　A. ①③④ B. ②③④ C. ①②③ D. ①②③④

12. 电子商务企业通过物联网对每一件产品进行实时监控，对物流体系进行管理，还可对产品在供应链各阶段的信息进行分析和预测，这属于物联网对电子商务（　　）的影响。

　　A. 提高电子商务支付售后服务水平

　　B. 改善物流质量

　　C. 优化环境质量

　　D. 改善电子商务供应链管理

二、思考题

1. 电子商务安全体系包含哪些内容？

2. 电子商务网站的建设流程是怎样的？

3. 电子商务网站平台的推广方法有哪些？

4. 网站在进行维护时需要注意哪几方面的内容？
5. 大数据、云计算及物联网在电子商务中具有哪些应用？

实战演习——支付宝数字证书的使用

1. 实践目的

熟悉支付宝数字证书的获取和保存，掌握个人用户申请支付宝的数字证书。

2. 实践步骤

（1）登录支付宝账户（www.alipay.com），登录后进入"安全中心"界面，单击数字证书后的"申请"按钮，如图 3-8 所示。

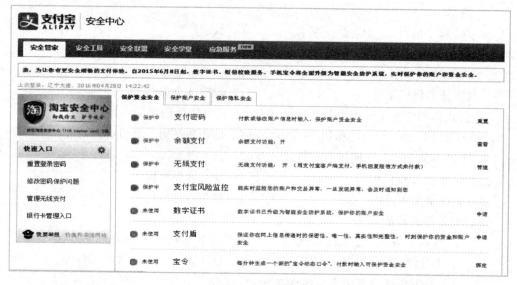

图 3-8　安全中心页面

（2）单击"申请数字证书"按钮，如图 3-9 所示。

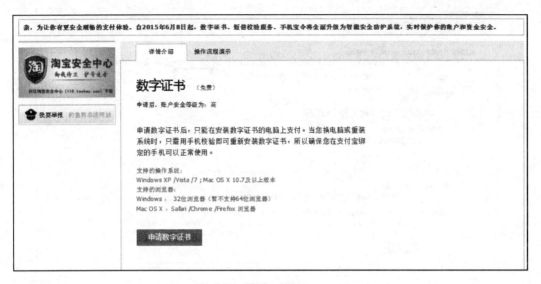

图 3-9　数字证书申请页面

（3）填写身份信息验证身份，会出现已通过身份验证和未通过身份验证两种形式，要注意加以区分，如图 3-10 所示。

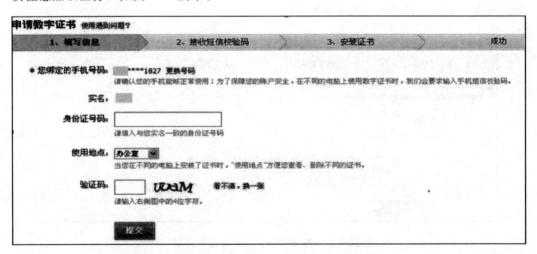

图 3-10　数字证书申请填写信息页面（1）

（4）已通过身份验证：填写身份证号码和验证码，选择使用地点，单击"提交"按钮，如图 3-11 所示。

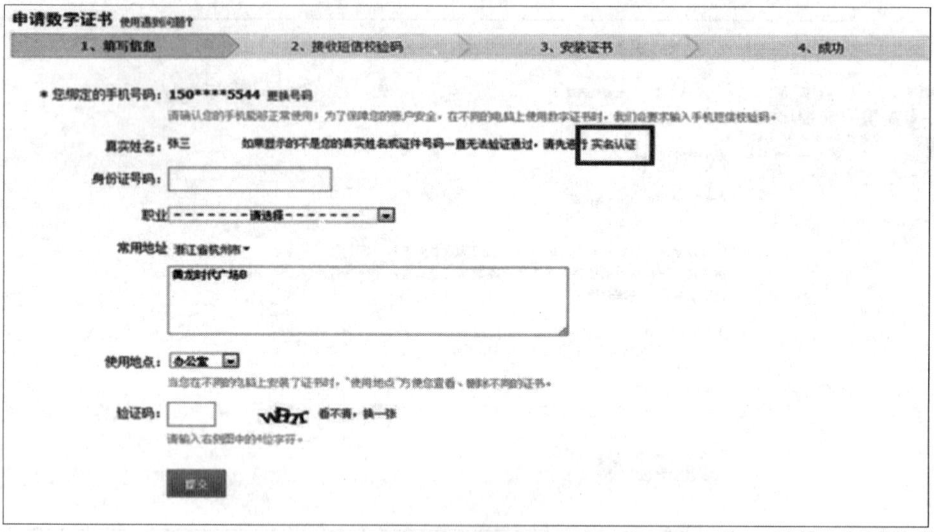

电子商务概论

图 3-11 数字证书申请填写信息页面（2）

（5）未通过身份验证：输入身份证号码后系统自动校验，若校验不成功，页面提示您进行"实名认证"修改账户身份信息；认证成功后，可以再重新申请安装数字证书，填写手机上收到的校验码，如图 3-12 所示。

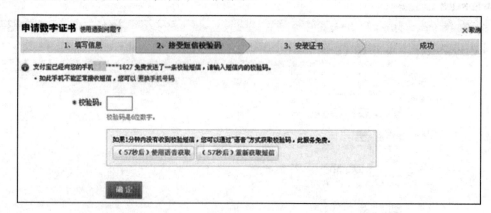

图 3-12 数字证书申请验证信息页面

（6）数字证书申请成功，如图 3-13 所示。

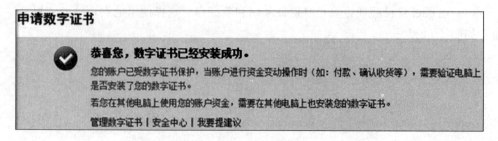

图 3-13 数字证书申请成功页面

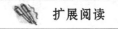

扩展阅读

2015 年国内外十大网站安全事件

1. 俄罗斯约会网站泄露 2 000 万名用户数据

北京时间 1 月 26 日早间消息，网络安全软件开发商丹尼尔·英格瓦尔德森表示，俄罗斯约会网站 Topface 有 2 000 万名用户的用户名和电子邮件地址被盗。英格瓦尔德森称，黑客可以使用这些账号来尝试获取银行、病例或其他敏感数据信息。他是在发现一个网名 Mastermind 的黑客发布的帖子后，发表相关声明的。总体来看，这 2 000 万名用户使用的电子邮件地址来自 34.5 万个不同的域名，其中 700 万人使用 Hotmail 邮箱，250 万人使用雅虎邮箱，还有 230 万人使用 Gmail 邮箱。

2. 美国第二大医疗保险公司遭黑客攻击，8 000 万名用户信息受影响

美国第二大医疗保险公司 Anthem 于 2 月 5 日向客户发邮件称，公司数据库遭黑客入侵，包括姓名、出生日期、社会安全号、家庭地址以及受雇公司信息等 8 000 名用户个人信息受到影响。根据美国非营利性组织"身份窃盗资源中心"发布的报告，2014 年，医保公司数据泄露占所有行业的 42.5% 而居于首位；其他经济行业数据泄露占比为 33%，排名第二位；政府及军事部门数据泄露的占比为 11.7%，居于第三位；接下来是教育部门，占比为 7.3%；银行等商业部门占比为 5.5%。

3. 社保系统被曝漏洞，社保成为个人信息泄露"重灾区"

4 月，补天平台曝出重庆、上海、山西、贵州、河南等省市卫生和社保系统出现大量高危漏洞，数千万用户的社保信息可能因此被泄露。相关数据显示，目前围绕社保系统、户籍查询系统、疾控中心、医院等大量曝出高危漏洞的省市已经超过 30 个，仅社保类信息安全漏洞统计就达到 5 279.4 万条，涉及人员数量达数千万，其中包括个人身份证、社保参保信息、财务、薪酬、房屋等敏感信息。

4. 携程网宕机 12 小时

5 月 28 日，携程部分服务器遭到不明攻击，导致官方网站及 App 一度无法正常使用，其网站和移动应用服务被中断，此次宕机近 12 个小时后才恢复正常。

5. Hacking Team 被黑，"互联网军火"泄露

7 月初，有"互联网军火库"之称的意大利监控软件厂商 Hacking Team 被黑客攻击，400 GB 内部数据泄露。据了解，Hacking Team 掌握的大量漏洞和攻击工具也暴露在这 400 GB 数据中。更可怕的是，泄露的数据可以在互联网上公开下载和传播。业内人士担忧：一旦泄露数据广泛流传，将造成全世界黑客"人手一份核武器"的局面，很可能使世界安全形势迅速恶化。

6. 婚外情网站 Ashley Madison 被黑 用户信息泄露

8 月份，加拿大婚外情网站 Ashley Madison 遭遇了黑客攻击，导致数百万用户的信息泄露。此外，黑客还公布了该网站母公司 Avid Life Media 的财务信息及 CEO 的往来邮件。此事引发了有关"黑客正义"的讨论，也引起了全社会恐慌。据外媒报道，有一位加拿大警察因此自杀。

7. 大麦网 600 多万用户名账号密码泄露 数据已被售卖

8 月 27 日消息，乌云漏洞报告平台发布报告显示，线上票务营销平台大麦网被发现存在安全漏洞，600 余万名用户账户密码遭到泄露。这些隐私数据甚至已被黑产行业进行售卖与传播。

白帽子黑客起初发现有大麦网用户数据库在黑产论坛被公开售卖，于是对泄露的用户数据进行验证，发现相邻账号的用户 ID 也是连续的，并均可登录。因此，从技术的角度可以初步证明本次大麦网的数据泄露有很大拖库嫌疑，即网站用户注册信息数据库被黑客窃取。

8. 全球数据服务集团益百利（Experian）公司电脑遭到黑客入侵

美国移动电话服务公司 T-Mobile 于 10 月 1 日发出通告说，为 T-Mobile 公司处理信用卡申请的益百利公司，其一个业务部门被黑客入侵，导致 1 500 万名用户的个人信息泄露，包括用户姓名、出生日期、地址、社会安全号、ID 号码（护照号或驾照号码），以及用户附加信息，如用于信用评估的加密方面的资料等。T-Mobile 首席执行官 John Legere 说，黑客攻陷益百利公司电脑长达 2 年。

9. 某电信系统出现重大漏洞

2015 年 10 月底，补天漏洞响应平台再次爆出某电信系统的重大漏洞。通过该漏洞可以查询上亿用户信息，涉及姓名、证件号、账户余额，并可以进行任意金额充值、销户、换卡等操作。10 月 29 日上午 10 点，该漏洞已得到厂商确认。据悉，黑客发现这个漏洞的入口不是很难，比较低微的弱口令和越权操作就能进入这个系统。进到系统之后，黑客发现有很多高危漏洞，黑客就可以看到用户的敏感信息。

10. 伟易达 Learning Lodge 网站 500 万名客户资料外泄

伟易达（VTech）公司于 2015 年 11 月 30 日发布公告称，其运营的 Learning Lodge 网站客户资料于 2015 年 11 月 14 日曾遭到未经授权者入侵，11 月 24 日发现资料外泄，全球大约 500 万名客户的账户以及儿童资料受到影响。

伟易达客户数据库包含一般的用户资料，如姓名、电邮地址、密码、用以获取密码的秘密提示问题和答案、IP 地址、邮寄地址和下载记录，此外还包括儿童姓名、性别和出生日期，但不包括顾客的信用卡资料，也不包括顾客的身份证明文件资料（如身份证号码、社保号码或驾驶执照号码）。伟易达 30 日公告称，自 11 月 24 日发现资料外泄后，该公司展开了深入调查，全面检查受影响的网站，并采取多项措施以防止网站再次被入侵。

（资料来源：360 互联网安全中心《2015 年中国网站安全报告》）

第4章 电子支付

学习目标：

1. 了解电子货币的概念；
2. 掌握电子货币的分类；
3. 理解电子支付的含义和支付方式；
4. 了解主要的电子支付模式；
5. 掌握主要的电子支付工具；
6. 了解第三方电子支付平台；
7. 掌握第三方电子支付产品；
8. 了解网上银行模式。

电子支付成为改变世界和解决贫困的重要方式

电子支付的发展似乎为改变世界提供了经济赋权和解决贫困的方法。在2013年的联合国大会上，世界各国领导人代表团，包括比尔·盖茨先生和象征荷兰最高权威的女王陛下，一起提倡利用数字技术来减轻贫困状况。电子钱包的发展能让更多人得到金融理财服务，研究表明，更好的金融服务可以刺激潜在的经济增长，因此可以缓解全球贫困问题。

"对于大多数人来说，他们可能没有意识到电子支付的重要性。"盖茨在他的主题演讲中说道，"在他们的潜意识里，这似乎仅是一种战术，但我们都知道其实这是一个非常基本的事情。"荷兰女王Maxima将the Better Than Cash Alliance当作案例，讲述了联合国是怎样通过与各国政府和私营企业之间的合作，鼓励电子支付的普及的。

Better Than Cash Alliance组织认为出于节约成本的考量，将大量现金支付转换为电子支付是聪明的选择。每年上万亿美元以现金的形式分配在政府、公司和各类发展组织，如果它们使用电子支付将会极大地减少交易成本。Better Than Cash Alliance正是为了加速从现金到电子支付的转化而生，帮助政府、私营部门和研发机构成功克服挑战并且最终实现转化。该组织已经在将电子支付作为优先发展的项目上取得了进步，聚合资源创造它们之间转换的可能性，并记录转化所带来的好处和挑战。

从 Better Than Cash Alliance 计划启动至今，已经有几个关键的教训告诉我们如何才能加速电子支付转换，以及怎么对那些生活在贫困中的人们做出贡献。

（1）有关部门进行合作，同时需要相应的基础设施建设来支撑。和电子支付相关的政策往往由政府财政部门领导制定，然而，实现一个运行良好的管理系统，需要与中央银行和通信部门进行广泛合作开发。

（2）人们需要信任那些他们看不到摸不着的金钱，需要健全的法律框架来保驾护航，一方面让那些被传统金融体系忽略的人们受益于创新，另一方面有机制能让产品、服务得到有效贯彻实施。

（3）在过渡的过程中需要各种数据来支持。到目前为止，没有研究关注一个具体经济体在向电子支付转变过程中的各种数据。显然，这种监测是十分必要的，它可以是政策演进的有效参考。

（4）电子支付的好处会扩展到其他倡导领域。比起使用现金，电子支付固有的好处就是可以被追踪和保障极好的透明度，过去的现金体系留下了潜在的腐败和泄露危机。通过和追求财务透明、反贪腐的机构们一起努力，可以加速电子支付的普及。

越来越多的人加入到从现金到电子支付的转变，期待更多行动者一起拥抱电子支付。

（资料来源：环球网 公益：电子支付成为改变世界和解决贫困的重要方式，http：//hope.huanqiu.com/exclusivetopic/2014-04/4980988.html，资料经删减和整理）

4.1 电子货币与电子支付

4.1.1 电子货币概述

1. 电子货币的概念

电子货币，也称数字货币，是以网络为基础，以商用化电子机具和交易卡为媒介，以计算机技术和通信技术为手段，以电子数据（二进制数据）形式存储在银行的计算机系统中，并通过计算机网络系统以电子信息传递形式实现流通和支付功能的货币。电子货币是采用电子技术和通信手段的信用货币。

2. 电子货币的特点

电子货币具有以下特点。

（1）以计算机技术为依托，进行储存、支付和流通。

（2）可广泛应用于生产、交换、分配和消费领域。

（3）融储蓄、信贷和非现金结算等多种功能为一体。

（4）电子货币具有使用简便、安全、迅速和可靠的特征。

（5）现阶段电子货币的使用通常以银行卡（磁卡、智能卡）为媒体。

电子货币通常在专用网络上传输，通过 POS 机、ATM 进行处理。近年来，随着因特网商业化的发展，网上金融服务已经开始在世界范围内开展。网络金融服务包括网上消费、家庭银行、个人理财、网上投资交易、网上保险等。网络金融服务的特点是通过电子货币进行即时电子支付与结算。

3. 电子货币的分类

电子货币按不同的标志可分为以下几种类型。

1）按结算方式分类

（1）支付手段电子化的电子货币。它是指本身具有价值的电子数据，如由荷兰的求索现金公司研制的"网络型电子货币"的代表 E-Cash，以及英国企业 Mondex UK 研制的 Mondex 等。

（2）支付方式电子化的电子货币。它是指以电子化方法传递支付指令给结算服务提供者以完成结算，如 ATM 转账结算或通过 POS 机的信用卡结算等。

2）按支付方式分类

（1）"先存款，后消费"的预付型电子货币，如现阶段在我国广泛使用的借记银行卡和储值卡。

（2）在消费的同时从银行账户转账的即付型电子货币，如通过 ATM 和 POS 机使用的现金卡。

（3）"先消费，后付款"的后付型电子货币，如现行国际通用的 Visa 贷记银行卡。

3）按形态分类

（1）银行卡形式的电子货币。银行卡随着金融电子化的产生而产生、发展而发展，两者相辅相成。它一般是由磁性材料或集成电路构成，由银行发行，用来记录、存储客户姓名、号码、支付记录、资金余额等信息的卡片。现在我国金融系统使用的主要银行卡有信用卡、储蓄卡、借记卡等。

（2）智能 IC 卡形式的电子货币。一般银行卡使用磁带储存客户资料，使用终端机阅读客户资料，而智能 IC 卡则内置一块集成电路芯片，其中包含微型处理器和存储器，具有极大存储容量，可储存更多有关客户及其信贷资料，可对用户信息进行加密、计算，并能进行多项银行服务。

智能 IC 卡除具备一般银行卡的存款、取款、转账、转存、消费、查询等传统的结算和支付功能外，还具有电子钱包功能。客户可从自己的账户里转进一定数额的款项，也可直接存入现金，放在电子钱包里，即相当于电子现金，用它可以为汽车、摩托车加油、纳税、缴纳各种费用、乘车甚至看病等。

（3）存款电子化划款型电子货币。电子支票就是利用 Internet 或专用金融网络进行传输，以 E-mail 的方式，通过数字签名，进行资金的划拨和结算的支票，它可细分为通过金融机构的专用封闭式网络实现资金划拨和通过 Internet 开放式网络实现资金划拨两类，如美国安全第一网上银行提供的电子支票等。

电子支票是将传统支票应用到公共网络上的金融创新结果。与纸质支票一样，电子支票的功能也是通知银行进行资金转账，这个通知也是先给资金的接收者，资金的接收者将支票送到银行得到资金。电子支票的签注者可以通过银行的公钥加密自己的账户以防被欺诈。

（4）电子现金型电子货币。电子现金型电子货币将按一定规律排列的数据串保存于电子计算机的磁盘IC卡内，即以电子化的数字信息块代表一定金额的货币；如英国研制的Mondex型电子货币是最接近现金形式的电子货币。电子现金属于小额零星交易的支付工具，在国外电子商务中已被广泛使用。

4.1.2 电子支付概述

1. 电子支付的概念

电子支付，指的是以网络化的金融环境为基础，采用商用计算机及网络和各类电子支付工具，以计算机网络技术和数据通信技术为手段，对存储在银行计算机系统中的各种电子数据进行处理，并通过计算机网络系统以电子信息的传递形式实现金融货币的流通和支付。

电子支付的特点是与传统的商贸交易结算相比较而言的。传统商贸交易结算普遍使用"三票一证"（支票、本票、汇票、信用证），而电子支付相比而言则有些区别，电子支付的主要特点包括以下几点。

（1）集储蓄、信贷和非现金结算等多种功能于一身。
（2）可广泛应用于生产、交换、分配和消费领域。
（3）电子支付采用先进的技术通过数字流转来完成信息传输。
（4）电子支付的工作环境是基于一个开放的系统平台之中。
（5）电子支付具有方便、快捷、高效、经济的优势。
（6）电子支付工具形式多样。

2. 电子支付的特征

与传统的支付方式相比较，电子支付具有如下几个方面的特征。

（1）电子支付是通过数字流转来完成信息传输的，其各种支付方式都是采用数字化的方式进行款项支付的；而传统的支付方式则是通过现金的流转、票据的转让及银行的汇兑等物理实体的流转来完成款项支付的。

（2）电子支付的工作环境是一个开放的系统；而传统支付则是在较为封闭的系统中运作的。

（3）电子支付使用的是最先进的通信手段，如internet、extranet，而传统支付使用的则是传统的通信媒介。电子支付对软、硬件设施的要求很高，一般要求有联网的计算机、相关的软件及其他一些配套设施，而传统支付则没有这么高的要求。

（4）电子支付具有方便、快捷、高效、经济的优势。用户只要拥有一台上网的PC，便可足不出户，在很短的时间内完成整个支付过程。支付费用相对于传统支付来说非常低。据统计，电子支付费用仅为传统支付的几十分之一，甚至几百分之一。

电子支付的这些特征，成为金融机构体系和消费者、商家摒弃传统支付方式，发展新型快捷、安全的支付系统的主要驱动因素。

3. 电子支付的发展阶段

如图4-1所示，银行采用信息技术进行电子支付的形式有五种，分别代表电子支付发展的不同阶段。

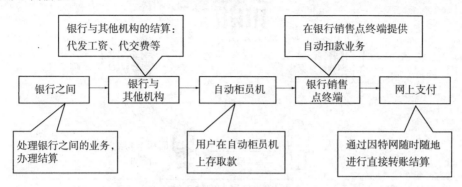

图 4-1 电子支付的发展阶段

（1）第一阶段是银行利用计算机处理银行之间的业务，办理结算。

（2）第二阶段是银行利用计算机与其他机构之间资金的结算，如代发工资等业务。

（3）第三阶段是利用网络终端向客户提供各项银行服务，如客户在自动柜员机（ATM）上进行取、存款操作等。

（4）第四阶段是利用银行销售点终端（POS机）向客户提供自动扣款服务，这是现阶段电子支付的主要方式。

（5）第五阶段是最新发展阶段，电子支付可通过因特网随时随地进行直接转账结算，形成电子商务环境。这是正在发展的形式，也将是21世纪的主要电子支付方式。我们把这一阶段的电子支付称为网上支付。

4.1.3 电子支付方式

1. 银行卡

最早发行信用卡的机构并不是银行，而是一些百货商店、饮食业、娱乐业和汽油公司。美国的一些商店、饮食店为招揽顾客，推销商品，扩大营业额，有选择地在一定范围内发给顾客一种类似金属徽章的信用筹码，后来演变成为塑料制成的卡片，作为客户购货消费的凭证，开展了凭信用筹码在本商号或公司或汽油站购货的赊销服务业务，顾客可以在这些发行筹码的商店及其分号赊购商品，约期付款。这就是信用卡的雏形。

银行卡是智能卡的一种应用，按功能来分类，银行等金融机构发行的银行卡主要有以下几种。

1）信用卡

信用卡是银行等金融机构发给持卡人为其提供自我借款权的一种银行信用方式。持卡人无须在银行存款或办理借款手续，凭卡就可以在银行规定的信用额度内，到指定机构接受服务或购买商品，或者到银行支取现金。如果持卡人在期限内（通常为结账日后一个月左右）结清余额，则无须支付任何利息。

信用卡支付流程如图 4-2 所示，有以下几个步骤。

① 持卡人到信用卡特约商店消费；

② 信用卡特约商店向收单行要求支付授权，收单行通过信用卡组织向发卡行要求

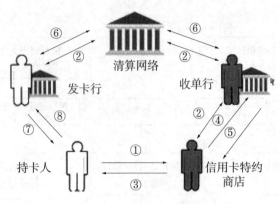

图 4-2　信用卡支付流程

支付授权；
③ 信用卡特约商店向持卡人确认支付及金额；
④ 信用卡特约商店向收单行请款；
⑤ 收单行付款给信用卡特约商店；
⑥ 收单行与发卡行通过信用卡组织的清算网络进行清算；
⑦ 发卡行给持卡人账单；
⑧ 持卡人付款。

2）借记卡

借记卡与信用卡的最大区别是持卡人必须在发卡行本人的账户上保留足够的存款余额，一般不允许透支。也有少数借记卡允许短期透支，但必须在当月月底之前还清全部透支金额。如果要预支现金，还必须支付一定数量的手续费。这种只起支付作用的信用卡，又叫支付卡。

借记卡支付流程如图 4-3 所示，有以下几个步骤。

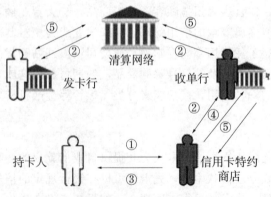

图 4-3　借记卡支付流程

① 持卡人到信用卡特约商店消费；
② 信用卡特约商店向收单行要求支付授权，收单行向发卡行验证卡号、密码及账户金额；

③ 信用卡特约商店向持卡人确认支付及金额；
④ 信用卡特约商店向收单行请款；
⑤ 收单行从发卡行的持卡人账户划拨资金到信用卡特约商店。

3) 现金卡

现金卡也属于支付卡，持现金卡可在银行柜台或 ATM 上支取现金，通常对每张现金卡都规定了每周或每天取现的最大金额。使用现金卡也可以购货、查询个人账户余额或进行转账处理。

4) 支票卡

支票卡是凭信用卡签发支票付款的信用卡。支票卡一般都规定了使用期限与最高金额，在限额内，银行保证支付，如果超过限额则可以拒付。

2. 电子现金

1) 电子现金的定义

电子现金（e-cash）又称为数字现金（digital cash），是一种表示现金的加密序列数据，它可以用来表示现实中各种金额的币值。 电子现金通俗地讲就是以电子形式存在的现金货币。这是一种储值型的支付工具，主要用于小额支付，网络环境中使用时也被称为网络现金。使用时与纸质现金完全类似，可在银行脱机处理，这一点与通常的银行卡有着本质的不同。

按其载体来分，电子现金主要包括两类：一类是将币值存储在 IC 卡上，另一类就是以数据文件的形式存储在计算机的硬盘上。

2) 电子现金的特点

有人认为现金在电子支付系统中仍然起作用，但电子现金作为纸币的电子等价物具有货币的五种基本功能，即价值量度、流通手段、储蓄手段、支付手段和世界货币。电子现金通过信息网络系统和公共信息平台实现流通、存取、支付。

电子现金与传统现金相比，具有以下特点。

（1）匿名性。客户用电子现金向商家付款，除了商家以外，没有人知道客户的身份或交易细节。如果客户使用了一个很复杂的假名系统，甚至连商家也不知道客户的身份。

（2）不可跟踪性。电子现金是以打包和加密的方法为基础，它的主要目标是保证交易的保密性与安全性，以维护交易双方的隐私权。除了双方的个人记录之外，没有任何关于交易已经发生的记录。因为没有正式的业务记录，连银行也无法分析和识别资金流向。正因为这一点，如果电子现金丢失了，就如同纸币现金丢失一样无法追回。

（3）节省交易费用和传输费用。电子现金是利用已有的因特网和用户的计算机，消耗比较小，尤其是小额交易更加合算。而普通银行为了流通货币，就需要许多分支机构。职员、自动付款机及各种交易系统，这一切都增加了银行进行资金处理的费用。通常，现金的传输费用比较高，这是由于普通现金是实物，实物的多少与现金金额成正比。大额现金的保存和移动是比较困难和昂贵的。而电子现金流动没有国界，在同一个国家内货币流通的费用跟国际货币流通的费用是一样的，这样就可以使国际货币流通的费用比国内货币流通费用高出许多的状况大大改观。

（4）持有风险小、安全和防伪造。普通现金有被抢劫的危险，必须存放在指定的安全地点，如保险箱、金库。保管普通现金越多，所承担的风险越大，在安全保卫方面的投资也就越大。而电子现金不存在这样的风险。高性能彩色复印技术和造假技术的发展使伪造普通现金变得更容易了，但并不会影响到电子现金。电子现金由于采用安全的加密技术，不容易被复制和篡改。

3）电子现金的形式

（1）预支付卡（prepaid card）。买主可预先购买预支付卡，如电话卡（self-contained phone card），但它的流动性比较差。为了使它更好地被公众接受，Visa 使它能被销售点终端（point of sale）支持，现在同样的一张卡可以用来支付酒吧和饭店账单，这样它变成了多用途卡。电子货币技术中最活跃的是多功能智能卡。

（2）纯电子系统。通过网络人们可以实现远距离交易支付，实际数字现金交易经过加密传送，只有指定的接收者才能得到数字现金。密码技术出口管制对这类纯电子系统的发展有很大影响，另外还必须保证匿名性，因而纯电子支付系统还未能运作。

3. 电子支票

1）电子支票的含义

电子支票（electronic check）是一种借鉴纸制支票转移支付的优点，利用数字传递将钱款从一个账户转移到另一个账户的电子付款形式。电子支票是客户向收款人签发的、无条件的数字化支付指令，它可以通过因特网或无线接入设备来完成传统支票的所有功能。图 4-4 为电子支票的式样，图中①为使用者姓名及地址；②为支票号；③为传送路由号；④为账号。

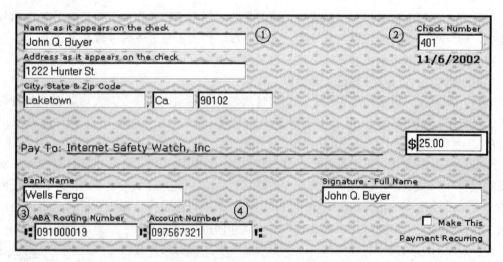

图 4-4　电子支票的式样

2）电子支票的特点

电子支票作为一种新型的支付工具，具有以下几个特点。

（1）电子支票与传统支票的工作方式十分相似，客户易于理解和接受。

（2）电子支票适合作小额付款的清算。加密的电子支票易流通，收款人、收款人银行和付款人银行都可使用公开密钥来验证支票,而且数字签名也可以被自动验证。

(3) 公司企业可以使用公司支票,节省支付费用。电子支票容易与 EDI 应用结合,用于基于 EDI 的订货与支付。

(4) 第三方金融服务者可以从交易双方抽取固定交易费用或按一定比例抽取费用,电子支票存款很可能利率极低(甚至利率为零),因此给第三方金融机构带来了收益。

(5) 电子支票技术可以将公共网络连入金融机构和银行票据交换网络,以达到通过公共网络连接现有金融付款体系的目的。

(6) 电子支票还具有减少纸张传递,节省时间等特点。

3) 电子支票支付方式的优势

(1) 处理速度高。电子支票的支付通过与商户及银行相连的网络实现,它将支票的整个处理过程自动化,这一支付过程在数秒内即可实现。它为客户提供了快捷的服务,减少了在途资金。在支票使用数量很大时,这一优势特别明显。

(2) 安全性能好。电子支票是以加密方式传递的,使用了数字签名或个人身份证号码(PIN)代替手写签名,还运用了数字证书,这三者成为安全可靠的防欺诈手段。

(3) 处理成本低。用电子支票进行支付,减轻了银行处理支票的工作压力,节省了人力,降低了事务处理费用。

第三方金融服务者不仅可以从交易双方收取固定的交易费用或按一定比例抽取费用,它还可以以银行身份提供存款账户,且电子支票存款很可能是无利率的,因此给第三方金融机构带来了收益。而且银行也能为参与电子商务的商户提供标准化的资金信息,因而这可能是最有效率的支付手段。

4) 电子支票支付流程

使用电子支票进行支付,消费者通过计算机网络将电子支票发向商家的电子信箱,同时把电子付款通知单发到银行,银行随即把款项转入商家的银行账户。这一支付过程在数秒内即可实现。然而,这里也存在一个问题,为了鉴定电子支票的真伪及电子支票使用者的身份,就需要一个专门的验证机构来对此做出认证,同时,该验证机构还应像 CA 那样能够对商家的身份和资信提供认证。电子支票支付流程如图 4-5 所示。

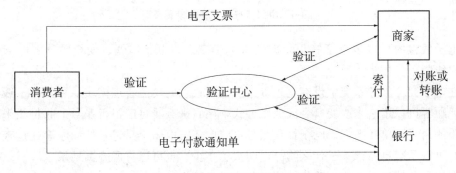

图 4-5 电子支票支付流程

电子支票支付流程可分为以下几个步骤。

(1) 消费者和商家达成购销协议并选择使用电子支票支付。

(2) 消费者通过计算机网络向商家发出电子支票，同时向银行发出电子付款通知单。

(3) 商家通过验证中心对消费者提供的电子支票进行验证，验证无误后将电子支票送交银行索付。

(4) 商家索付时通过验证中心对消费者提供的电子支票进行验证，验证无误后即向商家兑付或转账。

4. 电子钱包

1) 电子钱包的定义与运作管理体系

电子钱包是电子商务活动中顾客购物常用的一种支付工具，是在小额购物或购买小商品时常用的新式钱包。使用电子钱包的顾客通常要在有关银行开立账户。在使用电子钱包时，将电子钱包通过电子钱包应用软件安装到电子商务服务器上，利用电子钱包服务系统就可以把各种电子货币或电子金融卡上的数据输入进去，图 4-6 所示为中国银行电子钱包设置页面。当顾客需用电子信用卡付款，如用 Visa 卡和 Mondex 卡等付款时，只要单击一下相应项目（或相应图标）即可完成。这种电子支付方式称为单击式或单击式支付方式。

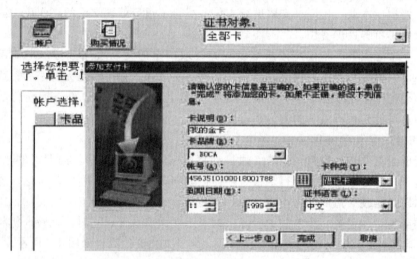

图 4-6　中国银行电子钱包设置页面

电子钱包内可以装电子货币，即装入电子现金、电子零钱、安全零钱、电子信用卡、在线货币、数字货币等。

在电子商务服务系统中设有电子货币和电子钱包的功能管理模块，称为电子钱包管理器，顾客可以用它来改变口令或保密方式，用它来查看自己银行账号上收付往来的电子货币账目、清单和数据。电子钱包服务系统中还有电子交易记录器，顾客通过查询记录器，可以了解自己都买了什么物品，购买了多少，也可以打印查询结果。

利用电子钱包在线网上购物，通常包括以下几个步骤。

(1) 顾客使用浏览器在商家网页上查看在线商品目录，浏览并选择要购买的商品。

(2) 顾客填写订单，包括项目列表、价格、总价、运费、搬运费、税费等。

(3) 订单可通过电子化方式来传输，或由顾客的电子购物软件建立。有些在线商场可以允许顾客与商家协商物品的价格。

（4）顾客确认后，选定用电子钱包付钱。将电子钱包装入系统，单击电子钱包的相应项或电子钱包图标，电子钱包立即打开；然后输入自己的保密口令，在确认是自己的电子钱包后，从中取出一张电子信用卡来付款。

（5）电子商务服务器对此电子信用卡号码采用某种保密算法并加密后，发送到相应的银行，同时销售商店也收到经过加密的电子购货账单，销售商店将自己的顾客编码加入电子购货账单后，再转送到电子商务服务器。这里，顾客电子信用卡号码对商店是保密的，销售商店无权也无法处理电子信用卡中的钱款。因此，只能把电子信用卡送到电子商务服务器去处理。经过电子商务服务器确认是合法顾客后，同时将其送到电子信用卡公司和商业银行。在电子信用卡公司和商业银行之间要进行应收款项和账务往来的电子数据交换和结算处理。电子信用卡公司将处理请求再送到商业银行请求确认并授权，商业银行确认并授权后送回电子信用卡公司。

（6）如果经商业银行确认后拒绝并且不予授权，则说明顾客的这张电子信用卡上的余额不够使用或者没有余额，或者已经透支。遭到商业银行拒绝后，顾客可以再单击电子钱包，取出另一张电子信用卡，重复上述操作。

（7）如果经商业银行证明这张电子信用卡有效并授权后，销售商店就可以放心发货。与此同时，销售商店留下整个交易过程中发生的财务数据，并且出示一份电子数据账单发送给顾客。

（8）上述交易完成后，销售商店就按照顾客提供的电子订货单将货物由发送地点传递到顾客或其指定的人手中。

至此，电子钱包的购物全过程就完成了。购物过程虽经过电子信用卡公司和商业银行等进行多次身份确认、银行授权、各种财务数据交换和账务往来等，但因为都是在极短的时间内完成，因此，对于顾客来说这种电子购物方式十分省事、省力、省时，整个购物过程自始至终都是十分安全可靠的。在购物过程中，顾客可以用任何一种浏览器进行浏览和查看。由于顾客电子信用卡上的信息只有顾客自己可见，保密性很好，故而使用起来十分安全可靠。另外，采用安全保密措施的电子商务服务器，完全可以保证顾客去购物的商店是合法的经济实体，从而能够确保顾客购物活动的安全可靠性。

2）国外几种常见的电子钱包介绍

（1）Agile Wallet。Agile Wallet 技术由 CyberCash 公司开发，可处理消费者的结算和购物信息，提供快速和安全的交易。用户第一次用 Agile Wallet 购物时需要输入姓名、地址和信用卡数据，这些信息会被安全地存储在 Agile Wallet 服务器上。以后访问支持 Agile Wallet 商家的网站时，在商家的结算页面上会弹出有顾客购物信息的 Agile Wallet 框。用户验证了框内信息的正确性后，用鼠标单击一次就可完成购物。用户还可将新的电子信用卡和电子借记卡信息加入到受保护的个人信息中。

（2）eWallet。Launchpad 技术公司的 eWallet 是一个免费的电子钱包软件，消费者可下载并将其安装到自己的计算机上，而不像其他电子钱包那样存储在中心服务器上。和其他电子钱包一样，eWallet 将顾客个人信息和结算信息存在钱包里。eWallet 甚至还专门为用户留出放照片的地方（就像真正的钱包一样）。购物完成时，只需单击图标并输入密码,然后从 eWallet 中选定电子信用卡并拖到结账表中,eWallet 就能把你在安装软件时所提供的个人信息填写到表中。为保护你的个人信息,eWallet 还有加密和密码保护措施。

(3) Microsoft Wallet。Microsoft Wallet 预装在 Internet Explorer 4.0 及以上版本(英文版)里,但不会预装在网景公司的 Navigator 中。其功能与大多数电子钱包一样,在用户需要时可自动填写订单表。Microsoft Wallet 是微软公司为电子钱包的标准化而推出的。你输入到 Microsoft Wallet 里的所有个人信息都经过加密并用密码进行保护。它的新版本还能同电子现金系统、网络银行账户及其他结算方式交互。目前它支持运通卡(American Express)、万事达卡(Master)和维萨卡(Visa)。

4.1.4 电子支付模式

目前,电子支付模式分为支付系统无安全措施支付模式、通过第三方经纪人支付模式、电子现金支付模式、简单加密支付系统模式和 SET 模式。电子支付功能作为网上购物的关键问题,既要使消费者感到方便快捷,又要保证交易各方的安全保密,因此需要一个比较完善的电子支付模式。

1. 支付系统无安全措施支付模式

(1) 流程。如图 4-7 所示,用户从商家订货,电子信用卡信息通过电话、传真等非网上传送手段进行传输,也可在网上传送信用卡信息,但无安全措施。商家与银行之间使用各自现有的授权来检查网络。

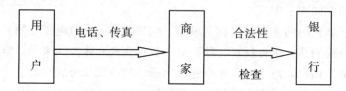

图 4-7 支付系统无安全措施支付模式

(2) 特点:消费者信用卡信息被商家掌握;信用卡信息传递不安全。

2. 通过第三方经纪人支付模式

(1) 流程。如图 4-8 所示,用户在网上经纪人处开账户,网上经纪人持有用户账户和电子信用卡号,用户通过用户账号从商家订货,商家将用户账号提供给经纪人,经纪人验证商家身份,给用户发送 E-mail,要求用户确认购买和支付后,将电子信用卡信息传给银行,完成支付过程。

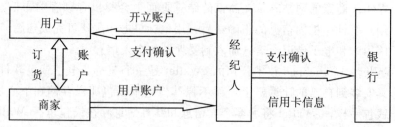

图 4-8 通过第三方经纪人支付流程

(2) 特点。用户账号的开设不通过网络；电子信用卡信息不在开放的网络上传送；使用 E-mail 来确认用户身份，防止伪造；商家自由度大，风险小；支付是通过双方都信任的第三方经纪人完成的。交易成本很低，对小额交易很适用。

3. 电子现金支付模式

(1) 流程。用户在电子现金发布银行开设 e-cash 账户，购买 e-cash，然后使用计算机 e-cash 终端软件从 e-cash 银行取出一定数量的 e-cash 存在硬盘上，通常少于 100 美元。用户从同意接受 e-cash 的商家订货，使用 e-cash 支付所购商品的费用。接受 e-cash 的商家与 e-cash 发放银行之间进行清算，e-cash 银行将用户购买商品的钱支付给商家。

(2) 特点。这种模式要求银行和商家之间应有协议和授权关系；用户、商家和 e-cash 银行都需要使用 e-cash 软件；适用于小的交易量（mini payment）；e-cash 银行在发放 e-cash 时使用了数字签名，商家在每次交易中，将 e-cash 传送给 e-cash 银行，由 e-cash 银行验证用户支持的 e-cash 是否有效（伪造或使用过等），完成身份验证；e-cash 银行负责用户和商家之间实际资金的转移。

电子现金的主要优点是匿名性，缺点是需要一个大型的数据库存储用户完成的交易和 e-cash 序列号以防止重复消费，这种模式适用于小额交易。电子现金有现金特点，可以存、取、转让。

4. 简单加密支付系统模式

(1) 流程。以 Cyber Cash 安全因特网电子信用卡支付系统为例，支付流程如下：Cyber Cash 用户从 Cyber Cash 商家订货后，通过电子钱包将电子信用卡信息加密后传给商家服务器；商家服务器验证接收到的信息的有效性和完整性后，将用户加密的电子信用卡信息传给 Cyber Cash 服务器，商家服务器看不到用户的信用卡信息；Cyber Cash 服务器验证商家身份后，将用户加密的电子信用卡信息转移到非因特网的安全地方解密，然后将用户信用卡信息通过安全专网传送到商家银行；商家银行通过与一般银行之间的电子通道从用户信用卡发卡银行得到证实后，将结果传送给 Cyber Cash 服务器，Cyber Cash 服务器通知商家服务器交易完成或拒绝，商家通知用户。整个过程大约历时 15~20 秒。

交易过程中每进行一步，交易各方都以数字签名来确认身份，用户和商家都须使用 Cyber Cash 软件。签名是用户、商家在注册系统时产生的，而且本身不能修改。用户信用卡信息被加密后存储在计算机上。加密技术采用工业标准，使用 56 位 DES 和 768~1 024 位 RSA 公开/秘密密钥对来产生数字签名。

(2) 特点。使用这种模式时，用户信用卡号码被加密。采用的加密技术有 S-HTTP（安全 HTTP 协议）、SSL（安全套接层协议）等。这种加密的信息只有业务提供商或第三方付费处理系统能够识别。由于用户进行在线购物时只需一个电子信用卡号，所以这种付费方式给用户带来了方便。这种方式需要一系列的加密、授权、认证及相关信息传送，交易成本较高，所以对小额交易而言是不适用的。

5. SET 模式

(1) SET 定义。安全电子交易（secure electronic transaction，SET）是一个为在因特网上进行在线交易而设立的开放的、以电子货币为基础的电子付款协议标准。最初由 Visa Card 和 Master Card 合作开发，其他合作开发伙伴还包括 GET、IBM、Microsoft、Netscape、SAIC、Terisa 和 VeriSign 等。除了对消费者信用卡的认证外，同时增加了对商家的身份认证。

（2）流程。如图 4-9 所示。

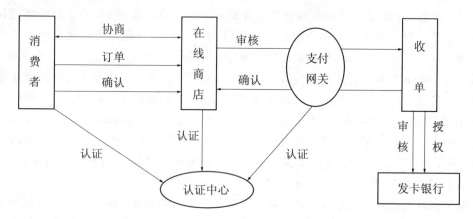

图 4-9 SET 模式支付流程

根据工作流程图，可将整个电子支付工作程序分为以下七个步骤。

① 消费者利用自己的 PC 通过因特网选定所要购买的物品，并在计算机上输入订单，订单上需包括在线商店、购买物品名称及数量、交货时间及地点等相关信息。

② 通过电子商务服务器与有关在线商店联系，在线商店做出应答，告诉消费者所填订货单的货物单价、应付款数、交货方式等信息是否准确，是否有变化。

③ 消费者选择付款方式，确认订单，签发付款指令。此时 SET 开始介入。

④ 在 SET 中，消费者必须对订单和付款指令进行数字签名。同时利用双重签名技术保证商家看不到消费者的账号信息。

⑤ 在线商店接受订单后，向消费者所在银行请求支付认可。信息通过支付网关到收单银行，再到电子货币发行公司确认。批准交易后，返回确认信息给在线商店。

⑥ 在线商店发送订单确认信息给消费者。消费者端软件可记录交易日志，以备将来查询。

⑦ 在线商店发送货物，或提供服务；并通知收单银行将钱从消费者的账号转移到商店账号，或通知发卡银行请求支付。

（3）特点。

SET 模式的特点有以下几点。

① 通过使用公共密钥和对称密钥方式，实现了数据的保密性。

② 通过使用消息摘要、数字签名来确定数据是否被篡改，保证了数据的一致性和完整性，并可实现交易防抵赖行为。

③ 通过使用数字签名和商家证书技术，实现了对商家的认证，为消费者提供了认证商家身份的手段。

④ 通过使用特定的协议和消息格式使不同厂家开发的软件具有兼容性，实现了在

不同的硬件和操作系统平台上实现互操作的功能。

(4) 使用技术。

SET 协议规定了交易各方进行安全交易的具体流程，SET 协议主要使用的技术包括：对称密钥加密、公共密钥加密、散列算法、数字签名技术及公共密钥授权机制等。SET 通过使用公共密钥和对称密钥方式加密，保证了数据的保密性，通过使用数字签名来确定数据是否被篡改，保证数据的一致性和完整性，并可以完成交易的防抵赖。

交易各方之间的信息传送都使用 SET 协议以保证其安全性。电子钱包是 SET 在用户端的实现，电子商家是 SET 在商家的实现，支付网关是银行金融系统和因特网之间的接口，完成来往数据在 SET 协议和现存银行卡交易系统协议（如 ISO 8583 协议）之间的转换是 SET 在金融方面的实现。

(5) 使用情况。

IBM 公司宣布其电子商务产品 Net.Commerce 支持 SET，IBM 建立了世界第一个因特网环境下的 SET 付款系统——丹麦 SET 付款系统，新加坡花旗银行付款系统也采用 IBM 的 SET 付款系统。此外，微软公司、Cyber Cash 公司和 Oracle 公司也宣布它们的电子商务产品将支持 SET。

比较以上几种电子支付模式，不难看出，电子支付走过了一个从简单到复杂、到完善的过程。

4.1.5 电子支付系统

1. 电子支付系统概述

电子支付系统是电子商务系统的重要组成部分，是指消费者、商家和金融机构之间使用安全的电子手段交换商品或服务，即把电子支付工具的支付信息通过网络安全传送到银行或相应的处理机构来实现电子支付。电子支付系统主要有三种类型，即预支付（pre-paid）系统、即时支付（instant-paid）系统和后支付（post-paid）系统。

预支付系统是银行和在线商店首选的解决方案。所谓"预支付"就是指先付款，然后才能购买到产品或服务。由于他们要求客户预先支付，所以不再需要为这些钱支付利息，而且可以在购买产品的瞬间将钱传送给在线商店以防止欺骗。预支付系统的工作方式像在真实商店里一样，顾客进入商店并用现金购买商品，然后才得到所需商品。预支付系统基本上是通过将电子货币保存到硬盘或一张智能卡上的方式来工作的。这些包含该电子货币的文件叫作虚拟钱包（virtual wallet）。

即时支付系统是以交易时支付的概念为基础的，即在交易发生的同时，钱也被从银行账户中转入卖方。即时支付系统实现起来比较复杂，因为该系统为了立即支付，必须直接访问银行的内部数据库。即时支付系统需要执行比其他系统更严格的安全措施，因而它是最强大的系统。基于因特网的即时支付系统是"在线支付"的基本模式。

后支付系统允许用户购买商品后再付款。信用卡是一种最普遍的后支付系统，但安全性低。与信用卡相比，借记卡相对比较安全，因为它要求顾客证实他们知道那些只有卡的所有者才知道的信息，如个人识别号。但是，为实现安全地在线交易，其相关费用很高。

三种类型的电子支付系统的比较如表 4-1 所示。

表 4-1　三类电子支付系统的比较

比较项目	预支付	即时支付	后支付
可接收性	低	低	高
匿名性	中	高	低
可兑换性	高	高	高
效率	高	高	低
灵活性	低	低	低
集成度	中	低	高
可靠性	高	高	高
可扩展性	高	高	高
安全性	中	高	中
适用性	中	中	高

比较结果显示，后支付系统的得分最高，这是因为该系统已经在因特网上建立了很长一段时间。预支付系统和即时支付系统在因特网上都不如后支付系统普遍，它们的标准还没有解决，而且许多内容还处于变动之中。虽然这看起来很糟糕，但实际上是有积极意义的，因为它存在集成新技术和范例的可能。

2. 电子支付系统的基本构成

基于互联网的电子支付系统由客户、商家、认证中心、支付网关、客户银行、商家银行和金融专用网络七个部分组成，如图 4-10 所示。

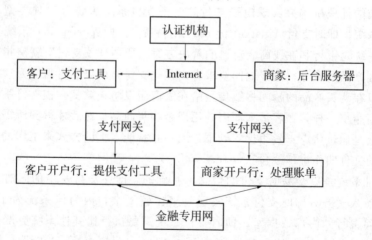

图 4-10　电子支付系统的基本构成

1) 客户

客户一般是指利用电子交易手段与企业或商家进行电子交易活动的单位或个人。它们通过电子交易平台与商家交流信息,签订交易合同,用自己拥有的网络支付工具进行支付。

2) 商家

商家是指向客户提供商品或服务的单位或个人。在电子支付系统中,它必须能够根据客户发出的支付指令向金融机构请求结算,这一过程一般是由商家设置的一台专门的服务器来处理的。

3) 认证中心

认证中心是交易各方都信任的公正的第三方中介机构,它主要负责为参与电子交易活动的各方发放和维护数字证书,以确认各方的真实身份,保证电子交易整个过程的安全稳定进行。

4) 支付网关

支付网关是完成银行网络和因特网之间通信、协议转换和进行数据加、解密,保护银行内部网络安全的一组服务器。它是互联网公用网络平台和银行内部的金融专用网络平台之间的安全接口,电子支付的信息必须通过支付网关进行处理后才能进入银行内部的支付结算系统。

5) 客户银行

客户银行是指为客户提供资金账户和网络支付工具的银行,在利用银行卡作为支付工具的网络支付体系中,客户银行又被称为发卡行。客户银行根据不同的政策和规定,保证支付工具的真实性,并保证对每一笔认证交易的付款。

6) 商家银行

商家银行是为商家提供资金账户的银行,因为商家银行是依据商家提供的合法账单来工作的,所以又被称为收单行。客户向商家发送订单和支付指令,商家将收到的订单留下,将客户的支付指令提交给商家银行,然后商家银行向客户银行发出支付授权请求,并进行它们之间的清算工作。

7) 金融专用网络

金融专用网络是银行内部及各银行之间交流信息的封闭的专用网络,通常具有较高的稳定性和安全性。

3. 电子支付协议

所谓电子支付协议是指约束电子商务交易双方支付过程及行为的标准、规范的集合。简而言之,电子支付协议就是参与支付的各个实体(如买方、卖方、网络银行等)的行为准则。

目前,对电子支付协议的分类还没有完全一致的分类标准。可以按照交易时中介机构(网络银行)是否参与,把电子支付协议划分为三方支付协议(如 SET)和两方支付协议(如 SSL 和电子现金)。根据电子货币的形式,也可以把电子支付协议划分为信用卡、借记卡、电子支票和电子现金等。还有的根据每笔交易的支付方式来划分。

4.2　第三方支付

4.2.1 第三方电子支付平台概述

1. 第三方电子支付平台简介

第三方电子支付平台是指一些和各大银行签约、具备一定实力和信誉保障的第三方独立机构，在银行监管下提供交易支持平台。它采用规范的连接器，在商家和银行之间建立连接，从而解决买家、卖家、银行之间的货币支付、资金清算和统计查询等问题。

第三方电子支付平台的运作原理以第三方公司为信用中介，以此降低交易中的风险，并对交易双方进行约束和监督。它相当于买卖双方交易过程中的"中间人"，是信用缺位条件下的补位产物，其目的是防范电子交易中的欺诈行为。

第三方电子支付平台发展极为迅速，在2004年以前中国第三方电子支付企业仅约10家，到2007年年底已有包括支付宝、财付通、中国银联电子支付、快钱、安付通、易宝支付、首信易支付、网银在线、贝宝（Paypal）、云网等共50多家。总体来说，第三方电子支付市场企业集中度非常高。非独立第三方电子支付平台（支付宝、财付通）依托自身资源快速发展，独立第三方电子支付平台数量多，竞争十分激烈。2014年中国第三方互联网支付交易规模达到80 767亿元，同比增速达到50.3%。第三方支付（尤其是互联网支付）市场规模迅速发展。根据前瞻产业研究院发布的《中国第三方支付产业市场前瞻与投资战略规划分析报告》显示，截至2015年6月，我国使用网上支付的用户规模达到3.59亿，较2014年年底增加5 455万人，半年度增长率17.9%。与2014年12月相比，我国网民使用网上支付的比例从46.9%提升至53.7%。与此同时，手机支付增长迅速，用户规模达到2.76亿人次，半年度增长率为26.9%，是整体网上支付市场用户规模增长速度的1.5倍。

电子支付在中国的发展始于1998年招商银行推出网上银行业务，随后各大银行的网上缴费、移动银行业务和网上交易等逐渐发展起来。在政策鼓励及第三方电子支付企业的努力和创新下，我国第三方电子支付市场的发展十分迅速。

根据Analysys易观发布的《中国第三方支付移动支付市场季度监测报告2017年第3季度》数据显示，2017年第3季度，中国第三方支付移动支付市场交易规模达294 959.2亿元人民币，环比增长28.02%。支付宝以53.73%继续占据移动支付市场头名。腾讯金融市场份额增长到39.35%，位列市场第二位。壹钱包以1.26%排名第三。

2. 第三方电子支付平台交易流程

第三方电子支付平台交易流程如图4-11所示，交易步骤如下：

① 买卖双方在网上达成交易意向，签订交易合同；
② 买方授权买方银行付款；
③ 买方银行将货款付给第三方电子支付平台；
④ 第三方电子支付平台通知卖方发货；
⑤ 卖方向买方发货，卖方发货后不能立即收到货款，货款由第三方电子支付平台暂时保管；
⑥ 买方验完货后，给第三方电子支付平台发确定通知；
⑦ 第三方电子支付平台付款给卖方银行；

⑧ 卖方银行给卖方发通知，确定已经收到货款。

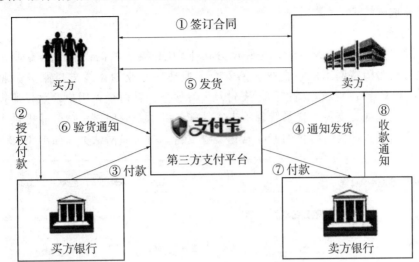

图 4-11 第三方电子支付平台的交易流程

4.4.2 第三方电子支付平台产品介绍

1. 支付宝

浙江支付宝网络科技有限公司是国内领先的独立的第三方电子支付平台，由阿里巴巴集团创办。支付宝（www.alipay.com）致力于为中国电子商务提供"简单、安全、快速"的在线支付解决方案。支付宝公司从 2004 年成立开始，始终以"信任"作为产品和服务的核心。其运作的实质是以支付宝为信用中介，在买家确认收到商品前，由支付宝替买卖双方暂时保管货款。支付宝不仅从产品上确保用户在线支付的安全，同时让用户通过支付宝在网络间建立起相互的信任，为建立纯净的因特网环境迈出了非常有意义的一步。自 2013 年第一季度以来，支付宝在移动互联网支付市场份额从 67.6% 逐步提升至 78.4%，位居第一。截至 2018 年 3 月底，支付宝与其全球合资伙伴为全球约 8.7 亿活跃用户提供服务，支付宝已经成为全球最大的移动支付服务商。2017 年"双十一"期间，支付宝支付峰值为 25.6 万笔/秒，支付宝交易达成 1 亿笔仅用 7 分 23 秒。

根据天弘余额宝货币市场基金发布的 2017 年年度报告，截至 2017 年年末，余额宝总规模 1.58 万亿元，增长超过 7 700 亿元，几乎是 2016 年的 2 倍。2017 年，余额宝实现利润 524 亿元，平均每天赚 1.44 亿元，收益率 3.92%。另外，截至 2017 年年末，余额宝用户共计 4.74 亿人，其中个人投资者持有份额占比 99.94%，平均每人持有 3 329.57 元。

使用支付宝支付货款的步骤如下：
①选择要购买的商品，单击"立即购买"按钮；
②填写收货地址、购买数量、基本信息；
③使用支付宝账户余额支付，输入支付宝账户的支付密码；
④付款成功，等待卖家发货；

⑤收到货物后,登录支付宝,在"交易管理"页面中单击"确认收货"付款给卖家,交易完成。

2. 财付通

财付通(www.tenpay.com)是腾讯公司于 2005 年 9 月正式推出的专业在线支付平台,致力于为因特网用户和企业提供安全、便捷、专业的在线支付服务。业务覆盖 B2B、B2C 和 C2C 各领域,提供网上支付及清算服务。针对个人用户,财付通提供了包括在线充值、提现、支付、交易管理等丰富功能;针对企业用户,财付通提供了安全可靠的支付清算服务和极富特色的 QQ 营销资源支持。财付通网站页面如图 4-12 所示。

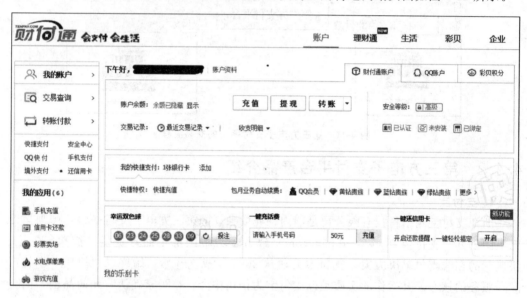

图 4-12 财付通网站页面

财付通是一个专业的在线支付平台,其核心业务是帮助在因特网上进行交易的双方完成支付和收款。用户使用财付通完成在线交易的流程如下:

(1)网上买家和卖家分别开通自己的网上银行,拥有自己的网上银行账户;
(2)买家和卖家登录财付通网站,开通自己的财付通账户;
(3)买家向自己的财付通账户充值,资金从网上银行账户划拨到财付通账户;
(4)买家登录卖家网上商店,选择商品,确定购买,确认购买数量和金额,输入财付通账户,确认支付。买家财付通账户中的应付账款被冻结;
(5)等待卖家发货,此时可以单击"交易管理"查看交易状态;
(6)财付通向卖家发出发货通知;
(7)卖家收到通知后根据买家地址发送货物;
(8)买家收到货物后,登录财付通确认收货,同意财付通拨款给卖家;
(9)财付通将买家财付通账户冻结的应付账款转到卖家财付通账户;
(10)卖家确认收款;
(11)买家与卖家双方相互进行评价。

3. 快钱

上海快钱信息服务有限公司是国内第一家提供基于 E-mail 和手机号码的网上收付款平台的因特网企业，致力于为各类企业及个人提供安全、便捷和保密的电子收付款平台及服务。其以"快钱"为品牌的产品和服务内容广泛，涵盖了账户管理、网上充值、网上结算、网上付款、网上催款等基本功能和支付网关、快钱钮、捐赠钮、快钱包等多种工具。快钱（www.99bill.com）是一个独立的第三方电子支付平台，快钱网站页面如图 4-13 所示。

图 4-13 快钱网站页面

快钱电子支付平台采用了国际上最先进的应用服务器和数据库系统，支付信息的传输采用了 128 位的 SSL 加密算法，美国 Oracle 公司、VeriSign 数字安全公司和 ScanAlert 网络安全公司每天为快钱提供全面的安全服务，确保了数以亿计交易资金往来的安全。

快钱电子支付平台具有以下主要几个特点。

(1) 快钱账户是基于 E-mail 地址（可以捆绑手机号）的，不仅注册简单，而且管理方便。快钱账户具有网上充值、网上提现、网上付款、网上催款、账户管理等基本功能。

(2) 可以进行网上付款。用户可以轻松地在线把货款支付给收款方。

(3) 可以进行网上催账。

(4) 支持几乎所有国内银行卡支付。

(5) 支持邮局转账和银行转账支付。

(6) 满足传统付费方式的用户需求。

(7) 帮助商家建立清晰的统计报表，免除复杂手工操作，并可追踪交易详情。

(8) 有国际卡支付网关,支持国际卡支付(目前已开通 Visa,即将开通 Master、JCB)。

(9) 电话支付。快钱电话支付是指企业通过快钱接入各大银行的电话银行,使用户通过座机、手机、小灵通直接拨打银行电话,就可以完成支付的服务。

(10) 提供了很多工具,可以帮助商家更好地交易、收费和推广,包括快钱钮、快钱链、捐赠钮、批量付款、包月功能、快钱包、电子优惠券等。

4.3 网上银行与移动银行

4.3.1 网上银行

1. 网上银行概述

1) 网上银行的含义

网上银行又称网络银行、在线银行,是银行业务在网络上的延伸,它利用数字通信技术,以因特网作为基础的交易平台和服务渠道,在线为客户办理结算、查询、对账、行内转账、跨行转账、信贷、投资理财等传统服务项目,使客户可以足不出户就能够安全便捷地管理活期和定期存款、支票、信用卡及进行个人投资等。网上银行又被称为"3A 银行",即在任何时间、任何地点、以任何方式享受银行提供的金融服务。

网上银行包含两个层次的含义,一个是机构概念,指通过信息网络开办业务的银行;另一个是业务概念,指银行通过信息网络提供的金融服务,包括传统银行业务和因信息技术应用带来的新兴业务。在日常生活和工作中,我们提及网上银行,更多是指第二层次的概念,即网上银行服务的概念。

2) 网上银行的特点

(1) 全面实现无纸化交易。传统的票据和单据大部分被电子支票、电子汇票和电子收据所代替;传统的纸币被电子货币,即电子现金、电子钱包、电子信用卡所代替;传统的纸质文件的邮寄改为通过数据通信网进行传送。

(2) 服务方便、快捷、高效、可靠。对于网上银行的用户,可以享受到方便、快捷、高效和可靠的全方位 3A 服务。

(3) 经营成本低廉。根据 BoozAllen&Hamilton 公司公布的调查报告,网上银行经营成本只占经营收入的 15%~20%,而传统银行的经营成本占经营收入的 60%。

(4) 简单易用。使用网上银行的服务不需要特别的软件,甚至不需要任何专门的培训。

3) 网上银行带来的影响

(1) 网上银行将根本改变银行的经营环境,从而对传统银行的经营方式、业务内容产生影响。未来将会有一大批非银行机构通过网络进入银行业,竞争的加剧,将使传统银行的分支机构和营业网点数量减少。

(2) 网上银行改变了资本周转方式,提高了资本周转速度。

(3) 网上银行将改变传统银行的经营思想。传统银行以资产规模大小、机构网点数量、地址位置优劣来"论英雄",而网络银行以获取信息能力、拥有信息量、分析处理信息及为客户提供及时的金融服务来衡量银行的优劣。网络银行将改变传统银行"银老大"的经营观念,走与其他非银行服务机构合作经营、共同发展的道路。

(4) 网上银行将推动电子商务的加速发展。在线支付一直是制约电子商务发展的主要瓶颈之一,只有真正实现在线支付、即时支付,电子商务才能充分显示其相对于传统商务的优势,从而获得长远的发展。

(5) 网上银行的发展还会对传统的货币政策、人们的消费方式及支付习惯产生深远的影响。

4) 网上银行提供的服务

(1) 信息服务。通过网站发布银行信息、储蓄利率、国际金融信息、外汇市场行情等,为客户提供必要的软件与数据下载,如网上个人银行专业版软件。

(2) 银行业务项目。网上银行提供的银行业务项目包括:储蓄业务、信用卡业务、在线查询账户余额、交易记录、转账业务和网上支付等。

(3) 投资理财。网上银行向客户提供国债、股票、基金、期货等金融理财产品。各大银行将传统银行业务中的理财助理转移到网上进行,通过网络为客户提供理财的各种解决方案,从而极大地扩大了商业银行的服务范围,并降低了相关的服务成本。

(4) 外汇交易。不少银行已开通国际业务、外汇储蓄业务,在此基础上为客户提供网上外汇交易业务。

(5) 企业银行。企业银行服务是网上银行服务中最重要的部分之一,其服务品种比个人客户的服务品种更多,也更为复杂,对相关技术的要求也更高,所以能够为企业提供网上银行服务是商业银行实力的象征之一。企业银行服务包括对企业多个账户(总账户与分账户)的管理、提供账户余额查询、交易记录查询、转账、在线支付各种费用、透支保护、储蓄账户与支票账户资金自动划拨、商业信用卡等服务。部分网上银行还为企业提供贷款业务。

(6) 其他金融服务。各大商业银行的网上银行还通过自身或与其他金融服务网站联合的方式,为客户提供多种金融衍生产品和特色服务,如银证转账、保险、抵押贷款和按揭等,以扩大网上银行的服务范围。

2. 网上银行的两种模式

1) 纯网上银行

纯网上银行又称为直接银行,是一种完全由 Internet 发展起来的全新的电子银行,它是为专门提供在线银行服务而成立的。例如,世界上第一家网上银行——安全第一网络银行就是典型的代表。

纯网上银行的特点主要有两个。

(1) 只有一个办公地址,既没有分支机构,也没有营业网点,所有的业务都通过网络进行。

(2) 业务、交易和办公实现无纸化,即银行的所有票据、单据、文件、货币全面电子化。银行与客户之间的文件传递、往来结算都是通过计算机网络进行,客户只要在办公室或家里就可以完成各种金融交易，获得各种金融服务，而不需要亲自去银行。

以上两个特点使纯网上银行大幅度地提高了业务的操作速度和运作水平，降低了服务成本，提高了服务的准确率和精确度，消灭了金融交易和信息服务的时空界限。

纯网上银行的发展方向有以下两点。

（1）全方位发展，利用先进的科学技术全面开展银行业务，为客户提供他们所需要的一切金融服务，以取代传统银行。

（2）朝特色化方向发展，利用科技的优势，为客户提供高品质的有特色的银行业务。

2）由传统银行网络化实现的网上银行

这类网上银行是传统银行与网络信息技术相结合的产物，是传统银行在电子商务时代的提升、创新和发展。它们一般是传统银行利用 Internet 作为新的服务手段，建立银行网点，提供在线服务。目前绝大多数网上银行都是这种类型的，具有以下显著特点。

（1）银行由实体化向虚拟化转化。银行不再仅仅以其物理建筑和有形机构的扩展来体现实力，更主要的是以高新技术产品和快捷、方便、安全的服务来体现。

（2）为客户提供真正的不受时空限制的全方位金融服务。

（3）改变了传统银行的经营管理体系和业务运作模式。传统银行的网络化实质上是金融领域的一场革命，客观上要求银行必须在机构网点、人员结构、劳动结构、劳动组合、服务设施和运作模式等方面进行改革，以适应数字化时代的发展需要。

（4）为客户带来了便利，与传统银行相比，客户可以坐在办公室或家里进入网上银行，享受银行的各种服务，下达业务指令。

3. 网上银行的发展趋势

在建立了网上银行的基础上，一般而言，银行可以从以下几个方面逐渐有选择地丰富和发展网上银行业务。

1）实现网上购物和网上支付功能

银行通过支付网关与特约商家的虚拟 POS 系统相连，当客户在网上商场购物时，客户的信用卡信息及其他支付信息会通过网络进入银行的业务系统，完成交易。领先采用网上银行技术的银行将获得商家选择的优先权，先于竞争对手获得最好的签约商家。

2）与移动通信 GSM 技术相结合实现移动电子交易

通过 Internet，客户可以通过一台 PC 方便地进行各种交易。同时，客户可以通过手机、GSM 无线网络进行交易，并且可以通过多种方式实现无线交易；通过手机的短信息，银行可以下发对账单等公共信息；通过 WAP 协议与 Java 芯片技术，手机可以以浏览器的方式进行网上购物；通过与电信服务供应商合作，银行可以把查询、转账等业务开展到无线网络上。这样，客户即使在出租车上，也可以管理自己的财产，实现各种交易。

3）与客户服务中心相结合，实现无缝的客户联系环境

网上银行系统可以与客户服务中心相结合，客户在访问网上银行应用处理中心主页的时候，如果遇到问题可以直接在网上与银行工作人员进行交流。这样，客户可以感受到真正方便、周到的服务。

4）与客户关系管理系统相结合，实现个性化的金融服务

网上银行系统可以与客户关系管理系统有机结合，通过对客户信息的采集、分析等

一系列操作，为客户包装个性化的产品，通过 Internet 对客户进行一对一的销售。这种崭新的销售方式将大大降低银行的销售成本，并且将销售和服务有机地结合在一起，大大提高工作效率，而此时的网上银行系统将成为一个"永不疲倦的推销员"，并且具有"无限的耐性"。

4. 使用网上银行应注意的问题

（1）网上银行用户名和密码必须易记但难被猜中，切勿使用出生日期、电话号码、家人的名字或常用的名字等。

（2）为网上银行设置专门的密码，区别于在其他场合使用的用户名和密码，避免因某项密码的丢失而造成其他密码的泄露。

（3）将网上银行登录密码和对外转账的支付密码设置为不同的密码，多重验证以保证资金安全。

（4）切勿向任何人透露密码。

（5）登录网上银行前，应先关闭所有的浏览器窗口，以免其他网站非法取得你的个人资料。每次使用网上银行后，使用"退出"账户，不要简单地关闭窗口。

（6）切勿通过电子邮箱内的链接或网上搜索引擎登录网上银行，每次应在浏览器上输入网址或将真正的网站记录在计算机的收藏夹内，由此进入网上银行页面。

（7）切勿使用公用计算机登录网上银行的网站。

（8）取消浏览器提供的自动记忆功能，坚持每次重新输入用户名和密码。注意某些浏览器可以记录你所输入的资料。

（9）随时查阅银行账户余额及交易记录，如发现任何错漏或未经授权的交易，立即通知银行。

（10）定期留意和遵照银行提供的安全提示。

4.3.2 移动银行

移动银行，又称为手机银行，是基于移动通信数据业务平台，利用移动终端办理银行相关业务的一种创新型银行服务方式。目前，移动银行的主要功能有账户管理、转账汇款、移动支付、外汇业务、基金业务等，能以更便利、高效而又较为安全的方式为客户提供传统和创新的服务。移动银行是网上银行的延伸，也是继网上银行、电话银行之后又一种方便银行用户的金融业务服务方式。它一方面延长了银行的服务时间，另一方面扩大了银行的服务范围。总的来说，同传统银行和网上银行相比，移动银行具有以下特点。

- 更方便。相对于网络银行来说，移动银行能提供基于任何时间、任何地点的服务，且方便用于小额支付。移动银行能为用户节约更多的时间。
- 更广泛。移动银行虽然是网络银行的一个精简版，但应用广泛。移动银行能提供 WAP 网站的支付服务，实现一点接入、多家支付。
- 更具潜力。移动银行更能迎合电子商务移动化的发展，符合未来商务发展的需要。

4.4 新型支付方式

4.4.1 人脸识别支付

人脸识别技术作为生物特征识别领域中一种基于生理特征的识别,是通过计算机提取人脸特征,并根据这些特征进行身份验证的一种技术。同其他生物特征识别技术相比,人脸识别技术无须人工操作,是一种非接触的识别技术。基于人脸识别技术的支付方式是未来支付领域的一大趋势。典型的代表是支付宝的刷脸支付 Smile to Pay。Smile to Pay 由蚂蚁金服与 Face++ Financial 合作研发,在购物后的支付认证阶段通过刷脸取代传统密码。该人脸识别方式主要采用"交互式指令+连续性判定+3D 判定"技术,并在 LFW 国际公开测试集中达到 99.5% 的准确率。除了支付宝的 Smile to Pay,京东也通过"京东钱包"在生物特征识别上进行全新的尝试,用户在京东钱包上扫描人脸,完成比对,即可完成相关的密码解锁环节。人脸识别支付主要将待识别的人脸照片或视频,与之前已注册并存储在计算机中的已知身份的人脸照片或视频进行匹配,通过计算它们的相似度来进行身份判断。和所有发展中的新技术一样,人脸识别支付技术相较于传统支付手段的安全性仍存在一定争议。

4.4.2 二维码扫码支付

随着移动支付和二维码技术的不断发展,二维码扫码支付已逐步走入大众视线。二维码扫码支付是一种基于账户体系搭建起来的新一代无线支付方案。目前的二维码扫码支付有两种:一种是正扫(移动用户扫描商家的二维码);另一种是反扫(商家扫描移动用户的手机二维码)。正扫即收款码支付,也就是由商户提供收款二维码,消费者通过手机客户端进行扫码支付;反扫即付款码支付,也就是由消费者提供付款二维码,商户通过扫描枪扫描二维码完成支付。二维码扫码支付与一般的移动支付主要区别在于二维码的生成、使用以及支付指令的生成、传输,一旦支付指令进入支付接入系统,二维码扫码支付就与其他移动支付没有本质上的区别。所以对二维码支付技术安全性的分析重点在支付指令进入支付系统前。

4.4.3 声纹识别支付

声纹识别支付首次被阿里巴巴提出来。支付宝用特定设备采集声纹信息并将其转换成特定信号成为支付密码。2017 年 7 月,阿里巴巴正式发布了首款智能语音终端设备"天猫精灵 X1"。"天猫精灵 X1"采用 Smart Audio 芯片,在解码、降噪、声音处理、多声道协同等方面进行了专门的优化,从而支持声纹识别功能。同时,在此基础上搭载"声纹支付"功能,可进行购物支付和充值操作。

  本章主要介绍的是电子支付，包括电子货币、电子支付、第三方电子支付和网上银行。

  电子货币，是以网络为基础，以商用化电子机具和交易卡为媒介，以计算机技术和通信技术为手段，以电子数据形式存储在银行的计算机系统中，并通过计算机网络系统以电子信息传递形式实现流通和支付功能的货币。电子支付，指的是以网络化的金融环境为基础，采用商用计算机及网络和各类电子支付工具，以计算机网络技术和数据通信技术为手段，对存储在银行计算机系统中的各种电子数据进行处理，并通过计算机网络系统以电子信息的传递形式实现金融货币的流通和支付。

  电子支付模式有支付系统无安全措施支付模式、通过第三方经纪人支付模式、电子现金支付模式、简单加密支付系统模式和 SET 模式。

  第三方电子支付平台是指一些和各大银行签约、具备一定实力和信誉保障的第三方独立机构，在银行监管下提供交易支持平台，第三方电子支付平台主要有支付宝、财付通和快钱。

  网上银行又称网络银行、在线银行，是银行业务在网络上的延伸，网上银行的产生极大地方便了用户，同时也大大减少了银行的交易成本，提高了工作效率。

关键词

电子货币；电子支付；第三方电子支付；网上银行。

习题

一、选择题

1. 随着计算机技术的发展，电子支付工具越来越多，其中电子钱包和电子支票分别属于（　　）。
  A. 电子货币类和电子支票类　　　B. 电子货币类和电子划款类
  C. 电子钱包类和电子支票类　　　D. 电子钱包类和电子划款类

2. 电子支付指的是电子交易的当事人，使用安全电子支付手段通过网络进行的（　　）。
  A. 现金流转　　　　　　　　　　B. 数据传输
  C. 金融货币的流通和支付　　　　D. 票据传输

3. 下列不属于电子支付工具的是（　　）。
   A. 电子货币　　　　　　　　B. 智能卡
   C. 电子支票　　　　　　　　D. 电子钱包
4. 下列不属于电子支付的三大类型的是（　　）。
   A. 预支付　　B. 在线支付　　C. 即时支付　　D. 后支付
5. 电子现金的主要优点是（　　）。
   A. 交易成本低　　　　　　　B. 匿名性
   C. 风险小　　　　　　　　　D. 可以存、取、转让
6. 下列选项中在电子钱包中不可以装入的是（　　）。
   A. 电子现金　　　　　　　　B. 电子信用卡
   C. 电子零钱　　　　　　　　D. 数字货币
7. 在使用电子钱包时，把下列（　　）安装到电子商务服务器上，利用电子钱包服务系统就可以把各种电子货币或电子金融卡上的数据输入进去。
   A. Mondex 卡　　　　　　　B. 智能卡
   C. 电子钱包管理器　　　　　D. 电子钱包应用软件
8. 使用电子钱包的支付过程是（　　）。
   A. 电子信用卡→电子钱包→电子商务服务器→信用卡公司或商业银行
   B. 电子钱包→电子信用卡→电子商务服务器→信用卡公司或商业银行
   C. 电子钱包→电子信用卡→商户服务器→信用卡公司或商业银行
   D. 电子信用卡→电子钱包→商户服务器→信用卡公司或商业银行
9. 第三方电子支付平台的目的是（　　）。
   A. 降低交易中的风险　　　　B. 对交易双方进行约束
   C. 防范交易中的欺诈行为　　D. 对交易双方进行监督
10. 网上银行的特点不包括（　　）。
    A. 全面实现无纸化交易　　　B. 服务方便、快捷、高效、可靠
    C. 经营成本昂贵　　　　　　D. 简单易用
11. 下列不属于网上银行的发展趋势的是（　　）。
    A. 实现网上购物和网上支付功能
    B. 与移动通信 GSM 技术相结合实现移动电子交易
    C. 与客户服务中心相结合实现无缝的客户联系环境
    D. 与客户关系管理系统相结合，实现个性化的金融服务

二、思考题
1. 请说明电子货币的分类有哪些内容。
2. 电子支付系统有哪些类型？
3. 电子支付的工具可以分为哪几类？
4. 论述电子商务支付模式分为哪几种，说明每种电子支付模式的情况。
5. 论述第三方电子支付平台的概念、交易流程及主要产品。

实战演习——使用支付宝

1. 实验目的

使读者了解支付宝绑定银行卡的步骤，学会用支付宝绑定银行卡，并使用支付宝缴纳手机话费。

2. 实验步骤

（1）登录支付宝 www.alipay.com，如图 4-14 所示。

图 4-14 支付宝登录页面

（2）登录以后，可以看到在主页面右侧有一个"银行卡：管理"标签，如图 4-15 所示。

图 4-15 支付宝主页

（3）单击"银行卡：管理"标签，进入页面后在这里单击"添加银行卡"按钮就可以了，如图 4-16 所示。

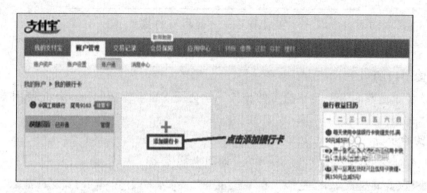

图 4-16　支付宝绑定银行卡页面

（4）添加以后，需要填写银行卡号和手机号，开户银行等信息能够自动识别，读者不用填写。填写完以上信息后，单击"同意协议并确定"按钮即可，如图 4-17 所示。

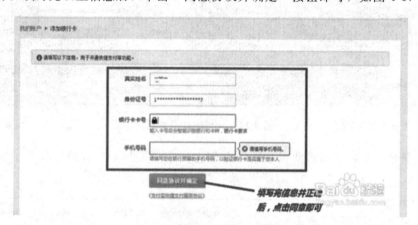

图 4-17　银行卡绑定填写信息页面

（5）弹出"手机校验"对话框，需要填写短信校验码，如图 4-18 所示。

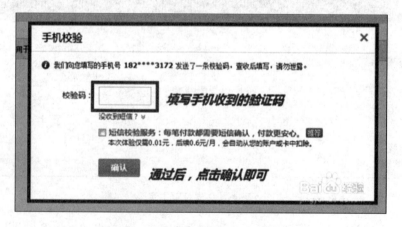

图 4-18　银行卡绑定手机校验信息页面

(6) 验证通过以后，会显示绑定成功，如图 4-19 所示。

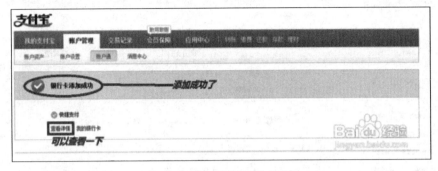

图 4-19　银行卡绑定成功页面

(7) 下面介绍如何使用支付宝缴纳手机话费。单击页面右上角"应用中心"选项，如图 4-20 所示，进入应用中心的页面。

图 4-20　"支付宝"页面

(8) 在应用中心页面，找到"生活便民"页面，就能够看到"手机充值"图标，如图 4-21 所示。

图 4-21　"生活便民"页面

（9）单击"手机充值"图标后，进入手机话费充值页面，填写充值号码，选择面值，如图4-22所示。

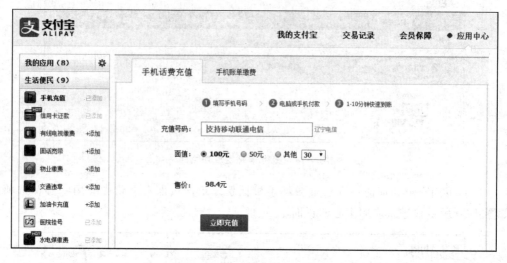

图4-22　"手机话费充值"页面

（10）使用已经绑定的银行卡充值，如图4-23所示，使用支付宝给手机充值就完成了。

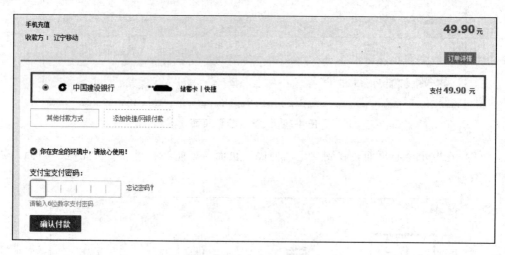

图4-23　确认付款页面

1. 第三方支付的四大作用

从过去10年的产业发展历程和变化可以看出，第三方支付作为一种新兴金融服务产业，在我国经济发展、金融支付基础设置建设过程中起到越来越重要的作用。①第三方支付已经成为中国现代化支付体系不可或缺的一部分；②第三方支付满足了新兴经济发展中日益增长的支付需求；③第三方支付大大降低了整个社会的交易成本；④第三方支付的发展符合我国"十二五"发展的要求。

链接地址：http：//mt.sohu.com/20150416/n411357768.shtml。

2. 传统交通行业电子支付遇上互联网

以ETC、公交一卡通为代表的传统交通行业电子支付发展至今，从来没有像今天这样有着如此迫切的转型需求。在强调用户体验、服务为王的今天，一些传统交通卡运营公司都在主动或被动地拥抱移动互联网寻找转型机会。而行业的门口已经涌入了一群来自移动互联网的"野蛮人"，他们包袱更轻、更具市场嗅觉、响应更迅速。当传统面对"互联网＋"时，话题的交锋自然激烈。

链接地址：http：//www.mpaypass.com.cn/news/201603/28150337.html。

3. 阿里先行布局印度电子支付

对于中国的互联网巨头来说，印度市场早就被纳入下一个必争之地。立场决定高度，视野决定广度，若囿于一方一寸，就只能坐井观天，望洋兴叹。阿里在印度电子支付领域的布局已经逐渐清晰，你要被抛下么？

链接地址：http：//www.iyiou.com/p/25467。

4. 多种网购支付手段的选择

随着网购时代的全面到来，支付手段也开始变得多种多样。那么，哪种支付手段最安全、最方便呢？

链接地址：http：//bank.cnfol.com/dianziyinhang/20160326/22470731.shtml。

第5章 网络营销

学习目标：

1. 掌握市场调研的方法；
2. 熟悉网络消费者的购买行为；
3. 掌握主要的网络营销策略；
4. 了解网络广告的类型及特点；
5. 了解搜索引擎的类型；
6. 理解许可 E-mail 营销、微营销和大数据营销；
7. 了解网络营销管理。

引导案例

小米手机网络营销

1. 饥饿营销

在小米手机众多的营销手段中，饥饿营销可以说是小米手机的主力营销手段。小米手机在新机发布前就进行宣传，在销售数量上也有所限制，通常是发售 10 万台手机，在某个时间段开放购买。通常小米手机在开放购买几个小时就会售罄，这样的方式刺激了消费者购买小米手机的欲望。通过一系列的渲染，小米手机品牌价值的提升远远大于销售手机所带来的利润。

2. 微博营销

微博营销作为新兴的营销手段，具有举足轻重的地位。小米手机作为时代潮流产品紧紧地抓住了这个时机，在各大门户微博平台上大搞微博营销。通过微博这个平台，小米手机通过各种促销或者有创意的活动吸引读者眼球，大大地提高了小米的知名度，微博营销是小米手机网络营销最重要的一个实施手段。

3. 网站营销

小米手机官网是小米手机进行网站营销的主阵地，无论是作为官方发布信息最重要的平台，还是作为购买小米手机的唯一通道，以及小米论坛的所在地，小米手机集网站式的发布资源于一身,甚至包含了商城,旗下软件米聊。小米手机的官网具有集中优势兵力的特点,通过这一系列的整合,资源集中,不仅大大地给网站访问者提供了方便,也使关于小米手机的各个项目之间相互促进,大大提升了网站的知名度和扩展度。

4. 口碑营销

小米手机以其强大的配置,良好的用户体验,干净的使用界面,流畅的操作系统,良好的质量以及极具吸引力的价格在消费者心中留下了深刻的印象,消费者对其形成了良好的口碑。这为小米手机的销售带来了巨大的好处,也赢得了用户的信赖。

5. 炒作营销

小米手机从研发之初就伴随着各种新闻,从与魅族手机的创意之争,到成本真相,再到断货嫌疑,再到小米手机出现的各种问题,各种报道和猜测都把小米手机推到聚光灯下,而小米官方却不急于对其加以澄清和辟谣,任由网络上发起一轮又一轮口水战。媒体也乐意跟进,小米因此做了免费广告,不但没有对产品的销售产生影响,反而增加了小米手机的知名度,吊足了消费者的口味。

(资料来源:大学生论坛,小米手机网络营销,http://www.daxues.cn/thread-66670-1-1.html,资料经过整理和删减)

20世纪90年代初,世界各大公司纷纷利用因特网提供信息服务和拓展公司的业务范围,并且按照因特网的特点积极改组企业内部结构和探索新的管理营销方法,网络营销应运而生。

5.1 网络营销概述

网络营销是以现代电子技术和通信技术的应用与发展为基础,与市场变革、市场竞争以及营销观念的转变密切相关的一门新学科。网络营销相对于传统的市场营销,在许多方面存在着明显的优势,带来了一场营销观念的革命,更重要的是它对企业改善销售环境、提高产品竞争能力和市场占有率具有非常重要的现实意义。

5.1.1 网络营销的含义

网络营销在国外有多种表述,如 Cyber Marketing、Internet Marketing、e-Marketing 等,国内对此的表述也不尽统一。

从网络营销的内容和表现形式上来看,很多人将网络营销等同于网上销售产品、域名注册、网站推广等,这些观点都只反映了网络营销的部分内容,无法体现出网络营销的全部内涵。

笼统地说,凡是以互联网为主要手段开展的营销活动,都可以称之为网络营销,但实际上不是每一种手段都合乎网络营销的基本准则,也不是每一种手段都可以发挥网络营销的作用。为了明确网络营销的基本含义,这里将网络营销定义为:**网络营销是企业整体营销战略的一个组成部分,是为了实现企业总体经营目标所进行的,以互联网为基**

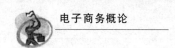

本的手段营造网上经营环境的各种活动。

网络营销与传统市场营销没有冲突，二者是并存的，只是二者所依托的环境不同，因而具有不同的特点和方法体系。

5.1.2 网络营销的内容

网络营销产生于 Internet 飞速发展的网络时代，作为依托于网络的新的营销方式和营销手段，有助于企业在网络环境下实现营销目标。网络营销涉及的范围较广，所包含的内容较丰富，主要表现在以下两个方面。

（1）网络营销要针对新兴的网上虚拟市场，及时了解和把握网上虚拟市场的消费者特征和消费者行为模式的变化，为企业在网上虚拟市场进行营销活动提供可靠的数据分析和营销依据。

（2）网络营销依托网络开展各种营销活动来实现企业目标，而网络的特点是信息交流自由、开放和平等，而且信息交流费用低廉，信息交流渠道既直接又高效，因此在网上开展营销活动，必须改变传统营销手段和方式。

虽然网络营销基本的营销目的和营销工具与传统的营销是大体一致的，但在实施和操作的过程中与传统方式有着很大区别，具体来讲，网络营销包括下面一些主要内容。

1. 网上市场调查

网上市场调查是指企业利用 Internet 的交互式信息沟通渠道来实施市场调查活动，所采取的方法包括直接在网上通过发布问卷进行调查。企业也可以在网上收集市场调查中需要的各种资料。网上市场调查的重点是利用网上调查工具，提高调查的效率和调查效果，同时利用有效的工具和手段收集整理资料，在 Internet 浩瀚的信息库中获取想要的信息和分辨出有用的信息。

2. 网络消费者行为分析

网络消费者是网络社会的一个特殊的群体，与传统市场上的消费群体的特性是截然不同的，因此要开展有效的网络营销活动必须深入了解网上用户群体的需求特征、购买动机和购买行为模式。Internet 作为信息沟通的工具，正成为许多有相同兴趣和爱好的消费群体聚集交流的地方，在网上形成了一个个特征鲜明的虚拟社区，网上消费者行为分析的关键就是了解这些虚拟社区的消费群体的特征和喜好。

3. 网络营销策略的制定

企业在采取网络营销手段实现企业营销目标时，必须制定与企业相适应的营销策略，因为不同的企业在市场中所处的地位是不同的。企业实施网络营销需要进行投入，并且也会有一定的风险，因此企业在制定本企业的网络营销策略时，应该考虑各种因素对网络营销策略制定的影响，如产品周期对网络营销策略的影响。

4. 网络产品和服务策略

网络作为有效的信息沟通渠道，改变了传统产品的营销策略，特别是营销渠道的选择。在网上进行产品和服务营销，必须结合网络特点重新考虑对产品进行设计、开发、包装和品牌的产品策略研究。

5. 网络价格营销策略

作为一种新的信息交流和传播工具，Internet 从诞生开始就实行自由、平等和信息基本免费的策略，因此在网络市场上推出的价格策略大多采取免费或者低价策略。所以，制定网上价格营销策略时，必须考虑到 Internet 对企业产品的定价影响和 Internet 本身独特的免费特征。

6. 网络渠道选择与直销

Internet 对企业营销活动影响最大的是企业的营销渠道。通过网络营销获得巨大成功和巨额利润的 Dell 公司，借助 Internet 的直接特性建立了网上直销的销售模式，改变了传统渠道中的多层次选择、管理与控制的问题，最大限度地降低了营销渠道中的营销费用。但是企业在建设自己的网上直销渠道时必须在前期进行一定的投入，同时还要结合网络直销的特点改变本企业传统的经营管理模式。

7. 网络促销与网络广告

Internet 具有双向的信息沟通渠道的特点，可以使沟通的双方突破时空限制进行直接的交流，操作简单、高效，并且费用低廉。Internet 的这一特点使得在网上开展促销活动十分有效，但是在网上开展促销活动必须遵循在网上进行信息交流与沟通的规则，特别是遵守一些虚拟社区的礼仪。网络广告是进行网络营销最重要的促销工具，网络广告作为新兴的产业已经得到了迅猛的发展。网络广告作为在第四类媒体上发布的广告，其交互性和直接性的特点具有报纸杂志、无线电广播和电视等传统媒体发布广告无法比拟的优势。

8. 网络营销管理与控制

网络营销依托 Internet 开展营销活动，必将面临传统营销活动无法碰到的许多新问题，如网络产品质量的保证问题、消费者隐私保护问题以及信息的安全问题等，这些都是网络营销必须重视和进行有效控制的问题，否则企业开展网络营销的效果就会适得其反。

5.1.3 网络营销的特点

随着互联网技术的成熟以及联网成本的低廉，互联网好比是一种"万能胶"，将企业、团体、组织以及个人跨时空联结在一起，使得它们之间信息的交换变得"唾手可得"。市场营销最重要最本质的是组织和个人之间进行信息传播和交换，如果没有信息交换，那么交易也就是无本之源。正因为如此，互联网具有营销所要求的某些特性，使得网络营销呈现出以下一些特点。

（1）跨时空。营销的最终目的是占有市场份额，由于互联网能够超越时间约束和空间限制进行信息交换，使得营销脱离时空限制进行交易变成可能，企业有了更多时间和更大的空间进行营销，可每周 7 天，每天 24 小时随时随地的提供全球性营销服务。

（2）多媒体。互联网被设计成可以传输多种媒体的信息，如文字、声音、图像等信息，使得为达成交易进行的信息交换能以多种形式存在，可以充分发挥营销人员的创造性和能动性。

（3）交互式。互联网通过展示商品图像提供有关的查询，来实现供需互动与双向沟通。还可以进行产品测试与消费者满意调查等活动。互联网为产品联合设计、商品信息发布以及各项技术服务提供最佳工具。

（4）人性化。互联网上的促销是一对一的、理性的、消费者主导的、非强迫性的、循序渐进式的,而且是一种低成本与人性化的促销,避免了推销员强势推销的干扰,并通过信息提供与交互式交谈,与消费者建立长期良好的关系。

(5) 成长性。互联网使用者数量快速成长并遍及全球,使用者多属年轻、中产阶级、高教育水准,由于这部分群体购买力强而且具有很强的市场影响力,因此是一项极具开发潜力的市场渠道。

(6) 整合性。互联网上的营销可由商品信息至收款、售后服务一气呵成,因此也是一种全程的营销渠道。另外,企业可以借助互联网将不同的传播营销活动进行统一设计规划和协调实施,向消费者传达统一的信息咨询,避免不同传播渠道中产生的信息不一致性。

(7) 超前性。互联网是一种功能最强大的营销工具,它同时兼具渠道、促销、电子交易、互动顾客服务以及市场信息分析与提供等多种功能。它所具备的一对一营销能力,正是符合定制营销与直复营销的未来趋势。

(8) 高效性。计算机可储存大量的信息,可传送的信息数量与精确度远超过其他媒体,并能因应市场需求,及时更新产品或调整价格,因此能及时有效地了解并满足顾客的需求。

(9) 经济性。通过互联网进行信息交换,代替以前的实物交换,一方面可以减少印刷与邮递成本,可以无店面销售,免交租金,节约水电与人工成本;另一方面可以减少由于迂回多次交换带来的损耗。

(10) 技术性。网络营销是建立在高技术作为支撑的互联网基础上的,企业实施网络营销必须有一定的技术投入和技术支持,改变传统的组织形态,提升信息管理部门的功能,引进懂营销与计算机技术的复合型人才,未来才能具备市场竞争优势。

5.1.4 网络营销的理论基础

利用网络的特性满足消费者需求的个性回归是网络营销最大的特点,这一崭新的营销形式突破了传统营销理论的指导范围,它具备以下三个理论基础。

1. 网络直复营销理论

所谓直复营销,是依靠产品目录、印刷品邮件、电话或附有直接反馈的广告以及其他相互交流方式的媒体的大范围营销活动。根据美国直复营销协会为直复营销下的定义,直复营销是一种为了在任何地方产生可度量的反应和(或)达成交易而使用一种或多种广告媒体的相互作用的市场营销体系。直复营销的实质就是通过买卖双方的相互交流来销售产品。比起传统的从批发商到零售商的分销方式,直复营销具有很多优点,如少中介、提供充分的商品信息、减少销售成本、无地域障碍、优化营销时机、以顾客反馈信息开发和改善产品、精确测定成本和业务量等。

2. 网络软营销理论

所谓网络软营销理论,实际上是针对工业化大规模生产时代的"硬势营销"而提出的新理论,它强调企业在开展营销活动时必须尊重消费者的感受和体验,使消费者具有选择接受企业营销活动的主动权。在传统的营销活动中最能体现硬势营销特征的是两种促销手段:传统广告和人员推销。企业在促销过程中占据主动地位,它试图以一种信息灌输的方式在消费者心中留下深刻印象，至于消费者是否愿意接受、需不需要这类信息则从不考虑。而消费者在心理上却要求成为主动方，通常对不请自到的广告和推销表现出反感。但在某种个性化需求的驱使下，他们会主动寻觅某些产品和信息，对于感兴趣的产品，大多乐于接受相关的营销活动。因此企业需要思考的，应该是如何"柔和地"把握住这些对自己产品感兴趣的消费者。

3. 网络整合营销理论

互联网使消费者在整个营销活动的过程中的地位得到提升，主动性得到加强。由于互联网具有信息丰富的特征，因此消费者在网上选择商品的余地也变得很大，在满足用户个性化消费需求的驱动下，企业为迎合这一消费市场的变化，就需要建立起以服务为主的经营理念，必须以顾客为中心，为顾客提供适时、适地、适情的服务，最大限度地满足顾客的需求。在传统的市场营销中，由于技术手段和物质基础的限制，商品的价格、宣传和销售的渠道、企业所处的地理位置以及所采取的促销策略等成了企业经营、市场分析和营销策略的关键性内容。网络环境改变了传统市场营销策略的基础，网络营销中的整合营销已从理论上离开了在传统营销理论中占中心地位的 4P 组合理论（product－产品、price－价格、place－渠道、promotion－促销），逐渐转向 4C 组合理论（customer－顾客、cost－成本、convenience－便利、communication－沟通）。在基于互联网的网络营销中，可以利用传统营销的 4P 组合理论，使其很好地与以顾客为中心的 4C 组合理论相结合，逐步形成和完善网络营销中的整合营销理论。

上述三种网络营销理论是目前较为通行的理论，它们从网络营销的特点出发，强调顾客的需求变化，对网络营销有一定的指导意义。

5.2 网络市场调研

满足市场需求是企业营销活动的出发点和归宿点。对于在网上开展营销活动的企业而言，必须深刻认识网络市场的特点，准确把握网络消费者的购买行为特征，才能明确产品的销售对象，有针对性地制定营销策略，在充分满足顾客需求的前提下，提高网络营销活动的效率，实现企业的发展目标。

5.2.1 网络市场概述

1. 网络市场的含义

网络市场是以现代信息技术为支撑，以互联网为媒介，以离散的、无中心的、多元网状的立体结构和运作模式为特征，信息瞬间形成、即时传播，实时互动，高度共享的交易组织形式。

从网络市场交易的方式和范围看，网络市场经历了三个发展阶段。

第一阶段是生产者内部的网络市场，其基本特征是工业界内部为缩短业务流程时间和降低交易成本，采用电子数据交换系统所形成的网络市场。

第二阶段是国内的或全球的生产者网络市场和消费者网络市场。其基本特征是企业在Internet上建立一个站点，将企业的产品信息发布在网上，供所有客户浏览，或销售数字化产品，或通过网上产品信息的发布来推动实体化商品的销售；如果从市场交易方式的角度讲，这一阶段也可称为"在线浏览、离线交易"的网络市场阶段。

第三阶段是信息化、数字化、电子化的网络市场。这是网络市场发展的最高阶段，其基本特征是虽然网络市场的范围没有发生实质性的变化，但网络市场交易方式却发生了根本性的变化，即由"在线浏览、离线交易"演变成了"在线浏览、在线交易"，这一阶段的最终到来取决于电子货币及电子货币支付系统的开发、应用、标准化及其安全性、可靠性。

2. 网络市场的特征

从市场运作机制看，网络市场具有如下六个基本特征。

1) 无店铺的经营方式

运作于网络市场上的虚拟商店，不需要店面、装潢、摆放的货品和服务人员等，它使用的媒介为因特网。1995年10月，"安全第一网络银行"（Security First Network Bank）在美国诞生，这家银行没有建筑物，没有地址，只有网址。网站页面就是营业厅，所有的交易都通过因特网进行。

2) 无存货的经营形式

网上商店可以在接到顾客订单后，再向制造厂家订货，而无须将商品陈列出来供顾客选择，只需在网页上打出货物菜单。这样一来，店家不会因为存货而增加成本，商品售价比传统的商店要低，这有利于增加网络商家和"电子空间市场"的魅力和竞争力。

3) 成本低廉的竞争策略

网络市场上的虚拟商店，其成本主要涉及自设Web网站成本、软硬件费用、网络使用费，以及以后的维持费用，通常比传统商店经常性的成本要低得多。这是因为传统商店需要昂贵的店面租金、装潢费用、水电费、营业税及人事管理费用等。

EDI的广泛使用及其标准化使企业与企业之间的交易走向无纸贸易。在无纸贸易的情况下，企业可将购物订单过程的成本缩减80%以上。在美国，一个中等规模的企业一年要发出或接受订单在10万张以上，大企业则在40万张左右。因此，对企业，尤其是大企业，采用无纸交易就意味着节省少则数百万美元，多则上千万美元的成本。

4) 无时间限制的全天候经营

虚拟商店不需要雇佣经营服务人员，可不受劳动法的限制，也可摆脱因员工疲倦或缺乏训练而引起顾客反感所带来的麻烦，而一天24小时、一年365天的持续营业，这对于平时工作繁忙、无暇购物的人来说有很大的吸引力。

5) 无国界、无区域界限的经营范围

联机网络创造了一个即时全球社区，它消除了同其他国家客户做生意的时间和地域障碍。面对提供无限商机的因特网，国内的企业可以加入网络行业，开展全球性营销活动。

6) 精简化的营销环节

顾客不必等经理回复电话，可以自行查询信息。顾客所需信息可及时更新，企业和买家可快速交换信息，网上营销使企业在市场中快人一步，迅速传递出信息。现今顾客需求不断增加，对欲购商品资料的了解，对产品本身要求有更多的发言权和售后服务。

于是，精明的营销人员能够借助联机通信所固有的互动功能，鼓励顾客参与产品更新换代，让他们选择颜色、装运方式，自行下订单。在定制、销售产品的过程中，为满足顾客的特殊要求，让他们参与越多，售出产品的机会就越大。

总之，网络市场具有传统的实体化市场所不具有的特点，这些特点正是网络市场的优势。

3. 我国网民的网络应用特征

根据 CNNIC 发布的《第 40 次中国互联网络发展状况统计报告》，截至 2017 年 6 月，中国网民通过台式电脑和笔记本电脑接入互联网的比例分别为 55.0% 和 36.5%；手机上网使用率为 96.3%，较 2016 年年底提高 1.2 个百分点；平板电脑上网使用率为 28.7%；电视上网使用率为 26.7%。2017 年上半年，网络购物、网上外卖和在线旅行预订用户规模分别增长 10.2%、41.6% 和 11.5%。网络购物市场消费升级特征进一步显现，用户偏好逐步向品质、智能、新品类消费转移。同时，线上线下融合向数据、技术、场景等领域深入扩展，各平台积累的庞大用户数据资源进一步得到重视。各类网络应用使用率如表 5-1 所示。

表 5-1 中国网民各类互联网应用的使用率

日期	2017.06		2016.12		
应用	用户规模/万人	网民使用率/%	用户规模/万人	网民使用率/%	半年增长率/%
即时通信	69 163	92.1	66 628	91.1	3.8
搜索引擎	60 945	81.1	60 238	82.4	1.2
网络新闻	62 458	83.1	61 390	84.0	1.7
网络视频	56 482	75.2	54 455	74.5	3.7
网络音乐	52 413	69.8	50 313	68.8	4.2
网络支付	51 104	68.0	47 450	64.9	7.7
网络购物	51 443	68.5	46 670	63.8	10.2
网络游戏	42 164	56.1	41 704	57.0	1.1
网上银行	38 262	50.9	36 552	50.0	4.7
网络文学	35 255	46.9	33 319	45.6	5.8
旅行预订	33 363	44.4	29 922	40.9	11.5
电子邮件	26 306	35.0	24 815	33.9	6.0
论坛/bbs	13 207	17.6	12 079	16.5	9.3
互联网理财	12 614	16.8	9 890	13.5	27.5
网上炒股或炒基金	6 848	9.1	6 276	8.6	9.1
微博	29 071	38.7	27 143	37.1	7.1
地图查询	46 998	62.6	46 166	63.1	1.8
网上订外卖	29 534	39.3	20 856	28.5	41.6
在线教育	14 426	19.2	13 764	18.8	4.8
网约出租车	27 792	37.0	22 463	30.7	23.7

5.2.2 网络市场调研概述

1. 网络市场调研的含义

传统的市场调研是指以科学的方法,系统地、有目的地收集、整理、分析和研究所有与市场有关的信息,重点把握有关消费者的需求、购买动机和购买行为等方面的信息,从而把握市场现状和发展态势,有针对性地制定营销策略,以提高营销效益。互联网上的海量信息、免费的搜索引擎、免费的 E-mail 等服务,已对传统的市场调研和营销策略产生了很大的影响,极大地丰富了市场调研的资料来源,扩展了传统的市场调研方法,特别是在互联网上进行的直接调研方法具有无可比拟的优势。

网络市场调研,又称为网上市场调研或网上调查,是指在互联网上针对特定营销环境进行调查,收集数据和初步分析的活动。

2. 网络市场调研的主要内容

1) 市场需求研究

研究和分析市场需求情况,主要目的在于掌握市场需求量、市场规模、市场占有率,以及如何运用有效的经营策略和手段。

2) 用户及消费者购买行为的研究

用户及消费者购买行为研究的方向和内容主要包括:消费者不同的生活方式、生活习惯、需要;了解消费者的购买动机。

3) 营销因素研究

营销因素研究的内容包括产品的研究、价格的研究、分销渠道的研究、广告策略的研究、促销策略的研究。

4) 宏观环境研究

宏观环境研究的内容包括政治法律环境、经济环境、社会文化环境、科学技术环境、自然地理环境的研究。

5) 竞争对手研究

竞争对手研究的主要内容包括主要竞争对手及其市场占有率情况,竞争对手在经营、产品技术等方面的特点,竞争对手的产品、新产品水平及其发展情况,竞争者的分销渠道,产品的价格策略、广告策略、销售推销策略,竞争者的服务水平等。

3. 网络市场调研的优点

与传统市场调研方法相比,利用互联网进行市场调研有如下优点。

1) 及时性和共享性

由于网络的传输速度非常快,网络信息能够快速地传送到连接上网的任何网络用户,而且网上投票信息经过统计分析软件初步处理后,可以看到阶段性结果,而传统的市场调研得出结论需经过很长的一段时间。同时,网络市场调研是开放的,任何网民都可以参加投票和查看结果,这又保证了网络调研的共享性。所以网络市场调研的结果是比较客观和真实的,能够反映消费者的真实要求和市场发展的趋势。

2) 便捷性和经济性

在网络上进行市场调研,无论是调查者或是被调查者,只需拥有一台能上网的计算机就可以进行网络沟通交流。调研者在企业站点上发出电子调研问卷,提供相关的信息,或者及时修改、充实相关信息,被调研者只需在电脑前按照自己的意愿轻点鼠标或填写问卷,之后调研者利用计算机对访问者反馈回来的信息进行整理和分析即可,这种调研方式将是十分便捷的。

同时,网络市场调研非常经济,它可以节约传统调查中大量的人力、物力、财力和时间的耗费,省却了印刷调研问卷、访问员进行访问、电话访问、留置问卷等工作;调研也不会受到天气、交通、工作时间等的影响;调研过程中最繁重、最关键的信息收集和录入工作也将分布到众多网上用户的终端上完成;信息检验和信息处理工作均由计算机自动完成。所以网络市场调研能够以最经济、便捷的手段完成。

3) 交互性和充分性

网络的最大优势是交互性,这种交互性也充分体现在网络市场调研中。网络市场调研某种程度上具有人员面访的优点,在网络上进行市场调研时,被访问者可以及时就问卷相关的问题提出自己的看法和建议,可减少因问卷设计不合理而导致的调研结论出现偏差等问题。传统市场调研中,消费者一般只能针对现有产品提出建议甚至是不满,而对尚处于概念阶段的产品则难以涉足,而在网络市场调研中消费者则有机会对从产品设计到定价和服务等一系列问题发表意见。这种双向互动的信息沟通方式提高了消费者的参与性和积极性,更重要的是能使企业的营销决策有的放矢,从根本上提高消费者满意度。同时,网络市场调研又具有留置问卷或邮寄问卷的优点,被访问者有充分的时间进行思考,可以自由地在网上发表自己的看法。把这些优点集合于一身,形成了网络调研的交互性和充分性的特点。

4) 可靠性和客观性

相比传统的市场调研,网络市场调研的结果比较可靠和客观,主要是基于以下原因:首先,企业站点的访问者一般都对企业产品有一定的兴趣,被调查者是在完全自愿的原则下参与调查,调查的针对性强。而传统的市场调研中的拦截询问法,实质上是带有一定的强制性的。其次,被调查者是主动填写调研问卷的,证明填写者一般对调查内容有一定的兴趣,他们回答问题就会相对认真,所以问卷填写可靠性高。此外,网络市场调研可以避免传统市场调研中人为因素干扰所导致的调查结论的偏差,因为被访问者是在完全独立思考的环境中接受调查的,能最大限度地保证调研结果的客观性。

5) 无时间和地域的限制性

传统的市场调研往往会受到地域与时间的限制,而网络市场调研可以 24 小时全天候进行,同时也不会受到地域的限制。

6) 可检验性和可控制性

利用 Internet 进行网上调研收集信息,可以有效地对采集信息的质量实施系统的检验和控制。首先网上市场调查问卷可以附加全面规范的指标说明,有利于消除被访者因对指标理解不清或调查员解释口径不一而造成的调查偏差。其次,问卷的复核检验由计算机依据设定的检验条件和控制措施自动实施,可以有效地保证对调查问卷 100% 的复核检验,保证检验与控制的客观公正性。最后,通过对被调查者的身份验证技术可以有效地防止信息采集过程中的舞弊行为。

4. 网络市场调研注意的问题

1) 关于在线调查表的设计

在线调查占用被访问者的时间和精力，因此在设计上应该简洁明了，尽量减少填表时间。一个优秀的调查表至少应该做到调查目的明确、问题容易回答，尽量采用选择性的问题。

2) 关于样本数量

样本数量难以保证是在线调查最大的局限之一，要根据实际情况选择合适的网站投放调查问卷。

3) 关于样本质量

网上调查样本分布不均衡同样可能造成调查结果误差大，进行网络市场调研时要注意加大分发量，尽量使样本具有普遍性。

4) 调研的安全性

一方面要对自己的调研资料进行妥善的保护，同时还应该注意参与调研的个人信息的安全性。为了尽量在人们不反感的情况下获取足够的信息，在线调查应尽可能避免调查最敏感的资料，如电话号码、住址等。如果十分必要，也应该在个人信息保护声明中明确告诉被调查者个人信息的应用范围和方式，以免造成不必要的误会。

5) 关于奖项的设置

作为补偿或者为了刺激参与者的积极性，问卷调查机构一般都会提供一定的奖励措施。为了获得参与调查的奖品，同一个用户多次填写调查表的现象常有发生，即使在技术上给予一定的限制条件，但也很难杜绝。另外，合理设置奖项有助于减少不真实的问卷。

5.2.3 网络市场调研的步骤和方法

1. 网络市场调研的步骤

网络市场调研应遵循一定的程序，一般而言，应经过五个步骤。

1) 确定目标

虽然网络市场调研的每一步都很重要，但是调研问题的界定和调研目标的确定是最重要的一步。只有清楚地定义了网络市场调研的问题，确立了调研目标，方能正确地设计和实施调研。在确定调研目标的同时还要确定调研对象，网络调研对象主要包括：企业产品的消费者，企业的竞争者，上网公众，企业所在行业的管理者和行业研究机构。

2) 设计调研方案

具体内容包括确定资料来源、调研方法、调研手段、抽样方案和联系方法。

3) 收集信息

利用互联网做市场调研，可同时在全国或全球进行，不管是一手资料还是二手资料，收集的方法也很简单，直接在网上提交或下载即可。与传统的市场调研方法相比，网络市场调研录入和收集信息更方便、快捷。

4) 信息整理和分析

收集得来的信息本身并没有太大意义，只有进行整理和分析后信息才变得有用。整理和分析信息需要使用一些数据分析技术,如交叉列表分析技术、概况技术、综合指标分析技术和动态分析技术等。目前国际上较为通用的分析软件有 SPSS、SAS、BMDP、MINITAB 和电子表格软件。

5）撰写调研报告

这是整个调研活动的最后一个重要阶段。

调研报告的格式如下。

（1）题页。题页点明报告的主题,包括委托客户的单位名称、市场调研的单位名称和报告日期。调研报告的题目应尽可能贴切,又要概括地表明调研项目的性质。

（2）目录表。如果调研报告的内容较多,为了便于读者阅读,应当使用目录或索引形式列出报告的主要章节和附录,并注明标题、有关章节号码及页码。一般来讲,目录的篇幅不宜超过一页。

（3）调研结果和有关建议的概要。这是整个报告的核心,要简短,切中要害。使阅读者既可以从中大致了解调研的结果,又可从后面的本文中获取更多的信息。

有关建议的概要部分则包括必要的背景、信息、重要发现和结论,有时会根据阅读者的需要,提出一些合理化建议。

（4）本文（主体部分）。本文包括整个市场调研的详细内容,含调研使用方法,调研程序,调研结果。对调研方法的描述要尽量讲清楚是使用何种方法,并提供选择此种方法的原因。

在本文中相当一部分内容应该是数字、表格,以及对它们的解释、分析,要用最准确、恰当的语句对分析做出描述,结构要严谨,推理要有一定的逻辑性。

在本文部分,一般必不可少地要对自己在调研中出现的不足之处,说明清楚,不能含糊其辞。必要的情况下,还需将不足之处对调研报告的准确性有多大程度的影响分析清楚,以提高整个市场调研活动的可信度。

（5）结论和建议。应根据调研结果总结结论,并结合企业或客户情况提出其所面临的优势与困难,提出解决方法,即建议。对提出的建议要做一个简要说明,使读者可以参考本文中的信息对建议进行判断、评价。

（6）附件。附件内容包括一些过于复杂、专业的内容,通常将调查问卷、抽样名单、地址表、地图、统计检验计算结果、表格、制图等作为附件内容,每一内容均需编号,以便查询。

2. 网络市场调研的方法

1）网络市场直接调研的方法

网络市场直接调研指的是为当前特定的目的在互联网上收集一手资料或原始信息的过程。直接调研的方法有四种：观察法、专题讨论法、在线问卷法和实验法。但网上使用最多的是专题讨论法和在线问卷法,下面只介绍这两种方法。

（1）专题讨论法。专题讨论法可通过 Usenet 新闻组、电子公告牌（BBS）或邮件列表讨论组进行。

其步骤包括：确定要调查的目标市场；识别目标市场中要加以调查的讨论组；确定可以讨论或准备讨论的具体话题；登录相应的讨论组,通过过滤系统发现有用的信息,

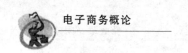

或创建新的话题,让大家讨论,从而获得有用的信息。

具体地说,目标市场的确定可根据 Usenet 新闻组、BBS 讨论组或邮件列表讨论组的分层话题选择,也可向讨论组的参与者查询其他相关名录。还应注意查阅讨论组上的 FAQs(常见问题),以便确定能否根据名录来进行市场调研。

(2) 在线问卷法。在线问卷法即请求浏览其网站的每个人参与各种调查。在线问卷法可以委托专业公司进行。

具体做法:向相关的讨论组邮去简略的问卷;在自己的网站上放置简略的问卷;向讨论组送去相关信息,并把链接指向放在自己网站上的问卷。

在线问卷法应该注意的问题包括:在线问卷不能过于复杂、详细,否则会使被调查者产生厌烦情绪,从而影响调查问卷所收集数据的质量;可采取一定的激励措施,如提供免费礼品、抽奖送礼等。

2)网络市场间接调研的方法

网络市场间接调研指的是网上二手资料的收集。二手资料的来源有很多,如政府出版物、公共图书馆、大学图书馆、贸易协会、市场调研公司、广告代理公司和媒体、专业团体、企业情报室等。其中许多单位和机构都已在互联网上建立了自己的网站,各种各样的信息都可通过访问其网站获得。再加上众多综合型 ICP(互联网内容提供商)、专业型 ICP,以及搜索引擎网站,使得互联网上二手资料的收集非常方便。

互联网上虽有海量的二手资料,但要找到自己需要的信息,首先,必须熟悉搜索引擎的使用,其次要掌握专题型网络信息资源的分布。归纳一下,网上查找资料主要通过三种方法:利用搜索引擎;访问相关的网站,如各种专题性或综合性网站;利用相关的网上数据库。

(1) 利用搜索引擎。搜索引擎使用自动索引软件来发现、收集并标引网页,建立数据库,以 Web 形式提供给用户一个检索界面,供用户以关键词、词组或短语等检索项查询与提问匹配的记录。

(2) 访问相关的网站。如果知道某一专题的信息主要集中在哪些网站,可直接访问这些网站,获得所需的资料。

(3) 利用相关的网上数据库。网上数据库有付费和免费两种。在国外,市场调研用的数据库一般都是付费的。我国的网上数据库都是文献信息型的数据库。

5.3 网络消费者分析

营销的目的是使目标消费者的需要和欲望得到满足并感到满意。不管在何种营销模式下,对目标消费者的分析和研究始终是制定营销策略的基础。

5.3.1 网络消费者类型与特征

网络消费者是指通过互联网在电子商务市场中进行消费和购物等活动的消费者,是网络营销活动主要的群体目标。

1. 网络消费者类型

根据网络消费者的网络应用行为，可以将网络消费者分为以下几种类型。

1) 娱乐型

娱乐型网络消费者对网络的应用较为单一，主要是网络游戏、网络音乐、网络视频。这类群体在年龄上偏向于两端。

2) 交流型

交流型网络消费者在即时通信、博客、论坛/BBS、交友等具有社交特征的网络应用上参与度较高。

3) 信息收集型

信息收集型网络消费者在网络上的主要活动是利用政府、媒体等公共信息网站、搜索引擎及电子邮件等收集所需的信息，这是网民中最大的一个群体。

4) 购物型

购物型网络消费者的网络购物、在线炒股、旅游预订等应用行为特征明显。这一群体占网民总体比例较小，是网民中的一个小群体。

2. 网络消费者的特征

网络消费者具备以下四个方面的特征。

1) 注重自我

由于目前网络消费者以年轻、高学历用户为主，他们拥有不同于他人的思想和喜好，有自己独立的见解和想法，对自己的判断能力也比较自负。所以他们的要求越来越独特，而且变化多端，个性化越来越明显。

2) 头脑冷静，擅长理性分析

网络消费者以大城市、高学历的年轻人为主，他们不会轻易受舆论左右，对各种产品宣传有较强的分析判断能力。

3) 喜好新鲜事物，有强烈的求知欲

这些网络消费者爱好广泛，无论是对网络新闻、股票信息还是网上娱乐都具有浓厚的兴趣，对未知的领域报以永不疲倦的好奇心。

4) 好胜，但缺乏耐心

因为这些网络消费者以年轻人为主，因而比较缺乏耐心，当他们搜索信息时，比较注重搜索所花费的时间，如果打开链接、传输的速度比较慢，他们一般会马上离开这个站点。

网络消费者的这些特点，对于企业加入网络营销的决策和实施过程都是十分重要的。营销商要想吸引顾客，保持持续的竞争力，就必须对本地区、本国以及全世界网络消费者的情况进行分析，了解他们的特点，制定相应的对策。

5.3.2 网络消费者的决策

网上购物是指消费者为完成购物或与之有关的活动而在网上虚拟的购物环境中浏览、搜索相关商品信息，从而为购买决策提供所需要的必要信息，并实现购买决策的过程。电子商务的热潮使网上购物这种崭新的个人消费模式，日益受到人们的关注。消费者的购买决策过程是消费者需要、购买动机、购买活动和购买后使用感受的综合与统一。

1. 网络消费者的购买动机

网络消费者的购买动机，是指在网络购买活动中，能使网络消费者产生购买行为的某些内在的动力。只有了解消费者的购买动机，才能预测消费者的购买行为，以便采取相应的促销措施。网络消费者的购买动机基本上可以分为两大类：需求动机和心理动机。

1）需求动机

网络消费者的需求动机是指由需求而引起的购买动机。要研究消费者的购买行为，首先必须要研究网络消费者的需求动机。美国著名的心理学家马斯洛的需求理论把人的需求划分为五个层次，即生理的需求、安全的需求、社会的需求、尊重的需求和自我实现的需求。需求理论对网络需求层次的分析，具有重要的指导作用。在网络虚拟市场中，人们一般希望满足以下三个方面的基本需求。

（1）兴趣：即人们出于好奇和能获得成功的满足感而对网络活动产生兴趣。

（2）聚集：通过网络给相似经历的人提供一个聚集的机会。

（3）交流：网络消费者可聚集在一起互相交流买卖的信息和经验。

2）心理动机

心理动机是由于人们的认识、感情、意志等心理过程而引起的购买动机。网络消费者购买行为的心理动机主要体现在理智动机、感情动机和惠顾动机三个方面。

（1）理智动机。理智动机具有客观性、周密性和控制性的特点。这种购买动机是消费者在反复比较各种在线商场的商品后产生的。因此，这种购买动机比较理智、客观而很少受外界气氛的影响。这种购买动机的产生主要用于耐用消费品或价值较高的高档商品的购买。

（2）感情动机。感情动机是由人们的情绪和感情所引起的购买动机。这种动机可分为两种类型：一种是由于人们喜欢、满意、快乐、好奇而引起的购买动机，它具有冲动性、不稳定的特点；另一种是由于人们的道德感、美感、群体感而引起的购买动机，它具有稳定性和深刻性的特点。

（3）惠顾动机。惠顾动机是建立在理智经验和感情之上，因对特定的网站、国际广告、商品具有特殊的信任与偏好而重复、习惯性地前往访问并购买的一种动机。由惠顾动机产生的购买行为，通常是网络消费者在做出购买决策时心目中已确定了购买目标，并在购买时克服和排除其他同类产品的吸引和干扰，按原计划确定的购买目标实施购买行动。具有惠顾动机的网络消费者，往往是某一站点忠实的浏览者。

2. 网络消费需求的特征

由于电子商务的出现，消费观念、消费方式和消费者的地位正在发生着重要的变化，电子商务的发展促进了消费者主权地位的提高。网络营销系统巨大的信息处理能力，为消费者挑选商品提供了前所未有的选择空间，使消费者的购买行为更加理性化。网络消费需求主要有以下六个方面的特点。

1）消费个性的回归

在近代，由于工业化和标准化生产方式的发展，使消费者的个性被淹没于大量低成本、单一化的产品洪流之中。随着 21 世纪的到来，消费品市场变得越来越丰富，网络消费者进行产品选择的范围全球化、产品的设计多样化，网络消费者开始制定自己的消费准则，整个市场营销又回到了个性化的基础之上。没有一个消费者的消费心理是一样的，每一个消费者都是一个细小的消费市场，个性化消费成为消费的主流。

2) 消费需求的差异化

不仅仅是消费者的个性消费使网络消费需求呈现出差异性，对于不同的网络消费者因其所处的时间、环境不同而产生不同的需求。不同的网络消费者，即便在同一需求层次上，他们的需求也会有所不同。因为网络消费者来自世界各地，有不同的国别、民族、信仰和生活习惯，因而会产生明显的需求差异性。所以，从事网络营销的厂商，要想取得成功，就必须在整个生产过程中，从产品的构思、设计、制造，到产品的包装、运输、销售，认真思考这些差异性，并针对不同消费者的特点，采取相应的措施和方法。

3) 消费的主动性增强

在社会化分工日益精细化和专业化的趋势下，消费者对消费的风险感随着选择的增多而上升。在许多大额或高档的消费中，消费者往往会主动通过各种可能的渠道获取与商品有关的信息并进行分析和比较。或许这种分析、比较不是很充分和合理，但消费者能从中得到心理的平衡以减轻风险感或减少购买后产生的后悔感，增加对产品的信任程度和心理上的满足感。消费主动性的增强来源于现代社会不确定性的增加和人类需求心理稳定和平衡的欲望。

4) 消费过程的方便和享受

在网上购物，除了能够完成实际的购物需求以外，消费者在购买商品的同时，还能得到许多信息，并获得在各种传统商店消费过程中没有的乐趣。今天，人们对现实消费过程出现了两种追求的趋势：一部分消费者，工作压力较大、紧张程度高，他们以方便性购买为目标，他们追求的是时间和劳动成本的尽量节省；而另一部分消费者，由于劳动生产率的提高，他们能自由支配的时间增多，他们希望通过消费来寻找生活的乐趣。今后，这两种相反的消费心理将会在较长的时间内并存。

5) 选择商品的理性化

网络营销系统巨大的信息处理能力，为消费者挑选商品提供了前所未有的选择空间，消费者会利用在网上得到的信息对商品进行反复比较，以决定是否购买。对企事业单位的采购人员来说，可利用预先设计好的计算程序，迅速比较进货价格、运输费用、优惠、折扣、时间效率等综合指标，最终选择有利的进货渠道和途径。

6) 消费的层次性

在网络消费的开始阶段，网络消费者偏重于精神产品的消费。到了网络消费的成熟阶段，等消费者完全掌握了网络消费的规律和操作，并且对网络购物有了一定的信任感后，消费者才会从侧重于精神消费品的购买转向日用消费品的购买。

3. 网络消费者的购物过程

网络消费者购物行为始于"刺激—反应"模式，而所谓消费者购物行为指的是消费者的最终购买行为。营销的目标在于迎合与满足目标顾客的需要与欲望，但是要了解目标顾客的需要与欲望并不是那么容易。顾客也许会说出其需要与欲望，但实际的行为却又是另一回事。他们也许未深入思考其动机所在，而且他们也可能在瞬间改变心意而影响了最后的购买决策。在网络消费者的购物过程中，消费者的购买过程包含五个阶段：即需求确认、信息收集、比较选择、购买决策及购后评价，其相互关系可用图5-1表示。

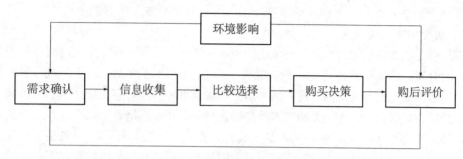

图 5-1　网络消费者的购买过程

1) 需求确认

网络购买过程的起点是诱发需求，当消费者认为已有的商品不能满足需求时，就会产生购买新产品的欲望。引发需求认知的因素可能是个人的内在需求或外在刺激。

2) 信息收集

当需求被唤起后，每一个消费者都希望自己的需求能得到满足，所以，收集信息、了解行情成为消费者购买的第二个环节。其来源可分为四种，包括个人来源、商业来源、公共来源和经验来源。

3) 比较选择

消费者需求的满足是有条件的，这个条件就是实际支付能力。消费者为了使消费需求与自己的购买能力相匹配，就要对各种渠道汇集而来的商品信息进行比较、分析、研究，选择一种自认为"足够好"或"满意"的产品。

4) 购买决策

网络消费者在决策购买某种商品时，一般要具备以下三个条件：对厂商有信任感；对支付有安全感；对产品有好感。所以，网络营销的厂商要重点做好以上工作，促使消费者购买行为的实现。

5) 购后评价

消费者购买商品后，往往通过使用商品来对自己的购买选择进行检查和反省，以判断这种购买决策的准确性。购后评价往往能够决定消费者以后的购买动向。

通常来说，消费者在购买某一产品时，会历经上述购买过程的所有阶段。但有时消费者可能跳过或颠倒某些阶段，比如消费者网上购买产品后，可能不会在网上对产品进行评价，跳过了购买过程的第五个阶段。

5.3.3　影响网络消费者购买决策的因素

影响网络消费者购买决策的因素很多，如商品的特点、购物的安全性、企业的在线服务等，但归根结底，研究影响网络消费者购买决策的因素是从网络消费者的需求出发的，通过消费者要什么来考虑企业能给他们提供什么，通过提高消费者的心理满足度来刺激消费者产生购买决策。

1. 商品的特性

商品本身的特点是否可以促使消费者产生购买决策，最基本的前提是该商品是否适合在线销售。一般适合在网上销售的商品应该具备新颖性、稀缺性、区域互补性等特征，以适应大多数网络消费者追求时尚化、个性化等需求特征。不过随着人们对网络营销的接受程度和认知度的提高，商品自身的特点已经没有那么多的限制了。

2. 商品的价格

从消费者的角度说，价格不是决定消费者购买的唯一因素，但它却是消费者购买商品时一个极其重要的因素。对一般的同品质的商品来讲，消费者一般倾向于购买价格更低的商品。

由于因特网的起步和发展都依托免费策略，对于网络消费者，他们对于互联网仍然有一个免费的价格心理预期，但随着在线消费习惯的日趋成熟，商品价格对于网络消费者不再是最重要的影响因素，消费者对待网络营销的态度也越发理性化。

3. 购物的便捷性

购物的便捷性是网络消费者选择购物站点的首要考虑因素。一般而言，消费者选择网上购物时考虑的便捷性主要体现在两个方面，一方面，是时间上的便捷性，消费者可以不受时间限制并可以节约时间；另一方面，消费者可以足不出户就在很大范围内选购商品，这一点也会给消费者带来极大的心理满足感。

4. 安全性和服务

在线购物的安全性一直是网络营销发展的瓶颈之一。这里的安全性包括两方面，一是购物过程的安全性，特别是支付过程的安全性；二是网络营销商家本身的可靠性。因此，为了减低消费者的各种担心和不安，在网上购物各个环节必须加强安全和控制措施，保护消费者购物过程的信息传输安全和个人隐私，以及树立消费者对网站的信心。良好服务能增强消费者的购物安全感。

5.4 网络营销策略

虽然网络营销和传统营销在产品的销售方面有很大的不同，但二者都需要注意产品的营销策略。这些营销策略包括产品策略、定价策略、渠道策略等。

5.4.1 网络营销产品策略

1. 新产品开发策略

新产品开发是许多企业取胜的法宝，但是由于互联网的发展、竞争的加剧，企业必须对市场做出快速反应，因此，产品开发完成的时限缩短，产品开发代价显著提高，这对企业来说既是机遇也是挑战。企业开发的新产品如果能适应市场需要，就可以在很短时间内占领市场，打败其他竞争对手。

与传统新产品开发一样，网络营销新产品开发策略也有下面几种类型，但策略制定的环境和操作方法不一样。网络新产品开发主要包括以下几个方面。

① 全新产品。全新产品是指公司首次进入现有市场的新产品。

② 模仿型新产品。这是一条捷径，但是最好不要采取模仿他人这一防御性策略，要主动地进行新产品线的开发。

③ 现行产品线的增补品。公司在已建立的产品线上增补的新产品（包括尺寸、口味等）。

④ 改进型新产品。这是指在原有老产品的基础上进行改进，使产品在结构、功能、品质、花色、款式等方面具有新的特点和新的突破。

⑤ 形成系列型新产品。在原有的产品大类中开发出新的品种、花色、规格等，从而与企业原有产品形成系列，可扩大产品的目标市场。如系列化妆品等。

⑥ 重新定位型新产品。即以新的市场或细分市场为目标市场的现有产品。

⑦ 降低成本型新产品。即提供同样功能但成本较低的新产品。

企业网络营销产品策略中采取哪一种具体的新产品开发方式，可以根据企业的实际情况决定。但结合网络营销市场特点和因特网特点，开发新产品是企业核心竞争力。对于相对成熟的企业来说，采用后面几种新产品策略是一种短期较稳妥的策略，但不能作为企业长期的新产品开发策略。

2. 产品组合策略

企业为了满足目标市场的需要，增加利润，分散风险，往往经营多种产品，形成产品组合。企业开发产品是为了满足消费需求的，产品组合中的每一个项目都要能满足市场需要，生产的产品要具备一定的市场规模，不论是产品开发还是产品线的调整都要考虑企业利润。建立产品组合时，采取与竞争者"避实就虚"或"针锋相对"的策略，必须考虑企业本身的资源利用问题，产品结构的选择要考虑企业人力资源、设备条件、财力状况。如有闲置的资源，可考虑再增加产品组合的宽度和长度。产品组合策略主要包括以下几种。

1）扩大产品组合

扩大产品组合包括拓展产品组合的宽度（指在原产品组合中增加产品线，扩大经营范围）和加强产品组合的深度（指在原有产品线内增加新的产品项目）。当企业预测现有产品线的销售额和利润额在未来一段时间内有可能下降时，就应考虑在现行产品组合中增加新的产品线，或加强其中有发展潜力的产品线。当企业打算增加产品特色，或为更多细分市场提供产品时，则可选择在原有产品线内增加新的产品项目。一般情况下，扩大产品组合可使企业充分利用人、财、物等资源，分散风险，增加竞争力，提高经济效益。

2）缩减产品组合

较长较宽的产品组合在市场繁荣时期会为企业带来更多的盈利机会，但在市场不景气或原材料、能源供应紧张时期，缩减产品组合反而可能使利润上升。因为剔除那些获利小甚至亏损的产品线或产品项目，企业就可以集中力量发展获利多的产品线和产品项目。

3）淘汰产品策略

这是企业对一些已确认进入衰退期的老化的产品线和产品项目所采取的策略。这些产品已不能满足市场需要,也不能为企业带来经济效益,因此企业应做出果断的决定,淘汰和放弃这些产品,避免更大的损失。

3. 品牌策略

一个知名的、受人尊重的品牌得到顾客对产品质量和服务的认可。知名品牌更容易推广,企业能够从产品的品牌声望中获得收益。与传统市场类似,网络品牌对网上市场也有着非常大的影响力。网络品牌的创建和维护是与网络营销过程密切相关的,因此,一个优秀的网络品牌的建设不是一朝一夕就能完成的,它需要企业从多方面采取措施。

1) 多方位宣传

企业应该善于运用传统的平面媒体和电子媒体,舍得花费资金打品牌广告。在利用网站做广告的同时,对品牌的内涵加以解释,使人们了解品牌的特定含义和品牌文化。

2) 质量支持

品牌的声誉是建立在产品质量和服务质量基础上的,所以企业始终要注重产品和服务的质量。广告在顾客内心激发出的感觉固然有建立品牌的功效,但却比不上顾客在网站上体会到的整体浏览或购买经验。因此在网站、网页的设计上更要考虑满足顾客的需求。

3) 公共关系

抓住一切可利用的事件和机会,广行善举,开放门户,利用公关造势建立品牌,塑造品牌形象。由于互联网传播的国际性和广泛性,企业必须审慎对待谣言和有损形象的信息,因为网上传播的影响力是世界性的,因此,利用公关造势,必须注意树立良好的形象。

4) 品牌延伸

将企业已经成功的品牌运用到其他产品上,特别是运用到新产品的推广上。品牌延伸可以使新产品借助成功品牌的市场信誉在节省促销费用的情况下顺利进入市场。但也要注意,投放市场的新产品如果不尽如人意,消费者不认可,则会影响到该品牌的市场信誉。

5) 遵守约定规则

起初互联网是非商用的,使其形成了费用低廉、信息共享和相互尊重的原则。商用后企业提供服务最好是免费的或者收费低廉,注意发布信息的道德规范,未经允许不能随意向顾客发布消息,否则可能引起顾客的反感。

6) 法律保护

品牌在市场上唯有注册才受法律保护。国际上多数国家采用注册在先原则,即谁先注册,谁就拥有专有权,我国也是如此。因此,企业在品牌推广的过程中,要想获得合法权利就必须注册。

5.4.2 网络营销定价策略

在网络条件下,交易成本低廉且能充分互动沟通,顾客选择的余地增多造成商品的需求价格弹性增大。此时,价格确定的技巧将受到较大制约,但同时也为理性定价提供了方便。网络定价策略主要包括以下几个方面。

1. 新产品定价策略

新产品投放市场时,其价格对产品的销售和品牌的树立至关重要。要制定适合目标群体的价格,就必须进行深入细致的调研。

1) 成本定价法

成本定价法是一种以成本为中心的定价方法,即用产品成本加利润进行定价。如生产企业以生产成本为基础,商业零售企业则以进货成本为基础。

2) 心理定价法

心理定价法是指根据顾客能够接受的最高价位进行定价,它抛开成本,赚取它所能够赚取的最高利润,即顾客能接受什么价我就定什么价。

2. 折扣定价策略

折扣定价是一种低价定价策略,价格折扣是指在基本定价之外,公司会给予购买者一些特别价格,以鼓励顾客提早付款、大量采购或在淡季购买等对公司有利的行为。折扣定价策略包括现金折扣、数量折扣、季节性折扣、功能性折扣四种。

3. 定制生产定价策略

作为个性化服务的重要组成部分,按照顾客需求进行定制生产是网络时代满足顾客个性化需求的基本形式。由于消费者的个性化需求差异性大,加上消费者的需求量又少,因此,企业实行的定制生产在管理、供应、生产和配送各个环节上都必须适应这种小批量、多式样、多规格和多品种的生产和销售需求。

定制定价策略是指在企业能够实行定制生产的基础上,利用网络技术和辅助设计软件,帮助消费者选择配置或者自行设计能满足自己需求的个性化产品,同时自己愿意接受其价格。目前这种允许消费者定制定价订货的尝试还只是在初步阶段,消费者只能在有限的范围内进行挑选,还不能完全要求企业满足自己所有的个性化需求。

4. 使用定价策略

随着经济的发展,人民生活水平的提高,人们对产品的需求越来越多,而且产品的使用周期也越来越短,许多产品购买后使用几次就不再使用,造成浪费,因此制约许多顾客对这些产品的再需求。为改变这种情况,可以在网上采用类似租赁的按使用次数定价的方式。

所谓使用定价,就是顾客通过互联网注册后直接使用某公司的产品,顾客只需要根据使用次数进行付费,而不需要将产品完全购买。这一方面减少了企业为完全出售产品而进行的不必要的大量生产和包装浪费,另一方面还可以吸引过去那些有顾虑的顾客使用产品,扩大了市场份额。顾客只根据使用次数付款,节省了购买产品、安装产品、处置产品的麻烦,还节省了不必要的开销。

5. 拍卖竞价策略

网上拍卖是目前发展比较快的领域,经济学认为市场要想形成最合理价格,拍卖竞价是最合理的方式。网上拍卖是由消费者通过互联网轮流公开竞价,在规定时间内价高者赢得产品或服务。根据供需关系,网上拍卖竞价有下面几种方式。

1) 竞价拍卖

C2C 交易量最大,包括二手货、收藏品,也可以是普通商品以拍卖方式进行出售。

2) 竞价拍买

竞价拍买是竞价拍卖的反向过程,消费者提出一个价格范围,求购某一商品,由商家出价,出价可以是公开的或隐蔽的,消费者将与出价最低或最接近消费者意愿的商家成交。

3) 集体议价

在互联网出现以前,集体议价方式是指多个零售商结合起来,向批发商(或生产商)以数量换价格的交易方式。互联网出现后,使得普通的消费者能使用这种方式购买商品。利用互联网的特性,将零散的消费者联合起来购买同一类商品而形成一定购买规模,从而与供应商讨价还价,以获得优惠售价。

随着互联网市场的拓展,将有越来越多的产品通过互联网拍卖竞价。目前拍卖竞价针对的购买群体主要是消费者市场,个体消费者是目前拍卖市场的主体。因此,采用拍卖竞价并不是企业目前首要选择的定价方法,因为拍卖竞价可能会破坏企业原有的营销渠道和价格策略。采用网上拍卖竞价的产品,比较合适的是企业的一些库存积压产品,也可以是企业的一些新产品,通过拍卖展示起到促销效果。许多公司将产品以低廉的价格在网上拍卖,以吸引消费者的关注。

6. 免费价格策略

免费价格策略是市场营销中常用的营销策略,它主要用于促销和推广产品,这种策略一般是短期性和临时性的。但在网络营销中,免费价格不仅仅是一种促销策略,它还是一种非常有效的产品和服务定价策略。

免费价格策略就是将企业的产品和服务以零价格形式提供给顾客使用,满足顾客的需求。免费价格形式有以下几种类型。

(1) 产品和服务完全免费,即产品(服务)从购买、使用和售后服务所有环节都实行免费服务。

(2) 对产品和服务实行限制免费,即产品(服务)可以被有限次使用,超过一定期限或者次数后,就取消这种免费服务。

(3) 对产品和服务实行部分免费,如一些著名研究公司的网站公布部分研究成果,如果要获取全部成果必须付款成为公司客户。

(4) 对产品和服务实行捆绑式免费,即购买某产品或者服务同时赠送其他产品和服务。

上面几种价格策略是企业在利用网络营销拓展市场时可以考虑的几种比较有效的策略,并不是所有的产品和服务都可以采用上述定价方法,企业应根据产品的特性和网上市场发展的状况来决定价格策略。不管采用何种价格策略,企业的价格策略应与其他策略配合,以保证企业总体营销策略的实施。

5.4.3 网络营销渠道策略

互联网的迅速发展以及在商业中的应用,将不断取代传统中间商的重要地位,其高效率的信息转换改变了传统渠道的中间环节,使分销渠道的结构更加简化。从总体上看,网络营销渠道可分为两大类:通过因特网实现从生产者到消费者的网络直接营销渠道（网上直销）和通过融入因特网技术的中间商提供网络间接营销渠道。一般来说，企业在选择网络营销渠道时可采取以下策略。

1. 网上配送联盟

随着消费者个性化、多样化的发展，客观上要求企业在配送上必须充分应对消费者不断变化的需求，这无疑大大推动了多品种、少批量、多频度的配送，而且这种趋势会越来越强烈，在消费者希望加快配送速度的背景下，一些中小型商务网站面临着经营成本上升和竞争加剧的巨大压力，它们难以适应如今多频率、少量配送的要求。即使有些商务网站完善了自己的配送体系从而拥有了这种能力，但限于经济上的考虑，也要等到商品配送总和达到企业配送规模经济要求时才能实现。面对上述问题，作为解决网络营销中配送问题的新方向，旨在弥合企业规模与实际需要矛盾的企业网上配送动态联盟应运而生。

动态联盟可以通过优势互补，营造集成增效的效果，在纵深两方面强化营销渠道的竞争能力。可以说营销渠道本身就是一种战略联盟。供应商的服务从产品研发开始，通过对营销渠道的全面支持，最终到达消费者，并以获得消费者的认同为目的。营销渠道的服务要同时面对供应商和消费者，对于供应商要提供市场信息和消费者反馈，以确保消费者的最大满意度。这使得服务链变得更加稳固，供应商、渠道商和消费者之间的亲和度大大增强。

2. 虚拟店铺渠道

在企业网站上设立虚拟店铺，通过三维多媒体设计，形成网上优良的购物环境，并可进行各种新奇的、个性化的店面布置以吸引更多的消费者进入虚拟店铺购物。虚拟橱窗可24小时营业，服务全球消费者，并可设虚拟售货员或网上导购员回答专业性问题，这一优势是实体商店所不能比拟的。

3. 网络渠道

网络将消费者与企业直接连接在一起，给企业提供了一种全新的销售渠道。

1）会员网络

会员网络是在企业建立虚拟组织的基础上形成的网络团体。通过会员制，促进消费者相互间的联系和交流，以及消费者与企业的联系和交流，培养消费者对企业的忠诚度，并把消费者融入企业的整个营销过程中，使会员网络的每一个成员都能互惠互利，共同发展。

2）分销网络

根据企业提供的产品和服务的不同，分销渠道也不一样。如果企业提供的是信息产品，企业就可以直接在网上进行销售，需要较少的分销商，甚至不需要分销商。如果企业提供的是有形产品，企业就需要分销商。企业要想达到较大规模的营销，就要有较大规模的分销渠道，建立较大范围的分销网络。

3）快递网络

对于提供有形产品的企业，要把产品及时送到消费者手中，就需要通过快递公司的送货网络来实现。规模大、效率高的快递公司建立的全国甚至全球范围的快递网络，是企业开展网络营销的重要条件。

4) 服务网络

如果企业提供的是无形服务，企业可以直接通过因特网实现服务功能。如果企业提供的是有形服务，则需要对消费者进行现场服务，企业可以自己建立服务网络，也可以通过专业性服务公司的网络，为不同区域的消费者提供及时的服务。

5) 生产网络

为了实现及时供货，以及降低生产、运输等成本，企业要在一些目标市场区域建立生产中心或配送中心，形成企业的生产网络，并同供应商的供货网络及快递公司的送货网络相结合。企业在进行网络营销时，根据消费者的订货情况，通过因特网和企业内部网对生产网络、供货网络和送货网络进行最优组合调度，可以把低成本、高效率的网络营销方式发挥到极致。

5.4.4 网络营销促销策略

1. 定价促销

定价促销是指给产品定一个低于日常价的价格，以吸引用户购买的促销方式。在互联网上，典型的定价促销模式有满额促销（如满就减、满就送等）、特价式促销（如一元购、9.9元购等）、统一价促销（如全场9.9元等）。

2. 特定促销

特定促销是指针对特定的用户对象、特定的商品、特定的时节采取的促销活动。对特定的用户对象进行促销的方式主要有：先购买者减价或赠送（如活动前100名购买某产品减100元或赠送特定产品）、角色专享价（如学生专享价）、老用户优惠价（如二次购买享特惠）、新用户优惠（如新用户减20元）等。对特定的商品进行促销的方式主要有：赠送式促销（如买A送B）、附加式促销（如加9.9元，买某商品）、免费促销（如免费试用写评价等）。对特定时节采取促销的方式主要有：清仓类促销（如换季促销、反季促销等）、季节性促销（如夏日促销等）、节日促销（如情人节促销）、纪念日促销（如店庆、双11、6.18等）。

3. 组合促销

组合促销是将两种以上的商品进行统一销售。在互联网上，典型的组合促销方式主要有：捆绑式促销（如A+B立减10元），折扣促销（如购买本店商品，两件8折，三件7.5折）。

4. 借力促销

借力促销是指借助某一热点人物或热点事件来进行促销。在互联网上，典型的借力促销方式主要有：明星促销（如某某明星最爱、如某某明星倾力推荐等）、时事促销（如热点新闻等）、依附式促销（如某某活动赞助品牌）等。

5. 奖励促销

奖励促销是指对用户提供奖励以激励用户购买商品。典型的网上奖励促销有网上抽奖促销（网上抽奖活动主要附加于调查、产品销售、扩大用户群、庆典、推广某项活动等）、互动式促销（如收藏有礼、签到有礼等）、优惠券促销（如抵价券、现金券、包邮券、会员券等）。

6. 回报促销

回报促销是指对购买商品的用户给予回报的一种促销方式。典型的回报促销方式主要有：评价返现（如用户写评价送红包）、拼单促销（如团购价）、积分促销（积分促销在网络上的应用比起传统营销方式要简单和易操作，如买送积分）等。

7. 跨界促销

跨界促销是指由不同商家联合进行的促销活动，跨界促销的产品或服务可以起到优势互补、互相提升自身价值等效应。如果应用得当，跨界促销可起到相当好的促销效果。典型的代表如滴滴出行与其他企业的跨界促销。

5.5 网络营销方法

网络营销有很多方法，包括网络广告营销、搜索引擎营销、许可 E-mail 营销、微营销、大数据营销、博客营销、RSS 营销、会员制营销和病毒式营销等，本书主要对网络广告营销、搜索引擎营销、许可 E-mail 营销、微营销、大数据营销和病毒式营销进行介绍。

5.5.1 网络广告营销

随着电子商务的发展，越来越多的企业意识到网站已经成为其展示产品特点和进行营销活动的主要载体。在此基础上，网络广告也成为继报纸杂志、电视、广播、路牌等广告后的第五种媒介广告走入人们的视野。1997 年 3 月，一幅 Intel 的 468 像素×60 像素的旗帜广告出现在 ChinaByte 网站上，这是中国第一个商业性的网络广告。

所谓网络广告，就是指在因特网站点上发布的以数字代码为载体的经营性广告。无论从信息的传播形式，还是产生的效果来看，网络广告与传统广告相比，都有了极大的改变。

1. 网络广告的特点

凭借因特网具有的不同于传统媒体的交互、多媒体和高效的独有特性，网络广告在下列七个方面呈现出不同于传统媒体广告的特点。

1）交互性强

网络广告主要通过"pull（拉）"方法吸引受众注意，受众可自由查询，可避免传统"push（推）"式广告中受众注意力集中的无效性和被动性。

2）灵活性和及时性

在传统媒体上做的广告发布后很难更改，即使可改动往往也须付出很大的经济代价。而在因特网上做的广告能按照需要及时变更广告内容，当然包括改正广告的错误。这就使经营决策的变化可以及时地实施和推广。其次，网络广告的信息的反馈也非常及时，受众可以直接与商家进行沟通，商家也可以从广告的统计情况了解网络广告的效果。

3）广告成本低廉

作为新兴的媒体，网络媒体的收费远低于传统媒体，网络广告由于有自动化的软件工具进行创作和管理,能以低廉费用按照需要及时变更广告内容。若能直接利用网络广告进行产品的销售,则可节省更多的销售成本。

4) 感官性强

网络广告的载体基本上是多媒体或超文本格式文件,其表现形式可以是动态影像、文字、声音、图像、表格、动画、三维空间、虚拟现实等,这种广告形式能传送多感官的信息,可以让顾客身临其境般地体验到广告所表现的商品或服务的特征。

5) 传播范围广

网络广告的传播范围极其广泛,不受时间和空间的限制,突破了传统广告只能在一个地区、一个时间段传播的局限。因特网把广告信息24小时不间断地传播到世界各地,而且网络广告可以随时发布在任何地点的网站上,受众可以通过网络随时随地浏览广告。

6) 受众针对性明确

网络广告目标群确定,由于点击阅读信息者即为有兴趣者,所以可以直接命中潜在用户,并可以为不同的受众推出不同的广告内容。尤其是对电子商务站点,浏览用户大都是企业界人士,网上广告就更具针对性了。

7) 受众数量可准确统计

网络广告可通过权威公正的访客流量统计系统及时精确地统计出每个广告被多少用户看过,以及这些用户查阅的时间分布、地域分布和反映情况等。广告主和广告商可以实时评估广告效果,进而审定他们广告策略的合理性并进行相应调整。另外,网络广告收费可根据有效访问量进行计费,广告发布者可以有效评估广告效果并按效果付费,避免过去传统广告的失控性和无效性。

2. 网络广告的形式

网络广告有很多种形式,而且正处在不断的发展过程中。常见的网络广告形式分别如下所述。

1) 旗帜广告

旗帜广告是以 GIF、JPG 等格式建立的图像文件,最常用的是以横向的方式出现在网页的顶部和底部,所以也被形象地称为横幅广告,也有纵向出现在网页左右两侧的广告。随着网络技术的发展,旗帜广告在制作上,经历了静态、动态和富媒体旗帜广告的演变过程。旗帜广告的主流尺寸为 468 像素×60 像素,用于表现广告的内容,同时还可使用 Java 等语言使其产生交互性。

2) 按钮广告

按钮广告,有时也称为图标广告,它显示的是公司的产品/品牌的标志,单击它可链接到广告主的站点上。它们一般是静态的形式,但也可以是动态的,大小一般不超过 2 KB。这是网络广告最早的和常见的形式。按钮广告的不足之处在于其被动性和有限性,浏览者只有主动点击后,才能了解到有关企业或产品的更为详尽的信息。

3) 主页型广告

企业将要发布的信息内容分门别类地做成主页,放置在网络服务商的站点或企业自己的站点上,从而让用户通过主页型广告全面了解企业及企业的产品和服务。

4）电子邮件广告

电子邮件是网民经常使用的因特网工具。虽然只有不到30％的网民每天上网浏览信息，但却有超过70％的网民每天使用电子邮件，对企业管理人员尤其如此。电子邮件广告具有针对性强、费用低廉的特点，且广告内容不受限制。特别是针对性强的特点，它可以针对具体某一个人发送特定的广告，这为其他网络广告形式所不及。

5）赞助式广告

赞助式广告是把广告主营销活动的内容与网络媒体本身的内容有机地融合起来，并取得最佳效果的广告。常见赞助形式有三种：内容赞助、节目赞助和节日赞助。通常广告主要根据产品的特点，对网站某个频道或者专题进行冠名或特约报道式的商业合作。在传统的网络广告之外，可将网站的内容品牌与广告主的企业、产品形象有机结合，给予广告主更多的选择。

6）插播式广告

插播式广告是在一个网站的两个网页出现的空间插入的网页广告，像电视节目中出现在两集影版中间的广告一样。插播式广告有不同的出现方式，有的出现在浏览器主窗口，有的新开一个小窗口，有的可以创建多个广告，也有一些是尺寸比较小的、可以快速下载内容的广告。无论采用哪种显示形式，插播式广告的效果往往比一般的按钮广告效果要好。广告主很喜欢这种广告形式，因为它们肯定会被浏览者看到。只要网络带宽足够，广告主完全可以使用全屏动画的插播式广告。这样，屏幕上就没有什么能与广告主的信息"竞争"了。

7）电子杂志广告

由于电子杂志是由网民根据兴趣与需要主动订阅的，同垃圾邮件有本质区别，所以此类广告更能准确有效地面向潜在客户。在这类专业杂志上面投放广告，不仅费用低廉，而且效果也非常显著，能够将企业的产品和服务等广告信息在因特网上迅速推广传播。

8）链接广告

链接广告是一种对浏览者干扰最少，但却较有效果的网络广告形式。链接广告可以在页面显著位置上，以纯文字形式直接发布快捷的广告信息。其技术优势是：表现方式比较平和、具有亲和力，能紧紧吸引用户浏览，而又在不经意中被广泛地接受。

9）关键字广告

关键字广告与搜索引擎的使用紧密联系，它是指网民在搜索引擎中输入特定的关键字后，除了搜索结果之外，在上方的广告版位中相应出现相关的旗帜广告。这种广告充分利用网络的互动特质，因此也被称为关联式广告。关键字广告最大的优点是有助于网站寻找目标群体，因此，往往收费较高。

3. 网络广告的发布途径

目前，随着网络广告的功能、作用和效果的日益增加，在网上发布广告已被越来越多的企业和组织所认可。从目前来看，企业一般可以根据自身的需求，从以下几种方式中选择一种或几种方式发布企业的网络广告。

1）主页形式

企业建设自己独立的网站是一种常见的网络广告形式，同时企业网站本身就是一种活的广告。实际上,做网络广告的最根本手段是建立公司主页,而其他各种形式的网络广告仅仅是提供了链接到公司主页的多种途径,以扩大公司网页的访问量。随着公司网页形式的发展,公司的主页地址便会像公司的地理地址、名称、标志、电话、传真一样,成为公司独有的标志。更重要的是,由于网址的独占性,使不同网址的传播能力存在差异,使得公司网址成为公司的无形资产。

另外,公司自设网站的广告属于一种"软性"广告,即需要用户主动上网链接,才能达到发布广告信息的目的,因此这种广告方式更符合现在理性成熟的消费者。

2) 通过因特网内容提供商(ICP)

由于ICP提供了大量的因特网用户感兴趣的免费信息服务,因此网站的访问量非常大,是网上最引人关注的站点。国内有许多这样的ICP,如新浪、搜狐、网易、Chinabyte等都提供大量的新闻、评论、生活、财经等方面的信息。目前这些网站是网络广告发布的主要阵地,但在这些网站上发布的网络广告主要形式是旗帜广告。

3) 利用专业销售网

这是一种专业产品直接在因特网上进行销售的方式,现在有越来越多的专业销售网出现。专业销售网方式的优点在于:为消费者提供了明确的查询方向,由于具有某一特定类别产品方面的较为专业的知识和信息,能够博得消费者信赖,因此,尤其适合那些技术性较强、顾客要求较高的产品。

4) 应用免费的互联网服务

在因特网上有许多免费的服务,如国外的Hotmail及国内的新浪、网易等都提供免费的E-mail服务,这些免费的因特网服务能帮助企业将广告主动送至使用该免费的E-mail服务,又想查询此方面内容的用户手中。

5) 采用黄页形式

在因特网上有一些专门用以查询检索服务的网络服务商的站点,如Yahoo、Google、百度等,这些站点就如同电话黄页一样,按类别划分,便于用户进行站点的查询。在这些网站上做广告的好处是:一是针对性强,查询过程都以关键字区分;二是醒目。广告位处于页面明显处,易于被查询者注意,是用户浏览的首选。

6) 列入企业名录

一些因特网服务提供者(ISP)会将一些企业信息融入其主页中。如香港商业发展委员会的主页中就登有汽车代理商、汽车配件商的名录。只要用户感兴趣,就可以直接通过链接,进入相应行业代理商(或配件商)的主页。

7) 借助网上报纸或杂志

在因特网日益发展的今天,一些世界著名的报纸和杂志,如美国的《华尔街日报》《商业周刊》,国内的《人民日报》《中国日报》等,都在因特网上建立了自己的Web主页。对于注重广告宣传的公司,在这些网络报纸或杂志上做广告也是一个较好的传播渠道。

8) 建立虚拟社区和公告栏(BBS)

虚拟社区和公告栏是网上比较流行的交流沟通渠道,任何用户只要遵循一定的礼仪都可以成为其成员。任何成员都可以在上面发表自己的观点和看法,因此可以发表与公司产品相关的评论和建议,起到宣传作用。这种方式的好处是免费宣传,但要注意遵循网络礼仪,否则适得其反。

9) 使用新闻组(Newsgroup)

新闻组也是一种常见的互联网服务,它与公告栏相似。人人都可以订阅它,成为新闻组的一员。成员可以在其上阅读大量的公告,也可以发表自己的公告,或者回复他人的公告。新闻组是一种很好的讨论与分享信息的方式。对于一个公司来说,选择在与公司产品相关的新闻组上发布自己的公告将是一种非常有效的传播信息的渠道。与 BBS 一样,在新闻组上发布信息是免费的,同样也要遵守相应的网络礼仪。

在以上几种通过因特网做广告的方式中,以第一种即公司主页方式为主,其他皆为次要方式,但这并不意味着公司只应采取第一种方式而放弃其他方式。虽说建立公司的 Web 主页是一种相对比较完备的因特网广告形式,但是如果将其他几种方式有效地进行组合,将是对公司 Web 主页的一个必要补充,并将获得比仅仅采用公司 Web 主页形式更好的效果。因此,公司在决定通过因特网做广告之前,必须认真分析自己的整体经营策略、企业文化以及广告需求,以真正发挥因特网的优势。

4. 网络广告效果的评价

网络广告效果的评价对网络广告的实施具有重要的意义,恰当地评价有助于确定广告策划的优劣,能检测网络广告的投放效果。但是目前还缺乏网络广告的评价标准,这在一定程度上成为制约网络广告发展的瓶颈。因此,网络广告效果的评价已经成为网络广告发展中亟待解决的问题。网络广告效果的评价指标主要有以下几种。

1) 广告曝光次数。

广告曝光次数是指网络广告所在的网页被访问的次数,这一数字通过用计数器来进行统计。假如广告刊登在网页的固定位置,那么在刊登期间获得的曝光次数越高,表示该广告被看到的次数越多,获得的注意力就越多。

2) 单击次数与单击率

浏览者单击网络广告的次数称为单击次数。单击次数可以客观准确地反映广告效果,而单击次数除以广告曝光次数,就可得到单击率,单击率是网络广告最基本的评价指标,也是反应网络广告最直接、最有说服力的量化指标,与广告曝光次数相比,这个指标对广告主的意义更大。

3) 网页阅读次数

浏览者单击网络广告之后即进入了介绍产品信息的主页或者广告主的网站,浏览者对该页面的一次浏览称为一次网页阅读,而所有浏览者对这一页面的总的阅读次数称为网页阅读次数,这个指标也可以用来衡量网络广告效果,它从侧面反映了网络广告的吸引力。

4) 转化次数与转化率

转化次数是指由于受网络广告影响而产生的购买、注册或者信息需求行为的次数,而转化次数除以广告曝光次数,即得到转化率。但是,目前转化次数与转化率如何来监测,在实际操作中还有一定难度。

5.5.2 搜索引擎营销

搜索引擎营销是网络营销很重要的一种方法,也是企业网站推广的首选方法。搜索引擎营销是指通过网络用户使用搜索引擎,利用用户检索信息的机会,以达到尽可能地将营销信息迅速传递给目标用户的目的,即企业利用这种被检索的机会实现信息传递的目的。

1. 搜索引擎概述

搜索引擎是目前使用最多最普遍的互联网服务之一,它能够帮助用户快速、有效地检索到所需要的信息或服务。**所谓搜索引擎营销,就是通过使用搜索引擎,利用用户检索信息的机会,以达到尽可能地将营销信息迅速传递给目标用户的目的。**用户检索时使用的关键词能够反映出用户对某种产品或服务的关注,而这种关注正是企业运用搜索引擎营销挖掘潜在用户的根本原因。搜索引擎营销是整个网络营销战略的重要组成部分,而且已经成为企业网站推广和企业进行网络营销的首选方法。搜索引擎作为互联网的基础应用,是网民获取信息的重要工具,根据中国互联网信息中心(CNNIC)发布的《第 40 次中国互联网络发展状况统计报告》,截至 2017 年 6 月,我国搜索引擎用户规模为 6.09 亿人,使用率为 81.1%,用户规模较 2016 年年底增长 707 万人,增长率为 1.2%,如图 5-2 所示。

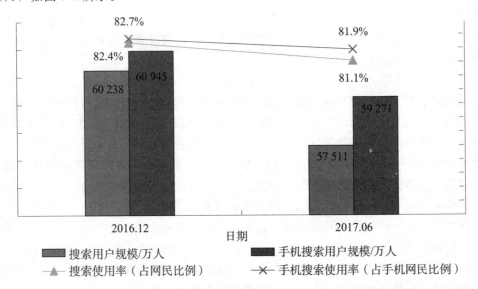

图 5-2　2016 年 12 月—2017 年 6 月中国搜索引擎用户数及网民使用率

2. 搜索引擎的类型和基本工作原理

不同类型的搜索引擎收录原理和排名方法是不同的,因此,为了更好地利用搜索引擎进行网络营销,就应该对搜索引擎的主要类型及其工作原理有一定的了解,以针对不同的搜索引擎的特点采取不同的搜索引擎营销策略。

搜索引擎按其工作方式主要分为三种:全文搜索引擎、目录索引类搜索引擎和元搜索引擎。

1）全文搜索引擎

全文搜索引擎是通过从因特网上提取的各个网站的信息（以网页文字为主）而建立的数据库，检索与用户查询条件匹配的相关记录，然后按一定的排列顺序将结果返回给用户，因此全文搜索引擎是真正意义上的搜索引擎。国外具有代表性的全文搜索引擎有 Google、AltaVista、Inktomi 等，国内具有代表性的全文搜索引擎有百度等。

从搜索结果来源的角度，全文搜索引擎又可细分为两种，一种是拥有自己的检索程序，俗称"蜘蛛（Spider）"程序或"机器人（Robot）"程序，并自建网页数据库，搜索结果直接从自身的数据库中调用，如上面提到的几种搜索引擎；另一种则是租用其他引擎的数据库，并按自定义的格式排列搜索结果，如 Lycos 引擎。

全文搜索引擎的优点是信息量大、更新及时、无须人工干预；缺点是返回信息过多，有很多无关信息，用户必须从返回结果中进行筛选。

2）目录索引类搜索引擎

目录索引类搜索引擎虽然有搜索功能，但算不上是真正意义的搜索引擎，它是以人工方式或半自动方式搜集信息的。由编辑员查看信息之后，人工形成信息摘要，并将信息置于事先确定的分类框架中，提供按目录分类的网站链接列表。用户完全可以不用进行关键词查询，仅靠分类目录就可找到需要的信息。该类搜索引擎因为加入了人工智能，所以信息准确，导航质量高；缺点是需要人工介入，维护量大，信息量少，信息更新不及时。目录索引类搜索引擎中国外最具代表性的是 Yahoo，其他还有 Open Directory Project、LookSmart、About 等。国内具有代表性的目录索引类搜索引擎有搜狐搜狗（Sogou）、新浪爱问（Iask）等。

3）元搜索引擎

元搜索引擎在接受用户查询请求时，可同时在其他多个引擎上进行搜索，并将结果返回给用户。这类搜索引擎没有自己的数据，而是将用户的查询请求同时向多个搜索引擎递交，将返回的结果进行重复排除、重新排序等处理后，作为结果返回给用户。这类搜索引擎的优点是返回结果的信息量大而且全；缺点是不能充分使用搜索引擎的功能，用户需要作更多的筛选。国外具有代表性的元搜索引擎有 InfoSpace、Dopile、Vivisimo 等，国内具有代表性的元搜索引擎有搜星搜索引擎。

搜索引擎除以上三种主要类型外，还有以下几种形式。

（1）集合式搜索引擎。HotBot 在 2002 年年底推出的搜索引擎就属于集合式搜索引擎。该引擎类似元搜索引擎，但区别在于不是同时调用多个引擎进行搜索，而是由用户从提供的 4 个引擎当中选择，因此叫它"集合式"搜索引擎。

（2）门户搜索引擎。如 AOL Search、MSN Search 等虽然提供搜索服务，但自身既没有分类目录，也没有网页数据库，其搜索结果完全来自其他引擎。

（3）免费链接列表。这类网站一般只简单地滚动排列链接条目，少部分有简单的分类目录，不过规模比起 Yahoo 等目录索引要小得多。

了解以上对搜索引擎基本类型和工作原理，可以帮助企业在进行搜索引擎优化时，针对不同搜索引擎收录网站的原理，对企业网站进行优化，从而使企业信息尽量多地被搜索引擎收录，并得到较好的排名。

3. 典型搜索引擎

1) Excite

Excite 是一个发展速度很快的搜索引擎,它声称其目标是为那些查询者提供便捷的进入方式和相关信息。因此,Excite 首先返回给查询者的是一些用特殊颜色表示的最相关的文档或网站,然后才是按照排名算法返回的检索记录。

因此,我们非常关心的是如何才能将自己的网站设计成 Excite 最先返回的网站。需要注意的是:Excite 并不太重视网页中 meta 标识符中的内容,或不予考虑。并且,Excite 会经常改变其排名算法。因此这里提到的内容只能说明现在的情况。

2) Yahoo

Yahoo 几乎是互联网上最重要的查询服务网站,把网站登记到 Yahoo 上往往是商家要做的第一件事情。然而,人们感到非常困惑的是 Yahoo 经常会忽略他们登记的网站,至少看起来是这样。造成这种现象的直接原因是 Yahoo 是一个由人工完成索引工作的搜索引擎。因此,要让人与 Spider 程序一样每天处理大量的网站信息是不可能的。

此外,Yahoo 的排名原则建立在一套十分复杂且不公开的算法基础之上,一般来说,Yahoo 首先考虑的是申请网站的范畴,其次是主题、说明等内容,最后才查询到你的网址。中文 Yahoo 收录了全球各地的华文网站,并提供中国(包括港台)及世界新闻,可选中文简体或繁体,可按分类目录检索或按关键字查询,Yahoo 也许更适合海外华人用户,在国内使用感觉并不方便。

3) 百度

百度于 1999 年年底成立于美国硅谷,它的创建者是资深信息检索技术专家、超链接分析专利的唯一持有人——百度总裁李彦宏及其好友——在硅谷有多年商界成功经验的百度执行副总裁徐勇博士。

百度是目前全球最优秀的中文信息检索与传递技术供应商。中国所有提供搜索引擎的门户网站中,超过 80% 都由百度提供搜索引擎技术支持。百度在中国各地和美国均设有服务器,搜索范围涵盖全中国,也涵盖了新加坡等华语国家以及北美、欧洲的部分站点。百度搜索引擎拥有目前世界上最大的中文信息库,并且还在快速增长。

4) Google

Google 是两位斯坦福大学的博士生 Larry Page 和 Sergey Brin 在 1998 年创立的。Google 富于创新的搜索技术和典雅的用户界面设计使其从当今的搜索引擎中脱颖而出。Google 并非只使用关键词或代理搜索技术,它将自身建立在高级的 PageRank(tm)(网页级别)技术基础之上。这项技术可确保始终将最重要的搜索结果首先呈现给用户。

Google 复杂的自动搜索方法可以避免任何人为因素。与其他搜索引擎不同,Google 的结构设计确保了它绝对诚实公正,任何人都无法用钱换取较高的排名。为提供网上最好的查询服务,促进全球信息交流,Google 还为信息内容提供商提供联合品牌的网络搜索解决方案。

4. 搜索引擎的发展趋势

1) 搜索引擎的品牌优势更为显著

随着搜索引擎领域竞争的加剧,实力弱小的公司逐渐被淘汰,或者被强势的品牌企业所收购,搜索引擎领域的行业集中优势比较明显,90%以上的用户集中于几个知名搜索引擎。

2) 分行业、分地区的垂直搜索引擎服务

随着网上信息的不断增加,综合性的搜索引擎在检索某些类别的信息时显得不够精确,分行业的垂直搜索引擎将会在一定时期内有其发展的空间。

3) 搜索引擎技术仍在不断发展

目前搜索引擎为用户利用互联网资源发挥了重要作用。但是搜索引擎并没有解决网络资源检索的所有问题,比如目前最大的搜索引擎也只收录了所有网页资料的20%,大量的动态网页对于搜索引擎来说不是很友好,因此搜索引擎技术还需要不断发展。

searchme 是美国的一家可视化搜索引擎公司,可视化搜索是一项集趣味性与实用性于一身的搜索引擎技术,搜索结果以整个页面的视图形式呈现出来,在一个界面中滚动翻转,让用户直观选择,看起来相当生动直接,倍受风投的青睐和用户的好评,被预见是未来最受欢迎的搜索引擎。图 5-3 是在 searchme 中输入 web marketing 后的搜索结果。

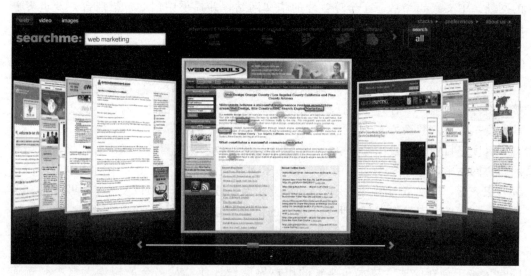

图 5-3　www.searchme.com

5.5.3　许可 E-mail 营销

1. 许可 E-mail 营销概述

根据中国互联网络信息中心(CNNIC)发布的《第 39 次中国互联网络发展状况统计报告》,截至 2016 年 12 月底,在接入互联网的企业中,有 91.9% 的企业在过去一年使用过互联网收发电子邮件,其中有 63.7% 的企业有企业邮箱,如图 5-4 所示。

此外,分别有 77.0%、73.3% 和 63.6% 的上网企业通过互联网了解商品或服务信息、发布信息或即时消息、从政府机构获取信息,如图 5-4 所示。

E-mail 营销是在用户事先许可的前提下,通过电子邮件的方式向目标用户传递有价

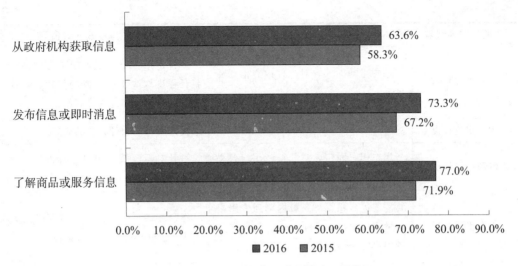

图 5-4 企业基础信息类互联网活动开展情况

值信息的一种网络营销手段。E-mail 营销有三个基本因素：基于用户许可、通过电子邮件传递信息、信息对用户是有价值的。三个因素缺少一个，都不能称之为有效的 E-mail 营销。因此，真正意义上的 E-mail 营销也就是许可 E-mail 营销。

基于用户许可的 E-mail 营销与滥发邮件不同，许可 E-mail 营销比传统的推广方式或未经许可的 E-mail 营销方式具有明显的优势，如可以减少广告对用户的干扰、增加潜在客户定位的准确度、增强与客户的联系、提高品牌忠诚度等。

2. 许可 E-mail 营销的基本形式

根据所应用的用户电子邮件地址资源的所有形式，许可 E-mail 营销可以分为内部列表 E-mail 营销和外部列表 E-mail 营销，或简称内部列表和外部列表。内部列表 E-mail 营销也就是通常所说的邮件列表，是利用网站的注册用户资料开展 E-mail 营销的方式，常见的形式有新闻邮件、会员通信、电子刊物等。外部列表 E-mail 营销则是利用专业服务商的用户电子邮件地址来开展 E-mail 营销，也就是以电子邮件广告的形式向服务商的用户发送信息。许可 E-mail 营销是网络营销方法体系中相对独立的一种，既可以与其他网络营销方法相结合，也可以独立应用。表 5-2 对两种 E-mail 营销形式的功能和特点进行了比较。

表 5-2 内部列表与外部列表 E-mail 营销的比较

主要功能和特点	内部列表 E-mail 营销	外部列表 E-mail 营销
主要功能	顾客关系、顾客服务、品牌形象、产品推广、在线调查、资源合作	品牌形象、产品推广、在线调查
投入费用	相对固定，取决于日常经营和维护费用，与邮件发送数量无关，用户数量越多，平均费用越低	没有日常维护费用，营销费用由邮件发送数量、定位程度等决定，发送数量越多费用越高

续表

主要功能和特点	内部列表 E-mail 营销	外部列表 E-mail 营销
用户信任程度	用户主动加入，对邮件内容信任程度高	邮件由第三方发送，用户对邮件的信任程度取决于服务商的信用、企业自身的品牌、邮件内容等因素
用户定位程度	高	取决于服务商邮件列表的质量
获得新用户的能力	用户相对固定，对获得新用户效果不显著	可针对新领域的用户进行推广，吸引新用户能力强
用户资源规模	需要逐步积累，一般内部列表用户数量比较少，无法在很短时间内向大量用户发送信息	在预算许可的情况下，可同时向大量用户发送邮件，信息传播覆盖面广
邮件列表维护和内容设计	需要专业人员操作；无法获得专业人士的建议	服务商专业人员负责，可对邮件发送、内容设计等提供相应的建议
E-mail 营销效果分析	由于是长期活动，较难准确评价每次邮件发送的效果，需要长期跟踪分析	由服务商提供专业分析报告，可快速了解每次活动的效果

简单地说，内部列表 E-mail 营销的资源投入少，并且是一个连续的投资过程，但是内部列表 E-mail 营销能够获得比较稳定的而且是长期的营销资源；外部列表 E-mail 营销需要花费资金，短暂的投资过程不能确定是否能够获得长期的营销资源。另一方面，内部列表 E-mail 营销可以用来进行顾客关系管理，外部列表 E-mail 营销可以用来开发新用户。

5.5.4 微营销

1. 微博营销

微博，即微博客的简称，是一个基于用户关系的信息分享、传播以及获取的平台，用户可用 Web、WAP 以及各种客户端组建个人社区，以大约 140 个文字更新信息，并实现及时分享。尽管微博是从博客的基础上发展起来的，但是微博绝不是博客的缩小版。二者的本质区别是微博更多地需要依赖社会网络资源的广泛传播，更注重实效性与趣味性。由于微博的传播力度很强，因此成为很多企业进行网络营销的重要手段之一。

微博主要满足用户对兴趣信息的需求，是用户获取和分享"新闻热点""兴趣内容""专业知识""舆论导向"的重要平台。同时，微博在帮助用户基于共同兴趣拓展社交关系方面也起到了积极的作用。

1）微博平台

（1）新浪。新浪微博（2014 年改名"微博"）是一个由新浪网推出，提供微型博客服务类的社交网站。新浪微博是一个类似于 Twitter 和 Facebook 的混合体，用户可以通过网页、WAP 页面、外部程序和手机短信、彩信等发布 140 汉字（280 字符）以内的信息，并可上传图片和链接视频，实现即时分享；还可以关注朋友，即时看到朋友们发布的信息。新浪微博可以直接在一条微博下面附加评论，也可以直接在一条微博里面发送图片。目前新浪微博是我国最大的微博平台。

（2）腾讯。腾讯微博有私信功能，支持网页、客户端、手机平台，支持对话和转播，并具备图片上传和视频分享等功能。腾讯微博鼓励用户自建话题，在用户搜索上可直接对账号进行查询。2010 年 5 月，腾讯微博正式上线，至 2014 年，腾讯微博熬过了各大门户的微博之战，苦苦支撑渐成鸡肋。至 2014 年 07 月 23 日腾讯网络媒体事业群进行战略调整，将腾讯网与腾讯微博团队进行整合，正式宣告腾讯微博业务在腾讯内部地位已经没落。

（3）网易。网易微博于 2010 年 1 月 20 日开始内测，截至 2012 年 10 月，网易微博的用户数达到 2.6 亿人，但此后，网易就很少对外披露微博的公开数据。截至目前，网易微博主要的活跃用户为公众账号，而网易娱乐等账号发布的微博，其转发、评论和点赞等功能点击量几乎为零。据经济之声《天下财经》报道，继腾讯撤销微博事业部之后，网易微博宣布将正式关闭。2014 年 11 月 5 日网易微博页面提醒用户将迁移到轻博客 LOFTER 以保存原内容，意味着网易微博将不复存在。

（4）搜狐。搜狐微博是搜狐网旗下的一个功能，如果用户已有搜狐通行证，则可以登录搜狐微博直接输入账号登录。继网易退出，腾讯放手后，四大门户微博战场就剩下搜狐微博还在与新浪微博"竞争"。搜狐 CEO 张朝阳亲自承认搜狐微博的失利并提出创新战略，然而目前并没有实际行动来拯救搜狐微博。

2）微博营销的优势

（1）操作简单，传播快捷。微博营销的接入方式多样化，而且门槛较低，企业或商家利用微博发布信息不需要经过繁杂的行政审批，可以节约大量时间。关注度较高的微博能够在发出后在短时间内通过粉丝互动转发从而到达世界各个角落。较其他营销工具来说其传播速度更快，关注人数更多，时效性更强。

（2）沟通及时，交互性强。微博营销需要大量的粉丝以及关注，才能够形成有效的互动。微博本身具有及时性的特征，使用户能够马上了解到这一刻所发生的大事件。而微博交互性强的优势，能够培养企业与用户之间的情感联系，加强关系的强度和黏度。

（3）受众广泛。微博的传播方式是"One To N To N"，通过粉丝关注的形式进行病毒式的传播，影响面非常广。同时，名人效应能够使事件的传播呈几何级数放大。

3）微博营销的劣势

（1）传播能力有限。一条微博能够发送的文字信息限制在 140 个汉字以内，信息量较少，不能够像博客一样发送整篇文章。用户需要单击链接或者搜索信息，而不能在一条微博中了解信息。

（2）需要关注度。微博的更新速度快，更新人数多，所以如果发布的某条信息没有被粉丝及时地关注，就有可能被淹没在海量的信息之中，成为碎片化无人知晓的信息垃圾。

(3) 需要大量粉丝或关注。微博营销能够进行的基础就是有大量的粉丝来关注微博账号，从而发布的信息才能够被更大范围的用户所知晓。所以，没有任何知名度或者人气的博主很难实施有效的微博营销。

(4) 易传播负面消息。网民对负面信息的偏听偏信以及对正面信息的质疑，会导致微博上的负面信息产生病毒式的扩散。另外，主流媒体未能满足公众的知情权，导致负面信息传播转投微博。而且微博自媒体传播的属性也有利于负面信息的传播。

2. 微信营销

微信（WeChat）是腾讯公司于2011年初推出的一款快速发送文字和照片、支持多人语音对讲的手机聊天软件。用户可以通过手机或平板快速发送语音、视频、图片和文字。微信提供公众平台、朋友圈、消息推送等功能，用户可以通过"摇一摇""搜索号码""附近的人"以及扫二维码等方式添加好友和关注公众平台，同时通过微信可以将内容分享给好友或将你所看到的精彩内容分享到微信朋友圈。微信营销是伴随着微信而发展起来的，商家可通过朋友圈、微信公众账号等快捷、及时地向用户推送消息，能够实现一对一的营销，是目前非常受企业重视的一种网络营销方法。根据中国互联网络信息中心（CNNIC）于2016年1月发布的《中国互联网络发展状况统计报告》，随着用户行为全面向移动端转移，移动营销将成为企业推广产品的重要渠道。移动营销企业中，微信营销推广使用率达75.3%，是最受企业欢迎的移动营销推广方式，如图5-5所示。

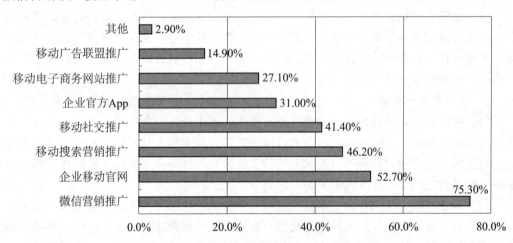

图 5-5 企业各移动互联网营销渠道使用比例

1) 微信营销的优势

(1) 到达率高。用户可主动订阅微信公众账号，主动获取信息，而且用户还可以随时取消关注微信公众账号，因而不会存在用户抵触垃圾信息的情况。所以与短信群发和电子邮件群发被大量过滤不同，微信公众账号群发的每一条信息都能完整无误地到达对方手机，到达率高达100%。

(2) 精准性高。那些拥有粉丝数量庞大且用户群体高度集中的垂直行业微信账号，才是真正炙手可热的营销资源和推广渠道。如酒类行业知名媒体佳酿网旗下的酒水招商公众账号，拥有近万名由酒厂、酒类营销机构和酒类经销商构成的粉丝，这些精准用户粉丝相当于一个盛大的在线酒会，每一个粉丝都是潜在客户。

（3）便捷性高。移动终端的便捷性再次增加了微信营销的高效性。相对于个人电脑而言，智能手机不仅能够拥有个人电脑的所有功能，而且携带方便，用户可以随时随地获取信息，而这会给商家的营销带来极大的方便。

（4）营销成本低，方式多元化。电视广告、报纸等传统的营销方式通常会耗费大量的人、财、物，但微信营销基于微信平台，企业或个人可以通过建立微信公众账号的形式来实施微信营销，不需要花费大量的广告宣传费用。

（5）互动性高。微信公众平台可以对客户进行分类，然后向某一特定人群发送消息，并且这种消息的推送是一对一的方式，用户黏性非常好。另外，用户可以通过微信直接与商家进行沟通，无须其他的通信工具，从而使得微信营销具有良好的互动性。

2）微信营销的模式

（1）订阅、推送模式。用户主动订阅某个微信公众号，是因为用户对这个微信公众号感兴趣，希望进一步了解相关内容，从这个角度来说，订阅微信公众号的用户都是忠诚用户。通过公众号可以向用户推送文字、图片、链接、图文结合等形式的推送活动、广告、企业信息、APP等，无论是哪种形式的推广，到达率都是100%，这样可以高质高效且有针对性地进行营销活动。

（2）二维码模式。二维码是用某种特定的几何图形按一定规律在平面分布的黑白相间的图形记录数据符号信息的，通过二维码可指向图片、文字、视频等各种各样的信息。用户通过扫描二维码可以浏览商家官方网站，浏览所有产品及信息，实现活动主题页面快速跳转，让用户快速了解广告的完整信息，使用户省去输入查找的烦琐过程，快速关注，累积粉丝，时时浏览商家微博新产品动态。另外，可以通过扫描二维码来进行支付，让手机购物更为便捷。二维码应用有以下三大优势。

- 整合营销。二维码结合传统媒体可以无限延伸广告内容及时效；消费者可便捷入网，用手机实时查看信息。
- 互动。企业可发布调查、投票、会员注册信息；个人可参与调查、信息评论、活动报名、手机投票等。
- 立体传播。二维码是移动互联网最便捷的入口，消费者可时刻进行线上和线下的信息传播；是社会化媒体传播的便捷工具。

（3）客户关系管理。与微博不同，微信的互动性非常强，可以看作是一种非常强大的客户关系管理工具。传统的客户关系管理工具以电子邮件、手机短信和电话为主，而现在微信可以实现以上三种工具的所有功能。企业可以通过微信发送纯文字信息给用户，也可以是图片、图文结合，甚至是语音或视频信息。另外，微信公众平台还具有对用户分组的功能，也就是说企业可以将不同目标客户进行分类管理，根据不同的客户需要推送相应的信息。

5.5.5 大数据营销

1. 大数据营销的定义

大数据营销又称为数据驱动型营销，是指通过大数据技术抓取海量的用户数据，然后对用户行为与特征进行分析,帮助企业找到目标受众,并以此对广告投放的内容、时间、形式等进行预测与调配,并最终完成广告投放的营销过程。

2. 大数据营销的特点

1) 精准营销

大数据营销利用大数据技术来定位用户群,分析用户内容偏好,分析用户行为偏好,建立受众分群模型,制定渠道和创意策略等。具体来说有三种类型的"精准营销",针对现有消费者,企业可以通过用户的行为数据分析他们各自的购物习惯并按照其特定的购物偏好、独特的购买倾向加以一对一的定制化商品推送;针对潜在消费者,企业可以通过大数据的分析定位有特定潜在需求的受众人群,并针对这一群体进行有效的定向推广以达到刺激消费的目的;最后企业依据消费者各自不同的人物特征将受众按照"标签"细分,再用不同的侧重方式和定制化的活动向这类人群进行定向的精准营销。

2) 个性化营销

网络和大数据的发展使广告理念发生了巨大的改变,由从前的"媒体导向"向现在的"受众导向"转变。传统营销活动都是以媒体为导向的,企业选择知名度高、浏览量大的媒体进行投放。而如今在大数据的环境下,企业开始以受众为导向进行广告营销。因为在大数据环境下,企业能够知晓目标受众身处何方,目标受众正在关注什么内容。大数据技术可以做到当不同用户关注同一媒体的相同界面时,广告内容有所不同,从而使企业对网民实施个性化营销成为可能。

3) 数据来源广

大数据的数据来源非常广泛,可以从互联网、移动互联网、广电网、智能电视等平台获得数据。可以获取权威机构发布的统计年鉴、行业报告、公司报表等数据,获取数据的类型也是非常多的,包括音频、图片、文本信息、地理位置信息等。总的来说可以将大数据的来源分为两类,一是自有类,即企业基于自身网络平台开发和挖掘的一类数据;二是第三方平台类,比如与门户网站、电商网站、搜索引擎、社交网站等第三方平台合作来获取数据。

5.5.6 病毒式营销

病毒式营销,也可称为病毒营销、病毒性营销、基因营销或核爆式营销,是利用公众的积极性和人际网络,让营销信息像病毒一样传播和扩散,营销信息被快速复制传向数以万计、数以百万计的用户。病毒式营销是一种常见的网络营销方法,也可以被认为是一种网络营销思想,即通过提供对用户有效的信息和服务,依靠用户自发的口碑宣传来实现营销信息传递的目的。由于病毒式营销依赖于用户之间呈指数级别的信息传递,因此成为网络营销中独特的营销方式。

5.6 网络营销管理

网络营销管理从基础性管理出发,解决企业网络营销实施过程中出现的问题。它对于提高电子商务企业网络营销效果，增强企业虚拟市场竞争能力具有非常重要的意义。

5.6.1 成本管理

对于网络技术投资，企业的主要决策人可能会面临两难选择：竞争上的需要使得企业必须做出更加积极的努力，但未来难以控制的成本及难以预测的收益又会使企业犹豫不前。如何管理网络及其他信息技术的投资计划，自然成为企业主管的当务之急。因此，要进行有效的投资成本管理，必须彻底了解其基本构成。从系统的整体生命周期来看，其成本包括供应者成本和使用者成本两大部分。

1. 供应者成本

企业中的信息部门就像是内部供应商，掌握所有的资料中心及网络设施，并提供系统开发及信息管理等服务。它们的成本通常通过类似于制造过程中的成本转移方法归集到业务部门头上。信息部门必须倾注大量的精力确保对业务部门的技术支持，保证网络系统的可靠性、安全性以及效益。

在转移的供应者成本当中，尤其要注意网络系统的维护费用。因为现有系统若得不到及时维护，可能会陷入瘫痪。

2. 使用者成本

使用者成本是指直接发生在业务部门的关于使用网络系统方面的成本，或者由信息部门支出但可以直接归集到业务部门的费用，包括配置业务部门的电脑等硬件购置费及使用、维护费等。此外，组织过程中的成本，如管理和学习所花费的时间以及教育费用等，都较少或未列入预算中，与系统开发费用相比这也是十分可观的费用。

5.6.2 绩效评价

评价是控制网络营销活动的基础，企业应把网络营销评价工作列入营销工作的战略层面上。网络营销企业的收入、利润和网站的访问量通常被认为是衡量网络营销工作业绩的主要标准。当然，除此之外，还有一些更适合用于衡量业绩的标准。不同网络营销企业对于不同指标的关注程度也是不一样的，所以，对于不同的企业要给予不同的指标分析。常用的指标有以下几种。

1. 网站的访问量

网站的访问量就是网站的访问者数量，它直接反映了网络营销企业网站在公众心目中的地位。它不见得马上会给公司带来明显的收益，但它是公司的客户基础，也是显示网站规模的重要指标。访问量可以用单击率来衡量。

2. 销售额和利润额

销售额是衡量网络营销企业经营情况的直接指标，它可以反映出网站经营的状况以及规模大小。利润额决定了一家网络营销企业的发展基础和发展潜力，是进行再发展的动力所在。

3. 常用指标比率

常用指标比率有客户转化率、长期客户率、长期客户销售额比率。客户转化率是指一定时期内客户数与浏览数的比率；长期客户率是指一定时期长期客户数与客户总数的比率；长期客户销售额比率是指一定时期内长期客户销售额与总销售额的比率。这些比率反映网站定位的准确度与网站对顾客的促销力度。

4. 市场渗透水平

市场渗透水平一般用市场渗透率来反映，是一种以百分比的形式来表达的衡量标准；主要描述赢得了多少潜在的客户或者市场、进行了多少次交易。例如，如果想要扩大一间酒店的影响，必定要知道通过网络营销争取到了多少客户。这个客户数目不但包括有酒店消费需求的客户数，而且也包括那些表面看起来没有酒店消费需求的客户数。

5. 争取和维持用户成本的多少

成本控制的观点在网络营销中也是适用的。在网络营销经营过程中，人们自然也会考虑到争取一个客户的成本与该客户将要消费的金额之间的比例，也会调查维持一个客户以及把该新客户转化成老客户所花费的成本，将前后成本进行比较，发现问题找出原因。可以说，对成本的关注和控制也是增加利润的一种方式。

5.6.3 客户关系管理

客户关系管理源于以客户为中心的管理思想，是一种旨在改善企业与客户之间关系的新型管理模式，是网络营销取得成效的必要条件，是企业重要的战略资源。

客户关系管理的核心，是客户价值管理，通过"一对一"的营销，满足不同客户的个性化需求，提高客户忠诚度，增加客户满意度，从而提高企业的竞争力。客户关系管理的出现，是为了使企业能够全面观察其外部的客户资源，并使企业的管理走向全面。

传统企业引入电子商务后，企业关注的重点由内部向外部倾斜，客户关系管理理念正是基于对客户的尊重，建构与客户沟通的平台。客户关系管理系统通过电子邮件、移动通信软件等多种方式与客户保持沟通，使企业更准确、全面地了解客户，根据客户的需求进行交易，并保存客户信息，在内部做到客户信息共享；以及对市场计划进行整体规划和评估，对各种销售活动进行跟踪，通过积累大量的动态资料，对市场和销售以及客户进行全面分析。

网络营销中，通过客户关系管理，将客户资源管理、销售管理、市场管理、服务管理、决策管理集于一身，将原本疏于管理、各自为战的销售、市场、售前和售后服务与业务统筹协调起来。

网络营销和客户关系管理是相辅相成的两个环节，协调网络营销和客户关系管理的关系十分重要。实施客户关系管理后，企业能对指定的消费群体进行"一对一"的营销，成本低、效果好。互联网的出现，降低了客户关系管理的成本，这是电子商务的重要优势。网络还给客户与企业的沟通增加了渠道，通过这种渠道，企业可以及时地找到客户，即便无法做到时时通信，也能留言给客户，较之传真更加方便、安全。当然，前提是客户拥有同等层面的技术。

随着互联网在中国的普及，许多个人和企业都拥有自己的电子邮箱，包括效率更高的即时通信软件。著名的电子商务平台"买卖通"就捆绑了即时通信工具"买卖通TM"，该工具脱胎于国内用户数量第一的腾讯QQ，并可以在腾讯的个人版与"买卖通

TM"之间自由切换,实现了沟通无障碍。"买卖通 TM"相当于一个缩小版的电子商务平台,企业可以在网上时时宣传推广自己。而营销人员在与客户接触时,还能针对其需要,提供更有时效性的信息,改善沟通效果。

5.6.4 风险控制

由于网络市场尚在发育阶段,各种游戏规则和管理制度尚不健全,网上电子商务和网络营销还没有一套规范的、严谨的、公认的交易原则和交易规范,不仅网上参与交易的人群结构比较复杂,网站的情况也比较复杂。因此,网络营销中必须警惕风险,预防风险,面对风险的时候对风险进行控制。

1. 网络营销风险的类型

1) 产品识别风险

网络提供了快捷、便利的信息传递手段,交易双方对目标产品的需求都可以到网上去查询。买与卖中任何一方在网页上查找自己需要的目标产品时,往往会忽略一个十分重要的因素,就是由于信息传递中的失真造成的潜在的产品识别风险。就一般情况而言,信息传递中的失真大致有以下三种情况。

(1) 客观性失真。由于在把一件立体实物转化为网上照片的过程中,商品本身的一些基本信息会丢失。这种信息传递的不完全性,使买家不能从网页上的文字说明或者可视资料中得到该产品的准确信息,这就必然存在着一定的购买风险。

(2) 主观隐含失真。主观隐含失真主要是指利用网上商品信息传输中的不完全性,有意隐瞒一些与其他同类产品相比较不利的信息和因素,突出宣传和介绍有利的方面,使顾客不能完全获取该产品的真实信息。

(3) 虚假性失真。虚假性失真分为质量失真和恶意欺诈失真两种。由于网络营销中的产品宣传尚处在一种较为随意性的阶段,网站不进行审查和把关,发布信息缺乏监管,这就给一些人利用网络传递夸大性失真的信息开了方便之门。

2) 信息外泄风险

网络营销企业在进行交易或者交流的过程中,由于不同企业对信息传播人员的培训程度不同,造成企业的信息或机密内容有意或无意地外泄。针对这种情况,网络营销企业应该对信息传播岗位的工作人员进行相关的培训,增强相关人员对于信息的敏感意识,并会分析信息的重要程度,以便他们能够严格按照岗位的要求和职责权限的要求进行信息传播工作。

3) 网上支付风险

网络营销中的支付风险,有以下五种情况。

(1) 信用风险。它是指支付过程中的一方因为陷入清偿危险,无法履行债务或者短期内无款支付而带来的风险。

(2) 流动性风险。它是指在支付过程中一方无法如期履行合同的风险,与信用风险的区别在于违约方不一定陷入清偿危险。

(3) 系统风险。它是指在支付过程中,一方因为无法履行债务合同而造成其相关各方也陷入无法履约的困境。

（4）非法风险。它是指人为的非法活动，如假冒、伪造、网络诈骗等。

（5）后支付风险。这种风险主要有四个特点：先期支付全无风险；几次交易以后出现风险；没有意识到已经开始产生风险；当意识到风险的时候已无法挽回风险。

2. 网络营销风险的控制

1) 网络营销风险控制的范围

网络营销风险控制的核心和关键问题是交易的安全性，这也是电子商务技术的难点。对交易风险的控制要求我们在尽可能的情况下全方位地、积极地进行风险的预测和控制。为了降低交易的风险性，必须从以下四个方面进行风险控制。

（1）信息保密性。交易中的商务信息均有保密的要求，如信用卡的账号和用户被人知悉，就可能被盗用，订货和付款的信息被竞争对手获悉，就可能丧失商机。因此在网上交易的信息在传播中一般均有加密的要求。

（2）交易者身份的确定性。网上交易的双方很可能素昧平生，相隔千里。要使交易成功，首先要能确认对方的身份，对商家要考虑客户端不能是骗子，而客户也会担心网上商店是不是一个玩弄欺诈的黑店。因此能方便而可靠地确认对方身份是交易的前提。

（3）不可否认性。由于商情的千变万化，交易一旦达成是不能被否认的，否则必然会损害一方的利益，如收单方否认收到的订单的实际时间，甚至否认收到订单的事实，则订货方就会蒙受损失。因此，网上交易通信过程的各个环节都必须是不可否认的。

（4）不可修改性。交易的文件是不可被修改的，如黄金的订购，供货单位在收到订单后，发现金价大幅上涨，如果能改动文件内容，将订购数从1吨改为1克，供货单位则可大幅受益，而订货单位却可能会因此而蒙受巨额损失。因此网上交易文件必须做到不可修改，以保障交易的严肃和公正。

2) 网络营销风险控制的措施

一个完整的网络交易安全体系，至少应包括以下三类措施，并且三者缺一不可。

（1）技术措施。如防火墙技术、网络防毒、信息加密存储通信、身份认证、授权等。但只有技术措施并不能保证百分之百的安全。

（2）管理措施。管理措施包括交易的安全制度、交易安全的实时监控、提供实时改变安全策略的能力、对现有的安全系统漏洞的检查以及安全教育等。在这方面，政府有关部门、企业的主要领导、信息服务商应当扮演重要的角色。

（3）社会的法律政策与法律保障。这主要包括在网上进行交易的统一商法以及各种网上的法律和法规等。

本章小结

本章主要对网络营销进行介绍，包括如何进行网络市场调研，对网络消费者进行分析，网络营销策略和方法，最后一部分内容是网络营销管理。

网络营销是企业整体营销战略的一个组成部分，是为了实现企业总体经营目标所进行的，以互联网为基本的手段营造网上经营环境的各种活动。网络市场调研的步骤包括：确定目标、设计调研方案、收集信息、信息整理和分析、撰写调研报告。网络市场调研直接调研的方法有四种：观察法、专题讨论法、在线问卷法和实验法。

　　网络消费者的购买动机基本上可以分为两大类：需求动机和心理动机，其购买过程包含需求确认、信息收集、比较选择、购买决策及购后评价五个阶段。

　　网络营销常用策略包括产品策略、价格策略、渠道策略等。

　　常用的网络营销方法包括网络广告营销、搜索引擎营销、许可 E-mail 营销、大数据营销、微营销和病毒式营销，微营销包括微信营销和微博营销。

　　网络广告指在因特网站点上发布的以数字代码为载体的经营性广告。它具有交互性强、灵活性和及时性、广告成本低廉、感官性强、传播范围广、受众针对性明确、受众数量可准确统计等特点。搜索引擎营销是通过用户使用搜索引擎，利用被用户检索的机会，以达到尽可能地将营销信息迅速传递给目标用户的目的。

　　网络营销管理包括成本管理、绩效评价、客户关系管理和风险控制。

关键词

　　网络营销；网络市场调研；网络消费者；网络广告营销；搜索引擎营销；微营销；客户关系管理。

习题

一、选择题

1. 关于网络营销和传统营销的说法准确的是（　　）。
   A. 网络营销暂时还是一种不可实现的营销方式
   B. 网络营销不可能冲击传统营销
   C. 网络营销最终将和传统营销相结合
   D. 网络营销将完全取代传统营销的一切方式
2. "企业可以借助互联网将不同的营销活动进行统一规划和协调，以统一的资信向消费者传达信息"，这体现了网络营销的（　　）特点。
   A. 互动性　　　　　　　　　　　B. 整合性
   C. 跨时空性　　　　　　　　　　D. 成长性
3. 网上市场调研的主要内容不包括（　　）。
   A. 市场需求研究　　　　　　　　B. 营销因素研究
   C. 竞争对手研究　　　　　　　　D. 组织内部环境
4. 下列不属于网上市场调研的优点的是（　　）。
   A. 及时性和共享性　　　　　　　B. 便捷性和经济性

  C. 交互性和充分性   D. 可靠性和主观性
5. 下列不属于网络市场直接调研的方法是（   ）。
  A. 观察法   B. 专题讨论法
  C. 访问法   D. 在线问卷法
6. 网络消费的心理动机不包括（   ）。
  A. 理智动机   B. 追求自由的动机
  C. 感情动机   D. 惠顾动机
7. 消费者购买过程可以分五个阶段，第二个阶段是（   ）。
  A. 唤起需求   B. 比较选择
  C. 购后评价   D. 收集信息
8. 企业对一些已确认进入衰退期的老化的产品线和产品项目所采取的策略属于（   ）。
  A. 扩大产品组合   B. 缩减产品组合
  C. 淘汰产品策略   D. 优化产品组合
9. 以下不属于网络广告特点的是（   ）。
  A. 交互性强及感官性强
  B. 灵活性和及时性
  C. 广告成本高昂及传播范围广
  D. 受众针对性明确及受众数量可准确统计
10. 下列网络广告的发布形式为消费者提供了明确的查询方向（   ）。
  A. 主页形式   B. 网络内容服务商
  C. 专类销售网   D. 黄页形式
11. 下列不属于搜索引擎按其工作方式划分的是（   ）。
  A. 全文搜索引擎   B. 定期搜索
  C. 目录索引类搜索引擎   D. 元搜索引擎
12. E-mail 营销的基本因素是（   ）。
  A. 基于用户许可   B. 通过电子邮件传递
  C. 信息对用户是有价值的   D. 互联网
13. 客户关系管理的核心是（   ）。
  A. 客户资源管理   B. 客户服务管理
  C. 客户价值管理   D. 客户需求管理

二、思考题
1. 网络市场与传统市场的差异是什么？
2. 简述影响网络消费者购买行为的因素。
3. 网络营销定价有什么特点？有哪些定价方法？
4. 网络广告有什么特点？公司可以以什么方式发布网络广告？
5. 举例说明网络市场调研的方法。
6. 搜索引擎的类型有哪些？它的发展趋势是什么？

7. 微博营销的特点是什么?
8. 微信营销的优势是什么?

实战演习——网络营销推广

1. 实践目的

通过网络营销实验,加深对网络营销中涉及的搜索引擎、网络广告、电子邮件等基本知识和基本理论的理解,掌握电子邮箱以及网络广告的实际操作。要求建立一个用于收集客户意见的电子邮箱,一个用于发布消息的微博,选择一个门户网站做一个网络广告策划。

2. 操作步骤

1)注册电子邮箱

(1)进入网易邮箱首页 http：//mail.163.com。

(2)单击"注册"按钮注册一个邮箱,如图5-6所示。可以选择注册字母邮箱、注册手机号码邮箱以及注册VIP邮箱。邮箱名称与需要进行网络营销的企业或店铺相同,填写信息后单击"立即注册"按钮,注册成功后界面如图5-7所示。

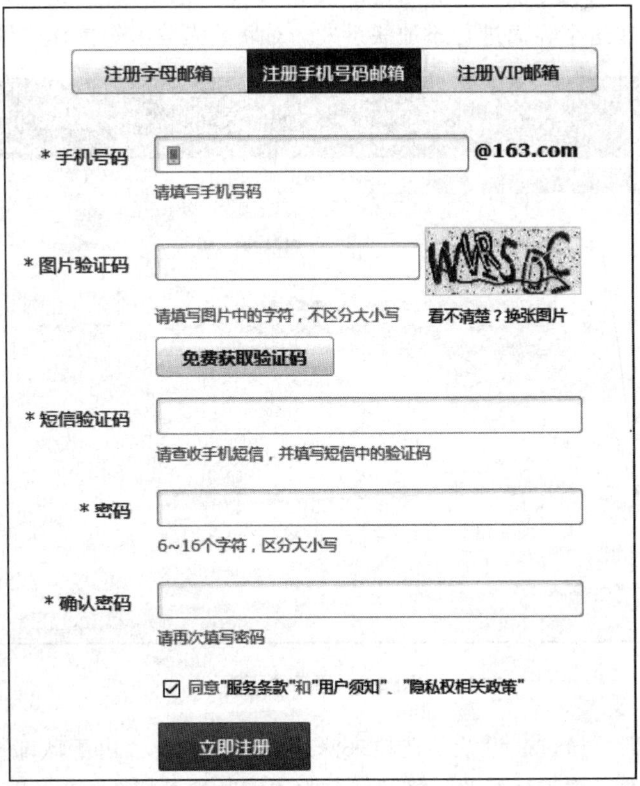

图5-6 注册邮箱

图 5-7 邮箱注册成功

（3）在邮箱页面的导航栏中有"通讯录"，单击"通讯录"，进入到如图 5-8 所示的界面。读者可以在这个界面进行添加联系人，对联系人分组等操作，管理联系人。

图 5-8 通讯录页面

（4）在此界面可通过"设置"选项来修改账号信息等。由于此邮箱作为公众邮箱，所以可以对邮箱的名称进行修改，将其修改为店铺名称，如图 5-9 和图 5-10 所示，用于收集客户意见，接收或发送供应商或客户的电子邮件等。

图 5-9 设置页面

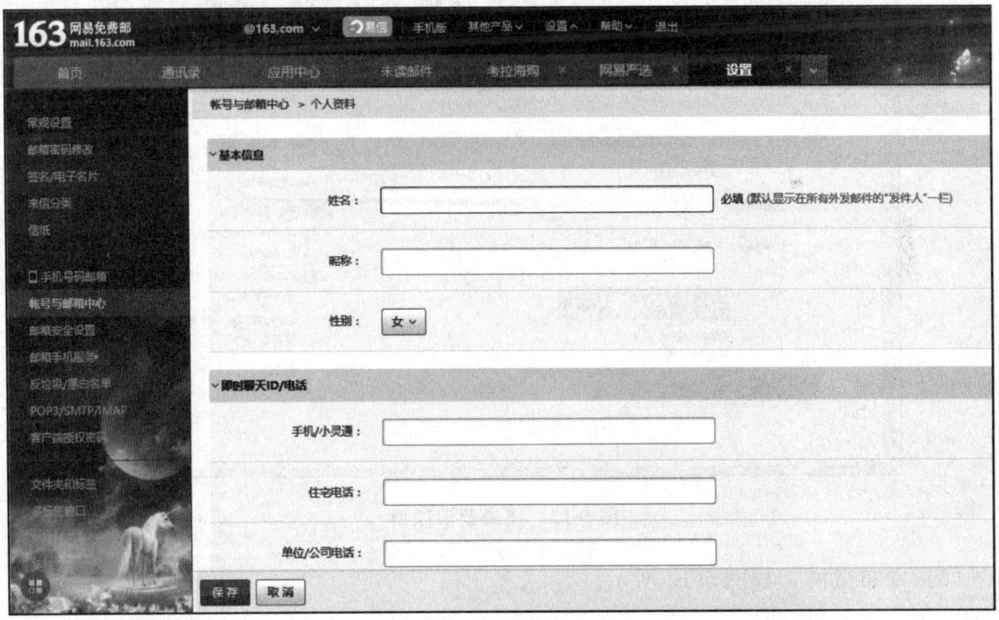

图 5-10 基本信息修改页面

2) 注册新浪微博并发布消息

(1) 进入新浪微博首页 http://weibo.com/,如图 5-11 所示。

图 5-11 新浪微博首页

(2) 填写信息，注册新浪微博，如图 5-12 所示。

图 5-12 注册新浪微博

(3) 发布微博，如图 5-13 所示。

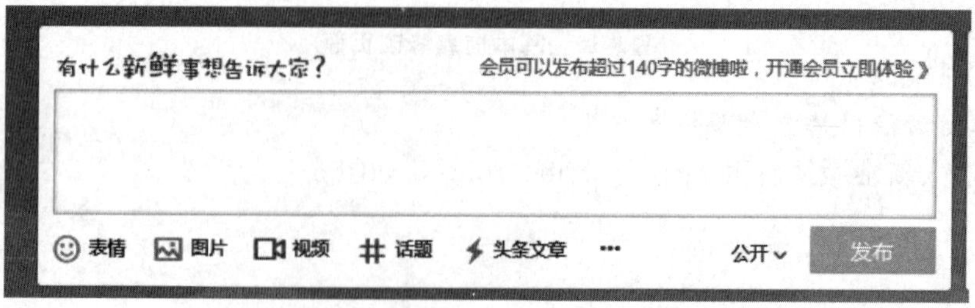

图 5-13 发布微博

3)策划网络广告

(1)进入百度首页 http：//www.baidu.com，单击页面右上部的"更多产品"图标，如图 5-14 所示。

图 5-14　百度首页——更多产品

(2)进入更多产品页面，找到"站长与开发者服务"栏目下的"百度推广"，如图 5-15 所示。

图 5-15　站长与开发者服务

(3)单击"百度推广"图标，百度推广页面如图 5-16 所示。推广方式有搜索推广、移动推广、网盟推广、品牌推广、社区营销，读者可以根据需要选择推广方式，如图 5-17所示。

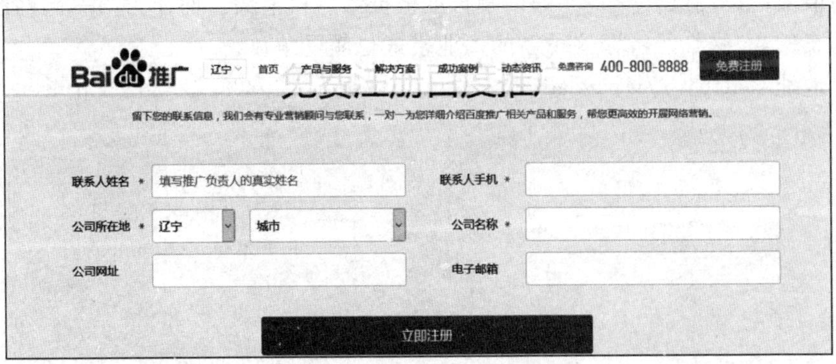

图 5-16　百度推广注册页面

197

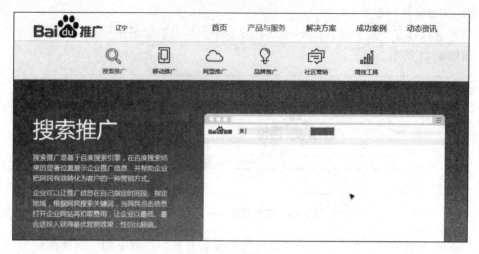

图 5-17 推广方式页面

（4）选择其他网络广告服务，查看其他网站流量的数据统计、广告收益、广告管理、收费形式等，进行充分比较分析，制作一份广告策划书。

1. 曼朗策划探寻口碑神片《疯狂动物城》背后的四招网络营销大法

由迪士尼影业出品的《疯狂动物城》自上周五上映以来票房口碑大爆炸。在华票房创出新纪录：周末三天以1.54亿人民币的骄人战绩，跻身迪士尼动画片在华最高首映票房。该片的成功，除了好的故事，营销宣传起着功不可没的作用，高票房和好口碑背后是层层铺垫。引申到网络营销上也同样如此，成功的宣传推广离不开背后的精心策划，曼朗策划深入浅出为大家深挖了动物城背后蕴藏的经典营销手法。

链接地址：http：//www.slrbs.com/qyfc/dynamic/wjdt/2016-03-28/651725.html.

2. 网红经济大起底：资本投资趋之若鹜 网络营销的商业变现之路

靠短视频在网络走红，并积累800多万粉丝的网络红人"papi酱"获得1 200万元投资，估值上亿，网红"变现"的话题再度被推到风口浪尖。而作为第一起网红收到资本投资的案例，"网红经济"这种新的商业模式也颇受争议。

链接地址：http：//www.admin5.com/article/20160328/654242.shtml.

第6章 物流管理及供应链管理

学习目标：
1. 理解物流及物流管理的概念；
2. 了解电子商务与物流的关系；
3. 掌握电子商务物流模式；
4. 了解电子商务物流技术；
5. 理解供应链及供应链管理概念；
6. 理解供应链管理典型模式。

卓越亚马逊的物流管理

亚马逊是一个从网上书店成长起来的非常成功的电子商务公司，它在物流方面取得成功，并有效地利用物流作为其促销手段。中国较早的网上零售商卓越网2004年被亚马逊全资收购，卓越亚马逊吸收亚马逊物流管理的成功经验，结合自身实际形成了自己成功的物流管理系统，在中国电子商务特别是网上书店领域名列前茅。

卓越亚马逊物流管理模式的最大的特色就是从客户体验出发，是一套基于消费者需求又富有竞争力的物流体系。

1. 预测式响应菜单

良性供应链管理的精髓是通过预测消费者的需求，主动生成订单。经过多年的累积，亚马逊已经形成了强大的数据库，系统根据这个数据库可以预测某个产品的某一型号在某一个地区一天能有多少订单。也就是说，在消费者还没有下订单的时候，商品就已经备在库房里了。卓越亚马逊还根据消费者以往的消费记录，定期给消费者发送电子邮件，推荐类似的商品和最新的商品。即使只在卓越亚马逊购买过一次商品的用户，他也会持续地收到公司发送的电子邮件。这种服务方式为消费者提供了极大的便利，同时也在一定程度上起到了促销的作用。

2. 高效的仓库管理

卓越亚马逊对企业内部流程进行了改革，产品摆放的标准由之前的档案化管理改为随机摆放,这完全是按照美国亚马逊的模式和流程设置的。所有的货物都是按照节省空间的原则随机摆放,但这种摆放方式,既能提高分拣工人的效率,也能提高订单配置工人的效率。在需要把图书和物品挑拣出来时,员工只需用手持扫描枪扫描订单,手持设备会自动计算出最短的路径,告诉员工这些货从几号货架几号柜子取。仓库管理效率的提高意味着满足消费者需求的速度会更快。

3. 自建物流中心和配送队伍

自建物流中心也是卓越亚马逊一个基于消费者需求和体验出发的"非常规"举措。卓越亚马逊认为,这种直接物流分配模式对于网站来说,虽然可能意味着增加成本,但对于全程掌控消费者的体验来说却至关重要。卓越亚马逊在继北京之后又分别在上海(后迁至苏州)、广州建立了仓库,这样的布局不仅满足了当地消费者的需求,更重要的是有利于卓越亚马逊对全国市场的覆盖、布局与协调。

4. 多样的送货方式和支付方式

卓越亚马逊提供了丰富多样的送货方式,包括普通快递送货上门、加急快递送货上门、平邮、中国邮政速递物流(EMS)、敦豪航空货运公司(DHL)、美国快递公司(UPS)。多样的送货方式为消费者提供了最佳的送货服务。卓越亚马逊还提供多样的支付方式,包括货到付款、国内银行卡或信用卡在线支付、国际信用卡在线支付、支付宝及首信会员账户在线支付、邮局汇款、银行电汇、支票支付、卓越亚马逊礼品卡在线支付、电子账户在线支付。

5. 以消费者满意度为考评指标

到达率、准时率、投诉率、损坏率等,都是卓越考评合作伙伴的重要指标。卓越亚马逊在对第三方物流公司的管理方面,包括对物流供应商的选择、财务管理、质量管理等,均以消费者满意度为考评指标。这样做的意义在于,一方面,企业实现了对消费者体验和需求的即时掌控和跟踪服务;另一方面,也有利于在最大限度地满足消费者体验的同时有效地控制成本、提高运营管理效率。

(资料来源: http://wenku.baidu.com/view/89872aea19e8b8f67c1cb906.html,经删减整理)

近几年,电子商务以惊人的速度发展。在这一发展过程中,物流的发展极大地影响着电子商务的发展,成为电子商务活动能否顺利进行的一个关键因素。如果没有一个有效的、合理的、畅通的物流系统,电子商务所具有的优势就难以发挥,没有一个与电子商务相适应的物流体系,电子商务也难以得到有效的发展。

6.1 物流管理

6.1.1 物流概述

1. 物流定义

第二次世界大战中,围绕战争供给,美国军队建立了"后勤"理论,并将其用于战争活动中。"后勤"是指将战时物资生产、采购、运输、配给等活动作为一个整体进行统一部署,使战略补给费用更低,速度更快,服务更好。后来"后勤"一词在企业中广泛应用,又有了商业后勤、流通后勤的提法,这时"后勤"包含了生产过程和流通过程的物流,因而是一个范围更广泛的物流概念。

物流的概念从 1915 年提出,到目前还没有大家公认的权威定义,主要有以下几种定义。

日本对物流的定义:物流是指为了满足客户的需要,以最低的成本,通过运输、保管、配送等方式,实现原材料、半成品、成品及相关信息由商品的产地到商品的消费地所进行的计划、实施和管理的全过程。

美国对物流的定义:物流是为满足客户需要,对商品、服务及相关信息在源头与消费点之间的高效(高效率、高效益)正向及反向流动与储存而进行的计划、实施与控制的过程,这是目前国际普遍接受的一种定义。

我国于 2001 发布的《物流术语》中对物流的定义是:**物品从供应地到接收地的实体流动过程,根据实际需要,将运输、储存、装卸、搬运、包装、流通加工、配送、信息处理等基本功能实施有机结合。**

从以上几个定义可以看出,尽管各自的表述不尽相同,但是有几个要素是共同的。物流一方面包括运输、储存、流通加工、配送、仓储、包装、物料搬运及其他相关活动,但是更为重要的另一方面是要有效率和效益,物流的最终目的是满足客户的需求和企业的盈利目标。

2. 物流的主要特征

根据国外物流发展情况,将物流的主要特征归纳为以下几个方面。

1)反应快速化

物流服务提供者对上游、下游的物流、配送需求的反应速度越来越快,前置时间越来越短,配送间隔越来越短,物流配送速度越来越快,商品周转次数越来越多。

2)功能集成化

现代物流着重于将物流与供应链的其他环节进行集成,包括物流渠道与商流渠道的集成,物流渠道之间的集成,物流功能的集成,物流环节与制造环节的集成等。

3)服务系列化

现代物流强调物流服务功能的恰当定位与完善化、系列化。除了传统的储存、运输、包装、流通加工等服务外,现代物流服务向上扩展至市场调查与预测、采购及订单处理,向下延伸至配送、物流咨询、物流方案的选择与规划、库存控制策略建议、货款回收与结算、教育培训等增值服务。

4)作业规范化

现代物流强调功能、作业流程、作业、动作的标准化与程式化,使复杂的作业变成简单的易于推广与考核的动作。物流自动化可方便物流信息的实时采集与追踪,提高整个物流系统的管理和监控水平。

5)目标系统化

现代物流从系统的角度统筹规划一个公司整体的各种物流活动,处理好物流活动与商流活动及公司目标之间、物流活动与物流活动之间的关系,不求单个活动的最优化,但求整体活动的最优化。

6) 手段现代化

现代物流使用先进的技术、设备与管理手段为销售提供服务,生产、流通、销售规模越大、范围越广,物流技术、设备及管理手段越现代化。计算机技术、通信技术、机电一体化技术、语音识别技术等得到普遍应用。先进的物流系统集GPS(全球卫星定位系统)、卫星通信、射频识别装置(RF)、机器人于一身,实现了自动化、机械化、无纸化和智能化,如20世纪90年代中期,美国国防部(DOD)为在前南斯拉夫地区执行维和行动的多国部队提供的军事物流后勤系统就采用了这些技术,其技术之复杂与精湛堪称世界之最。

7) 组织网络化

随着生产和流通空间范围的扩大,为了保证对产品促销提供快速、全方位的物流支持,现代物流需要有完善、健全的物流网络体系,网络上点与点之间的物流活动保持系统性、一致性,这样可以保证整个物流网络有最优的库存总水平及库存分布,形成快速灵活的供应渠道。分散的物流单体只有形成网络才能满足现代生产与流通的需要。

8) 信息电子化

由于计算机信息技术的应用,现代物流过程的可见性明显增加,物流过程中库存积压、延期交货、送货不及时、库存与运输不可控等风险大大降低,从而可以加强供应商、物流商、批发商、零售商在组织物流活动过程中的协调和配合以及对物流过程的控制。

9) 管理智能化

随着科学技术的发展和应用,物流管理由手工作业到半自动化、自动化,直至智能化,这是一个渐进的发展过程。从这个意义上来说,智能化是自动化的继续和提升,因此可以说,自动化过程中包含更多的机械化成分,而智能化过程中包含更多的电子化成分,如集成电路、计算机硬件软件等。

3. 物流的功能

现代物流的基本功能包括包装、装卸搬运、运输、储存保管、流通加工、配送。

1) 包装功能

包装功能是为了维持产品状态、方便储运、促进销售,采用适当的材料、容器等,使用一定的技术方法,对物品包封并予以适当的装潢和标志的操作活动。包装层次包括个装、内装和外装三个层次。个装是到达使用者手中的最小单位包装,是对产品的直接保护状态;内装是把一个或数个个装集中于一个中间容器的保护状态;外装是为了方便储运,采取必要的缓冲、固定、防潮、防水等措施,对产品实施的保护。包装主要是起到保护、方便储运和销售作用。

2) 装卸搬运功能

装卸搬运功能是指在同一地域范围进行的,以改变物品的存放状态和空间位置为主要内容和目的的活动。装卸搬运功能是整个物流活动不可缺少的组成部分,它作为各个环节的结合部,是物流运行的纽带。装卸搬运的合理化,对缩短生产周期、降低生产过程的物流费用、加快物流速度、降低物流费用等，都起着重要作用。而且装卸搬运的工作质量会对生产和流通其他各环节产生很大的影响，可能使生产过程不能正常进行，或者使流通过程不畅。所以，装卸搬运对物流过程其他各环节所提供的服务具有劳务性质，具有提供"保障"和"服务"的作用。

3）运输功能

运输功能是借助运输工具，通过一定的线路，实现货物空间移动，克服生产和需要的空间分离，创造空间效用的活动。运输是物流的两大支柱之一，物流过程的其他活动，如包装、装卸搬运、物流信息情报都是围绕着运输和储存来进行的。在物流过程的各项活动中，运输是关键，起着举足轻重的作用。运输费用占的比重较大，是影响物流费用的一项主要因素。因此，开展合理运输，对于提高物流经济效益和社会效益，起着重要作用。

4）储存保管功能

储存又称物品的储备，是指在社会再生产过程中，离开直接生产过程或消费过程而处于暂时停滞状态的那一部分物品。物品的储备是生产社会化、专业化不断提高的必然结果，是保证社会再生产过程连续不断进行的物质技术条件，它与社会再生产过程相适应，既存在于流通领域，又存在于生产领域和消费领域。

5）流通加工功能

流通加工功能是在流通过程中，根据客户的要求和物流的需要，改变或部分改变商品形态的一种生产性加工活动。流通加工是流通中的一种特殊形式，其目的是为了克服生产加工的产品在形式上与客户要求之间的差异，或者是为了方便物流，提高物流效率。

6）配送功能

配送是按客户的要求进行货物配备送交客户的活动。配送是一种直接面向客户的终端运输，客户的要求是配送活动的出发点。配送的实质是送货，但它以分拣、配货等理货活动为基础，是配货和送货的有机结合形式。配送过程把若干物流功能结合起来，使它们有机地融为一体，从而提高了各项功能的效率，还有助于提高物流系统的宏观调控能力。

4. 物流的种类

根据物流在供应链中的作用，物流的活动主体将物流分成不同的类型。

1）按照物流在供应链中的作用分类

（1）供应物流。供应物流是指企业为保证生产与经营活动的进行，组织原材料、零部件等生产要素所构成的物流，一般包括订货、供应、库存以及保管等。

（2）生产物流。生产物流是指伴随着生产过程所发生的物流，主要包括在生产过程中的物料、半成品、零部件的装卸搬运、运输等。

（3）销售物流。销售物流是指在销售过程中所发生的物流活动，通常包括包装、运输、装卸搬运、储存（成品）等。

（4）回收物流。回收物流是指在社会再生产过程中，对可利用物品进行回收所形成的物流，根据实际需要进行收集、分类、加工、包装、搬运、储存，并分送到专门的处理场所。

（5）逆向物流。逆向物流是指不合格物品的返修、退货等从买方返回到卖方的物流过程。在以上供应物流、生产物流以及销售物流过程中都存在逆向物流。

2）按照物流活动的主体分类

（1）企业自营物流。企业自营物流是指由原料、零部件或成品提供商或购买商自主经营物流运输服务。企业自营物流需要企业有车队、仓库、场地、人员等。

（2）专业子公司物流。专业子公司物流是指将企业自营物流从企业经营中剥离出来，成为一个独立运作的专业化实体。它与母公司之间的关系是服务与被服务的关系。它以专业化的工具、人员、管理流程和服务手段为母公司提供物流服务，同时还可以以剩余资源承担其他物流服务。

（3）第三方物流。第三方物流是指生产经营企业为集中精力搞好主业，把原来属于自己处理的物流活动，以合同方式委托给专业物流服务企业，同时通过信息系统与物流企业保持密切联系，以达到对物流全程管理的控制的一种物流运作与管理方式。第三方物流，是相对于"第一方"发货人和"第二方"收货人而言的。

6.1.2 物流管理概述

1. 物理管理的含义

物流管理是指在社会生产过程中，根据物质资料实体流动的规律，应用管理的基本原理和科学方法，对物流活动进行计划、组织、指挥、协调、控制和监督，使各项物流活动实现最佳的协调与配合，以降低物流成本，提高物流效率和经济效益。

物流管理强调运用系统方法解决问题。系统方法就是利用现代管理方法和现代技术，使各个环节共享总体信息，将所有环节看作是系统的各个组成部分来进行组织和管理，从而使系统能够以尽可能少的成本提供具有竞争优势的客户服务。

2. 物流管理的发展

物流管理大致经历了以下三个发展阶段，即传统储运物流阶段、系统化物流阶段和物流信息化阶段。

1）传统储运物流阶段

我国传统储运企业大多数都是计划经济时代的产物，它们主要为本行业的物资或商贸企业提供仓储和少量短途运输服务，将仓储和运输看成是两个独立的环节，把商品库存看成是调节供需的主要手段。因此，在传统储运物流阶段，物流功能简单、业务单一、劳动密集、经济效益普遍偏低。

2）系统化物流阶段

系统化物流阶段不仅包括前一阶段的仓储和运输两个环节，还包括装卸、包装、流通加工、配送、信息处理等一系列环节在内的整体物流系统，并将物流活动的各个环节看成是相互联系、相互作用的有机整体，运用系统的理论在管理上寻求物流过程的整体优化，从而提高物流系统的经济效益和社会效益。

3）物流信息化阶段

物流信息化阶段以信息技术为基础，在当今竞争日趋激化和社会分工日益细化的大背景下，实现信息标准化和数据库管理、信息传递和信息收集电子化、业务流程电子化。在激烈的市场竞争环境下，物流企业面临越来越多的不确定性因素，市场态势瞬息万变，先进物流信息系统的开发和应用无疑会为物流企业的发展提供有力的支持。物流信息化具有通过物流信息网络，使物流各环节的成员实现信息的实时共享，改善物流系统的时空效应，提高物流系统的快速反应能力等诸多优势。

3. 物流管理的层次

物流管理可以分为以下四个层次。

1）基础技术层

基础技术层包括基础网络架构、OA 办公自动化、财务管理、信息采集条码、RFID（无线射频识别）、GPS 技术等。

2）运作执行层

运作执行层包括仓储管理系统（WMS）、运输管理系统（TMS）、流程管理（PM）与事件管理（EM）等应用系统。

3）计划协同层

计划协同层包括系统供应链计划（SCM）和网络设计、需求计划和高级计划/高级排程（AP/AS），以及 B2B 业务集成应用等。

4）战略决策层

战略决策层中领导者的思路是最好的系统，因为没有能够像人一样思考的软件来帮助领导者决定企业的战略方向，确定企业的核心竞争力，以及发展策略等。

4. 物流管理的原则

1）标准化原则

标准化原则包括基础标准，物流信息标准，物流设施与技术装备标准，物流作业流程标准，物流管理标准，物流服务标准等。

2）信息化原则

有效的信息管理是提高物流效率，降低物流成本，提高客户服务水平以及实现物流资源配置的重要基础。在物流管理的过程中，应充分利用先进的信息技术，特别是互联网技术，实现对物流活动的实时管理。

3）现代化原则

现代化原则是指运用现代化的管理手段，依靠现代化的人才对现代物流设备与活动进行管理。

4）服务原则

在物流管理的全过程中，要促使员工牢固树立服务意识，切实恪守职业道德，严格执行服务标准，通过文明、高效、优质的服务，加强分工体系的协同效益，塑造企业的整体形象。

6.2 电子商务物流管理

6.2.1 电子商务与物流

通过互联网，物流公司能够在全国乃至世界范围内拓展业务，贸易公司和工厂能够更加快捷地找到性价比最适合的物流公司。网上物流致力于把世界范围内有物流需求的货主企业和物流公司都集中到一起，提供中立、诚信、自由的网上物流交易市场，帮助物流供需双方高效达成交易。目前已经有越来越多的客户通过网上物流交易市场找到客户，找到合作伙伴，找到海外代理。网上物流的最大价值就是为物流供需双方提供更多的机会。**电子商务物流又称网上物流，就是基于互联网技术，旨在创造性地推动物流行业发展的新商业模式。**

1. 电子商务物流的特点

电子商务时代的来临，给全球物流带来了新的发展，使物流具备了一系列新特点。

1) 信息化

电子商务时代，物流信息化是电子商务的必然要求。物流信息化表现为物流信息的商品化、物流信息收集的数据库化和代码化、物流信息处理的电子化和计算机化、物流信息传递的标准化和实时化、物流信息存储的数字化等。因此，条码技术、数据库技术、电子订货系统、电子数据交换、快速反应以及有效的客户反映、企业资源计划等技术与观念在我国的物流中将会得到普遍的应用。信息化是一切的基础，没有物流的信息化，任何先进的技术设备都不可能应用于物流领域。

2) 自动化

自动化的基础是信息化，自动化的核心是机电一体化，自动化的外在表现是无人化，自动化的效果是省力化。自动化可以扩大物流作业能力、提高劳动生产率、减少物流作业的差错等。物流自动化的设施非常多，如条码、语音、射频自动识别系统，自动分拣系统，自动存取系统，自动导向车，货物自动跟踪系统等。

3) 网络化

物流领域网络化的基础也是信息化，这里指的网络化有两层含义：一是物流配送系统的计算机通信网络，即物流配送中心通过计算机网络与供应商、制造商、下游顾客进行联系；二是组织的网络化，即所谓的企业内部网。

4) 柔性化

柔性化本来是为实现"以顾客为中心"的理念而在生产领域提出的，即通过采用计算机控制和管理以及加工中心之间的自动导向车或者传送带，使多品种、小批量生产取得类似/大量生产的效果。柔性生产系统的产生使得大规模定制成为可能，从而能够满足用户个性化需求。生产的柔性化必然要求作为生产后勤保障系统的物流系统柔性化，即要求物流系统能提供"多品种、小批量、多批次、短周期"的物流服务。柔性物流系统依靠信息技术和自动化技术，以用户能够接受的成本提供这些服务。

5）物流多功能化

传统物流由不同的企业完成包装、运输、仓储、装卸等不同物流功能环节。随着电子商务的发展，越来越需要物流企业提供全方位的服务，既包括仓储、运输等传统物流服务，又包括配货、加工、物流系统规划和设计等现代物流服务。

6）物流社会化

(1) 物流职能社会化。在传统的经营方式下，无论企业经营规模大小，都是由企业自办物流，导致物流效率低下、费用高昂。而在电子商务环境下，特别是对中小企业来说，网上订购、确认支付后，最关键的就是在客户允许的时间范围内，将产品及时准确地运送到客户手中。物流职能社会化表现为生产企业和流通企业中的物流职能不一定由企业自己承担，而是由社会物流即第三方物流来承担。

(2) 物流资源社会化。物流资源社会化表现为生产企业、流通企业将企业所拥有的物流设施资源服务于社会，使大家能够共享，提高了资源的利用率，从而节约社会对物流设施的投资，降低经营成本，减少经营风险。

(3) 物流信息社会化。电子商务使市场供求信息充分释放，信息不再是个别企业垄断的专利，而是社会可共享的资源。生产者和消费者在网上的双向互动克服了信息不对称的问题。生产者的生产盲目性减少，消费者把对商品的需求信息直接传导给生产者，指导生产者的生产。

2. 电子商务对物流的影响

1）对物流理念的影响

(1) 物流系统中的信息成为整个供应链运营的环境基础。网络是平台，供应链是主题，电子商务是手段，信息环境对供应链的一体化起到控制和主导的作用。

(2) 企业的市场竞争将更多地表现为企业联盟的竞争。网上竞争的直接参与者将逐步减少。更多的企业将以其商品或服务的专业化优势，参与到以核心企业为龙头的分工协作的物流体系中去，在更大范围内建成一体化的供应链，并作为核心企业组织机构虚拟化的实体支持系统。供应链体系在纵向和横向上可以无限扩张的可能性，将对企业提出要么是更广泛的联盟，要么是更深度的专业化的要求。显然，在电子商务的框架内，联盟和专业化是统一在物流一体化体系中的。

另外，市场竞争的优势将不再是企业拥有物质资源的多少，而在于它能调动、协调、整合多少社会资源来增强自己的市场竞争力。因此，企业的竞争将是以物流系统为依托的信息联盟或知识联盟的竞争。物流系统的管理也从对有形资产存货的管理转为对无形资产信息或知识的管理。

(3) 物流系统面临的基本技术经济问题是有效分配信息资源。有效分配信息资源是指如何在供应链成员企业之间有效地分配信息资源，从而使得全系统的客户服务水平最高，即在追求物流总体成本最低的同时为客户提供个性化的服务。

(4) 物流系统由推动变为需求拉动。当物流系统内的所有方面都得到网络技术的支持时，产品对客户需求拉动的可得性将极大地提高。同时，将在物流体系的各个功能环节上极大地降低成本，如降低采购成本、减少库存成本、缩短产品开发周期、为客户提供有效的服务、降低销售和营销成本及增加销售的机会等。

2) 对物流系统结构的影响

(1) 由于网上客户可以直接面对制造商并可获得个性化服务，所以传统物流渠道中的批发商和零售商等中介将逐步淡出，但是区域销售代理将受制造商委托，逐步加强其在渠道和地区性市场中的地位，作为制造商产品销售和服务功能的直接延伸。

(2) 由于网上时空的"零距离"特点与现实世界的反差增大，客户对产品可得性的心理预期加大，致使企业交货速度的压力变大。因此，物流系统中的港、站、库、配送中心、运输线路等设施的布局结构和任务将面临较大的调整。

(3) 由于信息共享的即时性，使制造商在全球范围内进行资源配置成为可能，所以其组织结构将趋于分散并逐步虚拟化。当然，这主要是指那些拥有品牌的、产品在技术上已经实现功能模块化和质量标准化的企业。

(4) 大规模的电信基础设施建设，将使那些能够在网上直接传输的有形产品的物流系统隐形化。这类产品主要包括书报、音乐、软件等，即已经数字化的产品的物流系统将逐步与网络系统重合，并最终被网络系统所取代。

3) 对客户服务的影响

(1) 要求在客户咨询服务的界面上，能保证企业与客户间的即时互动。网站主页的功能不仅要宣传企业和介绍产品，而且要能够与客户一起就产品的设计、质量、包装、改装、交付条件、售后服务等进行一对一的交流，帮助客户拟订产品的可行性解决方案，使其顺利下订单。这就要求得到物流系统中每一个功能环节的即时的信息支持。

(2) 要求客户服务个性化。只有当企业对客户需求的响应实现了某种程度的个性化对称时，企业才能获得更多的商机。因此，第一，要求企业网站的主页设计个性化。除了视觉感官的个性化特点外，最主要的是网站主页的结构设计应当是针对特定客户群的。这里要把握的一个原则即"并不是把所有的新衣服都穿上身就一定漂亮"。所以传统市场营销学对客户细分和对市场细分的一般性原则和方法仍然是企业设计和变换网站主页的基本依据。第二，要求企业经营的产品或服务个性化。专业化经营是指企业在网络经济环境中为客户提供更细致、更全面、更为个性化的服务。同样，按照供应链增值服务的一般性原则，可把物流服务分为基本活动和增值活动两类，并根据客户需求的变化进行不同的服务营销组合。

4) 对物流采购的影响

企业在网上寻找合适的供应商，从理论上讲具有无限的选择性。这种无限选择的可能性将导致市场竞争的加剧，并带来供货价格的降低。但是，所有的企业都知道频繁地更换供应商会增加资质认证的成本支出，并将面临较大的采购风险。所以，从供应商的立场来看，作为应对竞争的必然对策，要积极地寻求与制造商建成稳定的渠道关系，并在技术、管理或服务等方面与制造商结成更具深度的战略联盟。同样，制造商也会从物流的理念出发来寻求与合格的供应商建立一体化供应链。作为利益交换条件，制造商和供应商之间将在更大的范围内和更深的层次上实现信息资源共享。

5) 对存货的影响

一般认为，由于电子商务增加了物流系统各环节对市场变化反应的灵敏度，可以减少库存，节约成本。但从物流的观点来看，这实际上是借助于信息分配对存货在供应链中进行了重新安排。存货在供应链总量中是减少的，但结构上将沿供应链向下游企业移动，即经销商的库存向制造商转移，制造商的库存向供应商转移，成品的库存变成零部件的库存，而零部件的库存将变成原材料的库存等。因为存货的价值沿供应链向下游移动是逐步递减的，所以将引发一个新的问题：上游企业由于减少库存而带来的相对较大的经济利益如何与下游企业一起来分享。供应链的一体化不仅要分享信息，而且也要分享利益。

6) 对运输的影响

在电子商务条件下，速度已上升为最主要的竞争手段。物流系统要提高客户对产品的可得性水平，在仓库等设施布局确定的情况下，运输将起决定性的作用。由于运输活动的复杂性，运输信息共享的基本要求就是运输单证的格式标准化和传输电子化。由于基本的EDI标准难以适应各种不同的运输服务要求，且容易被仿效，以致不能成为物流的竞争优势所在，所以在物流体系内必须发展专用的EDI能力才能获取整合的战略优势。专用的EDI能力实际上是要在供应链的基础上发展增值网，相当于在供应链内部使用的标准密码，通过管理交易、翻译通信标准和减少通信连接数目来使供应链增值，从而在物流联盟企业之间建立稳定的渠道关系。为了实现运输单证，主要是货运提单、运费清单和货运清单的EDI一票通，实现货运全程的跟踪监控和回程货运的统筹安排，将要求物流系统在相关通信设施和信息处理方面进行先期的开发投资，如电子通关、条码技术、在线货运信息系统、卫星跟踪系统等。

3. 物流对电子商务的影响

1) 物流是实施电子商务的根本保障

从电子商务的基本流程可以看出，电子商务的任何一笔完整交易，都包含着几种基本的"流"，即信息流、商流、资金流、物流。没有物流，电子商务就不可能得以实现。

2) 物流保障生产

无论在传统方式下，还是在电子商务下，生产都是商品流通之本，而生产的顺利进行需要各类物流活动的支持。生产过程从原材料采购开始，就需要有相应的供应物流活动。合理、现代化的物流，通过降低费用从而降低成本、优化库存结构，减少资金占用、缩短生产周期，保障了现代化生产的高效进行。

3) 物流是实现"以客户为中心"理念的根本保证

电子商务的出现方便了最终消费者。他们只要坐在家中，在因特网上搜索、查看、挑选商品，就可以完成他们购物的过程。如果所购的商品不能及时送到，或者商家所送商品并非自己所购，那消费者就不会选择网上购物。物流是电子商务中实现"以客户为中心"理念的最终保障。缺少了现代化的物流，电子商务给消费者带来的购物便捷等于零，消费者必然会转向他们认为安全的传统购物方式。

由此可见，物流是实现电子商务的根本保障。随着电子商务的推广与应用，物流对电子商务活动的影响日益明显。

6.2.2 电子商务物流模式

电子商务的具体实施有多种模式可以选择。由于从事的专业不同，ISP（因特网服务提供者）、ICP（因特网内容提供者）及其他信息服务提供者更多地从如何建立电子商务信息服务网络，如何提供更多的信息内容，如何保证网络的安全性，如何方便消费者接入，如何提高信息传输速度等方面考虑问题。至于电子商务在线服务背后的物流体系的建立问题，则因为涉及另一个完全不同的领域，信息产业界对此疑问较多。实际上，完整的电子商务应该包括商流、资金流、信息流和物流四方面，在商流、资金流、信息流都可以在网上进行的情况下，物流体系的建立应该被看作是电子商务的核心业务之一。电子商务物流体系可以有以下几种组建模式。

1. 企业自营物流模式

企业自营物流模式是指电子商务企业自行组建物流配送系统，经营管理企业的整个物流运作过程。如果采取这种方式，对投资应十分谨慎，因为电子商务的信息业务与物流业务是截然不同的两种业务，企业必须按照物流的要求来运作才有可能成功。在电子商务发展的初期和物流、配送体系还不完善的情况下，不应该将电子商务的物流服务水平定得太高。另外，可以多花一些精力来寻找、培养和扶持物流服务供应商，让专业物流服务商为电子商务提供物流服务。

2. 第三方物流模式

随着经济全球化和信息技术的发展以及社会大生产的扩大、专业化分工的深化和竞争压力的增强，越来越多的产品作为全球产品在世界范围内流通、生产、销售和消费，从而导致的物流活动日益庞大和复杂，降低物流成本的要求愈加迫切。第一、二方物流的组织和经营方式已不能完全满足需要，同时为参与世界性竞争，企业必须确立核心竞争力，加强供应链管理，把不属于核心业务的物流活动外包出去。于是第三方物流应运而生。

1）第三方物流的概念

所谓第三方物流是指由相对于"第一方"发货人和"第二方"收货人而言的第三方专业企业来承担企业物流活动的一种物流形态，把原来属于自己处理的物流活动，以合同方式委托给专业物流服务企业，同时通过信息系统与物流企业保持密切联系，以达到对物流全程管理的控制的一种物流运作与管理方式。第三方物流，是相对于"第一方"发货人和"第二方"收货人而言的。第三方物流既不属于第一方，也不属于第二方，而是通过与第一方或第二方的合作来提供其专业化的物流服务。第三方物流企业不拥有商品，不参与商品的买卖，而是为客户提供以合同为约束、以结盟为基础的、系列化、个性化、信息化的物流代理服务。

2）第三方物流的特点

（1）信息化。第三方物流是以信息技术为基础的，信息技术实现了数据的快速、准确传递，提高了仓库管理、装卸搬运、采购、订货、配送、发运、订单处理的自动化水平，使订货、保管、运输、流通和加工实现一体化。

（2）合同化。第三方物流有别于传统的外包，外包只限于一项或一系列分散的物流功能，如运输公司提供运输服务，仓储公司提供仓储服务。第三方物流企业则根据合同条款规定的要求，提供多功能甚至全方位的物流服务，以保证企业对其客户的服务。

（3）联盟化。依靠现代信息技术的支撑，第三方物流企业与委托方企业之间充分共享信息，这就要求双方相互信任合作，以达到双赢效果。而且，从物流服务提供者的收费源来看，第三方物流企业与委托方之间是共担风险、共享收益的关系。再者，企业之间所发生的关联并非一两次的市场交易,在交易维持一定时期之后,可以相互更换交易对象。在行为上,各自既非采用追求自身利益最大化行为,也非完全采取追求共同利益最大化行为,而是通过契约结成优势互补、风险共担、要素双向或多向流动的伙伴,因此,第三方物流企业与委托方企业之间是物流联盟关系。

3) 第三方物流的优势

第三方物流越来越受到工商企业的青睐,原因就在于它使企业能够获得比原来更大的竞争优势,这种优势主要体现在以下几个方面。

(1) 归核优势。一般来说,任何企业的资源都是有限的,生产企业的核心业务不会是物流业务,并且物流业务也不是它们的专长,生产企业应该把自己的主要资源集中于自己擅长的主业,而把物流等辅助功能留给物流企业。而新兴的第三方物流企业由于从事多项物流项目的运作,可以整合各项物流资源,使得物流的运作成本相对较低,物流作业更加高效,生产企业如果将物流业务交给它们来做,将得到更加专业的物流服务,同时也可以集中精力开展核心业务。

(2) 业务优势。第一是使生产企业获得自己本身不能提供的物流服务。由于客户所从事的行业不同,由此带来的客户服务要求也是千差万别,如生鲜产品对快速、及时、冷藏的要求,危险化工品对安全、仓储设备的要求。这些要求的差异往往是生产企业内部的物流系统所不能满足的,但却是第三方物流市场细分的基础。生产企业通过物流业务的外包就可以将这些任务转交给第三方物流企业,由它们来提供具有针对性的定制化物流服务。

第二是降低物流设施和信息网络滞后对企业的影响。小企业的物流部门缺乏与外部资源的协调,当企业的核心业务迅猛发展时,需要企业物流系统快速跟上,这时企业原来的自营物流系统往往由于硬件设施和信息网络的局限而滞后,而第三方物流企业恰好可以突破这种资源限制的瓶颈。

(3) 成本优势。首先,第三方物流可降低生产企业运作成本。专业的第三方物流企业利用规模生产的专业优势和成本优势,通过提高各环节资源的利用率实现费用节省,使企业能从分离费用结构中获益。对于生产性企业来说,物流成本在整体生产成本中占据了较大的比重。另外,由于企业使用第三方物流,可以事先得到物流服务供应商申明的成本或费用,将可变成本转变成固定成本,稳定的成本使得规划和预算手续更为简便,这也是物流外包的积极因素。

其次,第三方物流可以减少固定资产投资,加速资本周转。现代物流领域的设施、设备与信息系统的投入是相当大的,企业通过物流外包可以减少对此类项目的建设和投资,变固定成本为可变成本,并且可以将由物流需求的不确定性和复杂性所带来的财务风险转嫁给第三方。尤其是那些业务量呈现季节性变化的公司,外包对公司资产投入的影响更为明显。

再次,灵活运用新技术,实现以信息换库存,降低成本。当科学技术日益进步时,专业的第三方物流企业能不断地更新信息技术和设备,而普通的单个制造业企业通常一时间难以更新自己的资源或技能;不同的零售商可能有不同的、不断变化的配送和信息技术需求,此时,第三方物流企业能以一种快速、更具成本优势的方式满足这些需求,而这些服务通常都是一家制造业企业难以做到的。同样，第三方物流企业还具有满足一家制造业企业的潜在顾客需求的能力，从而使企业能够接洽到零售商。

（4）客服优势。首先是第三方物流的信息网络优势。第三方物流企业所具有的信息网络优势使得它们在提高顾客满意度上具有独特的优势。它们可以利用强大便捷的信息网络来加大订单的处理能力、缩短对客户需求的响应时间、进行直接到户的点对点的配送，实现商品的快速交付，提高顾客的满意度。

其次是第三方物流的服务优势。第三方物流企业所提供的专业服务可以为顾客提供更多、更周到的服务，加强企业的市场感召力。另外，设施先进的第三方物流企业还具有对物流全程监控的能力，通过其先进的信息技术和通信技术对在途货物实施监控，及时发现、处理配送过程中出现的意外事故，保证订货及时、安全送到目的地。

3. 物流联盟模式

物流联盟是一种介于自营和外包之间的物流模式，可以降低这两种模式的风险。物流联盟是为了取得比单独从事物流活动更好的效果，企业间形成相互信任、共担风险、共享收益的物流伙伴关系。物流联盟企业之间不完全采取导致自身利益最大化的行为，也不完全采取导致共同利益最大化的行为，只是在物流方面通过契约形成优势互补、要素双向或多向流动的中间组织。物流联盟是动态的，只要合同结束，双方又变成追求自身利益最大化的单独个体。狭义的物流联盟存在于非物流企业之间，广义的物流联盟包括第三方物流。以下指的是广义的物流联盟。

电子商务企业与物流企业进行联盟，一方面有助于电子商务企业降低经营风险，提高竞争力，企业还可从物流伙伴处获得物流技术和管理技巧；另一方面也使物流企业有了稳定的货源，当然物流联盟的长期性、稳定性会使电子商务企业改变物流服务供应商的行为变得困难，电子商务企业必须对今后过度依赖于物流伙伴的局面作周全的考虑。

不同的物流模式有着各自的优势和劣势，以上三种物流模式的比较见表6-1。

表6-1 三种物流模式比较

	企业自营物流模式	第三方物流模式	物流联盟模式
优势	企业对物流有较强的控制能力； 物流部门与其他职能部门易于协调； 企业容易保持供应链的稳定	电子商务企业可以将力量与资源集中于自己的核心主业； 低自营成本； 改进客户服务	可以降低经营风险和不确定性； 减少投资； 获得物流技术和管理技巧
劣势	物流基础设施需要非常大的投入； 需要较强的物流管理能力	我国的第三方物流尚未成熟； 容易受制于人	更换物流伙伴比较困难

4. 第四方物流模式

第四方物流是由美国著名的管理咨询公司埃森哲提出的，该公司将**第四方物流**定位为一个供应链的集成商，提出第四方物流能够对公司内部和具有互补性的服务提供商所拥有的资源、能力和技术进行整合和管理，提供一整套供应链解决方案。第四方物流在解决企业物流问题的同时，整合社会物流资源，实现物流信息共享，增强物流服务能力，进而提高整个物流行业的管理水平。

第四方物流的优势是能够提供完善的供应链解决方案，降低物流成本和交易费用，更有利于提供个性化服务。其劣势是独立生存能力差，对信息技术的依赖程度高。

5. 物流一体化模式

物流一体化是指在企业内各个部门或者各个企业之间通过在物流上进行合作，达到提高物流效率、降低物流成本，最终实现整个物流系统最优化配置的过程。物流一体化将原料、半成品和成品的生产、供应、销售结合成有机的整体，实现流通生产的引导和促进关系。

物流一体化的优势是将生产与流通结合成为经济利益的共同体，使生产与流通相互调控；能够协调产供销矛盾，平衡市场供应，优化社会整体经济运作环境，有利于宏观调控。物流一体化的劣势是过度扩张的巨大生产能力需要较高的市场需求和企业销售能力，具有一定的风险；另外，物流一体化需要企业拥有较高的管理能力和技术水平。

6.2.3 电子商务物流相关技术

1. 信息技术在物流中的应用

电子商务时代要想提供最佳服务，物流系统必须要有现代化的装备配置及信息系统。电子商务的发展，尤其是信息技术的进步也给物流技术带来了新的变化。目前，信息技术在物流中的主要应用包括以下几个方面。

1）条码技术

条码技术（bar code）是在计算机的应用实践中产生和发展起来的一种自动识别技术，也是目前国际上供应链物流管理中普遍采用的一种技术手段。它是为实现对信息的自动扫描而设计的，可以实现快速、准确而可靠的采集数据。条码技术的应用解决了数据录入和数据采集的瓶颈问题，为电子商务环境下的物流管理提供了有力的技术支持。

条码是承载标识信息的一个载体，其承载的信息是随物品一起流动的，这个信息可以在任何一个点上采集，信息采集到以后，还可以在供应链上下流动，因此，它为各贸易环节提供了通用语言，也为 EDI 和电子商务奠定了基础。物流条码标准化在推动各行业信息化进程和供应链管理的过程中将起到不可估量的作用。

2）射频识别技术

射频识别技术（radio frequency，RF）是将非接触特性应用到普通 IC 卡上，利用射频方式进行非接触双向通信，以达到识别目的并交换数据。射频识别技术的基本原理是电磁理论，利用无线电波对记录媒体进行读写。射频识别技术具有可识别高速运动物体、同时识别多个射频卡以及可读写等诸多优点，可以轻松满足信息流量不断增大和信息处理速度不断提高的需求。

使用射频识别技术，在完成工作时无须人工干预，适于实现自动化且不易损坏，可以识别高速运动的物体并可同时识别多个射频卡，操作快捷方便。射频卡不怕油渍、灰尘污染等恶劣的环境，短距离的射频卡可以在这种环境中代替条码，长距离的射频卡多

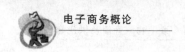

用于交通上，射频距离可达几十米。

3) 地理信息系统

地理信息系统（geographic information system，GIS）是一种基于计算机的工具，它可以对在地球上存在的东西和发生的事件进行成图和分析。通俗地讲，它是整个地球或部分区域的资源、环境在计算机中的缩影。严格地讲，它是反映人们赖以生存的现实世界的各类空间数据及描述这些空间数据特征的属性，在计算机软件和硬件的支持下，以一定的格式输入、存储、检索、显示和综合分析应用的技术系统。地理信息系统是以采集、存储、管理、处理分析和描述整个或部分地球表面与空间和地理分布有关的数据的空间信息系统。

物流企业可以利用地理信息系统基于属性数据和图形数据的结合对分区进行科学、规范的管理，并且可以优化车辆与人员的调度，最大限度地利用人力、物力资源，使货物配送达到最优化。对于物流中的许多重要决策问题，如配送中心的选址、货物组配方案、运输的最佳路径、最优库存控制等方面，都可以提供更好的解决方案。

4) 全球定位系统

全球定位系统（global positioning system，GPS）是一种结合卫星及通信发展起来的技术，利用导航卫星进行测时和测距。全球定位系统是美国从20世纪70年代开始研制，历时20余年，耗资200亿美元，于1994年全面建成，具有海、陆、空进行全方位实时三维导航与定位能力的新一代卫星导航与定位系统。全球定位系统由24颗高度为2万千米的卫星组成，它们以6个不同的运行轨道运行，可提供全球范围从地面到9 000千米高空之间任一载体的高精度的三维位置、三维速度和精确的时间信息。安装在车辆上的车载单元只要能收到来自三颗卫星的定位信号，就可定位该辆车的经、纬度位置和时间信息。全球定位系统以其全球性、实时性、全天候、连续、快速、高精度的车辆动态定位功能给物流运输企业带来了一场革命。

全球定位系统主要应用于运输工具自动定位、跟踪调度方面。如利用全球定位系统的计算机管理信息系统，可以通过全球定位系统和计算机网络实时收集全路汽车所运货物的动态信息，实现汽车、货物追踪管理，并及时进行汽车的调度管理。在铁路运输方面，通过全球定位系统和计算机网络实时收集全路列车、机车、车辆、集装箱及所运货物的动态信息，实现列车及货物的追踪管理。

5) 电子数据交换技术

电子数据交换（electronic data interchange，EDI），也称电子数据贸易或无纸贸易。电子数据交换将贸易、生产、运输、保险、金融和海关等行业的商务文件，按国际统一的语法规则进行处理，使其符合国际标准格式，并通过通信网络来进行数据交换，是一种用计算机进行商务处理的新业务。它利用存储转发方式将贸易过程中的订货单、发票、提货单、海关申报单、进出口许可证、货运单等单证数据以标准化格式，通过计算机和通信网络进行传递、交换、处理，代替了贸易、运输、保险、银行、海关、商检等行业间人工处理信息、邮递互换单证的方式，使交易行为更加快速、安全和高效。经过20多年的发展与完善，电子数据交换作为一种全球性的具有巨大商业价值的电子化贸易手段，具有无纸化贸易、缩短交易时间、加速资金流通、提高办公效率等优点。

2. 呼叫中心

1) 呼叫中心概述

呼叫中心（call center），又叫作客户服务中心、客户联络中心，它是企业为用户服务而设立的一种基于计算机电话集成技术、充分利用通信网和计算机网的多项功能集成，并与企业连为一体的一个完整的综合信息服务系统，利用现有的各种先进的通信手段，有效地为客户提供高质量、高效率、全方位的服务。

中国呼叫中心产业从1998年起步，据《中国呼叫中心产业白皮书（2014）》统计，截至2014年年底，中国呼叫企业近1 700家，产业总座席数保守估计超过120万席，直接从业人数超过300万人，累计投资规模超过1 150亿元，在全国范围内建成的以呼叫中心为主导产业的专业园区超过60个，中国呼叫中心产业已渗透中国56个行业，目前在互联网、电子商务、通信、金融等服务性行业中比例较高。

目前中国呼叫中心的模式主要有企业自建呼叫中心和外包呼叫中心。主体运营模式特征以自建模式居主流，外包模式健康发展，托管模式期待突破。全国近77%的呼叫中心属自建模式，19%左右属外包模式，托管模式的呼叫中心很少。

2) 建立物流呼叫中心的意义

（1）提升运输作业效率。呼叫中心与物流企业已有的ERP、SCM等系统结合起来，可形成完善的企业供应链管理信息系统，为各部门提供及时可靠的信息，加强沟通，提升服务水平。例如，工作人员通过呼叫中心信息平台，可实时掌握货物和车辆的情况，从而协调车主与货主的调配，达到节省运货、供货以及在途运输的时间。通过对在途运输的实时监控，保障服务质量，提高运作效率。

（2）整合资源、优化仓储。物流服务需要一个庞大的支持系统，需要丰富的人力资源、数据资源、设备资源和通信线路资源。呼叫中心集成各种先进的服务手段和系统资源，通过企业内部各部门的信息共享，对信息加以有效处理，建立仓储管理、财务管理、运输管理和订单管理等基础信息系统，实现高效的服务。

（3）规范管理。对于物流业来说，如何将企业各部分有机地结合起来，建立畅通快捷的沟通渠道，使企业内部各部门的信息得到充分利用，各区域的物流中心得到规范的管理，这已成为现代物流企业在当今时代取得运作成功的一个重要因素。通过对各区域物流中心的整合，可以有效规范各物流中心的运作。通过高效、快捷、便利的联络和信息传递平台，可以使得各区域物流中心管理有统一的调配，合理安排任务，规范管理。

（4）借信息反馈挖掘市场。在现代市场竞争中，各种销售手段的有效组合是企业取胜的有力武器。及时查询和认真处理客户投诉，进一步实施客户关怀，主动回访客户，及时了解客户意见并反馈给相关部门，可树立企业形象，争取更多客户。

3) 呼叫中心在物流行业中的应用方法

物流作为现代社会高速发展的产业，不仅要实现物品从供应地向接收地的实体流动过程，同时需要完成信息流和资金流的有效流动。通过运输、储存、配送、装卸搬运、包装、流通加工和信息处理等基本活动与过程的有机结合，形成完整的供应链，为用户提供多功能、一体化的综合型服务。我国的物流业在目前的实际发展中存在诸多问题，比如客户分散，资料难以收集、掌握和统计，分散于各地的分公司业务难以统一调度、管理，系统效率低，物流成本高等，这些因素严重制约着我国物流行业前进的步伐。在物流公司的运营过程中，还可能出现因为信息传递的速度太慢，造成送货的不及时，或者由于信息传递失真，导致指挥与操作失误。同时因为实时监控手段的缺乏，带来管理难度的增加和企业运营效率的低下，以及成本的增加等问题。

物流公司需要将各个环节，以及分散的业务活动，通过一个信息平台有效地连接起来，提高信息的流转效率以推动物资流动，从总体上降低物流运作成本。呼叫中心，正是这样一个平台，利用其"集中"的技术优势，整合系统的资源，包括企业本身的资源和客户的资源，实现一对一的服务，同时实现与其他信息系统的无缝融合，刺激物流业的快速发展。物流呼叫中心结构模型如图6-1所示。

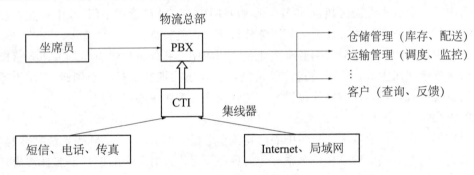

图6-1 呼叫中心结构模型

呼叫中心是利用现代通信手段集中处理企业与客户交互过程的机构，对时域、地域跨度都很大的物流企业而言，它更担负着不同物流环节、不同部门之间有效沟通的职能，对物流企业的顺利运行起着重要的作用。

随着多媒体和因特网的广泛应用，呼叫中心在物流行业中的应用日益频繁。呼叫中心凭借其高度的灵活性和柔韧性，通过营运管理的逐步完善，可无缝地嵌入物流配送网络的各个环节，成为真正满足现代物流企业需要的综合型服务和营运中心。呼叫中心不仅仅是物流企业和客户联系的桥梁，更将给物流企业带来更多的收益，为客户带来更优良的服务。

6.2.4 我国电子商务物流发展现状与趋势

随着全球一体化的不断发展，更加上网络技术、信息技术在经济、社会中的普及，电子商务在近些年得到了快速发展，而电子商务的快速发展，给电子商务物流带来了巨大的发展机遇。

1. 我国电子商务物流发展现状

1）电子商务物流企业不断增加

2016年50强物流企业物流业务收入共达8 299亿元，按可比口径计算，比2015年增长6.9%；与此同时，50强物流企业门槛达到28.5亿元，比2015年增加6亿元；汽车、医药等重点领域企业收入规模快速增长。2016年有20家企业营业收入突破100亿元大关。2016年全国社会物流总额229.7万亿元，按可比价格计算，比2015年增长

6.1%，增速比 2015 年提高 0.3 个百分点。分季度看，一季度 50.7 万亿元，增长 6.0%，提高 0.4 个百分点；上半年 107.0 万亿元，增长 6.2%，提高 0.5 个百分点；前三季度 167.4 万亿元，增长 6.1%，提高 0.3 个百分点；全年社会物流总额呈现稳中有升的发展态势。

2）跨境电子商务物流增长迅速

随着"一带一路"倡议的逐步实施和经济全球化的进一步深入，跨境电子商务物流发展迎来难得的历史发展机遇。根据艾瑞咨询统计的数据，2017 年我国跨境电子商务整体交易规模（含零售及 B2B）达 7.6 万亿元人民币，中国海淘用户规模升至 0.65 亿人。"海外仓"和"保税仓"的设立，解决了消费者体验和快速分销的问题，海关通关"清单核放"方式的实施，进一步规范了跨境电子商务的手续流程，中国跨境电子商务"买全球"、"卖全球"和"送全球"的格局正在逐步形成。如何为跨境电子商务的高速发展提供支撑，对物流服务从体系到能力都提出更高的要求。

3）电子商务物流基础设施落后

物流基础设施是指在供应链的整体服务功能上和供应链的某些环节上，满足物流组织与管理需要的、具有综合或单一功能的场所或组织的统称，主要包括公路、铁路、港口、机场和网络通信基础设施等。经过多年的发展，我国在交通运输、仓储设施、信息通信、货物包装和搬运等物流基础设施装备方面有了一定的发展，但从总体上来说，我国的物流基础设施还比较落后，特别是在条块分割、多头管理的模式下，我国各种物流基础设施的规划和建设缺乏必要的协调性，因而物流基础设施的配套性和兼容性差，缺乏系统功能。尤其是涉及各种运输方式之间、国家运输系统和地方运输系统之间、不同运输系统之间相互衔接的枢纽设施和有关服务设施建设方面缺乏投入，对物流产业发展有重要影响的各种综合性货运枢纽、物流中心和基地建设发展缓慢，这些因素影响我国物流系统的协调发展。

4）电子商务物流企业信息化普及、物流作业与技术水平普遍较低

目前我国物流企业各类信息技术的普及和应用程度还不高，物流信息管理尚未实现自动化，信息资源的利用尚未实现跨部门、跨行业整合，政府缺乏规划引导和扶持，诸如物流领域信息技术应用较少，管理信息系统不健全。电子数据交换系统的应用范围有限，企业之间的物流共享机制尚未形成，网络信息技术的应用仍停留在初级水平上，能够利用系统集成软件技术优化物流配置的企业非常少，这些问题都大大影响了物流服务的准确性和及时性。另外，我国物流系统功能不强，仓储功能和运输功能缺乏协调，长途运输和短途配送也缺乏有效衔接，各种运输方式之间配合不力，不同物流服务很少结合，没有形成一个完整的物流系统。

我国大多数物流企业仓储普遍使用的仍然是普通平房仓库，搬运工具则大量使用功能低下的搬运车、手推叉车和普通起重设备，运输工具大多使用普通车辆，各种运输方式之间装备标准不统一、物流器具标准不配套、物流包装标准和设施标准之间缺乏有效的连接，物流设施和装备标准化滞后。大多数物流企业还只是被动地按照用户的指令和要求，从事单一功能的运输、仓储和配送，很少能提供物流策划、组织及深入到企业生产领域进行供应链全过程的管理，物流增值少。

5）电子商务物流人才供给严重不足

根据《物流业发展中长期规划（2014—2020年）》，我国物流从业人员以年均6.2%的速度增长，每年新增180万人左右的物流岗位需求，虽然我国2000多所开设物流专业的院校每年为社会培养15万人左右的物流人才，加上第三方培训机构每年约17万人和公共实训基地每年约14万人的人才供给，物流人才的培养数量仍然不能满足社会对物流人才的需求，从高端的物流规划设计人员，到中层物流管理人员及基层的管理人员和作业人员，物流业高中低端人才全面紧缺。其次，各地经济发展不平衡，产业结构不同，引起物流发展水平存在地区差别，加上不同地区地域优势和特点不同，导致对物流人才的需求类型和岗位差异显著，这也进一步加剧了物流人才的供需失衡。再次，物流人才层次结构与需求不符，无法满足行业发展需求。从人才需求的角度来看，物流企业对初级岗位（即一线技能人才）的需求最大，占到总需求量的69%。但是院校的人才培养结构却相反，高职培养人数最多，其次才为中职。由此可见，我国物流人才的状况远远不能满足国内物流业对现代物流人才的迫切需求。

2. 我国电子商务物流发展趋势

1）电子商务物流自动化

自动化是整个物流产业的发展趋势，电子商务物流也不例外。如今，我国人力资源成本在不断上升，人口红利将要消耗殆尽。在这种背景下，电子商务物流必须改变劳动密集型行业的特点，大力推进自动化设备和自动化管理模式，增强服务能力，如此才能适应现代电子商务市场数量大、种类多、个性化等诸多需求特点。

2）电子商务物流全球化

网络技术发展带动了国际电子商务的发展，也使得电子商务全球化趋势明显。特别是全球采购和全球制造模式的快速发展，加速了各种商品和资源的国际化流动。这种全球化趋势使得电子商务物流企业必须有全球化的战略思维和战略高度，在网点布局、服务设计等方面需要超前的目光，给予足够的发展空间，才能提供国际化的电子商务物流服务。

3）电子商务物流融合发展

电子商务物流融合发展包括几个方面，一是电子商务物流企业主体日益多元，从快递企业、运输企业、仓储企业向生产企业、流通企业等扩展，涌现出一批知名电子商务物流企业品牌，形成了自营、加盟、合营、共同配送、第三方（如电子商务物流运输服务商、专业第三方物流企业等）、第四方、供应链、平台、联盟等多种业务模式；二是电子商务企业与物流企业彼此渗透和融合的速度加快，电子商务企业进军物流领域，物流企业反向涉足电子商务领域，成为两股相向而行的潮流，形成电子商务与物流融合互补的新格局；三是电子商务物流不断开拓业务范围，形成电子商务、物流、金融和大数据的融合发展。例如菜鸟网、海尔日日顺与阿里巴巴、中信银行的合作，1号店与邮储银行、平安保险、百度的合作，就是电子商务、物流、金融、大数据融合发展，跨界合作的典型代表。

6.3 供应链管理

在以信息化为显著标志的后工业化时代,供应链在生产、物流等众多领域的作用日趋显著。在以产品为核心业务的企业里,供应链管理的科学化程度和水平的高低,直接决定了这个企业是否具有竞争力。

6.3.1 供应链概述

1. 供应链的定义

供应链是围绕核心企业,通过对信息流、物流、资金流的控制,从采购原材料开始,制成中间产品以及最终产品,最后由销售网络把产品送到消费者手中的将供应商、制造商、分销商、零售商、直到最终用户连成一个整体功能的网链结构模式。国家标准《物流术语》(GB/T 18354—2006)对供应链的定义:**生产及流通过程中,涉及将产品或服务提供给最终用户所形成的网链结构。**根据以上供应链的定义,其结构可以简单归纳为如图 6-2 所示的模型。

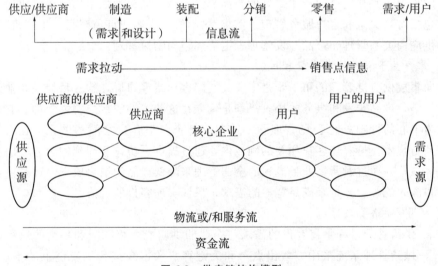

图 6-2 供应链结构模型

从图 6-2 可以看出,供应链是一个范围更广的企业结构模式,它由所有加盟的节点企业组成,其中一般有一个核心企业(可以是产品制造企业,也可以是大型零售企业,如美国的沃尔玛),节点企业在需求信息的驱动下,通过供应链的职能分工与合作(生产、分销、零售等),以资金流、物流及服务流为媒介实现整个供应链的不断增值,给相关企业都带来收益。

2. 供应链特征

1)整体性

供应链是一个由围绕核心企业的供应商、供应商的供应商、用户、用户的用户组成的网链结构,供应链中每一个企业都是一个节点,同其他企业构成供需关系。因而要求供应链中的企业整体合作、协调一致,在一个共同目标的驱动下,实现整个供应链的资源共享。

2) 动态性

供应链的核心企业通过筛选,在众多企业中确定合作伙伴,而非核心企业也会根据自身情况,有选择地加入供应链网络,这种双向的选择在目标、市场、服务方式、客户需求等条件变化的过程中随时处于动态调整的状态。

3) 复杂性

供应链涉及众多的节点企业,而这些企业是独立的经济实体,在各方面都存在差异,而且各节点企业之间也可能存在竞争关系,因而整个供应链是一个复杂的整体。

4) 交叉性

交叉性主要体现在节点企业在供应链中的地位与角色上,有的节点企业可能同时属于不同的供应链,在不同的供应链中的地位和角色也不尽相同。

3. 供应链业务流程

一个集成的供应链需要连续不断的信息流,并能够精确、及时和快速地处理供应链上的信息,来控制不确定的客户需求、生产过程和供应商绩效,随时跟随客户的变化响应他们的需求,并帮助企业产生最好的产品流。全球供应链论坛给出了关键供应链的定义,它包括客户关系和客户服务管理、需求/供给管理、客户订单履行、生产流程管理、采购和供应商关系管理、产品开发管理、退货和逆向物流管理。

1) 客户关系和客户服务管理过程

面向集成供应链管理的第一步是定义关键的客户或客户群,这一目标是企业经营的核心和关键,产品开发和服务的协议等都是建立在这些关键的客户群之上的。它是一种以客户为中心的管理思想和经营理念,旨在改善企业与客户之间的关系,在市场、销售、服务与技术支持等与客户相关的领域内,通过提供更快速和周到的服务吸引和保持更多的客户,并通过对营销业务流程的全面管理来降低产品的销售成本,通过完善的客户服务和深入的客户分析来满足客户的需求,保证实现客户的价值。

2) 需求/供给管理过程

需求/供给管理过程是将客户的需求与企业的供应能力相匹配和平衡的过程,一个好的需求/供给管理系统采用"售出点"和关键客户数据来减少供应链上的不确定性,并为这个供应链提供有效的信息流和产品流。到目前为止,客户需求是可变性的最大来源,它是从不规则订单中产生的,因此,接受订单时需要进行多资源和多路径的选择。由于这种客户订单的可变性,市场需求和产品计划应该使企业在广泛的基础上进行协同运作,以实现最后的平衡。在现有的供应链管理中,需求/供给管理是非常重要的一个环节。

3) 客户订单履行过程

这实际上是一个根据市场和客户的需求,最大限度地利用自己手中和供应链上其他成员能整合的资源和供给能力来按时、按质和按量地满足客户订单需求的过程。该过程将企业各相关部门的计划集成在一起,并与供应链上的有关成员企业的业务紧密相连、结成伙伴关系，在尽量减少总交货成本的情况下满足客户需求，将货物送交到客户手中。

4) 生产流程管理过程

在企业传统以 ERP 管理和面向库存的生产过程中，产品是由 MRP 计划推动进行生产的，常常会生产出不符合市场和客户需求的产品，造成不必要的库存，而过多的库存又导致成本增加。在生产流程管理过程中，产品生产是由基于客户需求的计划拉动的。生产制造过程必须能灵活地适应市场变化。这种灵活性能够快速地适应所有的变化以适应大量的客户要求。在供应链管理的模式下，企业的生产计划人员可以与客户的计划人员一同在线协同工作，为客户提供策略性的需求满足，缩短生产制造流程周期和改进生产过程的柔性，这意味着节约客户的时间。

5) 采购和供应商关系管理过程

在采购和供应商关系管理过程中，要管理与供应商的关系以及获得资源，并与供应商一同去支持制造过程和新产品开发。该流程将供应商在不同的范围上进行分类，如他们对企业的贡献和关键性程度等。长期的伙伴关系被发展成一种小的、核心的供应商团体，从传统的招标和购买系统转变为使关键的供应商在产品设计周期的早期就参与进来，在设计工程和采购过程中实现协同运作，这会使产品开发周期显著地缩短，并尽快投放市场。这种与供应商的长期稳固的关系是一种利益均沾的、双赢的伙伴关系，如果企业需要在全球范围内扩展业务，则资源也需要在全球范围内进行管理。

6) 产品开发管理过程

为了缩短新产品投放市场的时间，必须将客户和供应商的相关业务流程都集成到新产品开发的过程中。由于产品生命周期的不断缩短，企业为了保持其竞争力，必须不断开发出新产品并在缩短设计时间的前提下成功地将产品推向市场。产品开发和商品化过程需要采用客户关系管理和供应商关系管理技术，协同地确定客户的需求，选择最合适的供应商和物料，将产品开发、生产制造流程与市场结合，为市场和客户提供最好的产品。

7) 退货和逆向物流管理过程

管理退货和逆向物流作为一个业务过程，同样提供了取得持续竞争优势的机会。逆向物流是由多种原因造成的，在许多国家，这可能是一个环境问题，也有的是由于产品包装品的回收，但最普遍的是退货过程。有效的退货渠道能够使企业改善市场形象并获取市场机会，更好地改善与客户之间的关系，提高资产的利用率，降低成本。

6.3.2 供应链管理概述

20 世纪 80 年代，随着物流一体化由企业内部物流活动的整合转向跨越企业边界的不同企业间协作，供应链管理的概念应运而生。具有丰富物流管理经验和先进物流管理水平的世界级顶尖企业在研究企业发展战略的过程中发现，面临日益激烈的市场竞争，仅靠一个企业和一种产品的力量已不足以占据优势，企业必须与原料供应商、产品分销商和第三方物流服务者等结成持久、紧密的联盟，共同建设高效率、低成本的供应链，才可以从容面对市场竞争并取得最终胜利。

1. 供应链管理的概念

供应链管理有不同的界定，总体上可以认为供应链管理是借助先进的管理理念、方法和现代技术，将供应链上合作伙伴相关的业务流程集成起来，并有效管理，使供应链各环节协同运作，以提高客户满意度，提升供应链整体效率和效益。

国家标准《物流术语》（GB/T 18354—2006）对供应链管理的定义：对供应链涉及的全部活动进行计划、组织、协调与控制。

供应链管理是一种集成的管理思想和方法，它执行供应链中从供应商到最终用户的物流的计划、组织、协调和控制一体化等职能，把供应链上的各个企业作为一个不可分割的整体，进行一体化管理，使供应链上各企业分担的采购、生产、分销和销售的职能成为一个协调发展的有机体，以提高客户的满意度，提升企业的核心竞争力，扩大企业的竞争优势。供应链管理可以显著提高物流的效率，降低物流成本，大幅度提高企业的劳动生产率。实行供应链管理可以使供应链中的各成员企业之间的业务关系得到强化，将过去企业与外部组织之间的相互独立关系改变为紧密合作关系，形成新的命运共同体。

2. 供应链管理涉及的内容

供应链管理主要涉及四个领域：供应、生产计划、物流、需求。如图 6-3 所示，供应链管理是以同步化、集成化生产计划为指导，以各种技术为支持，尤其以 Internet/intranet 为依托，围绕供应、生产计划、物流（主要指制造过程）、满足需求来实施的。供应链管理主要包括计划、合作、控制从供应商到用户的物料（零部件和成品等）和信息。供应链管理的目标在于提高用户服务水平和降低总的交易成本，并且寻求两个目标之间的平衡（这两个目标往往有冲突）。

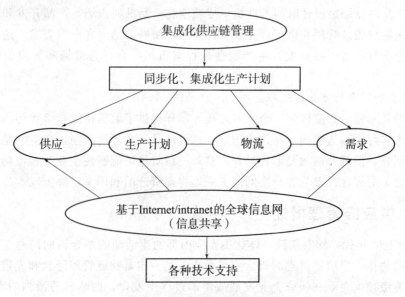

图 6-3 供应链管理涉及的领域

在以上四个领域的基础上，可以将供应链管理细分为职能领域和辅助领域。职能领域主要包括产品工程、产品技术保证、采购、生产控制、库存控制、仓储管理、分销管理。而辅助领域主要包括客户服务、制造、设计工程、会计核算、人力资源、市场营销。

由此可见,供应链管理关心的并不仅仅是物料实体在供应链中的流动,除了企业内部与企业之间的运输问题和实物分销以外,供应链管理还包括战略性供应商和用户合作伙伴关系管理,供应链产品需求预测和计划,供应链的设计(全球节点企业、资源、设备等的评价、选择和定位),企业内部与企业之间物料供应与需求管理,基于供应链管理的产品设计与制造管理、生产集成化计划、跟踪和控制,基于供应链的用户服务和物流(运输、库存、包装等)管理,企业间资金流管理(汇率、成本等问题),基于Internet/Intranet 的供应链交互信息管理等。

供应链管理注重总的物流成本(从原材料到最终产成品的费用)与用户服务水平之间的关系,为此要把供应链各个职能部门有机地结合在一起,从而最大限度地发挥供应链整体的力量,达到供应链企业群体获益的目的。

3. 供应链管理的目标

电子商务环境下供应链管理的目标,既要考虑供应链管理的要求,又要考虑电子商务发展的需要。就供应链管理的要求来说,核心在于物流系统的整合,即整合传统的作业领域,并把它上升到一个综合的战略高度,以实现整个供应链物流活动的协调高效运作。

1) 及时、准确地把握需求的产品或产品等级

在动态的市场竞争环境下,要在恰当的时间和地点交付正确的产品,就必须及时、准确地把握客户对产品的需求等级,这对电子商务环境下供应链的物流管理来说至关重要。因为在电子商务环境下,所要求的配送系统中货物准时而快速的移动,以及库存管理系统的存货控制对实际销售变更的敏捷反应,都完全依赖信息,而且电子商务所具有的信息化的强大功能,也为达到这个要求创造了条件。

2) 提高供应链的物流操作效率,降低物流费用水平

要使供应链下的物流管理在恰当的时间和地点交付正确的产品,必须解决物流系统的操作效率和费用水平问题。从当前电子商务发展的要求来看,迫切需要一个高效率、低成本的物流配送系统与之配合。

(1) 充分利用现代物流运作技术,提高供应链系统的操作能力,实现对客户所需货物的快速支付。

(2) 采用现代信息技术手段实现主动的供应链物流控制,将物流作业过程由于各种不确定性因素的影响而中断的现象减到最少。

(3) 发展第三方物流,提高物流专业化水平,实现供应链物流管理高效率、低成本运营的目的。

3) 减少整个供应链的库存水平

减少整个供应链的库存水平,可以有效地降低供应链物流配销成本、提高物流运营效率,这也是完成电子商务过程的要求。而且,先进的技术也使得减少整个供应链的库存水平成为可能。因为,随着因特网应用的深入,库存作为缓和供求波动的效用在逐渐

减少，供应链上的节点企业可以通过信息来代替库存，使整个供应链上的库存减少到运作所必需的基本水平。

4. 供应链管理的特征

1) 管理目标多元化

在传统的管理活动中，管理目标通常是根据企业所面临的问题以及解决问题的途径制定的，管理目标比较单一。而供应链管理的目标比较复杂，因此企业在制定供应链管理的目标时，不能仅仅局限于一个目标，而应该综合考虑多个方面，进行综合管理。

2) 管理元素多样化

传统的管理元素主要是指人、财、物等，随着科技的进步，管理元素的范围也在逐渐扩大，信息、知识等都可以作为管理元素。由于供应链管理中的信息程度越来越高，知识含量越来越高，除了传统的人、财、物，软件、信息技术等也成为供应链的管理元素，而且在供应链管理中扮演着重要的角色。

3) 管理系统复杂化

供应链中各项要素相互制约，各个节点密切相关，内外部环境相互交织等一系列的原因使供应链管理行为越来越复杂，也越来越难以把握。供应链管理要求内外部资源优化整合，相互协调，导致供应链管理系统的边界越来越模糊，也使得供应链系统变得越来越复杂。

6.4 电子商务供应链管理

6.4.1 电子商务对供应链管理的影响

电子商务对供应链管理的影响主要体现在对客户服务以及对供应商的影响。

1. 对客户服务的影响

1) 与客户之间的关系更加紧密

电子商务的出现使企业能够直接与客户进行沟通，能够建立起基于信息流和知识的新型客户关系。直接的沟通方式有利于企业迅速地收集来自客户的信息，及时反映，从而满足客户的各种需求，使客户转化成为忠诚客户。另一方面，网络的兴起使企业能够通过全球的网络，间接收集消费者和市场需求信息，方便企业对生产和销售进行实时调整，来迎合消费者市场。

2) 减少供应链上的冗余环节

在电子商务环境下，供应链管理采用的是无纸化、网上办公的方式，使用计算机和网络技术进行企业与客户之间的交易活动，比如产品销售和服务，网上支付等。另外，因为客户与企业能够在网络上进行直接沟通，企业通过网络发布产品信息，用户同时通过网络提交订单。能够最大化地减少供应链上的中间环节，有效地降低库存及相关成本。

2. 对供应商的影响

1) 企业营销方式多样化

企业除了能够利用丰富的网络资源拓宽自身的营销渠道外,还能够利用电子商务与其经销商合作建立订货和库存系统,通过信息系统获知有关零售商商品的销售信息,及时补充库存,提高顾客满意度。

2) 建立网状价值链

企业能够应用电子商务构筑的企业间的价值链,将每个企业的核心能力在整个供应链上共享,供应链上的供应商、物流、信息服务等组成部分均可由第三方完成。同时,各节点企业都能够与第三方进行交流,建立了一个网状的价值链,使供应链之间的联系更加便捷。

3) 实现资源配置全球化

随着市场的全球化,企业间的竞争也开始向全球化方向发展。电子商务的出现,使企业能够在全球范围内合理地分配资源,利用资源,能够在全球范围内进行采购、制造、配送等活动。

由此可见,电子商务带来了供应链管理的变革。它运用供应链管理思想,整合企业的上下游的产业,以中心制造厂商为核心,将产业上游供应商、产业下游经销商(客户)、物流运输商及服务商、零售商以及往来银行进行垂直一体化的整合,构成一个电子商务供应链网络,消除了整个供应链网络上不必要的运作和消耗,促进了供应链向动态的、虚拟的、全球网络化的方向发展。它运用供应链管理的核心技术——客户关系管理,对客户资料进行收集、统计、分析和跟踪,以便更好地了解客户,给他们提供个性化的产品和服务,使资源在供应链网络上合理流动来缩短交货周期,降低库存,并且通过提供自助交易等自助式服务来降低成本,更重要的是提高了企业对市场和最终顾客需求的响应速度,在整个供应链网络的每一个过程实现最合理的增值,从而提高企业的市场竞争力。

6.4.2 电子商务供应链管理模式

随着因特网的出现及其飞速发展,电子商务这个全新的商务模式正在以人们难以想象的速度、深度和广度改变着供应链上从原材料采购、产品制造、分销,到交付给最终用户的全过程,改变着供应链上信息流、物流、资金流、人流和商务流的运作模式。在供应链的发展过程中,逐渐形成了以下几种典型的模式。

1. 快速反应

快速反应是指物流企业面对多品种、小批量的买方市场,不是储备了"产品",而是准备了各种"要素",在用户提出要求时,能以最快速度抽取"要素",及时"组装",提供所需服务或产品。

实施快速反应可分为以下三个阶段。

第一阶段:对所有的商品消费单元条码化,即对商品消费单元用 EAN/UPC 条码标识,对商品贸易单元用 ITF-14 条码标识,对物流单元则用 UCC/EAN-128 条码标识。利用 EDI 传输订购单报文和发票报文。

第二阶段：在第一阶段的基础上增加与内部业务处理有关的策略，如自动补库与商品即时出售等，并采用 EDI 传输更多的报文，如发货通知报文、收货通知报文等。

第三阶段：与贸易伙伴密切合作，采用更高级的快速反应策略，以对客户的需求做出快速反应。一般来说，企业内部业务的优化相对来说较为容易，但在贸易伙伴间进行合作时，往往会遇到诸多障碍。在快速反应实施的第三阶段，每个企业必须把自己当成集成供应链系统的一个组成部分，以保证供应链的整体效益。

2. 有效客户反应

有效客户反应是 1992 年从美国的食品杂货业发展起来的一种供应链管理战略。这是一种分销商与供应商为消除系统中不必要的成本和费用并给客户带来更大效益而进行密切合作的一种供应链管理战略。有效客户反应是一种观念，不是一种新技术。它重新检讨上、中、下游企业间生产、物流、销售的流程，其主要目的在于消除整个供应链运作流程中没有为消费者增值的成本，将供给推动的 push（推）式系统，转变成更有效率的需求拉动的 pull（拉）式系统，并将这些效率化的成果回馈给消费者，期望能以更快、更好、更经济的方式把商品送到消费者的手中，满足消费者的需求。因此有效客户反应的实施重点包括需求商的品类管理改善、供给商的物流配送方式改进等。

有效客户反应的优势在于供应链各方为了提高消费者满意这个共同的目标进行合作，分享信息和诀窍。有效客户反应是一种把以前处于分离状态的供应链联系在一起来满足消费者需要的工具。有效客户反应的最终目标是建立一个具有高效反应能力和以客户需求为基础的系统，是零售商与供应商以业务伙伴方式合作，提高整个供应链的效率，而不是单个环节的效率，从而大大降低了整个系统的成本，同时为客户提供了更好的服务。有效客户反应系统如图 6-4 所示。

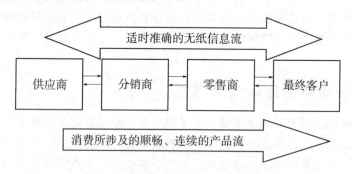

图 6-4　有效客户反应系统示意图

要实施有效客户反应，首先应联合整个供应链所涉及的供应商、分销商以及零售商，改善供应链中的业务流程，使其最合理有效，然后，再以较低的成本，使这些业务流程自动化，以进一步降低供应链的成本和时间。具体地说，实施有效客户反应需要将条码、扫描技术、POS 系统和 EDI 集成起来，在供应链之间建立一个无纸系统，以确保产品能不间断地由供应商流向最终客户，同时，信息流能够在开放的供应链中循环流动。这样，才能满足客户对产品和信息的需求，即给客户提供最优质的产品和适时准确的信息。

通过有效客户反应，如计算机辅助订货技术，零售商无须签发订购单，即可实现订货。供应商则可利用有效客户反应的连续补货技术，随时满足客户的补货需求，使零售商的存货保持在最优水平，从而提高客户的服务水平，并进一步加强与客户的关系。同时，供应商也可从商店的销售点数据中获得新的市场信息，改变销售策略。对于分销商来说，有效客户反应可使其快速分拣运输包装，加快订购货物的流动速度，进而使消费者享用更新鲜的物品，增加购物的便利和选择，并加强消费者对特定物品的偏好。

3. 电子订货系统

电子订货系统是零售业将各种订货信息，使用计算机并通过网络系统传递给批发商或供应商，完成从订货、接单、处理、供货、结算等全过程在计算机上进行处理的系统。

电子订货系统按应用范围可分为企业内的电子订货系统，如连锁经营中各个连锁分店与总部之间的电子订货系统，零售商与批发商之间的电子订货系统以及零售商、批发商和生产之间的电子订货系统。

电子订货系统能及时准确地交换订货信息，它在企业物流管理中的作用如下。

（1）对传统的订货方式，如上门订货，邮寄订货，电话、传真订货等，电子订货系统可以缩短从接到订单到发出订货的时间，缩短订货商品的交货期，减少商品订单的出错率，节省人工费。

（2）有利于减少企业库存水平，提高企业的库存管理效率，同时也能防止商品特别是畅销商品缺货现象的出现。

（3）对于生产厂家和批发商来说，通过分析零售商品订货信息，能准确判断畅销商品和滞销商品，有利于企业调整商品生产和销售计划。

（4）有利于提高企业物流信息系统的效率，使各个业务信息子系统之间的数据交换更加便利和迅速，丰富企业的经营信息。

4. 企业资源计划

所谓企业资源计划是指建立在信息技术基础上，以系统化的管理思想，为企业决策层及员工提供决策运行手段的管理平台。企业资源计划系统集信息技术与先进的管理思想于一身，成为现代企业的运行模式，反映企业合理调配资源，最大化地创造社会财富的要求，成为企业在信息时代生存、发展的基石。

下面从管理思想、软件产品、管理系统三个层次给出它的定义。

（1）它是由美国著名的计算机技术咨询和评估集团加特纳咨询公司提出的一整套企业管理系统体系标准，其实质是在制造资源计划基础上进一步发展而成的面向供应链的管理思想。

（2）它是综合应用了客户服务器体系、关系数据库结构、面向对象技术、图形用户界面、第四代语言（4GL）、网络通信等信息产业成果，以企业资源计划管理思想为灵魂的软件产品。

（3）它是集企业管理理念、业务流程、基础数据、人力物力、计算机硬件和软件于一身的企业资源管理系统。

由此可见，企业资源计划的应用的确可以有效地促进现有企业管理的现代化、科学化，适应竞争日益激烈的市场要求，企业资源计划已经成为大势所趋。

6.4.3 我国电子商务供应链管理发展趋势

由于网络通信技术以及全球的动态联盟的发展和相关要求的不断提出,供应链管理也将向全球化、敏捷化、绿色化方向发展。

1. 全球供应链

全球供应链又称全球网络供应链,是指各节点成员由全球范围内企业构成,使供应链中生产资源和信息资源的获取、产品生产的组织、货物的流动和销售等职能均在全球范围内进行的供应链网络。全球供应链管理的形成,将使得物流、信息流和资金流变得更加畅通,因此它不仅将增大整个供应链的总体效益,还能使单个企业借助庞大供应链的整合优势,在竞争中更主动、更有发言权。但是,全球供应链的形成将导致更长的采购和运输时间,因而供应链的时延(从客户发出订单到将产品送到用户手中的总时间)将更长。同时,全球化使国外的企业进入本地市场进行竞争,市场份额的争夺更加激烈,供应链更长,竞争更激烈。同时,一条供应链中参与的经济实体将更多,供应链的集成和协调将变得越来越重要。

2. 敏捷供应链

敏捷供应链是指在动态的市场环境中,企业通过对信息技术的运用,建立虚拟的供需关系网络,以达到快速反应环境变化目的的动态网链模式。供应链的敏捷性强调从整个供应链的角度综合考虑、决策和进行绩效评价,使生产企业与合作者共同降低产品的市场价格,并快速了解市场变化,锁定客户的需求,快速安排生产满足客户需求,并加速物流的实施过程,提高供应链各环节的边际效益,实现利益共享的双赢目标。敏捷供应链要求企业能够快速适应不断变化的市场需求,能够促进企业之间的合作以及生产模式的转变,敏捷供应链的主要目标是提高大型企业集团的综合管理水平和经济效益。

3. 绿色供应链

绿色供应链是在整个供应链的建设过程中,综合考虑各节点对环境的影响以及资源的利用率,使得产品的整个生命周期所涉及的各个环节对环境的影响最小而资源利用率最高的供应链网络。绿色供应链是绿色制造和供应链的学科交叉,是实现可持续制造和绿色制造的重要手段。今后绿色供应链研究的主要内容是建立绿色供应链系统的理论体系,进行绿色供应链的决策支持技术、运作和管理技术以及集成技术等关键技术的研究。

本章小结

本章主要介绍物流管理,电子商务物流管理,供应链管理,电子商务供应链管理四个部分的内容。

物流一方面包括运输、储存、流通加工、配送、仓储、包装、物料搬运及其他相关活动，另一方面是要有效率和效益。物流管理是指在社会生产过程中，应用管理的基本原理和科学方法，对物流活动进行计划、组织、指挥、协调、控制和监督，使各项物流活动实现最佳的协调与配合，以降低物流成本，提高物流效率和经济效益。电子商务物流的具体实施模式有企业自营模式、第三方物流模式、物流联盟、第四方物流以及物流一体化。电子商务物流技术主要有信息技术和物流呼叫中心。

供应链是围绕核心企业，通过对信息流、物流、资金流的控制，从采购原材料开始，制成中间产品以及最终产品，最后由销售网络把产品送到消费者手中的将供应商、制造商、分销商、零售商、直到最终用户连成一个整体功能的网链结构模式。供应链管理是借助先进的管理理念、方法和现代技术，将供应链上合作伙伴相关的业务流程集成起来，并有效管理，使供应链各环节协同运作，以提高客户满意度，提升供应链整体效率和效益。电子商务下供应链管理的典型模式有快速反应、有效客户反应、电子订货系统、企业资源计划。供应链管理的发展趋势是全球化、敏捷化和绿色化。

关键词

物流；物流管理；物流模式；供应链；供应链管理；供应链模式。

习题

一、选择题

1. 物流是指（　　）。
   A. 物质价值从需求者向供应者的物理移动
   B. 物质价值从供应者向需求者的物理移动
   C. 物质实体从需求者向供应者的物理移动
   D. 物质实体从供应者向需求者的物理移动
2. （　　）不属于基本物流服务的内容。
   A. 运输功能　　　　　　　　　　B. 库存功能
   C. 满足特殊顾客的订货功能　　　D. 包装功能
3. 企业内部能力不够时，可以借助（　　）来补充运输能力的不足。
   A. 新式运输工具　　　　　　　　B. 增加运输人员
   C. 第三方物流　　　　　　　　　D. 运输自动化
4. 可提供全球范围从地面到9 000千米高空之间任一载体的高精度的三维位置、三维速度和精确的时间信息的是（　　）。
   A. 条码技术　　　　　　　　　　B. 地理信息系统
   C. 全球定位系统　　　　　　　　D. 射频识别技术
5. 下列不属于第三方物流优势的是（　　）。

A. 成本优势 B. 客服优势
C. 归核优势 D. 便捷优势
6. 第三方物流的新特点不包含（　　）。
A. 信息化 B. 合同化
C. 全球化 D. 联盟化
7. 下列不属于电子商务下供应链管理的典型模式的是（　　）。
A. 快速响应 B. 有效客户反应
C. 电子订货系统 D. 企业资源计划
8. 供应链管理的目标不包括（　　）。
A. 及时、准确地把握需求的产品或产品等级
B. 提高供应链的物流操作效率，降低物流费用水平
C. 提高供应链管理的层次性水平
D. 减少整个供应链的库存水平
9. 下列不属于我国电子商务供应链管理发展趋势的是（　　）。
A. 全球化 B. 敏捷化 C. 绿色化 D. 快速化

二、思考题
1. 什么是物流？你对物流的概念与内涵如何理解？
2. 电子商务环境下，物流有哪些特点和基本模式？
3. 电子商务与物流之间有怎样的关系？
4. 什么是供应链以及供应链管理？
5. 简述电子商务下供应链管理的典型模式。
6. 试讨论第三方物流的优点。

实战演习——畅通物流管理系统操作

1. 实验目的

通过应用畅通物流管理系统对物流环节中的基础资料以及收发货数据进行管理，了解整个物流过程中各个环节的实际操作，将所学物流知识应用到实践中，巩固理论基础。

2. 实验步骤

1）系统安装

（1）在网站 http：//www.zsctsoft.com/CTWL.htm 下载畅通物流管理系统软件 5.0（免费版）。

（2）单击安装软件，如图 6-5 所示。

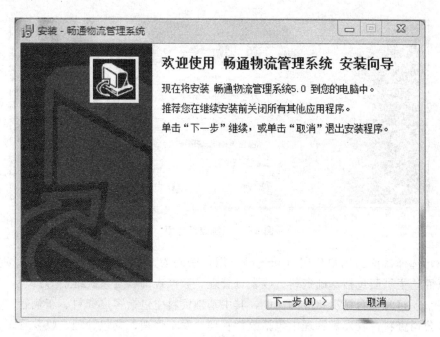

图 6-5 系统安装界面

(3) 按照安装向导进行安装,安装向导界面如图 6-6 所示。

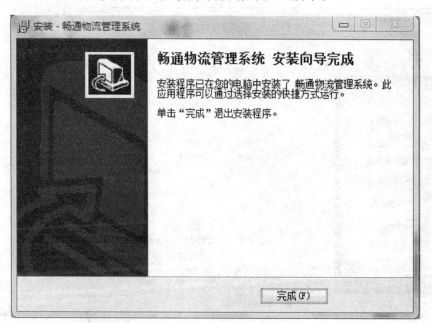

图 6-6 系统安装成功

2) 系统登录

(1) 单击桌面上的"畅通物流管理系统"快捷方式,进入登录界面,如图 6-7 所示。

图 6-7 系统登录界面

（2）选择默认的用户代码（admin），用户密码为 888888，单击"登录"按钮，进入主页面，主页面包括基础资料、收发货管理、数据查询以及系统维护等选项，当鼠标滑过每个项目时，会显示相应的功能，其中基础资料中包括客户资料、车辆管理、货物资料、公司资料；收发货管理中包括收货管理、发车管理、分包管理、收款管理、收入支出管理、货到签收；数据查询中包括历史收货查询、发车查询、库存查询；系统维护中包括权限管理、用户管理、系统操作日志、数据字典等，如图 6-8 所示。

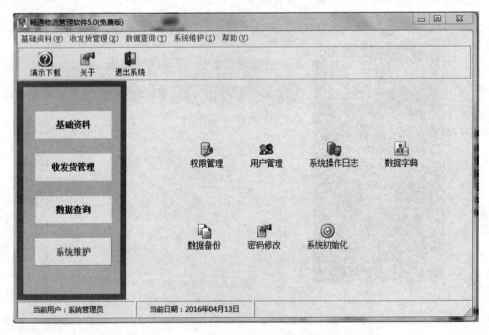

图 6-8 系统主界面

3）基础资料管理

（1）客户资料管理。

① 单击"客户资料"按钮，界面如图 6-9 所示。

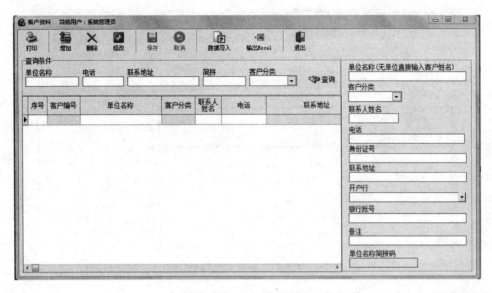

图 6-9 客户资料界面

② 单击"增加"按钮,在客户资料界面的右侧可以增加客户信息,增加后单击"保存"按钮可将其保存到系统中。如图 6-10 所示。

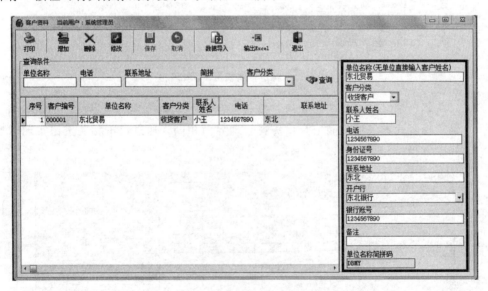

图 6-10 增加客户资料

③ 单击"删除"按钮可以删除数据,单击"修改"按钮可以在界面的右侧修改数据,修改后单击"保存"按钮可以保存修改后的数据,导入后的结果如图 6-11 所示。

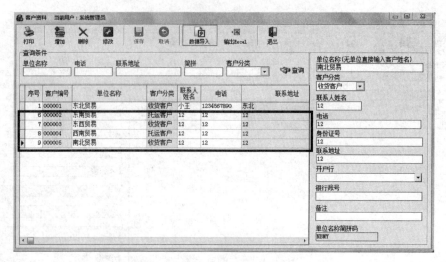

图 6-11 数据导入结果

④ 单击"输出 Excel"按钮可以将系统中的数据输出为 Excel 表格形式,输出结果如图 6-12 所示。

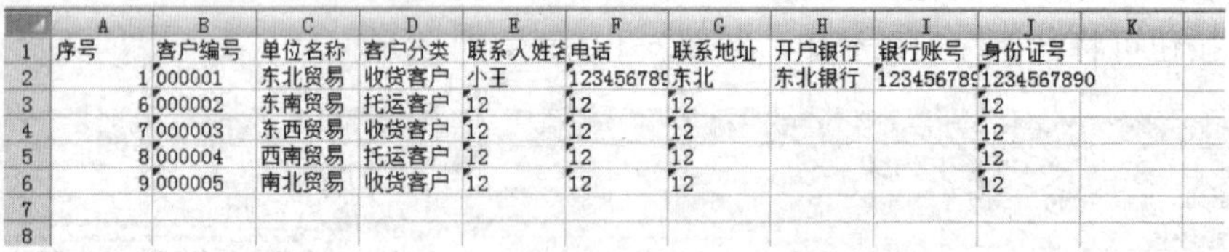

图 6-12 客户资料输出 Excel 表格

(2) 车辆管理。单击"车辆管理"按钮,打开"车辆管理"主界面,如图 6-13 所示。车辆管理界面的各项功能与客户资料管理界面相同,通过单击相关按钮实现增加、删除、修改等操作。

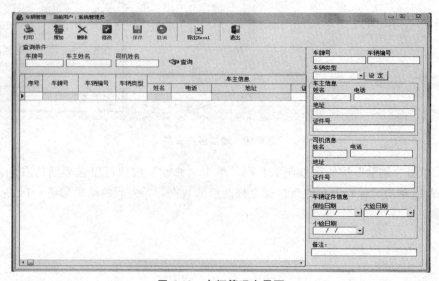

图 6-13 车辆管理主界面

(3) 货物资料管理。单击"货物资料"按钮，打开"货物资料"主界面，如图 6-14 所示。货物资料界面的各项功能与客户资料管理界面相同，通过单击相关按钮实现增加、删除、修改等操作。

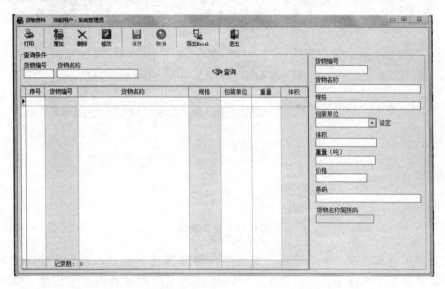

图 6-14　货物资料主界面

4）收发货管理

（1）收货管理。

① 收货录入。单击"收货管理"按钮，进入"收货管理"主界面，单击"收货录入"选项卡，可以将所收货物信息录入到系统中，如图 6-15 所示。

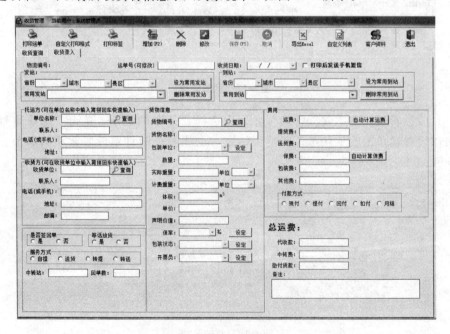

图 6-15　收货录入

② 收货查询。单击"收货查询"选项卡，可以对系统内已经录入的信息进行查询，如图 6-16 所示。

图 6-16　收货查询

（2）发车管理。在"发车管理"界面的右侧选择装车车号、装车货物、发车费用后，单击"发车"选项卡，完成发车活动，界面的左侧可以查询发车信息。如图 6-17 所示。

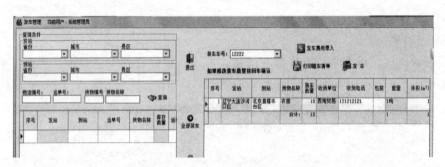

图 6-17　发车管理

（3）收款管理。在"收款管理"界面中选择要结账的运单，单击"结账审核"按钮，可以设置运单的收款状态，即是否结账，也能够查询订单应收款项的细节，如图 6-18 所示。

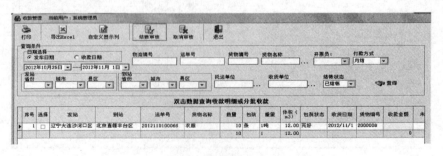

图 6-18　收款管理

(4)货到签收。当货物运送到目的地经收货人签收后,选择签收的货物,单击"签收审核",对货物签收进行记录,如图6-19所示。

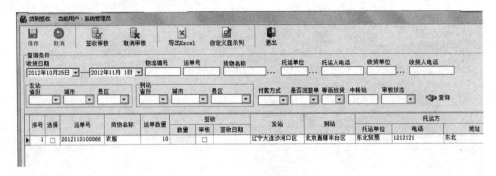

图6-19 货到签收

5)数据查询

(1)历史收货查询。单击"历史收货查询"按钮可以对企业收货的历史进行查询,用右键单击可以对运单进行签单、代收、中转、垫付单结账等操作,如图6-20所示。

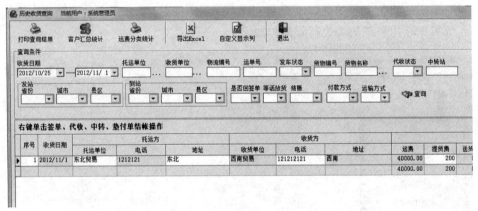

图6-20 历史收货查询

(2)发车查询。单击"发车查询"按钮可以对发车情况、发车费用和利润进行查询,如图6-21所示。

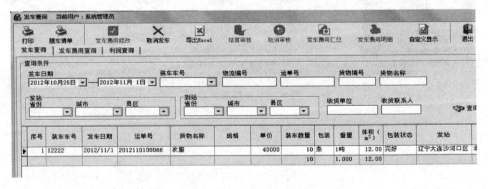

图6-21 发车查询

（3）库存查询。单击"库存查询"按钮可以对目前的库存货物信息进行查询，如图 6-22 所示。

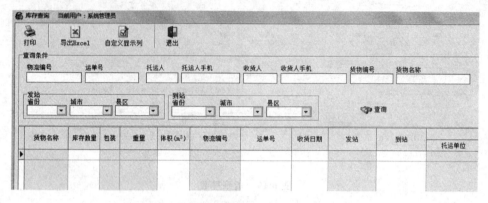

图 6-22 库存查询

6）系统维护

系统维护主要包括权限管理、用户管理、系统操作日志、数据字典、数据备份、密码修改、系统初始化七项功能，主要是对系统使用者的权限、用户信息、系统操作记录、系统数据、用户密码等进行管理，如图 6-23 所示。

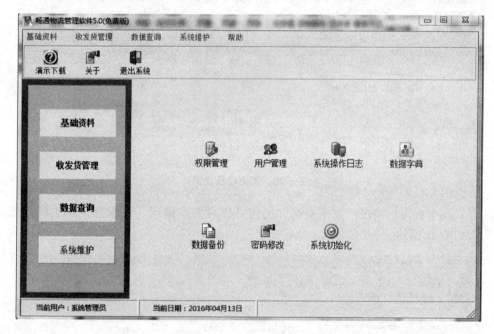

图 6-23 系统维护界面

 扩展阅读

1. 2017年中国物流行业十大事件及2018年发展趋势预测

中国物流与采购联合会发布了"2017年中国物流行业十大事件",这十大事件中,既有支持物流行业发展的政策,也有2017年各方都关注的新闻事件。同时对2018年物流行业的发展做出了预测。

链接地址:http://www.askci.com/news/chanye/20180103/155342115269.shtml

2. 六部委发布电子商务物流五年规划 渠道下沉和走出去趋势凸显

商务部、国家发改委、交通部等六部委发布《全国电子商务物流发展专项规划(2016—2020年)》。该规划提出,随着国民经济全面转型升级,电子商务物流需求将保持快速增长,渠道下沉和"走出去"趋势凸显,将进入全面服务社会生产和人民生活的新阶段。到2020年,要基本形成"布局完善、结构优化、功能强大、运作高效、服务优质"的电子商务物流体系,信息化、标准化、集约化发展要取得重大进展。

链接地址:http://www.cnfood.cn/n/2016/0330/82570.html

第7章 移动电子商务

学习目标：
1. 理解移动电子商务的含义；
2. 了解移动电子商务技术；
3. 掌握移动电子商务模式；
4. 掌握移动电子商务的具体应用；
5. 了解我国移动电子商务发展中存在的问题。

 引导案例

银联加快移动支付进程 云闪付推动金融创新

2018年2月6日，中国银联发布2017交易数据称，2017年银联网络转接交易金额93.9万亿元，同比增长28.8%。银联方面相关负责人表示："增长背后的主要驱动力在于银联手机闪付、银联二维码支付等移动支付方式。'云闪付'App发布，助力银联移动支付系列产品全面推进，伴随着银联便民支付场景建设与行业合作步伐加快，银联品牌影响力在日益扩大。"

2017年年底，银联联合产业各方共同发布统一App"云闪付"，将各家机构的移动支付功能与权益优惠汇总，并首次实现了多家银行余额查询、二三类账户一键开户等功能。银联方面表示，从全年数据来看，银联手机闪付交易笔数月环比增幅不断提速，而随着"云闪付"App的推出，12月银联二维码交易笔数较6月大幅提升了超过4倍。

除此以外，银联发布数据显示，2017年，小额免密免签、非接受理改造持续推进，600余个银联移动支付示范街区落成，银联综合支付解决方案在多地交通、医院、学校、餐饮、超市、菜场、公共缴费等便民支付领域实现创新应用。值得一提的是，全国公交地铁移动支付应用在2017年取得较大进展，全国地铁公交领域银联移动支付交易笔数同比增长超过三成，尤其是下半年大幅提速，广州、杭州、福州、上海等多地地铁公交相继开通，12月相比年中时交易增幅近一倍，其中广州地铁、杭州公交日闪付交易笔数分别突破30万笔、60万笔。同时，校园成为移动支付新兴场景，截至2017年

年底,"云闪付" App 走进全国 15 个省市 51 所学校的近百家食堂,遍布上海、湖北、重庆、山东、安徽、吉林、江西等高校聚集地,仅武汉大学日均交易笔数就达数万笔。

信用卡交易仍在持续增长。2017 年信用卡实现 POS 消费金额同比增长 17.5%。从单笔交易金额区间上看,300 元至 5 万元的中等金额交易笔数同比增幅超过 20%,信用消费助力消费升级的作用继续显现。

中国银联新一代无卡业务转接清算平台建成,并已与包括 17 家全国性重点商业银行、180 余家区域银行在内的主要商业银行完成联网,通过全面、深入对标支付市场、支付机构的业务需求及发展趋势,在业务功能、系统性能、服务保障能力等方面实现了与市场实际需求的全面对接,可为市场主体提供更加安全、优质、高效的转接清算服务,是落实服务实体经济、防控金融风险、深化金融改革等各项监管要求的具体行动。

与此同时,截至 2017 年年末,银联受理网络已延伸到全球 168 个国家和地区,覆盖超过 5 100 万商户、257 万台 ATM。同时,境外 18 个国家和地区、近 100 万台 POS 终端可用银联手机闪付。塞尔维亚、白俄罗斯、塔吉克斯坦等国家的支付转接网络正以银联标准进行建设或升级,阿尔巴尼亚、保加利亚、坦桑尼亚等 10 多个国家也表达了希望银联帮助其建立转接清算网络的意愿。目前,在"一带一路"沿线国家和地区中,已有近 60 个国家和地区可以使用银联卡,覆盖超过 400 万家商户和 40 万台 ATM,部分地区已实现或即将实现银联卡受理无障碍,累计发行银联卡超过 2 500 万张。

"云闪付"凭借创新技术带来动态密钥、云端验证等多重安全保障来防控风险,支付时不显示真实卡号,有效保护持卡人隐私及支付敏感信息。此外,依托银联云计算平台及大数据应用,银联开发了一套成熟的银联卡风险监控系统,实现对欺诈交易实时侦测,对欺诈交易进行快速拦截。数据显示,2017 年银联累计联动公安司法机关查处电信诈骗案件 3.2 万起,排查涉案资金达 4 248 亿元,通过交易、货物和资金拦截为产业各方及用户累计挽回损失约 1.09 亿元。

(资料来源:http://www.sohu.com/a/221447304_118622,资料经删减和整理)

随着无线因特网技术和移动通信技术的持续发展,移动通信用户数量快速增长,移动电子商务的发展前景日益凸显,其在我国国民经济信息化和社会生活信息化中的地位和作用也显得越来越重要。移动电子商务已不再是传统电子商务的简单延伸,而是一个相对独立的技术应用开发领域,是继承了移动通信和因特网双重禀赋而又独具特色的新兴产业。

7.1 移动电子商务概述

7.1.1 移动电子商务的含义及特性

1. 移动电子商务的含义

移动电子商务是因特网、通信网、IT 技术和手持终端技术融合发展的必然产物,是一种全新的数字商务模式,是电子商务朝着大众化、便捷化发展的一种延伸和扩展,是一种整合电子商务、沟通传统商务的创新营销应用潮流,是网络经济新的利润增长点。**移动电子商务是指通过移动通信网络进行数据传输,并且利用移动信息终端参与各种商业经营活动的一种新型电子商务模式,它是新技术条件与新市场环境下的新电子商务形态。**

1) 从技术角度来看,移动电子商务是技术的创新

移动电子商务以网络信息技术和现代通信技术为依托,把智能手机、个人数字助理(PDA)和笔记本电脑等移动通信终端,与因特网和移动通信网有机地结合起来。随着3G时代的来临,宽带传输、手持终端、移动视频等新技术产生的作用会进一步发挥,移动商务模式创新的表现形式会更丰富,移动技术探索会进一步深入。

2) 从商务角度来看,移动电子商务是一种商务模式的创新

移动电子商务是与商务活动参与主体最贴近的,最便于大众参与的电子商务模式,其商务活动中以应用移动通信技术,使用移动终端为重要特性。由于用户与移动终端具有紧密的对应关系,可以使移动电子商务运营和参与主体在第一时间及时根据商务信息内容做出反应,使用户更多地脱离设备状态和网络环境对商务活动的束缚,最大限度地在自由的商务空间进行沟通和交流,同时进行商务决策。移动电子商务极大地提高了商务交往的速度和效率,降低了商务交易的成本,提升了社会交易效益。

3) 从管理角度来看,移动电子商务是一种管理模式的创新

移动技术和移动电子商务惊涛拍岸般地发展,已经把这种机遇推送到我们面前,迫使我们在商业架构、商业运营、商务管理、商务交易的广泛层面进行变革,以便适应移动电子商务发展所带来的新的"商业气候"。

2. 移动电子商务的特点

1) 即时性

用户不仅可以在移动状态下工作、开会、旅行、社交及进行购物等活动,而且可以在移动状态下满足用户需求,获得视听信息、图文信息、定制信息和相关服务。网络信息时代,生活节奏的快捷化,要求在商务运作中争取第一反应速度和具有快速决策能力。移动电子商务恰恰提供了这种动态反应能力,这对于及时获取商机处理商务活动具有重要的作用。

2) 便捷性

用户可以通过移动终端具有的照相功能,保存商品的外形、公司地址、饭店和宾馆的信息、银行细目、支付和信用卡详情,以及安全信息,同时这些都可以在他们需要购物或者签订合同时通过移动终端进行传递和确认。移动电子商务的运作形式和获取服务形式也都比较简单,能够最大限度地扩展移动电子商务的主体规模,为最广大的群众所掌握。

3) 可定位性

很多人认为移动电子商务的移动性会形成一种交易主体的不可知性,增加交易的风险。其实,事实上情况并不是这样。移动电子商务主体尽管在移动状态下进行商务活动,但是,由于手持移动终端和持有主体的对应性,就赋予了移动电子商务主体具有移

动使用中的可定位性。这种特征对电子商务的创新和突破的意义是重大的。不仅如此，移动电子商务服务的对象也可以通过全球定位技术实现精准定位。比如，企业可以识别派出车辆的位置，服务对象的位置，紧急救援的位置，侦察跟踪嫌疑人的位置等。

4）资源整合性

正是由于移动电子商务具有资源整合特性，才能把分散资源变成综合资源，把不完全信息变成完全信息，把网上商机转化成移动商机。同样，也可以把移动支付的决策传递到网上，并通过整合网络资源来完成和实现。特别是利用这种整合能力，可以实现电子商务和传统商务之间的整合，从而创造出巨大的商业价值。

5）客户资源准确性

移动电子商务手机号码与移动电子商务主体之间存在着对应关系，这种对应性具有随身性的特点，使每个手机号码都代表着一个确定的移动电子商务主体。移动电子商务具有交易主体身份的可确认性和交易客体身份的可追溯确认性，这不仅有利于保障交易安全，而且具有更重要的商务开发价值。依托这种身份可确认性，可以帮助企业建立起稳定的客户关系，并逐步扩展这种关系，建立起庞大的客户群。

3. 移动电子商务与电子商务的区别

移动电子商务是电子商务在移动互联网的应用，是电子商务的一种延伸，但是不能简单地认为移动电子商务就是电子商务的一种简单扩展，移动电子商务具有很多传统电子商务所没有的优势，比如移动性、及时性、定位性等特点，移动电子商务与传统电子商务的区别如表 7-1 所示。

表 7-1 移动电子商务与传统电子商务的区别

对比项	类型	
	移动电子商务	传统电子商务
终端设备	手机、平板电脑、PDA	PC 或笔记本电脑
通信网络	无线网络	Internet 或 LAN
使用地点	几乎不受环境限制	室内为主
价值体现	即时联网 定位能力 个性化服务	海量储存、高速传输 廉价通信 智能化
行业成熟度	处于起步阶段	比较成熟
用户规模	规模很大	规模较小
信息获取速率	及时获取	获取较慢

7.1.2 移动电子商务的发展阶段

随着移动通信技术和计算机的发展，我国移动电子商务发展分为三个阶段。

1）第一阶段——基于短信服务的移动电子商务

在这个阶段，很多的移动电子商务服务内容是通过短信提供的，但是以短信为基础的访问技术存在很多缺陷，实时性差以及查询请求不能立即得到回应是比较突出的问题，而且短信信息容量小。因而不只是用户，那些使用基于短信的移动商务系统的部门都纷纷要求升级和改造现有的系统。

2) 第二阶段——基于无线应用协议技术的移动电子商务

移动电子商务发展的第二阶段是基于无线应用协议技术的移动电子商务。手机主要通过浏览器的方式来访问无线应用协议网页，以实现信息的查询，部分地解决了第一阶段移动访问技术的问题。基于无线应用协议技术的移动电子商务的缺点在于无线应用协议网页访问的交互能力极差，因此极大地限制了移动商务系统的灵活性和方便性。此外，无线应用协议网页访问的安全问题对于需要较高安全级别的政务系统来说也是一个比较严重的问题。因此，基于无线应用协议技术的移动电子商务还是不能满足用户的需求。

3) 第三阶段——基于多技术融合的移动电子商务

新一代移动商务系统采用了基于 SOA 架构的 Web service、智能移动终端和第三代移动访问和处理技术，使得系统的安全性和交互能力有了极大的提高。第三阶段的移动电子商务系统同时融合了 3G 移动技术、智能移动终端、VPN、数据库同步、身份认证及 Web service 等多种移动通信、信息处理和计算机网络的最新前沿技术，以无线通信技术为依托，为电子商务人员提供了一种安全、快速的现代化移动电子商务办公机制。

7.1.3 移动电子商务技术

因特网、移动通信技术和其他技术的完美结合创造了移动电子商务，随着科学技术的发展，有如下实现移动电子商务的技术（协议）。

1. 无线应用协议

无线应用协议（wireless application protocol，WAP）是一种适用于在移动电话、个人数字助理（PDA）等移动通信设备与因特网或其他业务之间进行通信的开放性、全球性的标准。

无线应用协议（WAP）于 1998 年年初公布，这是一项网络通信协议，是全球性的开放标准。它的出现使移动 Internet 有了一个通行的标准，标志着移动 Internet 标准的成熟。WAP 协议包括以下几层：wireless application environment（WAE）、wireless session layer（WSL）、wireless transport layer security（WTLS）、wireless transport layer（WTP）。其中，WAE 层含有微型浏览器、WML、WMLSCRIPT 的解释器等功能。WTLS 层为无线电子商务及无线加密传输数据时提供安全方面的基本功能。

2. 通用分组无线业务

通用分组无线业务（general packer radio service，GPRS），是一项高速数据处理技术，即以分组的形式把数据传送到用户手上，是欧洲电信标准组织（ETSI）在 GSM 系统的基础上制定的一套移动数据通信技术标准。传统的 GSM 网中，用户除通话以外最高只能以 9.6 kbps 的传输率进行数据通信，如 Fax、E-mail、FTP 等，这种速率只能用于传送文本和静态图像，无法满足传送活动视像的需求。GPRS 突破了 GSM 网只能提供电路交换的思维定式，将分组交换模式引入 GSM 网络中，它仅仅通过增加相应的功能实体和对现有的基站系统进行部分改造来实现分组交换,从而提高资源的利用率。GPRS能快速建立连接,适用于频繁传送小数据量业务或非频繁传送大数据量业务。

3. 移动IP技术

移动IP通过在网络层改变IP协议,从而实现移动计算机在Internet中的无缝漫游。移动IP技术使得节点从一条链路切换到另一条链路上时无须改变它的IP地址,也不必中断正在进行的通信。移动IP技术在一定程度上能够很好地支持移动电子商务的应用。移动IP是移动通信和IP的深层融合,也是对现有移动通信方式的深刻变革。它将真正实现语音和数据的业务融合,移动IP的目标是将无线语音和无线数据综合到一个技术平台上传输,这一平台就是IP协议。未来的移动网络将实现全包交换,包括语音和数据都由IP包来承载,语音和数据的隔阂将消失。移动通信的IP化进程将分为三个阶段:首先是移动业务的IP化;其次是移动网络的分组化演进;最后是在第三代移动通信系统中实现全IP化。

4. 蓝牙技术

蓝牙技术(bluetooth)是由爱立信、IBM、诺基亚、英特尔和东芝共同推出的一项短程无线连接标准,旨在取代有线连接,实现数字设备间的无线互联,以便确保大多数常见的计算机和通信设备之间可方便地进行通信。利用蓝牙技术,能够有效地简化移动通信终端设备之间的通信,也能够成功地简化设备与因特网之间的通信,从而使数据传输变得更加迅速高效。蓝牙技术可以应用于手机、掌上电脑、数字设备、蓝牙技术构成的电子钱包和电子锁等。另外,蓝牙技术也可以应用于传统家电,蓝牙系统可嵌入微波炉、洗衣机、电冰箱、空调机等传统家用电器,使之智能化并具有网络信息终端的功能,能够主动地发布、获取和处理信息,赋予传统电器以新的内涵。

5. 移动定位技术

移动定位是指通过特定的定位技术来获取移动手机或终端用户的位置信息(经纬度坐标),在电子地图上标出被定位对象的位置的技术或服务。定位技术有两种,一种是基于GPS的定位,一种是基于移动运营网的基站的定位。移动定位系统应用领域有查找周边信息的信息服务,如就近的银行、餐馆、加油站等;本地黄页服务;小范围内的天气预报;就近的交通信息发布;定向广告和基于位置的电子赠券;与动态位置相关的会员俱乐部服务;位置格斗游戏;就近交友聊天业务;公众信息服务;紧急呼叫,如110、119、120等。

6. 第三代移动通信系统

第三代移动通信(3G)的数据传输速度有了大幅提升,能够处理图像、音乐、视频流等多种媒体形式,提供包括网页浏览、电话会议、电子商务等多种信息服务。3G技术的主要优点是能极大地增加系统容量、提高通信质量和数据传输速率。此外,利用不同网络间的无缝漫游技术,可将无线通信系统和互联网连接起来,从而可对移动终端用户提供更多更高级的服务。3G基本业务一般有短消息业务、WAP业务、多媒体消息业务、定位服务业务、OTA(over the air)下载业务。中国3G牌照有三家,分别是:TD-SCDMA中国移动(中国技术);WCDMA中国联通(欧洲技术);CDMA 2000中国电信(美国技术)。

7. 第四代移动通信系统

第四代移动通信（4G）以传统通信技术为基础，并利用新的通信技术来不断提高无线通信的网络效率和功能。3G通信技术能够为人们提供一个高速传输的无线通信环境，4G通信技术则是一种超高速无线网络，4G通信技术最明显的优势在于通话质量及数据通信速度，它的最大数据传输速率达到100 Mbps。2013年12月，工业和信息化部向中国移动、中国电信、中国联通正式发放了第四代移动通信业务牌照，标志着中国电信产业正式进入了4G时代。

8. 二维码与自动识别技术

二维码是用某种特定的几何图形按照一定的规律在平面上分布的黑白相间的图形记录数据符号信息的。与普通条码（一维码）相比，二维码可存储的信息量是普通条码的几十倍，并且在编码和译码时加上了密码，保密性更好。二维码还可以打印和传真，大大减少了制作成本。用移动设备上的二维码扫描软件，可直接扫描二维码进入商家的手机网站，单击要购买的产品，即可完成下单及支付。

自动识别技术是以计算机技术和通信技术的发展为基础的综合科学技术，它是信息数据自动识读、自动输入计算机的重要方法和手段，是一种高度自动化的信息或数据采集技术。自动识别技术近几十年在全球范围内得到了迅猛发展，初步形成了一个包括条码技术、磁卡技术、IC卡技术、光学字符识别、射频技术、声音识别和视觉识别等集计算机、光、磁、物理、机电、通信技术于一身的高新技术学科。

7.1.4 移动电子商务的发展现状及趋势

1. 移动电子商务的发展现状

近年来，移动通信在全球范围内迅猛发展，数字化和网络化已成为不可逆转的趋势。中国移动通信业经过多年的发展，在网络基础设施、用户规模和移动通信服务等方面都保持了快速发展的势头。根据中国互联网信息中心（CNNIC）发布的《第40次中国互联网网络发展状况统计报告》显示，截至2017年6月，中国网民规模达到7.51亿人，互联网普及率达到54.3%，半年共计新增网民1 992万人，半年增长率为2.7%，较2016年提升1.1个百分点。另外，网民的上网设备正在向手机端集中，手机成为拉动网民规模增长的主要因素。截至2017年6月，我国手机网民规模达7.24亿人，较2016年年底增加2 830万人。网民中使用手机上网的比例由2016年年底的95.1%提升至96.3%，手机上网比例持续提升。上半年，各类手机应用的用户规模不断上升，场景更加丰富。其中，手机外卖应用增长最为迅速，用户规模达到2.74亿人，较2016年年底增长41.4%；移动支付用户规模达5.02亿人，线下场景使用特点突出，4.63亿网民在线下消费时使用手机进行支付。中国已经成为全球人数最多、规模最大、资源最丰富的移动通信市场。

1) 移动购物用户规模

根据中国国际电子商务中心发布的《世界电子商务报告》，从网购人数增长区域来看，全球已有7个国家网购用户数量过亿，中国是全球最大的互联网用户市场，也是全球规模最大、最具活力的电子商务市场。根据比达咨询发布的2017年中国第三方移动支付市场发展报告显示，2017年支付宝、微信支付迅猛发展，移动支付替代了大量的小额现金支付。中国移动支付用户规模增长迅速，2017年达到5.27亿人，较2016年年底增加5 783万人，年增长率为12.4%，手机支付使用比例高达70%（如图7-1所示）。随着智能终端和移动互联网的快速发展，移动购物的便利性越来越突出。在主流电子商务平台的大力推动下，消费者对于通过移动终端购物的接受程度也大大增加，用户已经养成移动购物习惯。

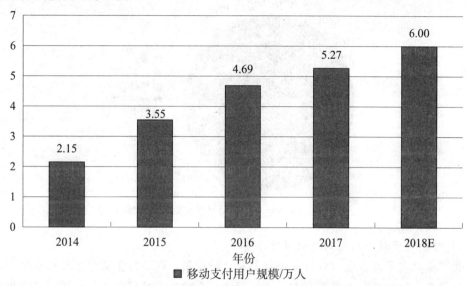

图7-1　2014—2017中国移动电子商务用户规模

2) 移动购物市场交易规模

近年来，中国移动购物市场交易额稳定增长，占整体网络零售市场交易额的比例不断上升。如图7-2所示。

图7-2　2013—2017中国移动购物市场规模

3) 移动网购市场份额

从国内大型电子商务企业看,经过几年培育和推广,其在移动电子商务方面的表现十分突出。艾媒咨询数据显示,2016年移动购物企业市场份额延续之前一超多强的格局,天猫、京东、唯品会和苏宁易购占比分别为57.50%、26.2%、5.90%、3.60%,如图7-3所示。

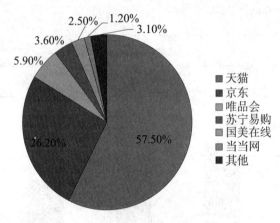

图7-3　2016年中国移动网购企业市场份额

4) 移动电子商务应用的行业市场分布

我国移动电子商务应用的行业市场分布比较均衡,许多行业都存在对移动电子商务应用的需求。政府部门、制造行业、流通行业、金融行业是目前移动电子商务应用的主要行业市场,物流、快速消费品等高流动性和服务性行业如餐饮业、旅行社等也都有广泛的市场需求。

2. 移动电子商务在我国的发展趋势

2015年也是移动电子商务突飞猛进的一年,随着移动支付的完善,线上和线下的打通,移动电子商务将会开拓出一个更加巨大的消费市场,呈现出一系列的发展趋势。

1) 传统电子商务平台向移动端迁移

《2017年中国移动电商行业研究报告》中艾瑞咨询数据显示,2016年中国网民数量超7亿人,其中手机网民规模达6.6亿人。移动购物最主要的优势是便利、随时随地,而智能手机的发展为这种便利提供了最直接的条件。2016年中国移动网购在整体网络购物交易规模中占比达到68.2%,比2015年增长22.8个百分点,移动端已超过PC端成为网购市场更主要的消费场景;与此同时,2016年,中国网络购物市场TOP 10企业移动端用户增速远超PC端,App端用户增速达27.1%,PC端仅增长9.6%。艾瑞咨询分析认为,用户消费习惯的转移、各企业持续发力移动端是移动端不断渗透的主要原因。

2) 去中心化的移动电子商务发展新模式

与传统电子商务企业通过一个平台聚集所有商家和流量的中心化模式不同,去中心化的电子商务模式是以微博、微信等移动社交平台为依托,通过自媒体的粉丝经济模式,通过社群关系链的分享传播来获取用户。更重要的是,购物也不再是单纯的购物,而会在人们碎片化的社交场景中被随时激发，这极大地降低了商家的流量获取成本，吸引了众多商家的关注。

3）开启移动电子商务 O2O 模式创新和创业热潮

以二维码和近距离通信为代表的移动支付技术，以百度地图和高德地图为代表的基于位置服务技术，以阿里云为代表的云计算技术，以微信公众号为代表的 CRM 管理技术等相关技术都已经进入大规模商用阶段，服务线下商业的 O2O 闭环生态链基本成熟，这些技术平台开启了基于 O2O 模式的创新创业浪潮。

移动电子商务已经成为推动电子商务发展的新增长点，特别是基于线下商业的 O2O 融合创新为移动电子商务的发展开辟了更加广阔的空间。当前，基于移动端的 O2O 模式的创新创业正处于快速发展期。而目前移动 O2O 商业模式除团购、打车等领域外，绝大多数垂直领域尚未出现绝对的领导者。因而出现了移动电子商务 O2O 领域的创业热潮，比如外卖、汽车、教育、医疗、美容、生鲜、婚庆、房产等领域的 O2O 创新创业活动风起云涌，吸引大量资本关注。

7.2 移动电子商务模式

7.2.1 O2O 模式

1. O2O 模式概述

移动电子商务 O2O 模式就是用户借助移动终端进行的线上购物并支付，在线下实体店交付产品、服务或者通过物流将产品送到消费者手中的一种模式。O2O 模式是电子商务企业针对用户个性化、情景感知等特点及移动网络强大的定位与搜索能力在商业模式方面取得的重大突破。随着物流、支付等问题的解决，社交网络、LBS 和二维码的有效结合，移动商务将会给用户带来更多、更丰富的购物体验。O2O 模式将带动整个互联网产业的发展，而移动互联网也将成为 O2O 发展的重要助推剂。O2O 价值传递链如图 7-4 所示。

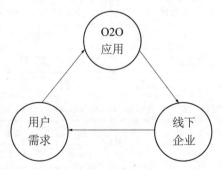

图 7-4 O2O 价值传递链条示意图

（1）O2O 线上 App 或公众平台搜集用户需求，借助于海量的用户消费轨迹形成用户大数据库，企业对消费行为和交易行为进行大数据研究分析，根据分析结果判断用户的行为偏好。

(2) 线上用户将需求价值传递给线下企业。

(3) 线下企业为用户提供定制化的产品或服务,并将最终产品或服务提供给用户,同时指导企业整体运营。

2. O2O 模式的分类

按照本地服务的介入程度,O2O 可以分为轻型 O2O 和重型 O2O。

1) 轻型 O2O

从本地生活消费来讲,服务的对象是消费者和店家,而消费者有三大需求,查找信息、寻求优惠和享受服务。在移动互联网环境下,团购网站最大的价值在于它是形成 O2O 闭环的关键,这就类似于物流与电子商务的意义,电子商务和 O2O 都是连接买卖双方,电子商务是"零售+物流",物流把商品带到消费者家里,而 O2O 是"服务+移动",即"移动把互联网带到服务中",比如美团外卖、大众点评等都属于轻型 O2O。

2) 重型 O2O

重型 O2O 是指由于线下服务业的标准化程度低、规范化程度低、从业人员 IT 水平低,业务定位随时间和市场的改变而改变。重型 O2O 本地服务的介入程度较深。重型 O2O 的优势包括对服务体验有较强的控制和保障,在和商家合作时有较强的议价能力,能提供个性化服务,而且不易被复制。重型 O2O 面临的挑战主要包括实体资产比重大、规模化、难度大等。

3. O2O 的业务链条

用户通过手机连接互联网,在 O2O 网站、App 商店、社交网店或通过在线下实体店或传单上扫描条码或二维码等方式,查找和获得用户所需要的产品和服务,然后利用手机支付进行结算,再到线下实体店进行消费。总的来说,移动电子商务 O2O 业务由入口(引流)、购物(转化)、支付和物流 4 个环节共同组成。本书以阿里巴巴、腾讯、百度公司为例介绍移动电子商务 O2O 模式的业务链条,如表 7-2 所示。

表 7-2　阿里巴巴、腾讯、百度公司的 O2O 模式业务链条

O2O 链条		阿里巴巴	腾讯		百度	
入口 (引流)	地图	高德地图	腾讯地图		百度地图	
	社交	新浪微博	QQ	微信	—	
	搜索	淘宝	天猫	搜搜	百度	
	视频	优酷土豆	腾讯视频		百度视频	
购物 (转化)	电商	淘宝	天猫	易迅网	京东	
	团购	聚划算	美团	QQ 团购	高朋网	百度团购	糯米网
	生活	口碑网	淘点点	大众点评	微生活	安居客	
	游戏	阿里手游	腾讯游戏	腾讯手游	百度游戏	
	出行	滴滴打车	滴滴打车		—	
	旅游	淘宝旅行	同程网	艺龙旅游	百度旅游	去哪儿网
	广告	阿里移动广告	腾讯移动广告开放平台		百度移动联盟	

续表

O2O 链条		阿里巴巴	腾讯	百度
支付	平台	支付宝	微信支付	百度钱包
物流	通路	阿里巴巴物流网	QQ 速递　京东物流	百度物流

(图表来源：曲延明，刘靖. 移动战争［M］. 北京：人民邮电出版社，2015.)

1) 入口（引流）

用户通过二维码扫描关注企业的公众号或下载使用 App 后，完成用户引流过程。入口板块由地图、社交、搜索、视频四个部分组成，用来引导用户进入企业入口。

2) 购物（转化）

用户被引流到企业的电子商务或社群服务平台，浏览、选择并购买商品或服务。这一板块由电商、团购、生活、游戏、出行、旅游、广告组成，是用户在企业的公众平台、App 上实现购物、下单的过程，用户实现从引流到购物的转化过程。

3) 支付

订单生产后，通过线上支付平台付款，支付宝、微信支付是目前用户最为常用的支付方式，而百度的百度钱包使用规模较小。

4) 物流

企业接到订单后，进行物流配送或提供服务，阿里巴巴、腾讯和百度公司由各自的物流企业进行物流配送。

7.2.2　平台模式

1. 平台模式概述

移动电子商务的平台模式就是为企业和用户提供一个资源共享、开放的、能够进行合作和交易的软硬件相结合的环境。在这个平台上，每个参与者都有着明确的分工，每个平台都有一个平台运营商，它负责聚集社会资源和合作伙伴，为客户提供好的产品。通过聚集人气，扩大用户规模，使参与各方受益，达到平台价值、客户价值和服务价值最大化。互联网和移动电子商务发展到今天，出现了很多平台服务商，如苹果的应用商店平台，谷歌的 Search API、Google Map API、OpenSocail API、Android 操作平台、腾讯的社区开放平台和微信开放平台等。

2. 平台模式的分类

1) 按照业务属性分类

当前的应用型平台模式是移动互联网平台模式的主流，应用型平台模式主要有以下几种。

① 新媒体平台模式，如新浪、搜狐、微博、微信以及各类媒体 App 应用等。

② 垂直应用平台模式，主要是专注某类产品或某一类目前市场而打造的平台，如阿里巴巴、优酷、土豆等。

③ 电子商务平台模式，如淘宝网、京东商城、当当网、亚马逊等。

④ 综合服务平台模式，通过与产业链合作伙伴合作，为客户提供对产品和服务的

平台,比如百度、腾讯、阿里巴巴。

2) 按照产业链运营平台主体分类

按照产业链运营平台主体分类,平台模式主要分为终端商、互联网公司和移动运营商三种平台模式。

① 基于终端商的平台模式。智能终端汇聚操作系统、各种应用服务 App 和客户端,其功能越来越强大,用户通过智能终端可以随时随地上网,进行购物、听音乐、看视频、玩游戏、阅读电子商务和交友等活动。智能终端的竞争很大程度上就是操作系统之间的竞争,掌握了操作系统,也就获得了更大的用户规模;掌握了平台的主动权,终端平台模式就能够成功。谷歌为生产商和应用开发商免费开放 Android 开源系统,终端厂商以 Android 操作系统为基础,开发出不同款式的终端手机。同时,内容开发者也可以开发出不同的软件应用,通过谷歌平台销售给用户。目前,Android 是我国智能手机使用最多的智能操作系统。

② 基于互联网公司的平台模式。互联网公司平台模式的最大特点就是基于核心应用,提升平台价值,并向其他服务延伸。百度专注于搜索核心应用,通过技术创新、商业模式创新、客户体验创新以及平台开放,使得搜索信息更加精细化,"即搜即用"的实现让用户的搜索体验大大提升。

③ 基于移动运营商的平台模式。移动运营商拥有网络,因此其搭建的平台也必须与自己的网络绑定,移动运营商可以通过开放自己的一部分能力,如短信、计费以及位置服务等能力,给内容开发者开发相应的应用。同时也可以发展移动互联网业务和打造自己的应用商店,通过提供平台,聚集合作伙伴和应用开发者,聚集丰富的应用,满足用户的多元化需求。

7.3 移动电子商务的应用

7.3.1 移动金融

移动金融主要包括移动银行、移动证券、移动保险和移动支付,本节主要介绍前三种移动金融,移动支付将在 7.3.2 节进行介绍。

1. 移动银行

移动银行是无线通信技术与银行业务相结合的产物,以手机、PAD 等移动终端作为银行业务平台中的客户端来完成某些银行业务。其主要技术模式是以银行服务器作为虚拟的金融服务柜台,客户利用移动支付终端通过移动通信网络与银行建立连接,在银行提供的交互界面上进行操作,完成各种金融交易。我国首家全面推出移动金融服务的商业银行是中国工商银行,中国工商银行于 2011 年 11 月在全国范围正式推出"工银移动银行"服务,为客户提供包括账户查询、转账汇款、支付缴费等全面的金融服务。

2. 移动证券

移动证券是基于移动通信网实现用移动终端设备进行信息查询和交易的新一代无线

炒股系统。移动证券与柜台、电话委托和网上交易这三种形式相比具有快捷、安全、方便等优势，使用户实现了随时随地进行交易的可能性，且下单速度与线路通畅的可靠性都更胜一筹，是目前最受股民欢迎的交易方式。中国移动的"手机证券"，中国联通的"手机炒股"以及各大证券公司开发的免费的股票行情手机客户端都是移动证券的典型代表。

炒股手机分为以下两大类，一类是软件扩展型的，即可以装置专门的炒股软件的手机，这其中又分为智能手机和 Java 手机两大类。另一类是无法装置第三方软件的手机，使用 WAP 炒股。WAP 炒股无须下载软件，只要用手机登录专门的 WAP 网站，就可以完成行情查看、买入卖出等交易。不过，这种方式的安全性、方便性要差一些。

3. 移动保险

移动保险是通过移动终端接入移动互联网实现各种形式的保险经营活动，包括手机网站投保、短信投保、移动理赔等形式。泰康人寿于 2011 年 11 月推出 3G 电子商务化理赔服务，成为寿险业第一家在投保、保全、理赔环节全程开展电子化创新尝试的保险企业。在一定意义上，移动保险可以看作是网络保险的延伸。但与网络保险相比，移动保险具有以下几个显著的特点：①移动保险的终端不再是固定的，接入的网络也是移动互联网，交易不再受时间和地点的限制；②移动终端拥有者的身份相对固定，可以方便地向消费者提供个性化、有针对性的移动交易服务；③通过移动定位技术，可以实现与位置相关的交易服务。

目前，我国移动保险的运行模式主要有两种。①自助终端。就像银行的自助服务终端，客户在完全不需要相关人员帮助的情况下，就可以享受到相关的保险服务。这种自助终端目前主要有两大类：自助投保终端和自助理赔终端。②需要在有专业人员协助的情况下才能完成的保险服务。比如，平安保险的金领行销系统，此系统由专业的保险代理人随身携带专属于自己的移动终端为客户服务，这种模式与传统模式的区别，就在于将营销系统移植到移动终端，从而节约成本，提高效率，让客户享受到更加专业的服务。

7.3.2 移动支付

艾媒咨询数据显示，2017 年中国移动支付用户规模达 5.62 亿人，较 2016 年增长 21.6%。预计 2018 年移动支付用户规模增长减缓，累计用户规模有望达 6.50 亿人。2017 年网上支付交易规模达 2 075.1 万亿元，较 2016 年下降 0.5%；2017 年移动支付规模达 202.9 万亿元，较 2016 年增长 28.8%。2018 年第一季度支付宝与财付通两大巨头占据中国第三方移动支付交易规模市场份额的 90.6%，市场集中度高。非电商类线上消费及线下出行场景中网民更偏好使用微信支付，在线下餐饮、出行等生活场景中，网民偏好使用微信支付的比例分别为 36.3% 和 22.0%。

1. 移动支付含义

移动支付也称为手机支付，就是允许用户使用其移动终端（通常是手机）对所消费的商品或服务进行账务支付的一种服务方式。单位或个人通过移动设备、互联网或者近距离传感器直接或间接向银行金融机构发送支付指令产生货币支付与资金转移行为，从而实现移动支付功能。移动支付将终端设备、互联网、应用提供商以及金融机构相融合，为用户提供货币支付、缴费等金融业务。移动支付可通过移动终端和银行卡等方式完成。

2. 移动支付的分类

1) 按支付地点分类

按支付地点的远近,将移动支付分为远距离支付和近距离支付两类。

(1) 远距离支付。远距离支付以短信、语音、WAP等方式提出业务请求,不受地理位置的约束,以银行账户、手机话费或虚拟预存储账户作为支付账户,实现网上购物付款、转账付款等银行业务和缴纳水、电、燃气费等在线充值业务。

(2) 近距离支付。近距离支付则是利用红外线、蓝牙、射频等技术实现支付功能,满足公众在商店、公共交通、停车场等场所通过终端设备进行快捷支付的需求。

2) 按结算时间分类

按结算时间的差异,移动支付可以分为预支付、即时支付和离线支付三类。

(1) 预支付。预支付是指用户预先支付一定额度的现金来购买电子钱包或者储值卡,交易时直接从此电子钱包或者储值卡中扣除,当余额不足时则无法交易,必须补足金额后才能消费,如乘坐公共交通等。

(2) 即时支付。即时支付是指在消费前,使用者预先指定银行账户;在消费时,银行确认用户指定账户内有足够的余额可供扣款;当交易完成时,交易金额已经从用户账户转至商家账户,如网上购物。

(3) 离线支付。离线支付是指用户消费后,消费金额不需要马上支付,而是纳入当月的银行账单或手机账单中,如支持离线支付的信用卡,一般只需向商家提供卡号、有效期、cvv(信用卡安全)码等,当商家向银行核对信息时,才进行转账支付,但这种支付方式风险过大,现在支付宝等机构已限制使用。

3. 移动支付的特征

移动支付属于电子支付方式的一种,因而具有电子支付的特征,但因其与移动通信技术、无线射频技术、互联网技术相互融合,又具有自己的特征。

1) 移动性

结合了先进的移动通信技术的移动性,可随时随地获取所需要的服务、应用、信息和娱乐。

2) 及时性

不受时间地点的限制,信息获取更为及时,用户可随时对账户进行查询、转账或进行购物消费。

3) 定制化

基于先进的移动通信技术和简易的手机操作界面,用户可定制自己的消费方式和个性化服务,账户交易更加简单方便。

4) 集成性

以手机或其他移动终端为载体,通过与终端读写器近距离识别进行的信息交互,运营商可以将移动通信卡、公交卡、地铁卡、银行卡等各类信息整合到以手机为平台的载体中进行集成管理,并搭建与之配套的网络体系,从而为用户提供十分方便的支付以及身份认证渠道。

4. 移动支付方式

主要移动支付方式比较如表7-3所示。

表 7-3 主要移动支付方式比较

介质	手机		卡片	App	
支付方式	Apple Pay	Samsung Pay	银联闪付	支付宝	微信支付
机构	苹果	三星	中国银联	阿里巴巴	腾讯
技术	NFC+Tokenization	NFC+Tokenization；MST	NFC	二维码/条码+Tokenization	
收费对象	银行	银行	商户	商户	商户
使用方式	靠近支持 NFC 的 POS 机	靠近支持 NFC 的 POS 机	银行卡靠近支持 NFC 的 POS 机	手机扫码	

（注 1：图表来源：董铮，陆金华．六种主流移动支付方式比较．http://news.rfidworld.com.cn/2015_07/38c0fc6b9c3e505b.html 经整理和删减

注 2：NFC（Near Field Communication）是"近场通信"的简称，采用短距离 RF（射频）通信技术。NFC 工作频率为 13.56 Hz，有效范围为 500px 以内，其传输速度有 106 Kbit/s、212 Kbit/s 或者 424 Kbit/s 三种，能够应用在手机/平板、电脑/游戏机、印表机、电子产品，甚至家电设备中。）

1）Apple Pay

Apple Pay 是苹果公司在 2014 苹果秋季新品发布会上发布的一种基于 NFC 的手机支付功能，于 2014 年 10 月 20 日在美国正式上线，在中国上线的时间是 2016 年 2 月 18 日，成为全球第五个、亚洲第一个上线该服务的国家。Apple Pay 在国内支持中国工商银行、中国农业银行、中国建设银行、中国银行、中国交通银行、邮政储蓄、招商银行、兴业银行、中信银行、民生银行、平安银行、光大银行、华夏银行、浦发银行、广发银行、北京银行、宁波银行、上海银行和广州银行 19 家银行发行的借记卡和信用卡。将上述银行的银行卡与 Apple Pay 关联，就能使用新的支付服务。

使用 Apple Pay 需要在 IOS 9.2 以上版本的苹果系统自带的 Wallet 程序里添加银行卡。使用 Apple Pay 不需要手机接入互联网，也不需要单击进入 App，甚至无须唤醒显示屏，只要将 iPhone 靠近有银联闪付标志的读卡器，并将手指放在 Home 键上验证指纹，即可进行支付。也可以在 iPhone 处于黑屏锁定状态时，轻点两下主屏幕按钮进入 Wallet，快速进行购买。但是目前 Apple Pay 在中国使用存在一定问题，比如用户不知道在哪里或者是否能够使用 Apple Pay 进行付款。所以，Apple Pay 尽管在中国已经上线，但是真正实现广泛流通还需要一定的时间。

2）三星 Samsung Pay

Samsung Pay 于 2015 年下半年先后在韩国、美国上线。2016 年年初，Samsung Pay 在两国的注册用户已达 500 万人，交易额超过 5 亿美元。2015 年 12 月，中国银联与三星电子宣布达成 Samsung Pay 合作，将为中国大陆地区的银联卡持卡人在最新三星移动设备上提供 Samsung Pay 服务。自 2016 年 2 月下旬开始，Samsung Pay 开始在中国逐步展开公开测试。目前，该技术支持的银行卡包括中国工商银行信用卡、中国建设银行信用卡/借记卡、广发银行信用卡、中信银行借记卡/信用卡、中国光大银行信用卡、中国民生银行信用卡以及平安银行信用卡。

Samsung Pay 有三大特点。一是 Samsung Pay 不需连接互联网，因为它是通过三星手机内置的 NFC（进场通信）、MST（磁信号安全传输）来与 POS 机实现非接触式通

信,这大大提高了它的使用范围。二是安全性高,三星智付依靠指纹认证、支付标记及三星独有的 KNOX 技术来确保安全。如果手机丢失,指纹或数字密码会保护三星智付的安全。三是使用便捷,无论锁屏、黑屏或主屏幕,消费者都可以从 Home 键由下向上滑动,调出银行卡,然后通过指纹认证,验证成功后即进入支付状态。Samsung Pay 与 Apple Pay 一样在移动支付领域是新生事物,其推广效果以及应用范围还是未知的。

3) 银联闪付

银联闪付通过互联网云技术存储银行卡信息,无须借助实体介质,不依赖于移动运营商和手机厂商,实现了手机与银行卡合二为一,可看成是"没有芯片的芯片卡"。银联品牌的工银云闪付信用卡持卡人可在中石油、麦当劳、大地影院、保利影院、金逸影院等具有 QuickPass 标识的境内外商户划卡支付;VISA 品牌的工银云闪付信用卡可在具有 PayWave 标识的 VISA 境外商户和工行境内商户使用。

中国银联在基于 NFC 方面的尝试非常早,在 2011 年银联就推出基于 NFC 的银联支付标准——闪付,这种金融 IC 卡的非接触式支付也得到了大量 POS 机支持。据统计,支持银联闪付的 POS 终端已经占了相当大的市场份额,中国银联对商户 POS 方面拥有绝对的优势,这也是其他几种支付方式无可比拟的。但是,由于种种原因,中国银联对闪付功能的设备应用、市场宣传,以及用户习惯培养方面做得不够,无论是持卡用户,还是特约商户,真正认识"闪付 QuickPass"标识和能顺畅使用的并不多。闪付推出多年,也如同它的原型 NFC 一样,并没有培养起消费者使用闪付的习惯,很多标注"闪付 QuickPass"标识的终端已经沦为摆设。但从 2015 年中国银联的一些举措来看,显示出其强力推广"闪付"的决心和勇气。

4) 支付宝

支付宝支付是二维码支付的代表,便捷的客户体验,在支付领域得到了市场中年轻一代消费者的追捧,二维码支付已经成为移动支付的主力军。支付宝致力于提供"简单、安全、快速"的支付解决方案,旗下有"支付宝"与"支付宝钱包"两个独立品牌,自 2014 年第二季度开始成为当前全球最大的移动支付厂商。

支付宝的主要服务是支付和理财,支付服务具体包括网购担保交易、网络支付、转账、信用卡还款、手机充值、水电煤缴费、个人理财等多个领域。在进入移动支付领域后,所服务的行业还包括零售百货、电影院线、连锁超市和出租车等。理财服务主要是余额宝业务。余额宝是 2013 年 6 月推出的理财服务,是蚂蚁金服旗下的一个增值服务和货期资金管理服务,它对接的是天弘基金旗下的增利宝货币基金,其特点是操作简便、门槛低、零手续费。

5) 微信支付

微信支付是依托强大的微信圈为基础,为直接的用户支付提供应用场景的生态体系,主打二维码支付。微信支付的特点是用户基数大,支付便捷,操作简单。用户在微信中绑定一张银行卡,并完成身份认证,就可以进行移动支付。用户支付时只需在智能手机上输入密码,无须任何刷卡步骤就可完成支付。目前接入微信支付的方式有公众号支付、App 支付、扫码支付和刷卡支付。另外,用户还可以使用微信钱包中的零钱进行支付,零钱是用户通过绑定银行卡转入或者是用户收到红包后暂时存入的,微信支持钱包零钱提现功能。由于腾讯承担C2C转账的银行手续费，导致其成本大量增加，所以腾讯公司发布《关于转账收费调整为提现收费的公告》，宣布自2016年3月1日起，微信支付对累计超出1 000元额度的提现交易收取手续费，超出部分按银行费率收取手续费（目前费率均为0.1%），每笔最少收0.1元，同日起，转账功能停止收取手续费。当微信提现收费后，腾讯公司的亏损情况已经得到控制。

7.3.3 移动医疗

移动医疗是指通过移动设备提供医疗或健康信息和服务。移动医疗行业借助移动互联网平台的双边性以及外部性将服务提供方、需求方、各个移动医疗行业主体进行去中介化的高效连接。利用现有的大数据、移动互联网、物联网和云计算连接行业参与者。移动医疗应用和服务包括远程患者监测、视频会议、在线咨询、个人医疗护理装置、无线访问电子病例和处方等。移动医疗的特征主要有医疗资源整合与高效利用，大数据应用和更为舒适全面的用户体验。目前国内的医疗App大致可以分为以下几种：一是传统做互联网或做数据库的公司开发的医疗App，如中国医药网手机客户端；二是与企业级应用结合的产品，比如面向医院收费的病例管理系统App；三是具有专业医疗服务能力的互联企业开发的App，如好大夫在线、快速问医生等。

根据比达咨询监测数据，2016年中国移动医疗市场规模为103.5亿元，预计2017年为120亿元；2016年用户规模为2.94亿人，预计2017年达到3.6亿人；2017年上半年中国移动医疗细分领域应用数量方面，预约挂号类App产品数量占比为27.3%，问诊类App产品数量占比为20.7%，导诊类App产品数量占比为14.6%，医药服务类App产品数量占比为12.5%。预约挂号、问诊、导诊类应用数量较多，而疾病管理和体检类App产品数量相对较少。

随着医改政策对商业保险的大力扶持，医疗保险支付方式是一种趋势。保险公司利用互联网医疗控费意愿较强，移动医疗可作为保险的增值服务，进入保险公司报销列表，以此通过App或者硬件获取用户数据，设计出保险资费优惠、礼品馈送等个性化服务内容，从而让保险企业减少理赔风险、扩大市场规模的需求得到满足，由此保险公司付费模式也就水到渠成。

7.3.4 移动教育

移动教育是指依托于无线移动网络、因特网以及多媒体技术，学生和教师使用移动设备通过移动教学服务器实现的交互式的教学活动。长期以来，中国教育资源分配不公平，教育资源向一线、二线城市倾斜，移动教育将实现优质教育资源再分配，并且随着移动智能终端的普及以及移动数据网络基础的完善，为移动教育的发展提供了技术条件。随着企业对大数据在各个行业应用的积极探索，使得通过移动教育为用户提供个性化学习方案成为可能。

在线教育App可以看作是移动教育的一部分，根据CNNIC的数据，截至2017年6月，手机在线教育课程是半年内增长第二的行业，涨幅达到22.4%，仅次于外卖。另外，根据艾媒咨询发布的《2017年中国在线教育行业白皮书》，2017年中国在线教育市场规模达到 2 810 亿元，预计 2018 年市场规模将突破 3 000 亿元关口，达到 3 480 亿元。

移动教育细分市场中比较典型的案例就是有道词典，有道词典是由网易有道出品的语言翻译软件，2007 年 9 月，有道词典桌面版上线；2009 年 1 月，有道词典首个手机版上线。

7.3.5 移动旅游

世界旅游理事会（WTTC）在其报告《未来旅游业发展营造客户中心体系》中指出"未来的旅游应向增强与客户的双向交流、改善信息服务、通过个性化服务增加附加值的方向发展。移动电子商务将在旅游信息业务中发挥作用。"在旅游服务领域，服务对象（旅游者）的移动性决定了旅游服务供应商选择移动电子商务比其他行业商家更为有利可图。通过应用移动电子商务，旅游服务供应商可以找到更多的方法来增进顾客忠诚度、降低运营成本、获取附加利润。

移动电子商务的优势更多地体现在对散客旅游者的服务上，其应用已超越了仅仅为旅游者提供行前帮助，而是扩展到旅游活动链的每一个环节。

在行前阶段，旅游者搜索、计划和预订旅程的每一部分。尽管有着高速因特网接入的个人计算机比移动通信设备在为旅游者提供预订机票、设计行程或浏览报价产品方面表现更胜一筹，然而，移动旅行服务却能提供更好的机会。如果旅游者在行前计划阶段对他所感兴趣的目的地信息做了标注，那么在途中他们可以通过移动设备随时查询这些内容。在典型的旅游移动电子商务应用中，旅行社可以通过桌面因特网接入设备捕捉和整合某一个性化线路所需的旅行内容，并将这些信息同步传递给旅游者手机和 OPA 预设的个人信息管理系统中。这样可以扩大旅游代理商和旅游信息供应商对于整个行程的影响。

在途中服务阶段，旅游者在途中将会和一切固定因特网旅游服务资源隔离开，在这一阶段，旅游者将会大大受益于移动数据接入，特别是在实时航班预报、机场情况等方面。在旅行过程中，旅游者的旅途安排总会受到偶然因素的影响，如航班因天气原因被取消或延误、火车晚点、汽车中途抛锚等。遇到这些意外情况，旅游者的原定日程安排将不得不被改变，他们被迫换乘较晚的航班，需要重新安排对旅途中其他城市的游览日程。一般来说，商务游客受途中意外变故的影响更大，然而正是商务游客构成了旅游业最忠诚且最有价值的客户基础。调查表明，商务游客在旅途中更愿意携带移动电话而不是笔记本电脑，他们也更乐于接受技术进步引起的服务手段创新。

7.3.6 移动购物

借助移动终端，用户能够进行网上购物，并利用移动设备进行快速搜索、比较价格、使用购物车、订货和查看订单状态。随着智能终端和移动互联网的快速发展，移动购物的便利性越来越突出。在主流电商平台的大力推动下，消费者对于通过移动端购物的接受程度也大大增加，用户移动购物习惯已经养成。

根据《2017 年（上）中国网络零售市场数据监测报告》（以下简称《报告》），2017年上半年，中国移动网购交易规模达 22 450 亿元，在网络零售中的占比达到 71.0%，与 2016 年上半年的 16 070 亿元，同比增长了 39.7%。《报告》数据显示，2017 年 1 月 1 日至 2017 年 6 月 30 日，天猫 App 共有 185 858.4 万下载量，淘宝 App 共有 736 130.5 万下载量，京东 App 共有 114 573.6 万下载量，唯品会 App 共有 186 475.9 万下载量，苏宁易购 App 共有 39 359.4 万下载量，国美在线 App 共有 9 463.1 万下载量，亚马逊 App 共有 12 652.2 万下载量，聚美优品 App 共有 25 397.4 万下载量。

2017 年"双十一"当天，截至 24 时，天猫全天交易额突破 1 682 亿元，其中移动端交易占比 92%。而 2014 年同期，这一数字仅为 42.6%。除了天猫平台之外，"双十一"各大电商平台中移动端交易都在暴增。截至 11 月 11 日 24 时，京东移动端产品（包括京东 App、京东微信购物和手机 QQ 购物）下单量增长迅速，当日移动订单占比达 74%。同样，苏宁易购全网销售订单量同比增长 358%，移动端订单量占比 67%。除"双十一全球狂欢节"外，还有"6·18 购物狂欢节""双十二"等人造节日，甚至黑色星期五等"洋节"也来凑热闹，在国内电商平台数量不断增长，竞争仍然激烈的现阶段，造节热一时半会还很难退烧。

移动购物的高速发展主要得益于以下两个方面，一方面是传统电商巨头着重培养用户移动端使用习惯，加强用户体验，加大移动端促销力度；另一方面是我国的网络覆盖系统日趋完善，更多手机、平板电脑的用户开始利用碎片时间，移动网购成为用户填补碎片时间的一大选择。

7.3.7 移动娱乐

1. 移动视频

目前，多媒体正逐渐成为移动终端必备的功能，可以说移动终端的视频能力将得到空前增强，这些都为移动视频业务的发展提供了必要的基础。

1）视频电话

在移动世界中，移动电话逐步成为个人可以信赖的设备，一种用于商务、工作和娱乐的活动管理工具。视频电话的引入可谓是业务的最佳切入点。用户手拿着 3G 手机，在简单的拨号后轻松地完成视频通话，对方的通话神情和所处场景在手机屏幕上一目了然。另外，3G 手机用户还可以方便地和基于 PI 的 PC 用户进行面对面的亲情交流。

2）视频会议

面向企业用户的多方电话会议，由多媒体即时会议系统控制电话会议桥设备来完成两个以上手机和固定宽带用户进行多方的视频电话会议。多媒体即时会议系统完成会议的准备、预订并配置设备、资源、与会者，并通过 SMS 通知与会者预计召开会议的时间，选择会议的规模和质量。

3）视频信箱

在视频电话建立过程中，被叫的手机用户因为某些原因无法接收视频呼叫，如正在开会、用户当时不方便、处在网络盲区位置等，此时视频电话呼叫将被自动转接到视频信箱，手机用户面对视频信箱留下视频留言后挂机。视频信箱在完整地接收视频留言之后，会根据留下的被叫号码自动通过 SMS/MMS/E-mail 等多种方式通知被叫用户，提示用户收听留言。

2. 移动音乐

2014年网络音乐在我国网民中拥有最多用户，其居高不下的用户规模和使用率确立了网络音乐在我国网络文化中不可替代的重要地位。

根据中商产业研究院发布的数据，截至2017年6月，网络音乐用户规模达到5.24亿人，较2016年底增加2 101万人，占网民总体的69.8%。其中手机网络音乐用户规模达到4.89亿人，较2016年年底增加2 138万人，占手机网民的67.6%。数据显示，2017年中国在线音乐用户规模达到5.8亿人，增长率达到18%，随着智能手机的推广和普及，手机网民数量持续增长，预计在线音乐用户规模将进一步增长，2018年在线音乐用户规模将达到6.7亿人。综观2014—2016年中国在线音乐产业市场规模情况，三年市场规模增速保持在50%左右。根据统计数据显示，2017年在线音乐App用户渗透率排行榜中，最受大众喜爱的是QQ音乐，渗透率为69.9%；其次为酷狗音乐，渗透率为68%，酷我音乐位列第三。

3. 移动游戏

根据CNNIC发布第40次《中国互联网络发展状况统计报告》，截至2017年6月，我国网络游戏用户规模达到4.22亿人，较2016年年底增长460万人，占整体网民的56.1%，其中手机网络游戏用户规模为3.85亿人，较2016年年底增长3 380万人，占手机网民的53.3%。在行业营收上，以手机游戏作为核心动力的网络游戏市场营收依旧保持高速增长。财报数据显示，腾讯和网易作为国内最大的两家游戏公司，其2017年第一季度的游戏业务营收同比增长分别达到34%和78.5%。从游戏类型上看，竞技属性仍是目前拉动网络游戏营收显著增长的核心要素，而以线上作为主要分发渠道的PC单机游戏市场潜力初步显现。竞技游戏在2017年上半年的PC端和手机端均延续了强大营收能力，以此为基础衍生出的赛事活动等周边产业生态呈现繁荣景象，推动阿里巴巴、苏宁、京东等电商企业先后"跨行"进入这一领域。

7.3.8 基于位置的服务

基于位置的服务又称为定位服务，是移动通信网络和卫星定位系统结合在一起提供的一种增值业务，通过一组定位技术获得移动终端的位置信息，提供给移动用户本人或他人以及通信系统，实现各种与位置相关的业务。基于位置的服务包括两层含义：首先是确定移动设备或用户所在的地理位置；其次是提供与位置相关的各类信息服务。目前国内基于位置的服务分为两类，一是基于位置的服务与休闲娱乐相结合，二是基于位置的服务与生活服务相结合。

1. 基于位置的服务与休闲娱乐相结合

基于位置的服务在国内最早的应用模式是签到，这是模仿美国的Foursquare的签到模式。签到就是通过手机定位，并在好友更新的动态中出现"我在……"或者是出现好友当时所处的具体地址。国内首先涌现出一批独立的基于位置的服务应用网站，接着位置签到成为开心网、人人网等的标配，到目前为止博客、微信等社交软件全部都能够实现位置签到功能。实际上，签到模式是商家推送各种营销信息的一种手段，用户通过定位签到确定当时所在的具体位置，用户好友只要浏览朋友圈或微博就能够看到位置信息,商家就间接地在朋友圈或微博推送了一条广告,这种广告手段要比直接向用户推送的效果好得多。但是签到是基于用户的心理新鲜感、满足感和成就感而发展起来的,如果用户失去了这种兴趣,签到的价值就会大打折扣。

2. 基于位置的服务与生活服务相结合

一是用户可以进行位置查询,比如确定用户位置,提供与用户当前位置有关的各种生活、交通、娱乐、服务公共设施等信息服务。二是用户可以进行目标定位业务,也就是对手机用户进行定位,对手机用户的位置进行实时监测和跟踪,使所有被监控对象都显示在监控中心的电子地图上,一目了然。在一些专业领域推出的服务包括救援定位服务、看护服务、车辆调度、物流管理等。三是如果商家能够即时了解到移动用户所处的位置、偏好或上网习惯,商家就可以将面向特定用户的广告信息发到移动设备上,随着可用的无线宽带越来越多,能够针对特定用户的需求、兴趣等向其发送音频、图片、视频等内容更丰富的广告。

7.4 我国移动电子商务存在的问题及对策

7.4.1 我国移动电子商务发展存在的问题

1. 移动电子商务的安全问题

安全问题是移动电子商务的基础,也是其能否取得成功的关键因素。由于我国移动电子商务的发展正处于初级阶段,因此,安全问题是一个不容忽视的问题。就目前而言,移动电子商务的安全问题主要表现在移动通信安全、移动终端安全、手机病毒的威胁和移动运营商的商务平台的安全等。

在移动通信网络中,移动设备与固定网络信息中心之间的所有通信都是通过无线接口来传输的,而无线接口是开放的,任何具有适当无线设备的人,均可以通过窃听无线信道而获得其中传输的消息,甚至可以修改、插入、删除无线接口中传输的消息,来假冒移动用户的身份从而进行诈骗等活动。移动终端具有移动性、体积小等特性,容易丢失或被盗窃。所以用户移动设备的丢失就意味着用户移动终端上所有关于用户个人的信息都会被泄露,使用户遭受到损失。手机病毒会破坏手机的软硬件,导致手机无法正常工作,使通信网络瘫痪。同时由于移动设备自身硬件性能不高,不能承载比较成熟的病毒扫描和入侵检测的程序。随着移动商务的发展,移动商务平台越来越多,但是大量移动运营平台如何管理、如何进行安全等级划分、如何确保安全运营,还存在大量的问题。

2. 移动电子商务主体的诚信问题

在移动商务中,消费者只能通过图片文字的简单说明来了解、判断商品,消费者并不能对商品的产地、规格、原材料、成分等真实信息进行具体深入的了解,这种情况造成了移动电子商务主体双方之间信息不对称,使得现实中消费者购买的商品与广告信息不符,商家欺诈消费者的行为产生。但是由于我国移动商务售后服务滞后,消费者维权之路艰难，消费者会认为维权浪费时间精力，对这种欺诈行为往往不了了之。所以，交易双方信息不对称造成的诚信问题比较突出。

3. 用户认知与消费习惯

用户的认知以及消费习惯直接影响移动电子商务的市场开拓，我国移动支付产业尚处于市场培育和推广阶段，长期形成的消费习惯和固有的支付方式是这种快捷服务成长过程中必须逾越的一道鸿沟。

4. 移动电子商务理论研究比较欠缺

首先，我国对移动电子商务的一些应用领域的研究仍旧是一片空白。比如对移动教育、移动医疗、移动应急行动等移动电子商务的新领域的理论研究。这些新的应用领域各有自己的特征，因此，我们需要加强对移动电子商务新领域服务特征的理论模型的研究。

其次，我国对移动电子商务的理论研究不够深入。目前，国内的一些学者和专家对移动电子商务的研究领域和焦点大多集中在消费者对移动电子商务采纳的影响因素上。但是，这种研究也只是停留在少数几个影响因素的层次上，没有将这些影响因素进一步地扩展，深入剖析各类因素对移动电子商务的影响。同时，随着消费者对移动电子商务的认识程度的不断加深，目前还应该充分深入地研究消费者采纳移动电子商务的影响因素。

最后，我国对移动电子商务的研究方法仅仅停留在非实证研究的层次上。目前，大多数对移动电子商务问题的研究，能够使用实证方法进行的深入研究和移动电子商务发达国家相比还是相对较少的，同时缺少既掌握现代信息技术又掌握现代商贸理论与实务的复合型人才。

7.4.2 我国移动电子商务发展的对策

为了应对我国移动电子商务发展中面临的诸多挑战，我们应该多参考移动电子商务产业发展较早的欧美和日韩等国的经验，在不断完善传统 PC 平台电子商务的同时，尽早制定移动电子商务法规，规范移动电子商务服务。

1. 加强我国移动电子商务的安全保障建设

移动安全技术在移动电子商务中具有十分重要的地位，它保护着商家和客户的商业机密和财产，同时也为服务方和被服务方提供极大的便利。根据当前我国移动电子商务遇到的安全问题，可以采取端到端的安全策略、无线公共密钥技术等技术手段来保证我国移动电子商务在安全、可靠的环境下健康发展。另外，完善移动电子商务的法律体系，加强市场监督创造良好的市场环境，完善相关的法律法规也是移动电子商务稳定发展的基础，比如加强移动电子商务安全规范管理，完善相关法律和制度，规范产业发展，构建安全交易环境等。事实证明，只有将安全技术和安全机制有机结合起来才能营造一个安全的移动电子商务环境。应尽快制定移动电子商务终端设备屏幕格式和操作系统的规范标准，使移动电子商务终端设备的屏幕格式和操作系统尽可能标准化。随着移动电子商务终端设备生产的多样化，在丰富了商务用户选择的同时，却给移动商务服务商家设计移动电子商务终端软件出了难题。如何能设计适应所有移动电子商务终端设备的软件和购物平台确实成为一大挑战，因此，应尽快制定移动电子商务终端设备屏幕格式和操作系统的统一规范标准，才能为商家和移动运营商设计出适合所有终端设备操作系统的商务平台软件扫清障碍。

2. 加强个人信用体系的建设

加强个人信用体系的建设不仅仅是移动电子商务中的问题，也是电子商务中的问题，更是一个社会问题。以美国为例，它的电子商务之所以在世界上遥遥领先，完善的个人信用体系居功至伟。其信用框架涵盖了法律、专业信用中介服务机构及政府管理，在多方力量的制约下，缺乏信用记录或信用记录很差的个人在信用消费、求职等诸多方面都会举步维艰。

因此，对于个人的诚信评价，应不仅仅局限于某个电子商务网站中，而是应该伴随着个人的各个时期，各个生存地点，通过各个部门的共同努力，来建设个人的一套完整的信用评价体系。在中国，信用体系的建立面临着很多具体的困难，如信用信息条块分割的问题。我国银行、税务、法律、通信等部门都有各自的信息库，但这些信息很难联网，更不要说与全社会共享了。因此，现实生活中的个人信用体系的建立并不是一个短时期可以解决的问题，但确实是一个可以从根本上来解决移动电子商务中诚信问题的途径。

解决我国移动电子商务交易中的诚信问题可以借鉴传统电子商务的一些做法。为了保证交易过程中的安全性和不可抵赖性，可以在移动电子商务的交易过程中通过强化主体资格的身份认证管理，保证每个用户的访问与授权的准确。比如可以通过第三方认证或者是数字签名的技术手段来确保交易双方身份的真实性和准确性；同时，还可以采取交易实名制的做法，这在移动电子商务中也是切实可行的。在移动电子商务中，终端号码是唯一的，可以和真实的身份一一对应，因此可以通过对终端的有效管理，降低移动电子商务交易的诚信风险。

3. 引导消费者参与移动电子商务活动

加强消费者对移动电子商务的认识和理解，改变消费者长期形成的消费习惯和固有的支付方式，积极推动广大消费者的移动消费热情。企业商家需要从多方面吸引用户眼球，引导消费者参与到移动电子商务活动中来。一是拓宽服务领域，不仅仅局限于一些个人应用和简单应用，如获取信息、购物、订票、炒股等，需要针对用户对很多种类电子商务不能满足的现状，不断增加服务种类和模式。二是培养消费环境，引导用户消费理念，通过有效的广播、电视、网络宣传及成功企业的移动电子商务示范，使用户对移动电子商务有充分的理解和认识，在进行移动电子商务交易时，尊重市场经济规律，并解决移动电子商务的安全和诚信问题，营造良好的移动电子商务的交易环境。三是降低移动支付的相关费用，大力推广电子支付业务，包括 POS 交易、电子转账等业务，建立一个完整的个人信用体系。

4. 加强我国移动电子商务的理论研究，加强对电子商务人才的培养

首先，根据我国移动电子商务发展状况，全面开展对移动电子商务的理论研究。在对理论研究的同时，要注重理论的研究深度和方法。目前，随着中国移动电子商务的不断发展，对移动电子商务理论的研究主要包括对移动电子商务行为的研究，对移动电子商务经济学、战略和商务模式的研究，对各类移动电子商务安全技术的研究，对应用服务接纳模型的研究和对移动电子商务跨文化的研究。同时，对移动电子商务研究的方法应该采取实证方法。

其次,在相关专业中加入移动电子商务方面的相关知识,或者将移动电子商务的相关技术和知识通过网络传播出去,相关的人员就可以根据自己的兴趣、爱好进行系统化的学习,同时还可以在网上与专家交流,以提高自己的专业水平,还可以利用社会资源,进行集中培训。通过整合现有的教育资源,开设相关的培训教育,对相关的人员进行专项培训。对技术人员加强企业管理和网络营销方面的培训;对管理人员则要加强移动通信网络设备和结构、Internet 数据库等方面知识的培训。

本章小结

本章主要介绍移动电子商务的概念、移动电子商务模式、移动电子商务的应用、我国移动电子商务发展中存在的问题以及解决办法四个部分的内容。

移动电子商务是指通过移动通信网络进行数据传输,并且利用移动信息终端参与各种商业经营活动的一种新型电子商务模式,它是新技术条件与新市场环境下的新电子商务形态。

移动电子商务模式主要有 O2O 模式和平台模式,O2O 模式就是用户借助移动终端进行的线上购物并支付,在线下实体店交付产品、服务或者通过物流将产品送到消费者手中的一种模式。平台模式就是为企业和用户提供一个资源共享的、开放的、能够进行合作和交易的软硬件相结合的环境。

移动电子商务目前主要在移动金融及支付、移动医疗、移动教育、移动旅游、移动购物及基于位置的服务方面有着广泛的应用。

移动电子商务在我国得到了迅速的发展,但也存在一些问题,主要包括移动电子商务安全、诚信问题,用户认知以及消费习惯的束缚,缺乏移动电子商务人才等问题。并针对这些问题,提出相应的解决办法。

关键词

移动电子商务;O2O;移动支付;移动购物;移动金融。

习题

一、选择题

1. 移动电子商务的特点不包括( )。

    A. 即时性和便捷性　　　　　　　　B. 可定位性和资源整合性

C. 客户资源准确性　　　　　　D. 资源可用性
2. (　　) 是一项高速数据处理技术，以分组的形式把数据传送到用户手上。
　　　A. 无线应用协议　　　　　　　B. 通用分组无线业务
　　　C. 移动 IP 技术　　　　　　　 D. 蓝牙技术
3. 下列移动电子商务的平台模式按照业务属性分类不包括 (　　)。
　　　A. 新媒体平台模式　　　　　　B. 垂直应用平台模式
　　　C. 电子商务平台模式　　　　　D. 基于终端商的平台模式
4. 下列不属于移动支付特征的是 (　　)。
　　　A. 移动性　　　　　　　　　　B. 有效性
　　　C. 定制化　　　　　　　　　　D. 集成性
5. 淘宝网属于平台模式中的 (　　) 模式。
　　　A. 基于终端商的平台模式　　　B. 基于互联网公司的平台模式
　　　C. 基于移动运营商的平台模式　D. 综合服务平台模式
6. 苹果公司按照产业链运营平台主体来分类的话，属于 (　　)。
　　　A. 新媒体平台模式　　　　　　B. 垂直应用平台模式
　　　C. 电子商务平台模式　　　　　D. 综合服务平台模式
7. 消费者在商店、公共交通、停车场等场所通过终端设备进行的快捷支付属于 (　　)。
　　　A. 远距离支付　B. 近距离支付　C. 即时支付　　D. 离线支付
8. 微信朋友圈的定位服务属于 (　　)。
　　　A. 基于位置的服务　　　　　　B. 移动娱乐
　　　C. 移动支付　　　　　　　　　D. 移动旅游

二、思考题
1. 怎样理解移动电子商务的含义？
2. 移动电子商务的技术有哪些？
3. 移动电子商务的 O2O 模式指的是什么？
4. 移动电子商务有哪些具体应用？
5. 移动支付的特点是什么？
6. 影响我国移动电子商务发展的因素有哪些？

实战演习——手机购物

---

1. 实验目的

通过手机淘宝 App 购物，了解移动商务网店的基本购物流程。

2. 实验步骤

(1) 下载并安装手机淘宝 App

在淘宝网（http：//www.taobao.com）首页左上角单击"手机逛淘宝"链接进入

手机淘宝下载页面,如图 7-5 所示。根据智能终端的操作系统,选择不同的下载软件。用手机扫描图上的二维码,下载手机淘宝客户端软件,下载完成后在手机上安装,安装完成后在手机应用中将出现手机淘宝应用,如图 7-6 所示。

图 7-5　手机淘宝下载页面　　　　图 7-6　手机淘宝应用

(2) 打开手机淘宝客户端,界面如图 7-7 所示。

图 7-7　手机淘宝客户端界面

(3) 宝贝或店铺搜索。手机淘宝为方便用户而提供了功能强大的站内分类索引及快速搜索功能，分类索引包括商品种类、品牌分类、功能分类和价格分区等，而快速搜索能够满足用户不具体的关键词搜索，让用户快速找到所需商品。在搜索框中输入所需商品关键字，如图7-8所示。

(4) 宝贝选择。用户在搜索到需要的商品后，可将商品加入到"购物车"中，购物车会保存用户信息，直到用户将购物车清空为止。单击"加入购物车"按钮可以继续选择商品，如图7-9所示。

图7-8　店铺商品展示　　　　　　　　图7-9　宝贝选择

(5) 购物车管理及订单确认。用户可以通过"查看购物车"功能修改购物车中的商品数量，或删除不需要购买的商品，然后单击"进入结算中心"进行结算。也可以单击商品页面的"快速下单"按钮，直接填写订单，而不需要经过"购物车"以及"注册/登录"环节。单击"确认"按钮确认订单，如图7-10所示。

(6) 物流配送信息设置。为保证用户所购买的商品能及时送到收货人手中，用户需要正确填写送货信息，包括送货区域，详细地址，收货人姓名、手机、电话，以及送货时间，订单通知邮箱，邮政编码等，并提交保存，系统将根据用户指定的送货区域匹配相应的配送方式及配送机构。

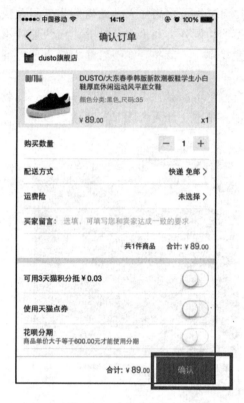

图 7-10　购物订单确认　　　　　图 7-11　支付宝支付

（7）支付方式设置。淘宝购物需要通过第三方支付平台——支付宝进行支付，因此需要按支付方式设置流程绑定银行卡与支付宝账号，并进行支付宝充值，以便进行支付。

（8）订单支付。支付宝信息设置完成后，输入支付宝密码并单击"付款"按钮进行支付，如图 7-11 所示。

（9）宝贝配送及签收。支付成功后，将进入物流配送环节，用户可以在手机上查看订单的物流信息以及当前的配送状态，如图 7-12 所示。

当用户收到配送机构送达的货物后，检查货物的外包装是否完好，包装内货物有无破损等问题。如果没有问题用户可以签收，如果货物异常，用户可以要求退货，如图 7-13 所示。

图 7-12　宝贝物流信息　　　　　　　　图 7-13　宝贝签收

（10）信用评价。签收宝贝后，确认收货，通知支付宝向卖家付款，并对卖家进行信用评价，包括描述相符、物流服务、发货速度和服务态度四方面，如图 7-14 所示。

图 7-14　信用评价

扩展阅读

1. 移动支付的角逐

自从 2014 年春节财付通借助微信红包异军突起之后,在支付市场中,真正能够坐在一起掰手腕的,只剩下支付宝和微信了。鹬蚌长期相争之际,迟迟未能出现"渔翁"。2016 年 2 月 18 日,"渔翁"终于出现了,当日,苹果公司旗下的移动支付产品 Apple Pay 正式在中国大陆落地,大量商家以及多家银行随即宣布支持 Apple Pay 支付。

链接地址:http://news.163.com/16/0221/00/BGABC4F800014Q4P.html.

2. 2017 年移动支付领域的大事件

在 2017 年,移动支付领域出现了对移动行业未来发展有较大影响的事件,为移动支付领域注入了新的活力。

链接地址:http://www.sohu.com/a/216024087_100100481.

3. 2017 年支付行业大事记

回首 2017 年的支付行业,从严监管成为市场的主旋律,217 号、281 号、296 号文件等相继发布,支付机构的罚单不断……

链接地址:http://www.mpaypass.com.cn/news/201801/04105121.html.

4. 银联云闪付 HCE 产品使用指南

中国银联联合各商业银行推出的云闪付 HCE 产品是采用了 HCE 与 TOKEN 技术,同时具备实体商店 POS 机"闪付"能力、移动互联网远程支付能力的创新移动支付产品,持卡人可享受便捷、安全、快速的银行卡服务。

链接地址:http://xian.qq.com/a/20151215/053588.htm.

第8章 电子商务应用与服务

学习目标：

1. 了解企业的电子商务应用；
2. 理解互联网金融的含义及模式；
3. 了解互联网金融存在的问题及风险；
4. 了解微商的含义及模式；
5. 了解农村电子商务相关概念；
6. 理解跨境电子商务的含义及模式；
7. 了解跨境电子商务平台。

引导案例

大连市瓦房店电商孵化基地农产品上行模式分析

1. 大连市瓦房店市电子商务孵化基地概况

大连市瓦房店市是国家首批农产品质量安全示范县，农产业门类齐全，是闻名中外的"苹果之乡""黄桃之乡"，还是全国唯一的轴承之都，具有市级以上名牌农产品56个，农产品地理标志认证产品8个，有机食品认证3个，绿色食品、无公害农产品120多个，全市创建农业名牌产品20多个。该电商孵化基地坐落于瓦房店市西郊工业园兴工大街9号，基础设施较为完善，园区占地面积12.47万平方米，在成立后两年多的时间里已初具规模，其发展快、方向明确，已有60多家电商企业入驻瓦房店市电子商务孵化基地，并逐步开通和完善了相关的物流体系。上线产品包括小米、大米、地瓜、蘑菇等多种农产品，苹果、葡萄、樱桃等多种水果，海鲜、轴承等其他产品。

2. 大连市瓦房店市电子商务孵化基地农产品上行模式

大连市瓦房店市电子商务孵化基地采用按单位面积收取费用的方式，有效提高了土地利用率。为了解决产品的重复开发、同质化竞争严重问题，该模式实现基地资源共享，一种商品一经开发，则该商品在整个基地内资源共享并与周边基地合作，实现农户农企之间的互利互惠。此外，为了扶持农户农企的发展，基地和政府制定了一系列的优

惠政策及扶持政策。

1）基地销售模式

农产品上行处在起步阶段，该基地建立了相对完善的配套设施，整体分3个功能区，分别为电子商务区、物流配送仓储区、生活配套服务区。为农户农企提供了集商务办公、产品展示、在线交易、仓储物流、人才培训、技术交流、生活配套等多功能的一站式服务平台，创造了一个低成本、可持续化发展的电商生态环境。

该基地首先为入驻农户农企提供电子商务技能和法规培训；其次为农户农企提供商标认证、质量认证等服务；再者，为其提供品牌策划及品牌推广等其他服务，通过政府网站、电视、微信微博公众号等对农产品进行宣传，并将本地电子商务氛围营造、平台建设、与当地农产品宣传、休闲旅游产品推介有机结合。

2）资源对接模式

大连市瓦房店市电子商务孵化基地与苏宁易购、中国联通沃易售、惠众乐农、新益农、乐村淘等众多电商平台均建立了长期的合作关系，可以有效地解决农户农企缺乏农产品上行的平台，为农户农企提供有效的资源对接，帮助农户农企整合本地资源，引导当地农业生产、农产品加工向规范化、标准化、品牌化方向发展，打造经典品牌。同时也为入住农企提供经验和技术的分享交流平台，实行"人才引进＋自助培养"的人才战略，为农产品上行提供智力支持。

此外，该基地与上海、北京等大城市的合作社与市场提供货源，实现了农产品的同城配送，大大降低了物流费用。实现了农产品与外部市场无缝对接，扩大了农产品的销售范围。

3. 大连市瓦房店市电子商务孵化基地的发展业绩

在两年多的时间里，该基地帮助了很多农户农企创业者实行了农产品线上销售，拓宽了他们的销售渠道，使当地的农产品进入千家万户，提高了他们的生活水平，同时促进了农业经济的快速发展。下面给出了一部分成果示例。

（1）林斌是瓦房店土城乡80后农民，通过电商孵化基地的培训，深刻认识到电子商务对于农产品销售的重要性。在基地的帮助下，他注册了自己的葡萄品牌"山帝葡萄"。由于品种优良、绿色种植，7万余斤的葡萄均实现了线上销售，并以高出市场3到4倍的价格全部售出，并带动了周边农户发家致富。

（2）张国锋是瓦房店市新农人代表人物，原本是继承父辈的传统樱桃种植和销售模式，但在接触了电子商务后，决定用现代方式增加樱桃种植销售的产品附加值。通过电商孵化基地这个平台，他建立了自己的品牌"六月山林葡萄"，由于口感和品相优势明显，产品供不应求。

（3）丛连美是大连吃仙电子商务有限公司负责人，在电商孵化基地帮助下，将传统的酸菜、鸭蛋、五谷杂粮等初级农副产品搬到了网上销售，获得了较高的市场收益。目前公司拥有员工30人，淘宝店40家，每日订单量约300单。

（4）贾有峰是大连有峰农业科技发展有限公司负责人，通过电商孵化基地的活动及培训，他将自己栽培的蘑菇做精深加工，注册了"有峰"品牌，并实现了网上销售，减少了中间商环节，大大增加了销售利润，月销售额增加了20%，旺季可实现月销售收入数十万元，产品远销韩国、东南亚等国家和地区。

（5）刘悦云是瓦房店市众利果蔬合作社负责人，在电商孵化基地的帮助下，他带领合作社团队，通过产业化经营和品牌运作，成功将地方特产红薯推上网络，其打造的"薯香坊"品牌地瓜深受消费者喜爱，在电脑终端和移动终端均取得良好的销售业绩。年均实现线上销售 50 万千克，社员收入增长了 50%。

（资料来源：刘宏，段文倩. 基于大连瓦房店电商孵化基地农产品上行模式研究. 物流科技，2018（4））

8.1　企业电子商务应用

8.1.1　企业电子商务应用概述

在过去几十年中，现代信息技术在企业经营和管理活动中的普及应用，成为企业降低成本、提高经济效益的重要手段。

从 20 世纪 80 年代以后，企业开始实施业务计算机化，如报表文书电子化、会计电算化、计算机辅助设计等。它是根据各个职能部门（如仓库的库存管理、财务管理等）管理的需要来建立计算机软件系统的。在局域网技术发展之后，企业开始在各个职能部门内部实施网络化，如在生产管理中应用物料需求计划、财务管理系统、分销管理信息系统、办公信息系统等。这些信息管理系统在企业的各个部门内部或个别部门之间实现了信息共享，但缺乏整体上的集成。

进入 20 世纪 90 年代以后，基于 Internet 的电子商务技术在企业中的成功应用，使企业应用现代信息技术达到了一个新的阶段。一方面，电子商务的应用创造了新的商务模式，需要企业从采购、生产到营销整个供应链上各个环节实现整合和一体化；另一方面，电子商务技术为企业供应链的整合提供了一个极佳的平台。例如，在 B2B 中，经销商希望当存货低于一定水平时订单可以自动生成并发送给供应商，这样订单处理可以被快速、廉价和更精确地完成。这就需要对供应商内部生产、库存和采购系统进行整合，并与供应商的网站系统实现无缝连接。

1. 企业电子商务应用过程

不同性质、不同规模的企业，其电子商务系统的组成和应用需求差别巨大。如在商务模式上有的企业需要 B2B，有的企业需要 B2C，有的企业两种模式都需要。在商务内容上，生产型企业存在采购、研发、制造、营销等多个环节，而贸易型企业侧重于成品采购和营销推广；在应用技术方面，有的企业需要 Internet、EDI、企业资源计划、客户关系管理等技术的综合全面应用，有的企业只需要其中部分技术的应用。

所以，企业电子商务应用取决于企业的业务类型、规模和资金技术实力，表现出层次性。从实施策略来讲，企业电子商务应用都经历了从简单到复杂、从局部到全面的渐进过程。我们可以把它概括为：企业上网、网上经营和企业业务整合三个阶段。

1) 企业上网

企业上网是指企业在传统的商务活动中，使用 Internet 开展商务活动，如建立企业内联网（intranet），实现企业内部信息资源的共享，在 Internet 上建立功能简单的企业网站或通过门户网站广告宣传企业形象、推介企业产品、使用电子邮件或 BBS 建立沟通渠道等。在这个阶段，电子商务应用投资成本低，易于操作，是大多数中小企业进入电子商务领域的首选。

2) 网上经营

在这个阶段企业将许多业务迁移到 Internet 环境中，如增加网上交易系统实现在线销售、建立企业外部网（extranet）与业务伙伴建立更紧密的业务关系、实现网上采购、开展客户关系管理以及网络客户服务等。

3) 企业业务整合

企业业务整合是企业电子商务应用的高级阶段。将企业商务活动的全过程在 Internet 上进行整合，如企业网站系统与企业 intranet 系统的整合，ERP 系统与网站客户订单、配送需求的整合等。建立企业与企业、企业与客户、企业与政府的电子商务的有机结合，实现企业最大限度的内部办公自动化和外部交易电子化。

2. 企业电子商务应用架构

从整体上讲，在企业整个供应链上，其电子商务的应用包括三个大的部分：一是处于供应链上端的企业采购，即企业与供应商之间的 B2B 电子商务；二是处于供应链下端的企业销售，即企业与经销商或客户之间的 B2B 或 B2C 电子商务；三是企业内部不同部门之间的电子商务，即企业内部商务（intra-business）。企业电子商务应用的整体架构与系统组成如图 8-1 所示。

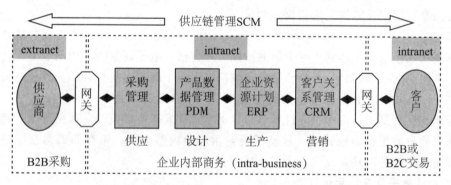

图 8-1　企业电子商务应用的整体架构与系统组成

在企业电子商务应用架构中，供应链管理贯穿企业内外各个业务环节，成为整合企业信息系统的基础。供应链管理是指从最初供应商到最终用户的商业流程的整合，它提供产品、服务和信息，从而为客户带来价值。它包括采购、原料处理、生产计划和控制、物流和仓储、存货控制以及分销和送货等一系列活动。对于大型企业而言，企业电子商务应用的目标是依托 Internet 技术，建立以供应链管理为基础、以 ERP 为核心，整合企业内部信息化系统，包括上游供应商、下游销售商或客户的一体化系统。

所以，企业电子商务应用不仅在于实现企业内部信息资源的共享和以生产为中心的管理信息系统的整合，同时还要实现企业内外部信息资源的共享与互动，把企业内外部的信息资源按照统一的规则和统一的技术标准集成在一个开放式的网络平台上，最大限度地挖掘企业内外部信息资源的利用效能，实现以客户（市场）为中心，把企业供应、企业内部生产、企业产品销售整个供应链纳入到统一的管理信息系统来实现协同化管理。

这种面向协同电子商务的应用超越了传统的供应链管理和企业资源计划的概念，可方便地扩展到支持面向虚拟企业运作的协同价值网络。

有关 B2B 和 B2C 电子商务在前面的章节中已经做了详细的介绍，本节研究企业内部电子商务的内容和功能，以及在电子商务环境下的企业管理信息系统的整合。

8.1.2 企业内部电子商务

企业内部商务最常用的基础设施是内联网。内联网使用 Web 技术和工具，能够在企业内部构建相对封闭、安全的电子商务环境。根据美国《信息周刊》对企业管理人员的调查，内联网主要包含的信息有产品目录、公司政策和工作程序、采购订单、文件共享、企业电话目录、人力资源表格、培训项目、客户信息数据库、数据仓库和决策支持和图片档案等。

内联网常常能与电子商务相整合，能够与基于 Internet 的电子采购、支付与配送相结合，并成为外联网的一部分（地理上分散的分支机构、顾客和供应商都可以访问内联网的特定部分）。利用这些功能可以提高生产力、降低成本、减少浪费和生产周期、提高服务质量。

基于内联网的企业内部商务有以下常用类型。

1. 企业和员工间电子商务（B2E）

企业员工使用内联网，可以实现以下业务。

（1）以电子化方式预订和申请工作所需的补给和原材料。

（2）许多公司都有商店，向其员工出售公司的产品，而且通常是折价销售。员工通过内联网发出订单，商店负责包装好物品并送到员工手中。

（3）公司通过内联网发布信息。

（4）公司内联网在提供内部信息共享方面有着巨大的优势，使企业员工能更加迅速、安全地获取信息，且成本合理。

例如，生产 450 多种家用产品、营养和健身产品的安利公司（Amway Inc.）为适应研发部门新产品开发需要，就建立了一个企业内部的商业情报和知识管理门户 Artemis。

在安利公司，研发部门产品的设计需要迅速了解产品的各种信息，如产品细节、配方、设计标准、产品计划、成本和销售趋势。过去这项工作很困难，因为有时这些数据分散在 15~20 个不同的系统中，供应链和财务系统又分属不同的部门。当科研人员需要产品信息或财务数据时，必须查询各个部门的报告，这将耗费很多时间。

Artemis 将原有各部门信息系统中的信息提取出来形成结构化的产品信息，然后根据用户的要求生成各种动态报表。这样，研发部的人员可以快速找到所需信息，查询信息的时间由以前的几天缩短到几分钟甚至几秒钟，加快了产品研发者的各项假设分析的速度。

现在研发部的 550 名员工全都可以使用这个系统。Artemis 的最初目标是为研发部的工作人员平均每人每周节约 1 小时,用户调查显示,使用结果达到了预期目标。随着更多信息源的加入以及用户对该系统更加适应,这个数字将继续提高。

Artemis 的投资在 25 万美元以内,该系统使每名员工每周节约大约 1 个小时,这相当于在 550 名员工中节省了 13 名人工,在不到 6 个月的时间里就可以收回该系统的成本。

此外,企业员工利用内联网查询各部门信息、填报表格和单证。

2. 企业部门间电子商务

大型公司常常包括多个独立的部门,它们彼此之间相互"购买"或者"出售"原材料、产品和服务。这种交易可以很方便地通过公司内联网自动进行,每个独立的部门可被视为一个买家或卖家。

大型公司往往独立或部分拥有一个代理商网络。在这种情况下,就需要建立一个专门的网络来支持交流、合作和交易的实施。开展此类企业内部商务的主要包括汽车经销商、设备制造商和其他大部分大型制造商。比如东芝公司,东芝美国公司使用外联网/内联网技术建立了一个基于 Web 的订单输入系统。代理商可以在下午 5 点之前下达第二天的装运订单,还可以检查应收账户的余额、价格安排、阅读有关条款等。一旦订单发出,计算机将检查各零件的存货情况,如果有货,订单会发往仓库,订单一旦到达仓库网站,就会在计算机上显示出来。几个小时内零件就被包装、检查并送往快递公司。在这套订单输入系统的支持下,客户服务就会更加方便快捷,客户设备维修流程就可以大为简化。

(1)一台东芝牌复印机出现故障顾客打电话给经销商。

(2)东芝经销商派出一名维修人员,确认发生故障的零件。

(3)该维修人员使用便携式计算机登录到东芝的外联网,填写在线零件订购单,并下达订单。

(4)订单传到东芝后,零件部人员接收订单并准备好零件以备连夜装运。

3. 企业员工间电子商务

许多大型组织在内联网上都有分类广告,企业员工可以通过它购买和出售产品与服务。这种服务在大学里尤为流行,如大学内联网上的各种求助信息、销售信息。在某些情况下多家大学会把内联网相连以扩大这种服务(如新加坡的大学)。另外,员工也可以通过电子商务技术进行更好的合作和沟通、相互传递和交流不适宜对外公开的信息。

8.1.3 基于电子商务的供应链整合

供应链管理的功能是计划、组织和协调所有的供应链活动,是对整个供应链的全局管理方式,而有效的供应链管理是电子商务在企业成功应用的关键。

企业用软件来支持供应链上的各种活动已经有几十年的历史了。最初的软件包是用来支持供应链上的单个环节。有些应用软件支持上游供应链活动,如向供应商下订单。许多应用软件处理内部供应链活动,如生产计划、存货控制和成本核算。还有些软件支持下游供应链活动，如销售、配送计划和账款收取。其主要目标是降低成本、加快处理流程和减少错误。表 8-1 给出了此类软件的一些例子。

表 8-1 支持供应链管理活动的各种软件

供应链管理活动	软件种类
上游供应链活动	供应商管理、订购系统、订单跟踪系统
内部供应链活动	存货管理、生产计划、工程和产品配置、成本管理、质量控制、采购和订单管理、分销、仓储、装运、跟踪、预算、成本控制、资产管理、账目管理、应收应付账款、人力资源信息系统、招聘、福利、人员管理
下游供应链活动	在线营销、广告管理、营销管理、销售人员补贴管理、CRM、市场研究、客户数据库、技术支持系统、物流呼叫中心

这些软件产品按照职能部门功能进行开发设计，相互间是独立的，如会计、财务、营销、制造、人力资源和工程等系统。无法实现不同软件系统之间的数据交换和内部信息共享，这就形成了企业常见的"信息孤岛"现象。每当管理者需要一条特定信息时，工作人员都要十分辛苦地将重要的销售、存货和生产数据手工输入到相互分离的计算机系统中。

但是，在现代化企业生产中，供应链上的一系列活动是相互关联的。上述应用于不同职能部门的软件系统需要整合为相互联系的统一体。

从 20 世纪 60 年代以后，企业就开始了对供应链关联环节的整合，最早人们将企业生产计划、存货管理和采购计划进行整合，提出了物料需求计划（MRP），以帮助降低存货水平和优化供应链的某些部分。然而在实际应用中人们发现，"进度安排—存货—采购操作"与财务和人力资源计划密切相关，在许多情况下缺少了它们就无法管理。这促使整合的范围进一步扩大，出现了制造资源计划（MRPⅡ）系统。

随后出现的 ERP 系统致力于整合企业内部所有的事务处理活动，并在实践中不断发展，超出了企业内部的限制，被扩展到包含内部、外部供应商和客户，又被进一步增加决策支持和商业智能功能，最新的发展是包括 CRM，甚至还有数据挖掘功能。这形成了功能强大的第二代 ERP 系统，其目标是利用现有系统来提高交易处理的效率、改进决策制定过程、支持电子商务和 CRM，并进一步转变业务运作方式。

因为 ERP 涵盖了企业供应链上的绝大部分活动，所以必须和电子商务应用相结合，成为企业电子商务后台支持系统的核心。事实上，电子商务与 ERP 系统的整合正成为必然。但是 ERP 并没有被设计成完全支持电子商务供应链。ERP 解决方案是以事务为中心的，因此并没有提供计算机化的模式来迅速响应供给、需求、人力或生产能力的实时变化，而这种变化在电子商务环境下是很常见的。

需要整合的领域如下。

（1）订单接收与产品存货水平相整合。

（2）B2C 中的支付信息必须被自动传送给银行卡公司进行验证。

（3）B2B 中的订单信息必须与价格信息相关联以计算订单的价值，并与财务部门相关联以保证足够的信用额度。

（4）在存货低于一定水平时必须能够自动订购。

（5）生产订单必须列出所需资源及其可得性。

（6）订单内容的改变（如交货日期、数量）必须被自动传送给供应商和供应商的供应商。

（7）客户能通过跟踪系统检查订单状况。此类系统一般通过外联网与数据库相连。

通过引入按单制造（拉式）生产流程和向供应商提供更快和更准确的信息，存货水平可以被降到最低。通过允许业务伙伴以电子化方式跟踪、监视订单和生产活动，企业可以改进存货管理，并使存货水平和存货管理费用最小化。

供应链软件整合的好处体现在无形和有形收益两个方面，有形收益包括存货减少、人员减少、生产率提高、订单管理改进、财务周期缩短、生产成本降低、采购费用减少、现金管理改进、利润增加、运输费用下降、维护工作减少和准时送货改进；无形收益包括信息可见性、新的改进的流程、客户响应率、标准化、灵活性、全球化和业务表现等。

企业供应链的整合是企业在电子商务环境下的必然选择。例如，海尔集团提出的"零库存、零营运资本和（与用户）零距离"的企业管理目标，就是建立在整合海尔全球供应链资源和用户资源的基础之上的。

海尔将前台的企业电子商务网站作为与客户沟通的桥梁，将客户的需求快速收集、反馈，实现与客户的零距离沟通；后台的ERP系统将客户需求快速触发、反馈到供应链系统、物流配送系统、资金流管理结算系统和遍布全国和海外的分销管理系统及客户服务系统，实现对客户需求的协同服务，大大缩短对客户需求的响应时间，形成了以订单信息流为核心的各子系统之间无缝连接的系统集成。

对客户来说，只需轻松单击海尔的网站，发送订单；对海尔来说，一张小小订单牵动了企业供应链的各个环节——设计、采购、制造、配送、销售等整个流程。

8.2 互联网金融

在中国的社会融资体系中，长期以来都是银行占据着主要地位，一方面造成了银行内部融资权利的垄断，另一方面也造成了融资渠道的不畅和社会融资环境的恶化，同时衍生出规模庞大的影子银行和民间借贷。在传统金融覆盖有限，民间借贷操作不规范、风险控制能力较低的情况下，互联网金融高效的融资、理财方式成为服务中小企业和个人的新力量。

8.2.1 互联网金融的含义

互联网金融是指依托于网络支付、社交网络、云计算以及搜索引擎等互联网工具，实现资金融通、支付和信息中介等业务的一种新兴金融。互联网金融伴随着电子商务的迅猛发展而产生，拥有互联网、在线支付、搜索引擎等先进的网络信息技术的支持，能够在很大程度上解决市场信息不流通的问题,使市场具有充分的实效性。

互联网金融并不是互联网和金融业的简单结合,而是在实现安全、移动等网络技术基础上,被用户特别是电子商务用户所熟悉,进而接受后,为适应新金融需求而产生的新模式及新业务,是传统金融行业与互联网结合的新兴领域。表8-2列出了我国互联网金融发展过程中的标志性事件。

表8-2 我国互联网金融标志性事件一览表

时间	事件	事件描述
2013-06-17	"余额宝"上线	天弘基金联手支付宝推出网上理财业务"余额宝",这是互联网和基金融合创新的第一大理财产品。截至2014年11月底,"余额宝"用户已达8 100万人,资金规模超过65 000亿元,为客户创造了29.6亿元收益
2013-07-06	第三方支付牌照	中国人民银行发放第一批第三方支付牌照,包括新浪、百度在内的27家公司获得该牌照
2013-08-01	民生电商成立	董文标、刘永好、郭广昌、史玉柱、卢志强、张宏伟等7位企业家联合投资30亿人民币资本金,在深圳前海成立民生电子商务有限责任公司
2013-10-09	阿里控股天弘基金	阿里巴巴公司出资11.8亿元控制天弘基金51%的股权,互联网金融板块整体走强
2013-10-28	"百度百发"上线	百度首款理财产品"百发"上线,上线第一天便实现破10亿元的销售额,百度正式进军互联网金融
2013-11-06	"众安在线"开业	由阿里巴巴董事局主席马云、中国平安保险公司董事长马明哲、腾讯公司CEO马化腾联手打造的互联网保险"众安在线"开业
2013-12-05	"比特币"被禁止	2013年12月5日,中国人民银行禁止比特币作为货币流通
2014-01-26	"理财通"上线	由腾讯公司与华夏基金合作推出的微信理财产品"理财通"上线,截至2014年2月底,资金规模突破800亿元
2014-03-14	第三方转账支付金融或受限	中国人民银行向多家机构下发征求意见稿,拟限制第三方转账支付金额:个人支付账户单笔转账金融不超过1 000元,年累计不超过1万元;个人单笔消费金融不超过5 000元,月累计不超过1万元
2014-04-15	百度钱包整体品牌上线	百度钱包上线后,在移动支付场景布局、支付技术革命,特别是互联网金融创新上给行业造成了巨大的冲击
2014-09-24	京东发布消费金融战略	京东首度将消费金融提升至战略高度,"校园白条"的推出,使其在互联网金融信用支付的拓展上取得了较大的成功,让消费金融贴上了"90后"的标签

续表

时间	事件	事件描述
2014-10-16	蚂蚁金融服务（蚂蚁金服）集团成立	蚂蚁金服囊括了支付宝、支付宝钱包、余额宝、招财宝、蚂蚁小贷及筹备中的浙江网商银行等品牌；主要有支付、理财、融资、保险这四大业务板块；主要的服务对象定位为小微企业和个人消费者
2015-01	P2P划归普惠金融工作部监管	2015年1月，银监会宣布进行机构调整，新设普惠金融工作部，P2P将划归普惠金融工作部监管
2015-07-18	央行等十部委联合印发《关于促进互联网金融健康发展的指导意见》（简称《指导意见》）	《指导意见》按照"依法监管、适度监管、分类监管、协同监管、创新监管"的原则，确立了互联网支付、网络借贷、股权众筹融资、互联网基金销售、互联网保险、互联网信托和互联网消费金融等互联网金融主要业态的监管职责分工，落实了监管责任，明确了业务边界
2015-12-03	e租宝被查	对互联网金融，尤其是P2P借贷行业影响深远
2015-12-28	P2P监管意见稿、网络支付新规同日出台	银监会携手工信部、公安部、国家互联网信息办公室等部门共同研究起草了《网络借贷信息中介机构业务活动管理暂行办法（意见征求稿）》，对扭转P2P行业市场乱象、净化市场环境有着积极意义；中国人民银行正式下发了《非银行支付机构网络支付业务管理办法》，从另一个侧面预示着第三方支付正式告别"野蛮生长"的时代

8.2.2 互联网金融的模式

由于各位学者和实践者对互联网金融的不同认识，对互联网金融的模式也有不同划分，本书所介绍的互联网金融模式划分是目前学术界比较认可的一种划分方式，主要有资金筹集类型的众筹、P2P网络贷款和电商小贷，资金融通类型的信息化金融机构，货币支付类型的第三方支付以及货币发行类型的虚拟货币，具体划分如表8-3所示，其中第三方支付已经在本书的第4章介绍过，本章不再赘述。

表8-3 互联网金融的主要模式

类型	包含内容	行业特点	实例
资金筹集	众筹	创意类项目的发起者通过在线平台向投资者筹集资金	大家投
	P2P网络贷款	个人或个体商户基于互联网平台进行贷款	人人贷
	电商小贷	电商企业利用平台积累的企业数据完成小额贷款需求的信用审核	阿里小贷
资金融通	信息化金融机构	利用互联网平台发展相应业务	招商银行
货币支付	第三方支付	独立于商户和银行的在线支付和结算平台	支付宝
货币发行	虚拟货币	通过计算机技术生成的非实体货币	比特币

1. 众筹

1) 众筹的概念

众筹即大众筹资或群众筹资，是指以感谢、实物、作品、股权等作为回报形式，通过互联网平台向公众或特定的人群募集项目的新兴融资方式。一般由发起人、支持者和平台机构成，具有低门槛、多样性、依靠大众力量、注重创意等特征。

2) 众筹的种类

我国众筹平台主要有股权众筹、公益众筹、奖励众筹、借贷众筹四类。

(1) 股权众筹。股权众筹是指基于互联网渠道而进行融资的模式，主要面向的是普通投资者，公司出让一定比例的股份，普通投资者通过出资入股公司。

根据清科研究中心最新发布的《2016 股权众筹报告》显示，2015 年是国内股权众筹行业"井喷"的年份，过半众筹项目成功完成，吃喝玩乐等消费类项目更能吸引投资者，股权众筹累计成功众筹金额近百亿元人民币，其中 2015 年成功众筹金额 43.74 亿元人民币，占全部众筹金额接近一半。截至 2015 年年底，中国股权众筹平台数已有 141 家，其中 2014 年和 2015 年上线的平台数分别有 50 家和 84 家，占全部股权众筹平台数的 35.5％和 59.6％。从行业维度分析，股权众筹平台上的创业项目主要分布在移动互联、消费生活、智能硬件等细分行业。根据众筹之家统计数据显示，截至 2017 年 6 月 30 日，我国累计股权/收益权平台数量 175 家。我国股权/收益权平台数量同样呈现缩减状态，6 月平台数量比年初少了 28 家。

(2) 公益众筹。公益众筹是指筹集资金的人不用向提供资金的人做出任何回馈，提供资金的人仅仅出于同情、献爱心或社会人际关系等动机投入资金。受起步比较晚和各种环境的限制，我国目前尚未形成比较有规模和影响力的公益平台。

(3) 奖励众筹。奖励众筹是指在项目完成后，筹集资金的人给提供资金的人一定的项目产品作为回馈。

(4) 借贷众筹。借贷众筹是指筹集资金的人与提供资金的人之间形成借贷关系，当项目完成或取得阶段性成果时，由筹集资金的人按约定返还借款给提供资金的人。

3) 典型的众筹平台

(1) 众筹网。众筹网（http：//www.zhongchou.com/）于 2013 年 2 月正式上线，是中国最具影响力的众筹平台之一，属于奖励回报性质的众筹平台，是网信金融集团旗下的众筹模式网站，为项目发起者提供募资、投资、孵化、运营一站式综合众筹服务，众筹网本身对科技、设计和出版等品类进行了差别对待，众筹分为奖励众筹、公益众筹和股权投资三种。

(2) 天使汇。天使汇（http：//angelcrunch.com/）在初期只是一个创业项目和投资人之间的信息平台，现在是属于股权众筹范畴。天使汇借鉴了国外的一些经验，提出了"领投＋跟投"的机制，领投人专业背景相对深厚，可以为非专业投资人打消经验不足的顾虑。相对于跟投人，领投人虽然要承担更多的风险，但也能获得更多的收益。2013 年 1 月，天使汇创造性地推出"快速团购优质创业公司股权"的快速合投功能，上线仅仅 14 天就获得开门红，成功为创业项目 LavaRadio 募得 335 万元人民币的资金，比预定融资目标 250 万元超出 34％。这是国内第一个在网络平台上众筹成功的项目,也是天使众筹完成的第一单,从而使天使汇升级为众筹融资平台。

(3) 点名时间。点名时间(http://www.demohour.com/)是中国最早也是最深入了解智能硬件产业的专业平台。自 2012 年起,点名时间与北京、上海、杭州、深圳等地的硬件团队进行深度交流,并深入分析国内外数千个智能产品在众筹平台、销售渠道的数据表现,通过线下"点名时间 10×10 大会"与大家分享,帮助硬件团队了解市场需求,掌握未来趋势,在业界已经建立起一定的口碑。2014 年起,每场超过 2 000 人规模的"点名时间 10×10 大会",已经成为智能硬件圈不能错过的重要大型会议。点名时间在 2014 年正式全面转型为智能硬件首发平台。

(4) 大家投。大家投(http://www.dajiatou.com/)属于股权众筹。大家投网站是由深圳创新谷投资的一家股权众筹平台,自身靠众筹起家。它是由创新谷领投、11 位投资人跟投 100 万元人民币融资而形成的,12 位投资人分别来自全国 8 个城市,6 人参加了股东大会,5 人远程办完了手续,这里面甚至有 4 个人在完全没有接触项目的情况下决定投资。在大家投平台上,创业者可以按照平台的要求填写商业计划书,填写融资额度等需求,而投资人如果对项目感兴趣,就可以选择去领投或者跟投。当投资人认领的额度达到创业团队的要求时,这个项目融资成功,多位投资人成立一个有限合伙企业,由领投人负责带领大家一起把钱分期投给创业团队。

2. P2P 网络贷款

1) P2P 网络贷款的概念

P2P 是一种"个人对个人"的小额信用贷款。在 2005 年,英国出现了全球首家网络借贷平台——Zopa 网上互助借贷公司,接着在全球迅速发展,拓展至美国、德国和日本等国。而中国 P2P 网络借贷起源于 2006 年,由宜信等互联网创业公司引入,2007 年拍拍贷和宜信网络借贷平台先后上线,基于互联网技术的 P2P 借贷开始进入迅速发展阶段。

P2P 贷款跨过传统金融中介银行,取而代之的是个人与个人之间基于互联网平台进行的直接交易,P2P 网贷平台起的是中介平台的作用,资金的供需方在特定的网络环境中建立直接的借贷关系。网络中的每一个参与者都可以发起,通过网络进行信息流通交互,建立一定的规则,对金融、期限、风险、利率等因素进行匹配,签署具有法律效力的电子合同,满足双方的需求并保障双方的权益。表 8-4 列出了我国部分 P2P 网贷平台。

表 8-4 我国部分 P2P 网贷平台

平台名称	注册地	成立时间
拍拍贷	上海	2007 年 6 月
宜人贷	北京	2012 年 3 月
人人贷	北京	2010 年 5 月
点融网	上海	2014 年 6 月
陆金所	上海	2011 年 9 月

续表

类型	包含内容	行业特点	实例
人人贷	北京	2010 年 05 月	
拍拍贷	上海	2007 年 6 月	
微贷网	北京	2011 年 7 月	
搜易贷	北京	2014 年 9 月	
开鑫贷	江苏	2012 年 12 月	
投哪网	深圳	2012 年 5 月	
爱钱进	北京	2014 年 03 月	

2）P2P 模式

（1）纯线上模式（无抵押、无担保）。这种模式是线上获取借款项目，线上审核。线上借款人主要是淘宝、慧聪或其他平台商家客户、个人消费贷款，线上审核通常要求借款人上传基本身份信息、征信信息、收入证明、电商平台相关认证等。由 P2P 平台确定贷款额度、信用评级和利率，线上审核的信息仍然主要来自线下。外国主流的 P2P 模式就是纯线上模式，但是在国内 P2P 采用此种模式的较少。纯线上模式的优点是平台承担的风险小，缺点是对借款人的违约约束小，总体违约率较高，投资者面临的风险较大。

拍拍贷（http：//www.ppdai.com/）是纯线上模式的典型代表。拍拍贷是由前微软工程师张俊于 2007 年创办的，是中国第一个在线的 P2P 平台。拍拍贷重点是借钱给通过阿里巴巴/淘宝进行主营销售的小型网商。拍拍贷使用比如卖家评价、用户评级和社交网络上的在线数据来对借款人进行信用评级。其运营模式如图 8-2 所示。

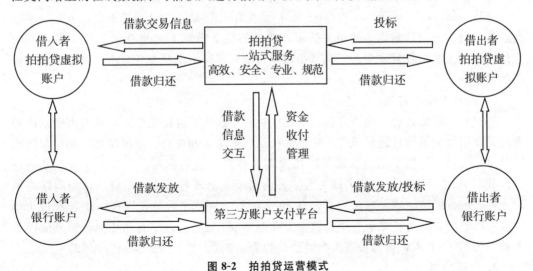

图 8-2　拍拍贷运营模式

（2）线下项目，线上成交（有担保或抵押模式）模式。这种模式线下获取借款项目、线下审核,在P2P平台线上销售贷款,以高收益+本金保障计划来吸引线上投资者。本质是线上投资人和小贷公司匹配,中小额理财市场与小贷市场对接,是国内主流的互联网信贷模式。这种模式的优点是投资者风险小,平台风险大。因为平台有背书,一旦借款人违约,平台将进行全额或部分代偿。平台对风险进行控制,如果风险过大,平台无法承担,则会出现平台的系统性风险,从而导致投资人也会遇到风险。

线下项目,线上成交模式的运营模式如图8-3所示。

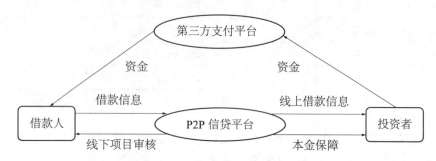

图8-3 P2P信贷平台运营模式

人人贷(http://www.we.com/)是中国最大且发展最快的P2P公司之一,它为个人消费者和小微企业提供利率为10%~18%,周期为3—4个月不等的贷款。人人贷平台自身提供担保,资金来自平台的自有资金,或者设立专门的风险准备金,一般风险准备金的计提是由平台向贷款方收取,占交易金额的1%~3%不等。

(3)债权转让交易模式。这种模式是出借人把获得的债权进行拆分组合,打包成类固定收益产品,销售给多个理财客户。债权转让交易模式的优点是平台采取面审和实地调查方式,通过平台力量控制风险,小额出借人不用承担过多风险。缺点是由于在一定程度上小额出借人并不了解借款项目的真实情况,从而产生了信息不对称的问题。

宜信(http://www.creditease.cn/)是世界上最大的P2P借贷平台,也是一家财富管理公司。宜信依靠庞大的销售队伍,获得的线下借款人高达总来源的99%,同时宜信拥有强大的抵押贷款业务,尤其是汽车贷款。其线上借贷业务只占了其整体业务很小的一部分。

3) P2P面临的困境

P2P不仅面临社会信用不完善、信任危机所导致的平台挤兑危险,还有由个别借贷者违约而引发的系统性递延风险,还面临征信数据缺乏和失真、数据库之间相对封闭难以共享,以及央行的征信数据库难以接入等各种现实上的制约。而且由于行业发展过快,我国P2P网络贷款已经出现良莠不齐的局面,出现各种非法集资、诈骗跑路等风险事件。根据网贷之家发布的数据,自2011年P2P网贷平台上线以来,截至2017年3月底,P2P网贷行业正常运营平台数量下降至2 281家,问题平台历史累计涉及的投资人数约为48.7万人,占总投资人数的比例约为4.3%,涉及贷款余额约为269亿元。

3. 电商小贷

电商小贷是互联网金融为小微企业提供融资服务的一种重要业态,它在很大程度上解决了线上小微企业、个人融资难的问题。电商小额贷款为了满足线上商户在自有平台商圈里面的短时融资需求,包括对订单融资、信用融资以及部分优先抵押产品的业务开发,对于电商来说,一方面可以提高平台的金融属性,并利用商户的数据开展征信服务,降低征信服务的成本;另一方面也可以开辟电商渠道以外的盈利途径。小额贷款公司具有方便、快捷、灵活的特点,放款坚持小额、分散的原则,而且贷款业务周期短、周转快,贷款资金以流向小企业、个体工商户和农户为主。典型的电商小贷主要有阿里小额贷款、京小贷款等。

1)阿里小额贷款

阿里小额贷款是指以借款人的信誉发放的贷款,借款人不需要提供担保,其特征就是债务人无须提供抵押品或第三方担保,仅凭自己的信誉就能取得贷款,并以借款人信用程度作为还款保证。2010年4月,阿里巴巴正式获得小额信贷牌照,2010年6月,浙江阿里巴巴小额贷款股份有限公司和重庆市阿里巴巴小额贷款股份有限公司分别在杭州和重庆成立,阿里巴巴自此开始提供小微贷款业务。阿里小额贷款采用的是大数据金融中的平台模式,这种模式是平台企业对其长期以来积累的大数据通过互联网、云计算等信息化方式对数据进行转化的挖掘和分析。该平台模式有效地解决了信息不对称的问题,在高效的IT系统上将贷款流程流水线化。

阿里小额贷款提供两种不同类型的贷款服务,分别为淘宝贷款和阿里巴巴贷款。淘宝贷款主要面向阿里巴巴旗下的天猫、淘宝以及聚划算等平台上的卖家,分为订单贷款和信用贷款,额度均在100万元以内。阿里巴巴贷款主要面向阿里巴巴会员企业,以满足会员企业在生产经营过程中产生的流动性资金需求。阿里小额贷款的运营模式如图8-4所示。

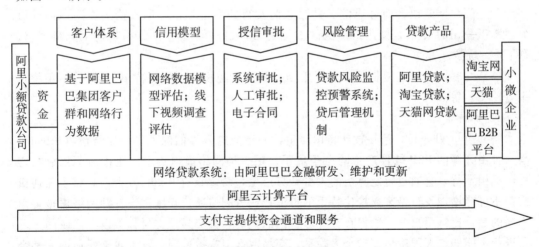

图 8-4 阿里小额贷款运营模式

2)京小贷

2012年11月27日,京东商城与中国银行北京分行签署战略合作协议,正式推出供应链金融服务,包括动产融资、对公理财、京小贷、京保贝和网商贷,其中动产融资是面向电子商务企业的,京小贷是面向商家的一种随借随还,利率最低为0.033%/天,而且快速到账的一种贷款模式,京保贝则是面向供应商,而网商贷是面向商家法人代表的贷款模式。

4. 信息化金融机构

信息化金融机构是指采用信息技术，对传统银行、证券和保险等金融机构运营流程进行改造或重构，实现经营、管理全面电子化。从整个金融行业来看，银行的信息化建设一直处于业内领先水平，其具有国际领先的金融信息技术平台，建成了由自助银行、电话银行、手机银行和网上银行构成的电子银行立体服务体系，为中小企业和个人用户的直接合作搭建了金融服务平台，增强了金融机构为实体经济服务的职能。

目前，一些银行有自建的金融服务平台，如建行推出的"善融商务"就是以专业化金融服务为依托的电子商务金融服务平台，融资金流与信息流为一体，为用户提供信息发布、在线交易、支付结算、分期付款、融资贷款、资金托管、房地产交易等全方位的专业服务。

5. 虚拟货币

1) 虚拟货币的概念

虚拟货币并不是真实的货币，知名的虚拟货币如百度公司的百度币，腾讯公司的Q币、Q点，新浪推出的微币（用于微游戏、新浪读书等）。

2) 虚拟货币的种类

虚拟货币大致可以分为以下三种类型。

（1）游戏币，这是大家最为熟悉的虚拟货币，存在于游戏的虚拟世界里，本身只是游戏程序的一项数据。游戏玩家使用游戏币可以在游戏中进行交易，买卖的对象一般为武器、装备、宝物或技能等。

（2）门户网站或者即时通信工具服务商发行的专用货币，用户购买本网站内的服务。腾讯公司的Q币是使用最广泛的虚拟货币，用户可以使用Q币来购买会员资格、QQ秀、玩游戏等。

（3）互联网上的虚拟货币，主要用于互联网金融投资。如比特币（BTC）、莱特货币（LTC）等。

3) 比特币

2009年1月3日，第一枚比特币诞生，并迅速进入人们的视野。**比特币（Bitcoin）是一种由开源的P2P软件产生的电子货币，是一种网络虚拟货币**。比特币不依靠特定货币机构发行，它通过特定算法的大量计算产生，总量只有2 100万个，确保了任何机构都不可能增加发行量来操控比特币的价值，或者制造通货膨胀。与各种网络虚拟货币不同的是，比特币只是一段保存在计算机内的代码，其交易、支付都可以在互联网上匿名进行，能够最大限度地保护个人隐私，交易数据很难被追踪。它不属于任何国家和金融机构，也不受地域限制，可以在世界上的任何地方进行兑换。

比特币的获取方式有两种，一种方式是登录各大比特币交易平台，直接从别人手中购买；另一种方式是购买设备自行生产，但是能够生产的比特币数量会随着比特币的增加而减少，且由于专业性比较强，很少有人采用此种方式获得比特币。

8.2.3 互联网金融存在的问题及风险

1. 外部监管及法律规范缺失

互联网金融监管主要存在三个问题，一是从整体看，行业准入门槛较低，监管标准还不够清晰；二是监管导向仍需有效传递，监管原则与方式有待进一步确认；三是监管协同机制尚未有效运转起来，监管技术亟待提升和完善。互联网金融尚处于探索发展阶段，缺少相关的法律法规约束和明确的监管主体。在互联网金融准入、交易双方的身份认证、合同的订立等方面都存在规则缺失或不完善，在涉及民间融资方面的法律法规更是缺乏。在监管方面，完善互联网金融的相关法律法规是当务之急，只有制定一套统一的标准，明确各主体的责任和义务，才能减少行业乱象和违法行为。

2. 技术风险

1）互联网信息技术引起的技术风险

互联网金融快速发展的重要前提条件是计算机网络，相关软件系统与计算机程序对互联网金融健康快速发展起着至关重要的作用。因此计算机软件系统、互联网技术等的安全性将直接影响互联网金融的有序运行。

2）交易主体的业务风险

交易主体的业务风险主要包括来自计算机的安全系统问题和交易主体操作不当的风险。从计算机安全系统的角度来看，操作风险包括互联网金融账户的授权使用、风险管理系统、互联网金融企业与顾客的信息沟通等。从交易主体操作不当的角度来看，交易主体可能对互联网金融业务的操作规范与流程不熟悉，从而导致不必要的资金损失。

3. 信用风险

客户方面，互联网金融平台未纳入央行征信系统，平台在进行交易撮合时，主要是根据借款人提供的身份证明、财产证明、缴费记录、熟人评价等信息评价借款人的信用。中介方面，存在资金挪用的风险。在投资者方面，未按照风险适当性原则，对客户进行分类分层管理和风险承受能力评估，以致将不合适的产品卖给合适的客户。

4. 经营风险

由于互联网金融的高杠杆率，存在洗钱套现风险。金融平台交叉销售、交叉运作和交叉投资方向越来越具有跨行业、跨市场、跨机构的特征，多方合作的交叉性金融产品在市场上也越来越多。由此带来产品结构过于复杂、合同约定责任不清、变相监管套利、跨行业和市场的风险传递等各类问题及风险点。

8.3 微 商

8.3.1 微商的含义

1. 微商的定义

微商是企业或者个人以微信为载体，在移动端进行商品的销售活动，是集移动电商与社交于一身的新型电商，而且不存在区域限制，并开辟了新的销售渠道。微商是基于微信发展起来的，能够实现商品的社交分享、熟人推荐与朋友圈展示。从微商的流程来说，微商主要由完善的基础交易平台、营销插件、分销体系和个人端分享推广四个部分组成。

微商最先起源于微信朋友圈，是一种在朋友圈传播商品信息的渠道，但是现在微商绝不仅仅限于在朋友圈售卖商品。微商分为两种模式，一种是B2C微商，是基于微信公众号的微商；另一种是C2C微商，是基于朋友圈开店的模式。

2. 微信商城

微信商城是在微信公众平台上推出的一款基于移动互联网的商城应用服务产品。微信商城系统是微信第三方开发者基于微信研发的社会化电子商务系统，是一款集线上下单、线上支付和物流派送于一身的一站式购物系统。消费者只要通过微信，就可以实现商品查询、选购、体验、互动、订购与支付的线上线下一体化服务模式。

微信商城开通的要求：①需要认证的微信服务号或订阅号；②借助微信商城系统；③借助第三方平台开发。

3. 微信小店

微信小店是腾讯基于微信公众平台打造的一款电商平台。功能基本设计包括添加商品、商品管理、订单管理、货架管理、客户维权等。微信小店的经营者可使用接口批量添加商品，快速开店。使用者只要登录微信公众号按照步骤操作，即可获得轻松开店、管理货架、维护客户的简便模板。真正实现技术"零门槛"的电商接入模式，方便广大的电商用户。

微信小店基于微信支付功能，通过公众号售卖商品，实现包括开店、商品上架、货架管理、客户关系维护、维权等功能。从运营模式上说，微信小店实现的最终效果类似于移动端的淘宝。

微信小店开通的要求：①必须是企业认证的服务号；②必须开通微信支付接口；③必须缴纳微信支付接口的押金。

8.3.2 微商的形态

目前微商主要有五种形态，即品牌微商、个人微商、社群微商、平台微商和正在探索的O2O模式。中国电子商会微商专业委员会发布的《2016—2020年中国微商行业全景调研与发展战略研究报告》显示，截至2016年年底，微商从业者近3 000万人，微商品牌销售额达到5 000亿元。2017年保持70%以上的增速，释放出8 600亿元；资料显示，美妆、针织、母婴、大健康、农特占据着微商主要市场份额。目前微商主要有五种形态，即品牌微商、个人微商、社群微商、平台微商和正在探索的微商O2O模式。由于个人微商有暴利刷屏和代理制度问题，因此个人微商有可能逐步被其他四种模式所代替。能提供技术、运营和交易保障的平台微商将成为大势所趋。

1. 品牌微商

随着微商的快速发展，传统平台也纷纷开始开展微商活动，通过自建微店体系或者入驻微商平台来进行微商活动，将员工或者缴费者转化为品牌分销者。思埠集团、韩束、俏十岁、韩后都是早期发展比较好的化妆品品牌微商，新晋的品牌微商有携程、苏宁易购、海尔、国美电器等。

2. 个人微商

个人微商是最常见的微商C2C模式，即通过微信朋友圈销售产品或者是进行代购。这是微商最初的形态，经历过2014年非常高调且迅速的发展，2015年商务部开始规范朋友圈微商，微商开始消沉。其暴力刷屏的销售方式和传销形态最为大家所诟病。个人微商若想寻求发展，必须从营销方式以及保障产品的质量，获得用户的信任开始。

3. 社群微商

社群是指一个有相互关系的网络，或者是一种特殊的社会关系，社群微商则是以利益和销售商品为驱动而形成的基于微信的一种微商形态，有熟人社群微商以及具有共同爱好和价值观的陌生人社群微商。人人微商的时代，并非人人都可以做好微商，专业人士及意见领袖在其擅长的领域具有很强的影响力。

社群微商的优势有两点。①组织方式，社群将一群兴趣爱好比较相似的人聚集在一起，意见领袖或大咖在社群中营销商品，社群的成员根据自己的喜爱可以选择继续关注此群，或者屏蔽甚至是退出微信群。以这种方式对潜在客户进行初步筛选，沉淀下来的客户通常具有高度黏性，转化为实际客户的可能性也比较大。②沟通成本低，相比于朋友圈简单地刷屏卖货模式，社群微商的产品和客户匹配度高，用户忠诚度高。借助微信建立社群，并获得销售社群成员的认可，销售能够体现成员情感寄托类的商品来使社群微商持续发展。

4. 平台微商

平台微商是指建立的第三方平台，平台微商用户可以入驻平台而不需要建立自己的微商平台。与传统电商的移动端相比，平台微商优势体现在如下几个方面：①从成本来看，微商商家在平台开店没有基础费用，基本上也没有推广营销费用；②代理商不需要囤货，降低了开店的风险；③代理层级少，规避了微商弊端。平台微商采用的是一级分销商制度，每个微店主最多只能发展一级分销商。据艾媒咨询数据显示，近50%的商户通过分销平台来开拓市场，因为搭设平台需要商家本身具有强大的实力做支撑，因而接入第三方平台将成为微商首选模式。平台微商将逐渐成为微商的主要趋势，图8-5显示出2014—2015年平台微商用户量增长趋势。

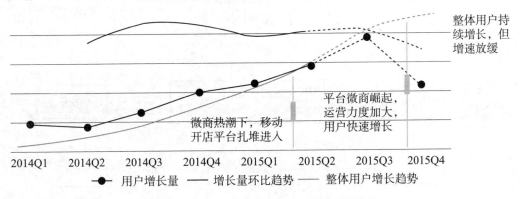

图8-5　2014—2015年平台微商用户增长趋势

5. 微商 O2O 模式

对于微商 O2O 模式的探索有两种形式，一种是有实体店模式，另一种是无实体店模式。

1) 微商分销模式与线下结合——有实体店模式

有实体店模式最初的探索是开启线上微商模式，将产品销售的时间延长，空间拓宽，线上分销渠道与实体店的无缝对接，即保证了商品的推广曝光，同时也保证了购物的便利性和服务的专业性。如图 8-6 所示。

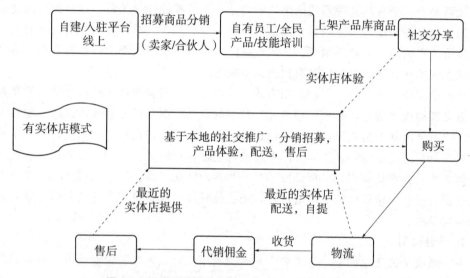

图 8-6　微商分销模式与线下结合——有实体店模式

（图表来源：微盟研究院. 2015 年上半年中国微商行业报告，经整理）

2) 微商分销模式与线下结合——无实体店模式

无实体店模式的探索比较注重渠道的增长和整合过程，以确保消费者在正确的时间以最佳的价格购买到最合适的产品。如图 8-7 所示。

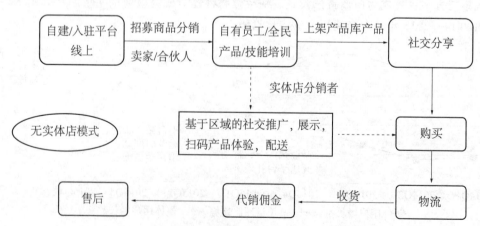

图 8-7　微商分销模式与线下结合——无实体店模式

（图表来源：微盟研究院. 2015 年上半年中国微商行业报告，经整理）

8.3.3 微商案例

1. 思埠

广东思埠集团有限公司是 2014 年 3 月成立,致力于打造全球领先的女性一站式购物平台。主要的经营范围是化妆品。仅仅一年时间,思埠就跻身成为全国著名的化妆品品牌生产企业。该企业主要的产品有黛莱美、天使之魅、素佳、植美村、舒雅,产品在市场上受到了消费者的广泛青睐。思埠集团在运营 10 个月后,它的注册资金就由起初的 50 万元,变更为 1 亿元。目前,思埠集团控股广东幸美化妆品股份有限公司等三十多家分公司,成为毫无争议的微商第一品牌。

思埠可称为移动互联网时代发展的产物,一直致力于打造移动互联网零门槛创业平台,通过与优秀企业合作,实现多样化的营销渠道,让产品能更加迅速地为消费者所熟知,同时也为消费者提供更快捷、更便利的消费方式。无论从专业生产到终端销售都致力于保障消费者权益,自主研发手机思埠 App,开通思埠商城,用户在客户端可便捷操作,新型的 O2O 模式更方便经销商和消费者对产品进行查询防伪以及购买。

思埠大事记:

2014 年 3 月,开创新型独创的化妆品运营模式;

2014 年 4 月,思埠面膜跻身面膜行业前列;

2014 年 4 月,思埠已经成为国内知名化妆品企业;

2014 年 4 月,思埠面膜在淘宝综合搜索前四名;

2014 年 9 月 4 日,黛莱美天猫旗舰店盛大开业;

2014 年 9 月 10 日,手机思埠 App 正式上线;

2014 年 11 月 18 日,思埠重磅出击喜获央视 2015 年春晚黄金招标广告。

2015 年 5 月 19 日,互联网+微商孵化基地新闻发布会于广州市举办。思埠致力于打造的是一个平台,除了能让个体商人实现创业梦想,同时还可以拓宽其他传统企业商品的销售渠道。思埠的发展,可以说是继承了电商行业的优势,同时结合微商特点,将"大众创业"、"互联网+"与"1+N"模式相结合,这是思埠集团创业平台的创新之处。

2015 年 9 月 5 日,思埠"大动作"——跨境全球购。思埠集团与和麦贺达集团正式进行"思埠跨境全球购战略合作",共同开拓海外代购市场。这是继开始布局线下渠道后,思埠的一大"新动作",跨境全球购业务标志着思埠即将开启"微商+跨境电子商务"两种经营模式相结合的创新营销模式,给大众的生活消费带来更多的改变。

2. 三只松鼠

安徽三只松鼠电子商务有限公司成立于 2012 年,是一家集坚果、干果、茶叶等森林食品的研发、分装及网络自有 B2C 品牌销售于一身的现代化新型企业。"三只松鼠"品牌一经推出,屡次创造行业神话,现已成为一家实力雄厚的食品行业电商领导品牌。

1) 微信公众账号建立

三只松鼠一共开通了 6 个微信公众号:松鼠小酷、松鼠小贱、松鼠小美、三只松鼠、松鼠主人服务中心,以及会员服务号松鼠星球。三只松鼠这个公众号承担主要的功能,另外,松鼠小美、松鼠小酷、松鼠小贱这三个子公众号分别拥有自己的风格和栏目,并由各自的运营人员进行后台管理。

2) 微信平台的功能

(1) 松鼠小美。松鼠小美公众号的特色是"松鼠树洞",这是一个借树洞概念鼓励粉丝用语言倾诉自己的心事或秘密的栏目,松鼠小美每期都会制作一档主体电台节目,如"同桌的你"等,而且每期节目在荔枝 FM、啪啪等音频 App 中上线,来覆盖更多的用户。

(2) ins 图片精选。ins 图片精选是三只松鼠很受欢迎的一个栏目,它鼓励 ins 用户上传三只松鼠形象或体验品的图片,三只松鼠再收集这些图片分享给微信用户。

(3) 松鼠志。松鼠小酷这个公众号每天都鼓励用户发送美文,三只松鼠试图把这个公众号做成一个电子微杂志——《松鼠志》。松鼠志每一期都用固定的栏目,如"定格"是推荐影音书籍的栏目,"流光"则是用户投稿做成的声音节目。

(4) 卖萌动漫短片。三只松鼠的后台工作人员定期编写并制作各种主题的漫画视频,通过微信公众平台来推送,使视频与移动互联网相结合。这些呆萌可爱的松鼠形象深得广大消费者的喜爱。

3) 活动方案及效果

(1) 活动背景。2014 年 6 月 19 日,三只松鼠成立 2 周年庆典。

(2) 活动主题。619 感恩主人,击破行业低价——松鼠 2 周年狂欢盛宴。

(3) 活动内容。

- 6 月 19 日 0 点前 100 名下单主人获得小贱玩偶;
- 订单金额总数超过 619 元的主人获得小贱 U 盘+红色小贱 WiFi;
- 订单号末尾数字为 619 的主人获得免单特权;
- 每整点购买金额最高的主人获得价值 309 元全套体验品;
- 全天购买金额最高的主人获得神秘大奖。

(4) 活动效果。

- 通过微信平台接入官方网店,活动期间销售额突破 2 600 万元,比 2013 年同期飙升 4 倍;
- 平均每 10 秒收到一个订单;
- 后台粉丝翻 10 倍。

(案例来源:于久贺. 微信电商,这样做就对了 [M]. 北京:机械工业出版社,2014.)

3. 东方爱婴早教中心

东方爱婴咨询有限公司是中国早教领导品牌,总部位于北京,成立于 1998 年。东方爱婴是一家专业从事 0~6 岁婴幼儿早期教育的专业机构,致力于把国际最前沿的教育思想与中国传统的育婴经验相结合,开发出最适合中国宝宝身心发展的各类课程。目前东方爱婴在全国 260 个城市都设有分公司,共有 500 多家连锁店,算得上是名副其实的婴幼儿早期教育行业的领导品牌。

1) 微信平台的建立

东方爱婴哈尔滨站微信平台是东方爱婴公司建立的第一个微信平台。因为东方爱婴入驻哈尔滨已经多年,虽然有一定的知名度,但是始终没有真正走入人们的视野,所以为了东方爱婴这个品牌能够深入到人们的思想意识,公司选择建立自己的微信公众平台。

东方爱婴的官方微信公众平台主要有几个功能:育儿经、课表和在线选课。平台每天都会通过育儿经这个栏目向粉丝推送一些育儿的经验和技巧。此外,用户可以通过查询课表,获得最近的课程安排和时间,还可以在线选课,支付预定。

2)微信运营的方法

(1)"我和我的宝贝"萌照大比拼。号召家长们通过微信公众平台上传自己与宝宝的合照,并定期通过平台以图文消息的形式发布,由后台粉丝自行投票评选。获得支持最多的用户可以获得由东方爱婴提供的大礼包一份。

(2)大家一起来找"娃"。这是一个非常有趣的游戏。东方爱婴会定期举办一些小活动,并拍摄一些活动的照片公布在平台里,家长可以通过照片上的编号来寻找自己的宝贝。

3)活动方案及效果

(1)活动背景。六一儿童节,呼吁广大家长和孩子献爱心,救助贫困儿童。

(2)活动主题。爱传递,让世界充满爱。

(3)活动内容。参加活动者可以通过捐赠实物或微信拍课两种方式献爱心,东方爱婴收到的所有捐赠物品和拍课所得的所有钱款将全数捐献给贫困山区的儿童。

(4)活动效果。

- 活动当天,微信共收到50笔订单,获得善款20余万元;
- 获得总价值4万余元的课本、衣物和日用品。
- 平台增加新粉丝2万多人,平台互动10万余次。

(案例来源:于久贺. 微信电商,这样做就对了 [M]. 北京:机械工业出版社,2014.)

8.4 农村电子商务

城市移动端用户人口红利已经逐渐消失,农村地区进行电子商务还是一大片蓝海。农村地区是各类农产品的源头,发展农村电子商务有利于满足城乡双方的消费需求。各大电商巨头看中了农村地区智能手机普及率不断上升的趋势,已经将农村移动电子商务作为未来发展的重点。

8.4.1 农村电子商务概述

1. 农村电子商务概念

农村电子商务的概念比较宽泛,只要是贸易对象或者贸易主体中涉农即可,因此贸易的产品既可以是农产品,可以是农副产品,也可以是在农村加工出来的其他产品。**农村电子商务包含了农产品电子商务,农产品电子商务是指以农产品为交换对象的一种电**

子贸易方式。

2. 农村电子商务相关政策

电子商务是新农村建设的重要组成部分，具有全局性、综合性、整体性与复杂性等特点，鉴于农村市场的特殊性，政府必须发挥宏观规划与指导作用，通过宏观规划，组织协调，制定有利于电子商务发展的优惠政策；通过基础设施建设、资金支持、示范建设等促进农村电子商务的发展。表8-5列举了2005—2015年一号文件关于农村电子商务的相关政策。

表8-5　2005—2018年一号文件关于农村电子商务的相关政策（节选）

年份	一号文件相关政策
2018	大力建设具有广泛性的促进农村电子商务发展的基础设施，鼓励支持各类市场主体创新发展基于互联网的新型农业产业模式，深入实施电子商务进农村综合示范，加快推进农村流通现代化
2017	促进新型农业经营主体、加工流通企业与电商企业全面对接融合，推动线上线下互动发展；深入实施电子商务进农村综合示范。鼓励地方规范发展电子商务产业园，聚集品牌推广、物流集散、人才培养、技术支持、质量安全等功能服务
2015	支持电商、物流、商贸、金融等企业参与涉农电子商务平台建设，开展电子商务进农村综合示范区
2014	启动农村流通设施和农产品批发市场信息化提升工程，加强农产品电子商务平台建设
2013	大力培育现代流通方式和新型流通业态，发展农产品网上交易、连锁分销和农民网店，加快宽带网络等农村信息基础设施建设
2012	充分利用现代信息技术手段，发展农产品电子商务等现代交易方式
2010	大力开拓农村市场，大力发展物流配送、连锁超市、电子商务等现代流通方式，支持商贸、邮政等企业向农村延伸服务，建设日用消费品、农产品、生产资料等经营网点
2009	发展农村信息化
2008	整合资源，共建平台，健全农村信息服务体系，推进"金农""三电合一"农村信息化示范和农村商务信息服务等工程建设，积极探索信息服务进村入户的途径和办法
2007	加强农村一体化的信息基础设施建设，创新服务模式，启动农村信息化示范工程
2006	要积极推进农业信息化建设，充分利用和整合涉农信息资源，强化面向农村的广播电视电信等信息服务，重点抓好"金农"工程和农业综合信息服务平台建设工程
2005	鼓励发展现代物流、连锁经营、电子商务等新型业态和流通方式，改造现有农产品批发市场，发展经纪人代理、农产品拍卖、网上交易等方式，增强交易功能

3. 大型电子商务企业进军农村电子商务市场

1）京东商城

京东加速在3～6线城市、区县和乡村市场的布局，县级服务中心和"京东帮"服务店互为补充,通过对"最后一公里"的覆盖,农村消费者将与城市消费者一同享受京东正品行货、快速物流等优质服务,特色农产品也可以通过京东平台销售全国,让更多的农村消费者享受到京东"多快好省"的全流程优质购物体验。

2)阿里巴巴

阿里巴巴将通过研究院、淘宝大学、农村电商培训中心等机构解决农村电子商务人才培养问题,并且在未来的三到五年内持续投入100亿人民币进行农村电子商务基础设施建设,建成县有运营中心+村有服务站+农村物流的营运体系和服务体系,服务全国的1 000个县,100 000个行政村,形成从县到乡的电子商务生态体系。

3)苏宁易购

苏宁进军农村电子商务的首要战略是布局物流,苏宁物流推进省内干线建设专项工作,截至2015年,苏宁已经在14个大区完成22条省内干线建设。苏宁在这些物流主干线上建设的自营服务站,可实现次日到达。随着苏宁覆盖全国的60个物流基地以及12个自动化仓储物流中心的建成,苏宁易购借助苏宁"物流云"抢占更大的市场份额。

8.4.2 农村电子商务成功案例

1. 浙江省丽水县

浙江省丽水县的梧桐工程全力打造区域电商服务中心,帮助电子商务企业做好配套服务,让电子商务企业顺利孵化成长壮大,这是丽水农村电子商务的最大特点。电子商务服务中心具备四大功能:主体(政府部门、企业、个人)培育、孵化支撑、平台建设、营销推广,承担了"政府、网商、供应商、平台"等参与各方的资源及需求转化,促进区域电商生态健康发展。

2. 河北省清河县

在河北省清河县,"电商"是最具特色的商业群体,清河县也成为全国最大的羊绒制品网络销售基地。全县淘宝天猫店铺超过2万家,年销售额15亿元,羊绒纱线销售占淘宝七成以上,成为名副其实的淘宝县。2007年县里有些人开始在淘宝卖羊绒意外获得成功,该县不断加大基础设施建设力度,目前电子商务产业园、物流产业聚集区以及仓储中心等一大批电子商务产业聚集服务平台正在建设之中,清河县正在实现由"淘宝村"向"淘宝县"的转型提升。

3. 山东省博兴县

当2013年全国只有20个淘宝村的时候,山东省博兴县有两个淘宝村,一个做草编,一个做土布,2013年两个村的电子商务交易额达4.17亿元。博兴县将传统艺术与实体经营和电子商务销售平台对接,让草柳编、老粗布等特色富民产业插上互联网翅膀,实现了农民淘宝网上二次创业。作为全国草柳编工艺品出口基地,博兴淘宝村的形成可谓自然长成,不仅货源充足,而且质量和口碑一直不错,电子商务门槛和成本都不高,更是易学易模仿。淘宝村的成功,进一步推动了本县传统企业的网上转型,目前全县拥有3 000多家电商,从业人员超过2万人,80%的工业企业开展了网上贸易。

4. 甘肃省成县

甘肃省成县县委书记李祥,在当地核桃上市前,通过个人微博大力宣传成县核桃,

"今年核桃长势很好,欢迎大家来成县吃核桃,我也用微博卖核桃,上海等大城市的人都已开始预订,买点我们成县的核桃吧",该条微博被网友转评2 000余次。

从建立农村电子商务,到微博联系核桃买家,甚至展示成县核桃的多种吃法,在之后的日子里,李祥的微博内容没有一天不提到核桃,被网友戏称为"核桃书记"。在李祥的带动下,全县干部开微博卖核桃,成立电子商务协会卖核桃。夏季卖的是鲜核桃,冬季卖的是干核桃,成县计划上线核桃加工品,以核桃为单品突破,打通整条电商产业链,再逐次推动其他农产品电商。

5. 吉林省通榆县

吉林省通榆县是典型的农业大县,农产品丰富,但受限于人才物流等种种因素,电子商务始终没有发展起来。通榆县政府根据自身情况积极引进外援,与杭州常春藤实业有限公司开展系统性合作,为通榆县农产品量身打造"三千禾"品牌。同时配套建立电子商务公司、绿色食品园区、线下展销店等,初期与网上超市1号店签订原产地直销战略合作协议,通过1号店等优质电子商务渠道销售到全国各地,后期开展全网营销,借助电子商务全面实施"原产地直销"计划,把本地农产品销往全国。值得一提的是,为解决消费者对农产品的疑虑,通榆县委书记和县长联名写了一封面向全国消费者的信——"致淘宝网民的一封公开信",挂在淘宝聚划算的首页,这一诚恳亲民的做法赢得了网友的一致称赞,很大程度上提升了消费者对于通榆县农产品的信任感。

6. 陕西省武功县

陕西省武功县是传统农业县,农产品买难卖难问题一直困扰着农村经济的发展。为破解这一难题,武功县政府积极发展电子商务,探索"买西北、卖全国"的模式,立足武功,联动陕西,辐射西北,面向丝绸之路经济带,将武功打造成陕西省农村电子商务人才培训地、农村电子商务企业聚集地、农产品物流集散地。

武功县目前已经成为陕西省电子商务示范县,先后吸引西域美农、赶集网等20多家企业入驻发展,300多个网店相继上线,全县电子商务日成交量超万单,日交易额达100多万元,10余家快递公司先后落地,农村电子商务试点在14个村全面启动,让电子商务真正走进农村、惠及百姓。

7. 江苏省沙集镇

江苏省沙集镇的村民过去大多从事传统的种植、养殖和粉丝的生产加工,曾有一段时间,回收废旧塑料甚至成为村民们赚钱的主要营生。2006年年末,苏北睢宁县沙集镇24岁的孙寒在好友夏凯、陈雷的帮助下,尝试在淘宝网上开店创业,后试销简易拼装家具获得成功,引得乡亲们纷纷仿效。随着电子商务在本地的快速发展,不产木材的沙集镇,居然形成了规模可观的家具加工制造业企业。

从过去的破烂王到今日的家具大王,从一个村的聚焦到一个镇的繁荣,2015年,沙集镇有淘宝网店3 000多家,板式家具的销量占淘宝板式家具总销售的80%,年销售额超过12亿元。

8.4.3 农村电子商务存在的问题

1. 农民对电子商务的认识落后

一方面中国作为农业大国,农村人口众多,占总人口的60%左右,农村人口相比城市人口教育程度低，从事农业生产的人口文化素质更低，造成了农民对电子商务的认识比较落后，同时受到传统思想的束缚，转变传统观念还需要一段时间。

另一方面当城市市民在享受网上银行、电话银行带来的便利的时候，农民却对此知之甚少。在广大农村，农民还是应用传统的结算方式，实时性非常差。实现农民网络结算方式还要经过很长一段时间的引导、教育和体验，让他们真正了解到网络结算的便利、结算速度快等优点。

2. 农村电子商务基础设施落后，物流配送成本高

中国是一个发展中国家，城市的建设占据了大量的资金，对农村建设的投资相对较少，农村的信息化建设资金投入更少，农村的信息化程度比较低，现有的基础设施落后。

农村虽然人口众多，但是人口分散，所以对物流来说是个不小的挑战。目前大部分快递只能到乡镇一级，不能直接送达农民消费者手中。由于农村居住分散，即使快递能到每一个乡村，物流成本将大大增加，影响其在农村地区的吸引力。由于农村劳动力成本逐年提高，运输成本不断增长，加之农民消费需求区域分散、小批次、多品种的特征，农村日用消费品的配送成本逐年递增。

3. 农村电子商务人才缺乏

中国农民的文化素质在不断地提高，但相对于城市化发展，从事农产品生产者的教育程度还是较低，对于新事物、新信息的接受程度和理解能力较为有限，更不具备对农产品电子商务的操作能力。农村有知识和具有创新精神的年轻人一般选择经济发达地区打工，留在农村进行农产品生产的很少。当代大学生，不论是本科还是高职毕业的电子商务专业人才更不愿意去农村，使得农村电子商务人才奇缺。

4. 农村市场秩序缺乏规范

农民消费观念相对滞后，产品识别能力较低，且绝大部分进入农村的商品未建立可追溯体系，这为假冒伪劣商品提供了可乘之机。传统电子商务平台销售的产品价格、品质都有较大差别，这让对计算机本身不太熟悉的农民搜寻合适的商品太过复杂。另外，部分农村消费群体的消费观念也增加了其在传统电子商务平台购买劣质产品的风险。电子商务作为一个虚拟交易的市场，更容易滋生假冒伪劣商品，网络购物在农村市场的质量监管更加困难。假冒伪劣产品、翻新产品、含量与宣传不符的产品、无 3C 认证的产品在农村地区的存在还比较普遍。

8.5 跨境电子商务

跨境电子商务对推动经济一体化、贸易全球化具有非常重要的战略意义。跨境电子商务不仅冲破了国家间的障碍，使国际贸易走向无国界贸易，同时它也正在引起世界经济贸易的巨大变革。根据艾媒咨询发布的《2016—2017 中国跨境电商市场研究报告》，2016 年中国跨境电子商务交易规模达到 6.3 万亿元，海淘用户规模达到 4 100 万人次。预计 2018 年，中国跨境电子商务交易规模将达到 8.8 万亿人次，海淘用户规模达到 7 400 万人次。中国的跨境电子商务平台正加速在"一带一路"沿线布局，网络零售平台引入美国、欧洲、日本、韩国等25个以上国家和地区的5 000多个海外知名品牌的全进口品类，国内超过5 000个商家的5 000万种折扣商品售卖到包括"一带一路"沿线的64个国家和地区。

8.5.1 跨境电子商务概述

1. 跨境电子商务的概念

跨境电子商务是指分属于不同国家或地区的交易主体，通过电子商务平台进行商品展示，交易双方进行接洽、谈判和支付等活动，并通过跨境物流或异地海外仓储配送商品，完成数字化交易的一种新型国际商业活动，其过程涵盖了营销、商务谈判、在线交易、第三方支付、国际物流配送、售后服务等各个环节。跨境电子商务以现代信息技术为依托，交易过程呈现出数字化、无纸化、空间国际化、即时性、匿名性的特点。

2. 跨境电子商务的优势

与传统外贸模式相比，跨境电子商务的优势主要有以下四点。

1) 交易环节减少

以B2C（企业对消费者）出口模式为例。跨境电子商务基于线上交易平台的运作，整合取代了传统外贸模式下的境内渠道出口商以及境外渠道中的境外进口商、境外批发商、境外零售商等繁杂的中间交易环节，拉近了境内生产商与境外消费者之间的距离，从而降低企业的交易成本，提升利润空间，为消费者提供实惠，如图8-8所示。

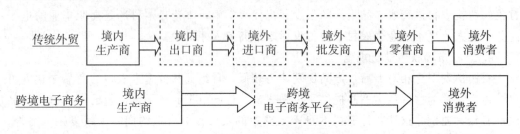

图8-8 跨境电子商务与传统外贸模式的交易环节对比

2) 支付手段便捷

跨境电子商务依托网络优势，通过第三方跨境支付平台结算货款，避免了传统外贸模式下的烦琐步骤，使得货款支付结算更加便捷，有效提升了资金的使用效率。

3) 节约物流时间

在传统外贸模式下，大多通过"集装箱"式海运物流交付货物，不仅采购周期长，还不便于客户进行货物物流的即时追踪体验。而跨境电子商务的物流响应要求较高，采购周期较短，通常采用UPS、DHL等国际快递公司提供的跨境物流服务，通过航空快递包裹，极大缩短供货时间，使用网络对物流信息及时追踪更新，提升客户体验满意度。

4) 经营成本减少

跨境电子商务基于互联网平台，便于进行线上网络营销，有效回避传统外贸模式下通过国际会展、国际长途电话等国际商务接洽方式产生的国际差旅费用，以及通过电视、报纸、广播等传统媒介投放广告所产生的国际营销费用。同时，跨境电子商务依托网络将产品研发设计、采购、生产、仓储、物流配送与顾客需求信息建立关联，有效地缩短了供货周期。与传统外贸模式相比，跨境电子商务具有运营高效、成本节约的优点。

8.5.2 跨境电子商务模式

1. 按交易主体划分

1) M2C 模式——跨境电商平台招商模式

M2C 模式是指生产商对消费者模式，也就是跨境电商平台招商模式，典型代表是天猫国际。其优点是用户信任度高，商家需有海外零售资质和授权，商品海外直邮，并且提供本地退换货服务。其缺点是商品价位高，品牌端管控力弱。

2) B2C 模式——保税自营＋直采模式

B2C 模式采取保税自营＋直采模式，采用这种模式的有京东、聚美、蜜芽等。保税自营＋直采模式的优点是平台直接参与货源组织、物流仓储买卖流程，销售流转高，时效性好。缺点是品类受限，目前此模式还是以爆品标品为主，而且有些地区商检海关是独立的，能进入的商品根据各地政策不同都有限制（比如广州不能走保健品和化妆品）。同时爆品标品毛利空间极低，如果要保持稳健发展，需要一定的资本投入。

3) C2C 模式——海外代购模式

C2C 模式也就是海外代购模式，或者称为海外买手制。如淘宝全球购、淘世界、洋码头扫货神器、海蜜、街蜜等都是个人对个人的海外代购模式，朋友圈的海外代购也是属于 C2C 模式。其优点是 C2C 的平台效应可以满足碎片化的用户个性化需求，有丰富的海淘非标商品。优秀的海外买手可以通过自己的强时尚感、强影响力打造一些品牌，获得价值观层面的认同和分享，同时也建立个人信任机制。缺点是靠广告和返点盈利的模式，服务体验的掌控度差，个人代购存在法律政策风险，买手制平台的转化率普遍目前不到 2%，转化率非常低。

4) 海外电商直邮

由海外电商企业直接邮递而不经过第三方送达消费者手中，也就是说消费者在进行跨境商品交易时可以实现国内快递一样的用户体验，这种模式的典型代表是亚马逊。优势是有全球优质供应链物流体系，缺点是海外电商直邮模式速度和价格不能两全，直邮速度虽然比较快，但是有时候运费可能比货物本身还要贵。

以上四种是最常见的跨境电子商务模式，另外还有其他的模式，比如 BBC 保税模式、代运营模式、内容社区模式等。

2. 按地区划分

目前比较成熟的地区模式主要有上海模式、郑州模式和广州模式。

1) 上海模式

上海跨境贸易电子商务试点自 2013 年 12 月 28 日正式启动，作为全国跨境贸易电子商务试点城市之一，上海共选择了三方面的试点内容，分别是网上直购进口模式、网购保税进口模式、一般出口模式。

直购进口和网购保税进口模式通过"跨境通"来实现。跨境通是面向消费者、电商以及物流企业的主要平台。跨境通提供跨境电子商务配套服务，即基于互联网接入，国内顾客可以享受到一站式跨境商品导购与交易服务，企业可以体验基于上海口岸通关一体化服务。通过跨境通平台进境商品享有一定程度上的税收优惠。

直购进口模式主要基于上海口岸，面向国内消费者，提供全球网络直购通道和行邮税网上支付手段。网购保税进口模式主要是利用保税监管区域，针对特定的热销日常消费品如奶粉、平板电脑、保健品等向国内消费者开展零售业务，将自贸区内的商品，以整批商品买入，根据个人订单，分批以个人物品出区，征缴行邮税。

一般出口模式重点解决以快件或邮件方式通关的跨境贸易电子商务中存在的难于结汇及出口退税等问题，对出境货物按照"清单核放＋汇总申报"方式实施监管服务。具体做法是清单汇总报关，跨境电子商务以月为单位形成《出口货物报关单》向海关H2010系统进行集中申报，海关按照一般出口货物有关规定进行监管。

2）郑州模式

河南省跨境电子商务主要以河南保税物流中心牵头运作，郑州模式主要有保税进口模式和一般进出口模式，主推E贸易平台（保税进口模式），为此河南省保税物流中心成立了全资子公司——河南省中大门网络科技有限公司，其定位是基于E贸易的逆向O2O式跨境电子商务平台。"中大门"以"买全球，卖全球"为企业宗旨，为消费者提供原装进口海外商品，为供应商提供线下进口商品体验馆、线上电商平台等销售渠道。逆向O2O是郑州跨境电子商务最突出的特色，具体做法是消费者可以先到线下商品体验馆里亲身体验这些商品，然后通过中大门进行网上订购。

中大门线上电子商务平台为海外商家提供完善的在线销售渠道，帮助海外商家迅速进入中国市场，中大门电子商务平台与E贸易综合服务系统、线下零售管理系统无缝对接，为海外商家提供包含报关报检、物流、仓储、零售、结算在内的一站式的便捷服务，提高运营效率，降低经营成本。另外，一些河南本土电子商务公司也在积极与河南保税物流中心合作，推出自己的跨境电子商务项目，如"保税国际"和"万国优品"。

3）广州模式

广州试点跨境电子商务模式主要有进口保税直邮模式和海外直购模式。

进口保税直邮模式是指企业从海外批量采购货物，可自行或委托通过国际运输（海运、空运、中港运输）将货物备到广州机场保税仓。产生订单后，通过与海关、商检等监管机构的数据对接，进行订单推送、清关申报、放行等。海外通在保税仓中将货物分拣包装成个人包裹，再将包裹通过境内配送送至消费者手中。

海外直购模式是指电子商务企业将批量货物（在仓库中分拣打包成包裹）或已形成包裹的货品发至海外通的海外仓库，海外仓库进行处理后集中通过进口运输将货物送至广州机场监管区通过与海关、商检等监管机构的数据对接向海关、商检申报，申报放行后将包裹做境内配送至消费者。

这两种模式都采用清单核放和汇总通关的方式，并叠加了特殊监管区的优惠政策，通过清单核放，加快对跨境电子商务物品的通关检放，解决其分散、快速配送的要求，通过汇总申报，为电子商务企业提供报关单证，协助解决电子商务企业在结汇、退税、统计等方面的问题，紧密结合海关特殊监管区的政策优势，创新跨境贸易电子商务监管模式，满足电子商务企业更加多元化的需要。

3. 按照贸易方向划分

这种划分方法是按商品从境外流向国内消费者，还是国内商品出口到国外来进行划分的。

1）跨境电子商务进口模式

跨境电子商务进口模式是指通过跨境电子商务平台，使国内消费者能够购买国外产品，通过跨境物流最终送达消费者手中的模式。跨境电子商务进口平台主要有天猫国际、京东全球购、亚马逊直邮等。

2）跨境电子商务出口模式

跨境电子商务出口模式是指将国内的产品通过跨境电子商务平台出口到国外，国外消费者可以通过浏览跨境电子商务网站如全球速卖通、敦煌网等直接进行购买，同样经过跨境物流送达国外消费者手中。

8.5.3 跨境电子商务物流

1. 邮政小包

邮政小包主要通过邮政渠道、个人邮件形式进行递送。市面上使用的主要是中国邮政小包、新加坡邮政小包。邮政小包的优势是邮政网络基本覆盖全球，物流渠道非常广；另外邮政属于国营，有国家税收补贴。邮政小包的优点是价格便宜，清关方便，但目前随着政策的变化这两个优点已经不再突出，同时含电、粉末、液体等特殊物品的小包不可通关。缺点是递送时效慢，丢包率高，并且不是挂号件则无法进行跟踪。

2. 国际快递

国际快递如中国邮政速递物流（EMS）、敦豪航空货运公司（DHL）、联合包裹速递服务公司（UPS）、联邦国际快递（FedEx）等，其优势是速度快、服务好、丢包率低，尤其是发往欧美发达国家非常方便，但是价格昂贵，价格变化较大。一般跨境电子商务卖家只有在客户强烈要求时效性的情况下才会使用国际快递，并且向客户收取费用。国际快递的渠道对于产品要求高，仿牌、含电、特殊类产品基本上都不能递送，因而国际快递在跨境电子商务物流中所占的份额较小。

3. 专线物流

专线物流是市面上一种针对对方国家的一种专线递送方式，特点是货物送达时间固定，运输费用较快递物流便宜。专线物流对于针对某一国家或者地区的跨境电子商务来说是比较好的物流解决方案。专线物流由于国内线路可以控制在物流公司手中，能够保证时效，但货物到国外以后使用的还是邮政小包，也有可能因为客户收货地址较远而出现递送延迟。专线物流的优势是集中大批量货物发往目的地，通过规模效应降低成本，因此价格比商业快递低，速度比邮政小包快，劣势是渠道少，揽件范围有限，覆盖区域小。

4. 海外仓储

海外仓储是指将货物批量发送至国外仓库，实现本地销售、本地配送的跨国物流形式，货物从本国出口通过海运、货运、空运的形式储存到该国的仓库，买家通过网上下单购买所需物品，卖家只需在网上操作，对海外的仓库下达指令完成订单履行。货物从买家所在国发出,大大缩短了从本国发货物流所需要的时间。

海外仓储的优势是可以降低物流成本,可提供灵活可靠的退换货方案,提高了海外客户的购买信心,发货周期缩短,发货速度加快。还可以帮助卖家扩展销售品类,突破"大而重"的发展瓶颈。劣势表现在不是任何产品都适合使用海外仓储,最好是库存周转快的热销单品,否则容易压货。同时对卖家的供应链管理、库存管控等方面提出了更高的要求。

8.5.4 跨境电子商务进口平台

表 8-6 列举了目前我国主要的跨境电子商务进口平台,包括上线时间、主要经营范围和所属模式。本书主要对天猫国际、亚马逊海外购和蜜芽宝贝进行介绍。

表 8-6 跨境电子商务进口平台

公司列表	上线时间	主要经营范围	模式
淘宝全球购	2007	以爆品标品为主	C2C 模式
洋码头	2011-6	母婴用品、保健品、个护产品、快消品等	C2C 模式＋B2C 模式
辣妈帮	2012	母婴用品	保税＋直邮
小红书	2013-8	食品、个护产品、保健品等	社交分享＋电商,自营直采
蜜芽宝贝	2014-2	母婴用品	B2C 模式
天猫国际	2014-2	各大品牌标品、食品、化妆品、母婴用品、生活日用品、小家电等	M2C 模式 B2C 模式
蜜淘	2014-3	母婴用品、生活用品、个护产品	自营保税＋直邮
贝贝网	2014-4	母婴用品	保税＋直邮
淘世界	2014-7	全品类	C2C 模式
亚马逊海外购	2014-8	全品类	海外电商直邮
聚美优品——聚美海外购	2014-9	化妆品(日韩)、奢侈品、母婴用品	B2C 模式
一号店——一号海购	2014-9	母婴用品、玩具、化妆品等	B2C 模式＋自营
网易——考拉海购	2015-1	母婴用品、个护产品、美妆、食品、保健品	B2C 模式＋自营
顺丰海淘	2015-1	母婴用品、个护产品、美妆、保健品	B2C 模式＋直邮
京东全球购	2015-4	爆品标品为主,涵盖母婴用品、食品、保健品、化妆品、服饰鞋靴、礼品、箱包等多个品类的数十万种商品	B2C 模式＋自营

(图表来源:搜狐. http://mt.sohu.com/20151107/n425584674.shtml,经删减及整理)

1. 天猫国际

天猫国际（http：//www.tmall.hk/）于 2014 年 2 月 19 日正式上线，为国内消费者直供海外原装进口商品。

2015 年 6 月 24 日，继 5 月宣布启动首个国家馆——韩国馆之后，阿里巴巴集团旗下聚划算平台和天猫国际联合开启"地球村"模式。美国、英国、法国、西班牙、瑞士、澳大利亚、新西兰、新加坡、泰国、马来西亚、土耳其 11 个国家馆在天猫国际亮相。同日，阿里巴巴聚划算平台宣布全面启动与 20 个国家大使馆的合作进程，更多的海外特色商品有望在聚划算实现首发。

易观发布 2017 年第 3 季度跨境进口电商报告指出天猫国际以 25.4% 排在首位。双 11 单日订单占当日全国跨境进口电商订单总数的七成以上。10 月 31 日，天猫双 11 全球狂欢节发布会在上海举行，张勇宣布全球将同步进入"天猫双 11 时间"，全世界超 14 万品牌将投入 1500 万种好货参与天猫双 11 的全球狂欢。据天猫数据显示，2017 年双 11，有超过四成以上的用户购买了国际品牌，国际品牌整体成交金额同比增长 51%。

2. 亚马逊海外购

亚马逊海外购（https：//www.amazon.cn/）。自亚马逊海外购上线至今，鞋靴、个护健康和服装服饰当选中国海外网购者最为喜爱的三大品类，母婴用品和美容产品紧随其后。

亚马逊海外购采用的模式是以"海外直邮"和"保税仓储"为主，"进口直采"为辅。通过海外直邮，用户在亚马逊中国注册时填写国内的收货地址，就可以在亚马逊中国的海外购频道全中文的界面下方便地购买与亚马逊海外站点完全同价的海外商品，而无须到亚马逊的海外站点进行下单。并且下单完成后将从亚马逊的海外仓库直接将商品邮寄到用户手中，不需要通过转运等烦琐的步骤。

保税仓储模式则是亚马逊通过大数据将中国消费者在亚马逊全球各个站点上的购买习惯进行盘点后，把受到消费者青睐和热卖的商品提前备货到保税仓库，这样能够大大提高消费者购买这些商品的收货时间。

进口直采是指由电商直接从海外供应商处采购，通过进口贸易方式备货在国内销售，准确地说也是自营。亚马逊通过精准的大数据分析品类，并提前备货至中国，由于是大批量采购，因此也能够有效地降低成本，让消费者的购买成本大幅降低。

目前亚马逊在全球拥有 109 个运营中心，能将货物送往全球 185 个国家和地区，常态化的跨境包机物流，以及自建仓储物流的方式，让亚马逊的海外购商品除了有价格上的优势之外，在到达速度上也有着其他电商所没有的优势。

3. 蜜芽宝贝

蜜芽宝贝（http：//www.mia.com/）是中国首家进口母婴品牌限时特卖商城，于 2011 年创立，希望创造简单、放心、有趣的母婴用品购物体验。"母婴品牌限时特卖"是指每天在网站推荐热门的进口母婴品牌，以低于市场价的折扣力度，在 72 小时内限量出售。2013 年 12 月，蜜芽宝贝获得真格基金和险峰华兴投资，2014 年 6 月获得由红杉资本领投、真格基金和华兴险峰跟投的 2 000 万美元融资，2014 年 12 月 15 日由

HCapital 领投，上轮投资人红杉资本和真格基金继续跟投 6 000 万美元。

"蜜芽宝贝"总部位于北京，团队核心成员来自于百度、京东商城、苏宁红孩子、当当网等成熟互联网公司，拥有一支 60 人的技术研发团队，70% 的员工是 0～3 岁宝宝的家长，已拥有逾 50 万名妈妈会员，销售渠道包括官方网站、WAP 页和手机客户端。蜜芽宝贝主仓库位于北京大兴，面积超过 6 000 m^2，并拥有德国、荷兰、澳洲三大海外仓，以及宁波、广州两个保税仓，在母婴用品电商中率先步入"跨境购"领域。作为国内第一家进口母婴品牌限时特卖的电子商务平台，蜜芽宝贝在 2014 年 8 月与宁波保税区海关、宁波国际物流发展公司在宁波签署了三方协议，在宁波保税区开展跨境电子商务业务。2014 年 9 月，蜜芽宝贝在广州保税仓的跨境业务正式启动。

8.5.5　跨境电子商务出口平台

1. 敦煌网

敦煌网（http：//seller.dhgate.com/）成立于 2004 年，是跨境电子商务 B2B 第三方交易平台，主要提供在线交易平台及相关的外贸服务。电子产品、手机及配件、计算机及网络、婚礼用品是平台上销售的主要商品品类，欧美、澳大利亚等发达市场是主要目标市场。截至 2014 年 6 月，敦煌网拥有 120 万卖家，2 500 万种在线商品，550 万买家，每小时 10 万的访问人数，平台化运营的用户和流量及产品品类优势明显。

敦煌网的商业模式主要以交易佣金及收取服务费为主。

① 佣金收入。买家和卖家可以在敦煌网这个平台上交易，交易成功之后，买家需要交纳一定比例的交易佣金。敦煌网采用单一佣金率模式，根据平台上的不同商品品类，分别制定不同的固定佣金比例，以此来收取佣金，并实行"阶梯佣金"政策。

② 服务费收入。由于跨境电子商务面向全球 200 多个国家及十几万个城市，复杂程度要高于境内电商，而且由于跨境电子商务整个交易流程较长，跨境平台的交易复杂性及商务性，决定了整个跨境交易过程需要很多服务环节。因此敦煌网也会向企业提供集约化物流、金融服务、代运营服务等服务，并收取一定的服务费。

2. 兰亭集势

兰亭集势（lightinthebox）（http：//www.lightinthebox.com/）成立于 2007 年，是目前我国最大的外贸 B2C 网站，最初以销售定制婚纱礼服为主，后来进行品类扩张，目前销售产品品类涵盖服装、电子产品、玩具、饰品、家居用品等十四大类，共 6 万多种商品，主要市场为欧洲、北美洲等。2013 年 6 月 6 日，Lightinthebox 在美国纽交所挂牌上市，发行价 9.5 美元，融资额约 7 885 万美元。2014 年第三季度的净营收为 9 900 万美元，其中，服装作为核心品类，净营收为 3 700 万美元，同比增长迅速，达到 103.9%。此外，订单数及客户数同比增长均超过 50%。

Lightinthebox 主要将中国本土的商品销售到海外个人消费者手中，目前 Lightinthebox 主要靠产品采购及销售产品中间的差价来盈利。自营商品通过国内直接采购，绕过层层中间贸易环节，70% 的商品直接从工厂进货，节约进货成本。2014 年 5 月，Lightinthebox 开始进行平台型扩展，采用全球时尚开放平台战略，不断增加提供商品的品类，以更多的商品提升网站丰富度来吸引更多的目标消费顾客。另一方面，Lightinthebox将供应商本身纳入产业链条，与供应商形成了系统对接，使得供应商可以定期主动提供或者更新商品，提升整个网站的货品更新速度。

此外，Lightinthebox通过自建仓储的形式解决跨境电子商务的物流问题。对于带来大批订单的标品，Lightinthebox也建立了流畅的供应商仓储制度，根据历史订单情况，预估将来的订单需求量，据此要求部分供应商提前备货，存放至Lightinthebox自有仓库，提高了订单处理效率，并有效避免了库存风险。同时积极地在当地建立仓库，在欧洲、北美都已经建立了仓储系统。

3. 大龙网

大龙网（http：//china.osell.com/）采用的是跨境O2O模式。大龙网的业务模式是以跨境O2O方式实现中国制造业直通海外零售圈的M2B模式，在解决中国制造业生产刚需与海外零售商采购需求的同时，也解决了目前大部分跨境电子商务无法解决的"最后一公里"售后服务问题。跨境O2O的核心本质是M2B模式，M2B模式就是让国内生产制造商与海外零售商通过因特网做外贸交易，省去了中间承销商环节。在传统外贸中交易环节众多，包括制造商—分销商—出口商—进口商—批发商—零售商—消费者，每个环节都将赚取利润，逐次抬高商品价格。而M2B模式则是制造商—零售商—消费者，省去了中间环节，降低了商品价格。在订单关注上，大龙网致力于关注"中小订单"而不是"小包裹"。一是因为大订单、长期订单逐步被碎片化的中小订单、短期订单代替，4万亿的外贸交易额中30%~50%询单量都是中小订单，市场体量庞大；二是受成本限制，越来越多的外贸交易开始转为线上。

4. 全球速卖通

全球速卖通（AliExpress）（http：//www.aliexpress.com/）采用的是C2C模式，是阿里巴巴为帮助中小企业接触海外终端，扩展利润空间而全力打造的融订单、支付、物流为一体的外贸在线交易平台。通过互联网的方式缩短优化外贸产业供应链，帮助中国商家获得更高的利润，被称为"国际版淘宝"。像淘宝一样，把宝贝编辑成在线信息，通过全球速卖通平台，发布到海外。类似国内的发货流程，通过国际快递，将宝贝运输到买家手上。全球速卖通于2010年4月上线，经过3年多的迅猛发展，目前已经覆盖220多个国家和地区的海外买家，每天海外买家的流量已经超过5 000万户，最高峰值达到1亿户，已经成为全球最大的跨境交易平台之一。但由于多国为了保护本国电商，限制或禁止本国人员跨境网购。在2014年双11全球速卖通当天成交680万个订单，比2013年增长60%，截至美国时间2014年11月11日24时，全球速卖通订单最多的国家和地区包括俄罗斯联邦、巴西、以色列、西班牙、白俄罗斯、美国、加拿大、乌克兰、法国、捷克共和国、英国，订单总量超680万单。

全球速卖通具有以下的特征。

（1）市场大。它是中国最大的B2C交易平台，覆盖220多个国家和地区，日海外流量近5 000万单。

（2）低佣金。在全球速卖通上发布产品即可免费开店，订单完成后收取5%的交易佣金，远低于同类外贸电商网站。

（3）发展快。2013年全球速卖通发展速度，Alexa排名不断上升的同时，订单数以600%的速度增长。

（4）新兴市场。全球速卖通2014年深耕俄罗斯、巴西等新兴市场，在当地排名高于同类电商平台。

由于跨境贸易结算时间长，阿里巴巴针对全球速卖通推出了供应链金融产品，包括现付宝、AE信用贷款和AE快速放款。现付宝和AE信用贷款均为卖方提供纯信用授信，前者针对保证金；AE快速放款和其他信用产品不同，该产品和阿里小贷公司无关，资金都是从支付宝尚未确认支付的冻结资金中提取，可让卖家发货后立即收到货款，产品上线后，卖家平均收款周期从30天缩短至5天左右。支付宝拥有跨境支付的第三方支付牌照，支付宝目前支持包括美元、英镑、瑞士法郎、欧元、韩元等14种主流货币结算，客户在通过外币交易时，其汇率按当天银行挂牌价格支付。

本章小结

本章主要对企业电子商务应用、互联网金融、微商、农村电子商务和跨境电子商务进行介绍。

企业电子商务应用经历了企业上网、网上经营和企业业务整合三个阶段，在供应链管理的基础上形成了企业电子商务应用框架。

互联网金融是指依托于网络支付、社交网络、云计算及搜索引擎等互联网工具，实现资金融通、支付和信息中介等业务的一种新兴金融。主要有众筹、P2P网贷、电商小贷、第三方支付、信息化金融机构、虚拟货币这六种模式。

微商是企业或者个人以微信为载体，在移动端进行商品的销售活动，是集移动电商与社交于一身的新型电商，而且不存在区域限制，并开辟了新的销售渠道。有品牌微商、个人微商、平台微商、社群微商、O2O微商五种形态，平台微商和O2O微商是发展趋势。

农村电子商务从地域角度来说是将电子商务应用到农村地区，从产品角度来说是涉及农业产品的电子商务，是目前我国大力发展电子商务的重要领域。

跨境电子商务是指分属于不同国家或地区的交易主体，通过电子商务平台进行商品展示、交易双方接洽、谈判和支付等活动，并通过跨境物流或异地海外仓储配送商品、完成数字化交易的一种新型国际商业活动。跨境电子商务的模式按照交易主体分为M2C模式、B2C模式、C2C模式、海外直邮模式；按照地区划分为上海模式、郑州模式和广州模式；按照贸易方向划分为跨境电子商务进口模式和跨境电子商务出口模式。跨境电子商务采用的物流形式有邮政小包、国际快递、专线物流和海外仓储四种形式。

关键词

互联网金融；微商；跨境电子商务；农村电子商务。

 习题

一、选择题

1. 企业员工使用内联网，可以实现的业务不包括（　　）。
    A. 以电子化方式预订和申请工作所需的补给和原材料
    B. 员工通过内联网发出订单，商店负责包装好物品并送到员工手中
    C. 公司通过内联网向员工提供低价产品
    D. 公司内联网在提供内部信息共享方面有着巨大的优势，使企业员工能更加迅速、安全地获取信息，且成本合理
2. 众筹的主要种类不包含下列的（　　）。
    A. 股权众筹　　B. 集资众筹　　C. 奖励众筹　　D. 借贷众筹
3. 金融平台交叉销售、交叉运作和交叉投资方向越来越具有跨行业、跨市场、跨机构的特征，多方合作的交叉性金融产品在市场上也越来越多，由此带来的风险属于（　　）。
    A. 技术风险　　B. 信用风险　　C. 经营风险　　D. 管理风险
4. 微信小店的开通要求不包括（　　）。
    A. 必须有一定的开店资产　　　　B. 必须是企业认证的服务号
    C. 必须开通微信支付接口　　　　D. 必须缴纳微信支付接口的押金
5. 跨境电子商务依托网络优势，通过第三方跨境支付平台结算货款，避免了传统外贸模式下的烦琐步骤，使得货款支付结算更加便捷，有效提升资金使用效率，这属于跨境电子商务的（　　）优势。
    A. 交易环节减少　　　　　　　　B. 支付手段便捷
    C. 节约物流时间　　　　　　　　D. 经营成本减少
6. 具有平台直接参与货源组织、物流仓储买卖流程，销售流转高，时效性好等优点的跨境电子商务模式是（　　）。
    A. M2C 模式　　　　　　　　　　B. B2C 模式
    C. C2C 模式　　　　　　　　　　D. 海外电商直邮
7. 将货物批量发送至国外仓库，实现本地销售、本地配送这样的跨国物流形式属于（　　）。
    A. 邮政小包　　　　　　　　　　B. 国际快递
    C. 海外仓储　　　　　　　　　　D. 专线物流

二、思考题

1. 互联网金融都有哪些模式？
2. 互联网金融主要存在哪些问题和风险？
3. 农村电子商务存在哪些问题，有什么解决方案？
4. 什么是跨境电子商务？
5. 跨境电子商务都有哪些模式？

实战演习——微信公众号注册

---

1. 实验目的

了解微信公众号注册过程，学会注册个体公众号。

2. 实验步骤

1) 注册准备

注册个人类型的微信公众平台需要运营者的姓名、身份证号码、手机号码和已绑定银行卡的微信号。

2) 注册个人公众号

(1) 单击 https：//mp.weixin.qq.com/右上角立即注册，填写邮箱信息，如图 8-9 所示。

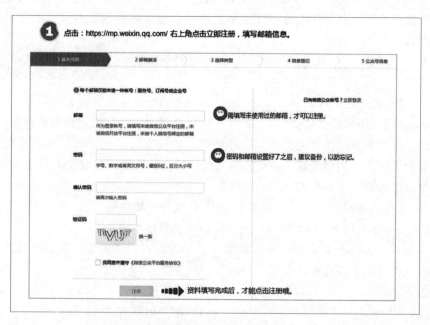

图 8-9　微信个人公众号注册页面

(2) 登录注册的邮箱，激活邮件，如图 8-10 所示。

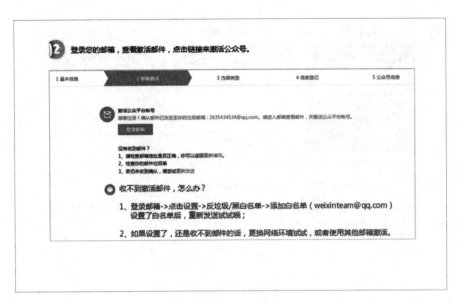

图 8-10 登录邮箱,激活公众号

(3) 选择账号类型,如图 8-11 所示。

图 8-11 了解账号类型

订阅号、服务号和企业号的页面效果是不一样的,如图 8-12 所示。

图 8-12　订阅号、服务号、企业号页面效果

(4) 信息登记，填写相关信息，如图 8-13 所示。

图 8-13　信息登记

(5) 主体验证方式选择。若有对公账户，直接选择对公账户打款验证即可，如图 8-14 所示；若无对公账户，需要选择人工验证注册，支付 300 元服务审核费用，如图 8-15 所示。

图 8-14 对公账户主体验证方式

图 8-15 人工验证方式

3）信息登记的审核时间

选择不同的验证方式，审核时间也有所不同，详情如下。

（1）自动对公打款验证。备注码必须在 10 天内填写，如果填写 3 次错误或超时未填写，则验证失败，需重新提交资料。（备注码格式为"6 位数字＋微信"）如果备注码填写正确，公众平台审核通过，直接使用即可。

（2）选择人工验证。信息登记填写并提交后，30 天（自然天）内必须完成微信认证，否则需重新提交资料。另外，需服务审核费 300 元/年，支付成功后，于 5 个工作日内进行审核，具体请留意通知中心的相关通知即可。

（3）其他事项

其他类型及注意事项可登录微信公众平台（https：//mp.weixin.qq.com/），在右上角单击"使用帮助"按钮进行了解。

扩展阅读

1. 270家第三方支付牌照公司名单

央行2011年首次发放第三方支付牌照，到2015年3月26日，已有270家第三方支付机构获得了牌照。

链接地址：http://chuansong.me/n/1616122

2. 人民银行等十部门发布《关于促进互联网金融健康发展的指导意见》

为鼓励金融创新，促进互联网金融健康发展，明确监管责任，规范市场秩序，经党中央、国务院同意，中国人民银行、工业和信息化部、公安部、财政部、国家工商总局、国务院法制办、中国银行业监督管理委员会、中国证券监督管理委员会、中国保险监督管理委员会、国家互联网信息办公室联合印发了《关于促进互联网金融健康发展的指导意见》。

链接地址：http://www.gov.cn/xinwen/2015-07/18/content_2899360.htm

3. 跨境电子商务税改：有人含泪鼓掌，有人心花怒放

财政部、海关总署、国税总局等三部委发布了跨境电子商务零售进口新税制：自2016年4月8日起，我国将实施跨境电子商务零售，跨境电子商务新税制将正式推行。这意味着，野蛮生长的海淘免税时代将一去不返，整个行业的大洗牌拉开序幕。对于此次新税改，相信会是跨境电子商务崛起道路上的一个转折点。

链接地址：http://tech.sina.com.cn/i/2016-04-02/doc-ifxqxcnp8455127.shtml

4. 河南省跨境电子商务平台

(1) 中大门：http://www.zhongdamen.com/

(2) 保税国际：http://www.baoshuiguoji.com/

(3) 万国优品：http://www.wgyp.com/

5. 跨境电子商务物流

(1) 中国邮政速递物流：http://www.ems.com.cn/

(2) 敦豪航空货运公司：http://www.cn.dhl.com/zh.html

(3) 联合包裹快递服务公司：http://www.ups.com/

(4) 联邦国际快递：http://www.fedex.com/cn/

第9章 网上创业

学习目标：
1. 理解网上创业的含义及特点；
2. 掌握创业者应具有的能力和素质；
3. 理解创业团队的发展阶段；
4. 掌握创业机会识别；
5. 了解创业风险的种类；
6. 掌握创业过程中风险防范方法；
7. 理解商业计划书的设计结构和内容。

 引导案例

国务院关于大力推进大众创业万众创新若干政策措施的意见（节选）

推进大众创业、万众创新，是发展的动力之源，也是富民之道、公平之计、强国之策，对于推动经济结构调整、打造发展新引擎、增强发展新动力、走创新驱动发展道路具有重要意义，是稳增长、扩就业、激发亿万群众智慧和创造力，促进社会纵向流动、公平正义的重大举措。根据2015年《政府工作报告》部署，为改革完善相关体制机制，构建普惠性政策扶持体系，推动资金链、引导创业创新链、创业创新链支持产业链、产业链带动就业链，现提出以下意见。

① 加大财政资金支持和统筹力度。各级财政要根据创业创新需要，统筹安排各类支持小微企业和创业创新的资金，加大对创业创新支持力度，强化资金预算执行和监管，加强资金使用绩效评价。支持有条件的地方政府设立创业基金，扶持创业创新发展。在确保公平竞争的前提下，鼓励对众创空间等孵化机构的办公用房、用水、用能、网络等软硬件设施给予适当优惠，减轻创业者负担。

② 建立和完善创业投资引导机制。不断扩大社会资本参与新兴产业创投计划参股基金规模，做大直接融资平台，引导创业投资更多地向创业企业起步成长的前端延伸。

不断完善新兴产业创业投资政策体系、制度体系、融资体系、监管和预警体系，加快建立考核评价体系。加快设立国家新兴产业创业投资引导基金和国家中小企业发展基金，逐步建立支持创业创新和新兴产业发展的市场化长效运行机制。发展联合投资等新模式，探索建立风险补偿机制。鼓励各地方政府建立和完善创业投资引导基金。加强创业投资立法，完善促进天使投资的政策法规。促进国家新兴产业创业投资引导基金、科技型中小企业创业投资引导基金、国家科技成果转化引导基金、国家中小企业发展基金等协同联动。推进创业投资行业协会建设，加强行业自律。

③发展"互联网＋"创业服务。加快发展"互联网＋"创业网络体系，建设一批小微企业创业创新基地，促进创业与创新、创业与就业、线上与线下相结合，降低全社会创业门槛和成本。加强政府数据开放共享，推动大型互联网企业和基础电信企业向创业者开放计算、存储和数据资源。积极推广众包、用户参与设计、云设计等新型研发组织模式和创业创新模式。

④打造创业创新公共平台。加强创业创新信息资源整合，建立创业政策集中发布平台，完善专业化、网络化服务体系，增强创业创新信息透明度。鼓励开展各类公益讲坛、创业论坛、创业培训等活动，丰富创业平台形式和内容。支持各类创业创新大赛，定期办好中国创业创新大赛、中国农业科技创业创新大赛和创新挑战大赛等赛事。加强和完善中小企业公共服务平台网络建设。充分发挥企业的创新主体作用，鼓励和支持有条件的大型企业发展创业平台、投资并购小微企业等，支持企业内外部创业者创业，增强企业创业创新活力。为创业失败者再创业建立必要的指导和援助机制，不断增强创业信心和创业能力。加快建立创业企业、天使投资、创业投资统计指标体系，规范统计口径和调查方法，加强监测和分析。

⑤支持大学生创业。深入实施大学生创业引领计划，整合发展高校毕业生就业创业基金。引导和鼓励高校统筹资源，抓紧落实大学生创业指导服务机构、人员、场地、经费等。引导和鼓励成功创业者、知名企业家、天使和创业投资人、专家学者等担任兼职创业导师，提供包括创业方案、创业渠道等创业辅导。建立健全弹性学制管理办法，支持大学生保留学籍休学创业。

⑥支持电子商务向基层延伸。引导和鼓励集办公服务、投融资支持、创业辅导、渠道开拓于一身的市场化网商创业平台发展。鼓励龙头企业结合乡村特点建立电子商务交易服务平台、商品集散平台和物流中心，推动农村依托互联网创业。鼓励电子商务第三方交易平台渠道下沉，带动城乡基层创业人员依托其平台和经营网络开展创业。完善有利于中小网商发展的相关措施，在风险可控、商业可持续的前提下支持发展面向中小网商的融资贷款业务。

（资料来源：国务院发布推进大众创业万众创新若干政策措施的意见（节选），http：//www.gov.cn/zhengce/content/2015—06/16/content_9855.htm）

9.1 网上创业概述

9.1.1 网上创业的含义

1. 网上创业的定义

网上创业是指创业者在网络经济的背景下,以现代网络技术及其他电子通信技术为基础,发现和识别新的市场机会,组织各种资源,提供新的商品或服务以创造价值的过程。创业具有明确的目的性即增加财富,包括个人和社会的物质与精神财富。

在这一定义中,包含以下几个要素:创业者、商业机会、组织、资源。

1) 创业者

创业者是创业的主体,创业团队中不同的团队成员扮演不同的角色并分担相应的责任,创业团队中的领导者在创业过程中起着关键的推动和领导作用。

2) 商业机会

利用商业机会是创业者进行创业的主要驱动力量。创业者往往从发现和识别商业机会开始创业,致力于目前市场上所不能提供的产品或服务,如果市场能够接受这种产品或服务,那么创业者就可以创造价值。因此及时发现、识别并抓住有价值的创业机会,是成功创业的第一步。

3) 组织

创业活动是在组织中进行的,组织是协调创业活动的系统,是创业的载体,离开了组织也就无从谈起创业的问题,创业活动就无法协调,创业的资源就无法整合。

4) 资源

资源是组织进行的各种投入,包括人、财、物、时间和精力等。资源不仅包括有形资产,也包括无形资产,如品牌、专利、企业声誉等。创业者需要组织企业内外的资源,包括资源的确定、筹集和配置。

2. 网上创业的特点

1) 虚拟性

网上创业是基于互联网以及其他电子通信技术而发展起来的,互联网本身具有虚拟性,从而网上创业也具有虚拟性的特点。网上创业创建的并不是能够实际触摸到的实体企业,而是通过网络技术虚拟化的企业。

2) 创新性

随着网络技术不断提高,社会经济高速发展,网上创业的形式也越来越丰富。创业者需要具备创新意识和创新能力,只有不断创新才能使网上创办的企业不断发展而不至于被淘汰。

3) 快速成长性

由于网上企业具有受众多、投资少、市场大等特点,使网上企业发展的速度远超过实体企业,往往几个月就能够迅速成长。

4)创业者年轻化

网上创业的基本条件之一是创业者需要具备一定的计算机知识、电子商务知识,以及进行电脑操作的能力。目前中国的网民中绝大多数是年轻人,而且年轻人接受新事物的能力比较强,有创业的激情,所以创业者多以年轻人为主。

3. 网上创业的优势

1)投资小、风险小

网上创业不受时间、地点、条件的限制,有的项目只需要一台或几台能上网的电脑就可以开展经营,不需要投入庞大的资金,投资风险相对较小,并且推广与营销的成本也相对较低,所以与进行实体创业相比,网上创业投资小,风险小。尤其是目前中国电子商务快速发展,国家政府也积极推出鼓励创业的政策,网上创业平台非常多,资源丰富,比如基于淘宝网、威客网等的微型网上创业,创业的启动资金要求低,解决了创业者创业资金少的问题。

2)潜在的发展前景

互联网应用范围十分广泛,可以将国内国外市场连接在一起。而且随着互联网技术的高速发展,时间、空间观念不断被改变,在互联网的两端,不需要任何中介,就能将产品和服务信息传送至全球任何一个角落。同时,随着互联网技术的不断发展,物联网、云计算、云服务等网络技术被广泛应用,依托互联网技术的开发,服务、项目等方面还有很大的市场空间和发展前景。

3)周期短

与实体企业相比,网上创业的固定资产投资非常低,资金回笼的时间也比实体企业短。从市场营销方面来说,网上创业借助互联网平台进行营销推广,短时间就能够辐射到全国,一般的实体企业需要较长的时间来进行营销推广才能够达到这种效果。所以,网上创业具有周期短的优势。

4)公平的创业环境

网络拥有公正、公平、合理的创业环境,只要符合国家有关互联网的法律法规,创业者就可以在网络环境中共同竞争。

4. 创新与创业的关系

创新可以简单地认为是对旧事物进行的替代或覆盖,也就是创造出新事物,"新事物"包括新产品、新技术、新思想、新方法、新的教育方法、新的管理模式、新的用人机制、新的经济体制等,涵盖了所有有形事物、无形事物、物质文明成果和精神文明成果。创新的类型有知识创新、产品创新、管理创新和营销创新。

创新是创业的动力和源泉,创新的价值常常体现在创业中,而创业的本质是创新,创业推动并深化创新,创新是创业的灵魂,两者之间存在密切的内在联系。

9.1.2 网上创业的模式

网上创业模式是指创业者在网络经济背景下,以互联网提供的技术和信息为平台,对各种创业要素进行组合,最终实现价值增值的创业模式。创业者需要在创业初始阶段寻找一个适合自己的创业模式,即创业者有能力操作而且能把现有资源进行有效整合的模式。选择合适的创业模式，是创业成功的关键。随着网络创业人数的不断增加，其形式日趋多样化。

1. 产品/服务销售模式

该模式是指创业者通过互联网或其他电子渠道，依据交易主体的需求直接销售商品或提供服务，包括咨询、展示、交易、支付及售后服务等一系列商业活动。产品/服务销售模式改变了传统的生产经营和消费方式，以其创业成本少、风险系数小、技术要求低等优势成为最基本的网络创业模式，其典型的应用形式有以下几种。

1）开设网上商店

创业者通过入驻网上商城、借助第三方平台等方式开设网上商店来进行产品或服务的宣传与交易。根据交易主体的不同，网店可分为 B2C、C2C 及 B2B 三种模式。相比于线下实体商家，开设网店更易达到薄利多销的盈利目的。

2）自建网上商城

创业者通过自建网上商城为世界各地的买家或供应商提供网络平台，吸引商家入驻，并将信息流、物流和资金流三部分有机结合，以向商家收取平台使用费、会员费、佣金和广告费等方式实现盈利。

2. 增加访问量模式

创业者对个人网站或企业网站进行内容策划与宣传，以增加网站的访问量并以网站的访问量为资源，向商家收取广告费。还可以通过设置搜索排名、会员资格以及提供网络营销推广服务等方式向信息提供方收取费用。增加访问量模式对创业者的技术能力和营销策划能力要求较高，具体形式有以下两种。

1）建立搜索引擎网站

搜索引擎网站以强大的数据资源为基础，为用户提供功能性搜索、垂直性搜索及相应的推广服务。创业者根据网站点击量向商户收取竞价排名费、广告费等。该模式主要为使用者提供免费服务，而向利用网站访问量的商家收取费用。创业者利用自身的网络技术和营销知识为客户策划网站内容并制订详细的运营方案，以帮助客户提高网站的访问量，增加营销收入。

2）运营网络社交平台

创业者通过运营网络社交平台，获取高点击率和广泛的粉丝基础，吸引商家在该平台上发布消息，从而向商家收取信息发布费、广告费、业务经营费和会员服务费等。

3. 创意类商品交易模式

此类创业者一般具备某项技能专长，主要涉及科学、技术、工作、生活、学习、文学等领域。

1）威客模式

威客（Witkey）模式创始人刘锋认为威客模式是人的知识、智慧、经验、技能通过互联网转换成实际收益，从而达到各取所需的互联网新模式。主要应用包括解决科学、技术、工作、生活、学习等领域的问题，体现了互联网按劳取酬和以人为中心的新理念。创业者通过威客网站完成雇主发布的任务，再以线上交易额方式获取收益。"威客"群体以年轻人为主，包括不少在校大学生。威客收益的不断提高，成为当下十分流行的网络创业新形式,目前中国威客模式的典型代表是猪八戒网(http://www.zbj.com/)。

2) 创客模式

"创客"来源于美国,本意是指勇于创新,努力将自己的创意变为现实的人,在中国"创客"与"大众创业,万众创新"是相关的,特指具有创新理念、自主创业的人。创客模式自兴起之时就受到广泛关注,是目前很多创业者热衷的创业模式。国家政府也积极鼓励创客们进行自主创业。创客中国(http://www.cnmaker.org.cn/)是国家创新创业公共服务平台,是工业和信息化部重点打造的,为广大中小企业及创客搭建的线上线下相结合的公共服务平台。

中国创客模式已经发展到3.0模式,即从创客产业到大众创客。2015年3月,经过李克强总理等国家各级领导对各地创客生态圈的调研,"创客"一词进入国务院工作报告,"创客"也从一个小众群体进入到大众视线,"创客"上升到国家层面。"互联网"＋"创客"模式将为中国产业经济带来创新力量。比如北京创客空间(http://www.bjmakerspace.com/)协助建立或运营了TCL、海尔、长虹、华为等创客空间,并将陆续链接家电、消费电子、时尚、广告、影视、体育、教育、健康、交通、零售、建筑、农业12个产业。

9.1.3 网上创业的政策环境

我国有13亿多人口、9亿多劳动力,每年高校毕业生、农村转移劳动力、城镇困难人员、退役军人数量较大,人力资源转化为人力资本的潜力巨大,但就业总量压力较大,结构性矛盾凸显。推进大众创业、万众创新,就是要通过转变政府职能、建设服务型政府,营造公平竞争的创业环境,使有梦想、有意愿、有能力的科技人员、高校毕业生、农民工、退役军人、失业人员等各类市场创业主体"如鱼得水",通过创业增加收入,让更多的人富起来,促进收入分配结构调整。表9-1和表9-2列举了我国国家领导人关于"创新创业"的讲话,以及实施的政策等。

表9-1 国家领导人关于"创新创业"讲话

时间	来源	演讲人	摘要
2014-9	夏季达沃斯论坛开幕式	李克强	首提"人人创新""万众创新"
2015.2	政府工作报告	习近平	激励"大众创业、万众创新"
2015.3	两会政府工作报告	李克强	"大众创业、万众创新"的新浪潮开始引发公众关注,成为新常态下经济发展的"双引擎"之一,也成为2015年热点事件之一
2016.3	两会政府工作报告	李克强	把创新摆在国家发展全局核心位置,持续推动大众创业、万众创新。打造众创、众包、众扶、众筹平台,构建大中小企业、高校、科研机构、创客多方协同的新型创业创新机制。建设一批"双创"示范基地,培育创业服务业,发展天使、创业、产业等投资

(图表来源:聚焦"大众创业,万众创新",打造2016年最强"双引擎",http://www.qstheory.cn/zhuanqu/rdjj/2016-03/06/c_1118247316.htm,经整理和删减)

表 9-2 关于创新创业的政策意见

发布时间	单位	标题	摘要
2014.5	人社部	关于实施大学生创业引领计划的通知	为了贯彻落实促进高校毕业生就业创业工作要求,引导和支持更多的大学生创业,人力资源社会保障部、国家发展改革委、教育部、科技部、工业和信息化部、财政部、人民银行、工商总局、共青团中央决定,2014—2017年实施新一轮"大学生创业引领计划"
2014.5	国务院办公厅	关于做好2014年全国普通高等学校毕业生就业创业工作的通知	要多方位拓宽就业渠道,结合产业转型升级开发更多适合高校毕业生的就业岗位,尤其要加快发展就业吸纳能力强的服务业,着力发展研发设计、现代物流、融资租赁、检验检测等对高校毕业生需求比较集中的生产性服务业,同时加快发展各类生活性服务业,拓展新领域,发展新业态,不断提高服务业从业人员比重
2014.10	国家知识产权局	关于知识产权支持小微企业发展的若干意见	深入实施国家知识产权战略,切实做好《国家中长期人才发展规划纲要(2010—2020年)》中实施知识产权保护政策相关工作,激发小微企业创造活力,全力支持小微企业创业创新发展
2014.11	国务院	关于扶持小型微型企业健康发展的意见	充分发挥现有中小企业专项资金的引导作用,鼓励地方中小企业扶持资金,将小型微型企业纳入支持范围
2015.3	国务院办公厅	关于发展众创空间推进大众创新创业的指导意见	为加快实施创新驱动发展战略,适应和引领经济发展新常态,顺应网络时代大众创业、万众创新的新趋势,加快发展众创空间等新型创业服务平台,营造良好的创新创业生态环境,激发亿万群众创造活力,打造经济发展新引擎
2015.5	国务院	关于进一步做好新形势下就业创业工作的意见	面对就业压力加大的形势,必须着力培育大众创业、万众创新的新引擎,实施更加积极的就业政策,把创业和就业结合起来,以创业创新带动就业,催生经济社会发展新动力,为促进民生改善、经济结构调整和社会和谐稳定提供新动能
2015.5	国务院	关于大力发展电子商务,加快培育经济新动力的意见	当前,我国已进入全面建成小康社会的决定性阶段,为减少束缚电子商务发展的机制体制障碍,进一步发挥电子商务在培育经济新动力,打造"双引擎"、实现"双目标"等方面的重要作用,提出相关意见

续表

发布时间	单位	标题	摘要
2015.5	财政部	关于支持开展小微企业创业创新基地城市示范工作的通知	财政部、工业和信息化部、科技部、商务部、工商总局决定,从2015年起开展小微企业创业创新基地城市示范工作,中央财政给予奖励资金支持
2015.5	财政部	"小微企业创业创新基地城市示范"申报工作启动	财政部、工业和信息化部、科技部、商务部、国家工商行政管理总局五部门决定启动"小微企业创业创新基地城市示范"申报工作
2015.6	国务院	关于大力推进大众创业万众创新若干政策措施的意见	推动大众创业、万众创新的系统性、普惠性政策文件
2015.9	国务院	关于加快构建大众创业万众创新支撑平台的指导意见	对"四众(众创、众包、众扶、众筹)"平台建设提出了一系列具体措施。"四众"旨在汇众智搞创新、汇众力增就业、汇众能助创业、汇众资促发展
2016.3	国务院	实施《中华人民共和国促进科技成果转化法》若干规定	强调要打通科技与经济结合的通道,促进大众创业、万众创新

(图表来源:中国政府网:大众创业、万众创新全记录(2013—2015年),http://www.gov.cn,经整理和删减)

9.2 创业者与创业团队

9.2.1 创业者概述

1. 创业者应具备的基本素质

1) 心理素质

创业者的心理素质是指创业者的心理条件,包括自我意识、性格、气质、情感等心理构成要素。作为创业者,自我意识特征应自信和自主,性格应刚强、坚持、果断和开朗。

2) 身体素质

创业与经营是艰苦而复杂的,创业者工作繁忙,工作时间长,压力大。如果身体素质差,必然会力不从心,难以承受创业重任。

3) 能力素质

并不是要求创业者必须完全具备这些素质才能去创业，但创业者本人要不断学习，不断提高自身的素质。创业者要具有创造性思维，做出正确决策，掌握广博的知识，具有一专多能的知识结构。具体来说，创业者应具有以下几个方面的知识：掌握与本行业本企业相关的专业知识；具备市场经济方面的知识，如财务会计、市场营销、国际贸易、国际金融等；具备相关世界历史、世界地理、社会生活、文学、艺术等方面的知识。

2. 创业者具备的能力

1) 创新能力

创业与创新意识是指在创业实践活动中对创业者起动力作用的个性心理倾向，如兴趣、动力、理想、信念等。创新意识是创业素质的重要组成部分，是创业实践的诱因和动力，支配着创业者对创业活动的态度。在激烈的市场竞争中，一个因循守旧的企业是难以生存下去的，创新是企业生存和发展的必然之路。首先是技术的创新，在现在这个时代，技术的发展日新月异，不创新就意味着被淘汰。其次是制度的创新，一个不断创新的企业制度是企业的活力和动力所在，一个好的制度不仅能节省企业成本，而且还能提高经营效率。最后是管理创新，管理创新就是打破传统的管理方式，根据企业自身特点，科学合理地安排企业的人、财、物，使之产生最大的效益。

2) 调查分析能力

一个创业者应该具有良好的市场调研、信息搜集及分析能力和敏锐的市场嗅觉。即建立市场意识，有目的地开展市场调研，培养自己发现市场、把握市场的敏锐性。网上市场调研具有调查周期短、成本低的特点，合理利用网上市场调研手段对于市场营销策略具有重要价值。对于调查的结果，运用市场营销学和消费者心理学知识和统计分析方法，对产品和市场进行分析，为后续制定产品营销策略和市场策划等决策奠定基础。

3) 指挥能力

指挥能力是指创业者在创业活动中运用组织和权利，按照企业发展目标的要求，通过下达命令，对团队成员进行领导和给予指导，把各方面工作统筹起来的能力。创业者是创业企业的领头人，必须要确保其下达命令的正确性，才能够使企业良好地发展下去。

4) 控制能力

控制能力是指创业者运用各种手段来保证企业的创业活动正常进行，保证创业企业发展目标如期实现的能力。创业者不仅要实现对创业企业发展目标的控制，对自身在创业活动中的各种行为进行自我控制，还要能够控制协调团队成员的行为。

5) 协调能力

协调能力是指创业者解决各方面矛盾，使全体团队成员为实现创业企业的发展目标而密切配合、统一行动的能力。在整个创业过程中，团队成员之间由于职责分工及认识水平的不同，不可避免地会出现各种矛盾，所以创业者需要对团队成员进行协调。另外，团队中的领导者还需对团队具有的资源进行协调，以谋取创业企业的发展。

6) 学习能力

学习能力主要表现在学习的速度、效率和学以致用的实际效果。人类已经进入知识经济时代,专业知识增长迅猛,科学技术日新月异,产业环境复杂多变,创业者面临着大量的新课题和新挑战,因而创业者必须善于学习以掌握最新变化,不能依靠某种固定模式,故步自封。创业者只有不断学习,才能够实现事业的发展。

7) 沟通能力

创业者需要学会倾听、善于表达、恰当反馈。倾听是尊重对方表达权的一种表现,是商务交往中的基本修养,是实现深度沟通和准确把握对方观点的前提条件,倾听也更容易获得信息。创业者通常没有足够的时间来进行交流,所以简洁、明确以及准确的表达方式是创业者必备的技能。

8) 网络营销能力

网络营销模式总体上分为有站点营销和无站点营销两类,一般在创业初期可以考虑先选用无站点营销模式,等到条件成熟再建立网站,采用基于站点的营销模式。创业者网上创业选择适合自己的网络营销模式是非常重要的,如果选对了适合自己的网络营销模式,就可以在最短的时间里带来更多的效益。因此创业者应具有较全面的互联网知识,了解各种网站分析和统计工具,拥有广泛的网络营销资源。

9.2.2 创业团队概述

1. 创业团队的概念

狭义的创业团队是指有共同目标、共享创业利益、共担创业风险的一群经营新成立的营利性组织的人,他们提供一种新的产品或服务,为社会创造财富。广义的创业团队不仅包括狭义的创业团队,还包括与创业过程有关的各种利益相关者,如风险投资人、供应商、分销商等。本书所介绍的主要是狭义创业团队。

2. 创业团队的类型

1) 网状创业团队

网状创业团队中的成员通常具有比较密切的关系,比如朋友、同学和亲友关系。一般团队成员在交往过程中,共同认可某一创业想法,并对创业达成共识后,开始共同创业。

网状创业团队的特点如下。

① 团队没有明显的核心,整体结构较为松散。
② 一般采用集体决策方式,通过大量的沟通和讨论形成决策,所以决策效率较低。
③ 团队成员的地位相似,容易形成多头领导的问题。

2) 星状创业团队

团队中有一个核心人物,其他团队成员围绕核心人物而组成的创业团队叫作星状创业团队。这种团队在形成之前,一般是核心人物具有创业想法后,根据自己的设想来寻找团队成员,团队成员能够被核心人物的创业想法所打动,继而支持并跟随核心人物创业。

星状创业团队的特点如下。

① 组织结构紧密,主导人物的影响力比较大。
② 决定程序相对简单,组织效率较高。

③ 容易形成权力过分集中的局面，从而使决策失误的风险加大。

3）虚拟星状创业团队

这种创业团队类型是由网状创业团队演化而来，是前两种类型的中间形态。在团队中，有一个核心成员，该核心成员地位的确定是团队成员协商的结果，因此核心成员从某种意义上说是整个团队的代言人，而不是主导型人物，也不像星状创业团队中的核心人物具有绝对的权威。

3. 创业团队的发展阶段

创业团队的发展分为四个阶段，即成立期、动荡期、稳定期、高产期。

1）创业团队的成立期

创业团队的成立期也就是指创业团队形成的初期。

（1）创业团队成员的行为特征。在成立期，创业团队成员的行为特征是既兴奋又紧张，具有较高的期望值，但也比较焦虑、困惑和不安全感。

（2）创业团队成立期的工作重点。第一是形成创业团队的内部结构框架，需要考虑的问题比如创业团队的任务是什么，创业团队中应包含什么样的成员，成员的角色如何分配，创业团队的规模和行为准则等问题。

第二是建立创业团队与外界的初步联系。需要考虑的问题是建立起创业团队组织的联系，确立创业团队的权限，创业团队考评与激励体系，以及创业团队与外部的关系等。

（3）领导者需要采取的措施。首先是明确愿景，即明确告知团队成员团队的愿景目标是什么，提出明确的方向和目标，使团队成员对目标有一个清晰的认识，增强团队成员的自信心。然后提供创业团队所需要的信息，也就是介绍具体的市场环境、行业环境等。最后，介绍团队成员。使团队成员之间相互熟悉，对彼此之间有个了解，这样团队成员配合起来才会更加有效率。

2）创业团队的动荡期

当创业团队建立起来后，创业团队会进入到第二个阶段即动荡期。

（1）动荡期的特点。在创业团队动荡期，创业团队成员的期望与现实脱节，隐藏的问题也会逐渐暴露，有挫折感，人际关系开始紧张，并开始质疑领导权等。

（2）领导者需要采取的措施。首先是安抚人心，领导者要认识并处理各种矛盾和冲突，适时地化解矛盾和冲突，同时鼓励团队成员就有争议的问题发表自己的看法。其次需要建立工作规范，没有工作规范和标准的约束，会造成利益不均衡而导致矛盾。最后领导者要调整领导决策，鼓励创业团队成员参与决策。

3）创业团队的稳定期

随着创业团队成员之间的磨合和配合以及技能的提升，创业团队进入稳定期。稳定期的人际关系开始解冻，创业团队成员由敌对关系向合作关系转变，创业团队成员之间的沟通也更加理智，寻求解决问题的方法。创业团队成员的工作技能开始慢慢提升，工作规范和流程已经建立并不断完善。

4）创业团队的高产期

创业团队发展的第四个阶段就是高产期，是创业团队工作效率最高的阶段。在这个阶段，创业团队成员信心大增，成员之间能够用标准流程和方式来工作，能够主动化解冲突，分配资源；创业团队成员分享观点和信息。在这个阶段领导者需要给创业团队设立一个具有挑战性的目标，并不断完善工作方法和流程，使创业团队工作效率进一步提高。

5. 组建创业团队的基本条件

1）树立正确的团队理念

（1）凝聚力，拥有正确团队理念的成员相信他们在一个命运共同体中，共享收益，共担风险，每个人的工作都是相互依赖和支持的关系，领导者可以依靠事业成功来激励每个人。

（2）诚实正直，这是团队成员的基本行为准则。

（3）为长远着想，拥有正确团队理念的成员正在为企业的长远利益工作，而不是把企业当作一个快速致富的工具。

2）确立明确的团队发展目标

首先，目标是一种有效的激励因素，如果成员能够看到团队的未来发展目标，并认为随着团队目标的实现，可以从中获得利益，那么成员就会将团队目标当作是个人目标而为之努力。其次，目标是一种有效的协调因素。团队中各种角色的个性、能力有所不同，所以有一个共同的发展目标，团队成员的步调才会一致。

3）建立责、权、利统一的团队管理机制

（1）创业团队内部需要妥善处理各种权利和义务关系。要根据创业团队成员的特点确定相应的职责权利，具体每个人的权力和责任都要有明确划分。

（2）制定创业团队的管理规则。要处理好创业团队成员之间的权力和利益关系，创业团队必须制定相关的管理规则。创业团队管理规则的制定，要有前瞻性和可操作性，要遵循先粗后细、由近及远、逐步细化的原则，这样有利于维持管理规则的相对稳定，从而有利于团队的稳定。

9.2.3 创客空间和创客文化

随着国家"大众创业、万众创新"战略的提出，"创客"开始出现在人们的视野中。严格意义上来讲."创客"并不是完全的创业者，但创客空间和创客文化却孵化了一大批创业项目和创业者，因此，有必要在本节中对创客空间和创客文化进行探讨。这也是互联网思维模式下创业创新的体现。

1. 创客空间

"创客"即 Maker，是指出于兴趣与爱好，努力把各种创意和想法转变为现实的人。创客空间（MakerSpace，也称之为 HackerSpace）指的是社区化运营的工作空间，在这里，有共同兴趣的人们（通常是对电脑、机械、技术、科学、数字艺术或电子技术有兴趣）可以聚会，社交，展开合作。创客空间是具体实践与创新理念的结合体，是追求开源、共享、创新的文化范式。简单来说，"创客空间"是一个具有"加工车间"、工作室功能的开放实验室，创客们可以在创客空间里共享资源和知识，一起动手做东西，来实现他们的想法。

新工业革命和新技术革命为创客空间的发展提供了社会环境及物质条件。作为一种全新的开放式平台,创客空间顺应了创新2.0范式,具有DIY导向、工具可及、开放共享、属性多样的特点,为创客提供创新创意分享与生产的空间,支持创客将创新创意转化为实物。创客空间经历了"车库空间"到"众创空间"的发展,通过环境、精神和功能层面的支撑,充分发挥其选择性、开放性、共享性、协作性以及创新性等创新2.0特质。创客空间遍布全球,国内最早也最具代表性的有上海新车间(成立于2010年)、北京创客空间和深圳柴火创客空间等。

2. 创客文化

创客文化根植于有独特兴趣且抱有执着信念的创客群体中,因此创客文化属于一种亚文化。创客群体在强烈的创新欲望驱动下,依靠已有的科技成果,通过科学设计与实践,对现有资源进行创造性的再利用,并且形成了合作、分享的价值观念。创客文化可以定义为:以互联网为依托,以创新与开放为灵魂,注重个体的创意和小众的需求,以达到资源和技术分享的目的的一种亚文化。

1)创客文化具有技术创新性

草根阶层的加入丰富了创新的主体,为创新活动带来了前所未有的活力。大众创业,万众创新,人人未必都能成为发明家,但人人都能成为创客。创客的创新并不涉及前沿科技的创新,而是在现有技术的基础上做出的微创新,更多的是对现有技术的改革创新。

2)创客文化具有资源共享性

创客在进行创作时,并不是一步完成的,在这个过程中,创客一般都会与其他创客进行共同分享。因为每一件创客作品都不是依靠某个专业、某个领域能够完成的。它需要其他领域的知识,与其他领域的人共同协作。

3)创客文化具有产品独特性

创客文化的独特性表现在创客主体的独特性和创客成果的独特性。创客主体的独特性主要是指创新主体的"草根群体",创新主体不再是精英阶层而是普通人。而创客文化独特性的突出表现是创客成果的个性化,即创客创造出的物品的独特性。

9.3 创业机会的识别

对于整个创业过程来说,真正的创业过程始于创业机会的发现。如何从繁杂多变的市场环境中找到富有潜在价值的创业机会进行开发并最终转化为新创企业,是非常重要的内容。

9.3.1 创业机会识别

1. 创业机会识别概述

创业机会的识别是指察觉有利润的新业务或新产品或服务可能性的过程。创业机会是对产品市场或者要素市场进行开发的可能性,以使创新、改善或模仿的产品、服务、原材料或组织方法在这些市场上得以被提供。创业机会识别是创业过程中的一个重要步骤,是创业评估机会以及开发机会等其他创业行为的先导。

2. 创业机会的分类

创业机会有以下三种类型。

1) 创业的技术机会

创业的技术机会是指技术变化带来的创业机会,这是最常见的创业机会,主要来源于新的科技突破和社会的科技进步。技术机会的具体表现形式主要有新技术替代旧技术;实现新功能、创造新产品的新技术的出现;新技术带来的新问题三种。

2) 创业的市场机会

这种创业机会是由于市场的变化而带来的,主要有以下四类。

(1) 市场上出现了与经济发展阶段有关的需求。

(2) 当时市场供给缺陷产生的新的商业机会。

(3) 先进国家(地区)产业转移带来的市场机会。

(4) 与国外进行比较,从差距中发展市场机会。

3) 创业的政策机会

这是由于政府政策变化给创业者带来的创业机会。比如目前我国政策大力提倡"大众创业、万众创新",从而发布了一系列创业优惠政策,从而带动一大批创业者进行创业活动。

9.3.2 创业机会识别的过程及影响因素

1. 创业机会识别的过程

一般将创业机会的识别分为三个阶段,即机会搜寻、机会识别、机会评价,机会识别过程的三阶段模型如图 9-1 所示。

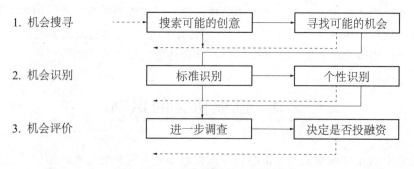

图 9-1 机会识别过程的三阶段模型

(图表来源:仲伟仁,芦春荣. 环境动态性对创业机会识别可行性的影响路径研究:基于创业者个人特质[J]. 预测,2014,33(19803):27-33.)

第一阶段:机会搜寻

这一阶段创业者对整个经济系统中可能的创意展开搜索,如果创业者意识到某一创意具有潜在的商业机会,具有潜在的发展价值,就会进入第二个阶段——机会识别阶段。

第二阶段：机会识别

这里的机会识别是狭义上的机会识别，即从创意中筛选合适的机会。这一阶段有两个步骤，第一步是通过对整体的市场环境，以及一般的行业分析来判断这一机会是否是有利的商业机会；第二步是考察对于特定的创业者和投资者来说，这一机会是否有价值，也就是个性化的机会识别阶段。

第三阶段：机会评价

这一阶段考察的内容主要是各项财务指标、创业团队的构成等，通过机会评价，创业者决定是否正式组建企业，吸引投资。事实上，机会识别和机会评价有时是共同存在的，创业者在对创业机会识别时也会进行评价活动。

创业机会识别过程是一个不断调整反复均衡的过程，因此是一个动态过程。

2. 影响创业机会识别的因素

1）先验知识

先验知识指的是个体的关于特定主题的与众不同的信息，可能是工作经验、教育或其他手段的结果。先验知识和认知特点使一些创业者能够发现别人发现不了的机会。先验知识分为个人爱好领域的先验知识和行业经验领域的先验知识。行业经验领域的先验知识包括关于市场的先验知识，关于顾客行为的先验知识等。

2）创业警觉性

创业警觉性由创业者的社会网络、先验知识和个性特质所决定，创业者的个人爱好领域和从事的行业领域如果能够交叉将增加机会识别的可能性。行业经验的先验知识与成功识别机会正相关，创业者具备的乐观和创造性的个性特质将增加其创业警觉性。

3）学习

学习是一个创造知识的社会过程，这个过程的核心就是获得并转换经验。学习不对称是指个体获得和转换经验的方式不同，即学习方式不同。不仅静态的知识不对称会影响机会识别，动态的学习不对称也会影响创业机会的识别。创业企业对认知学习越投入，越有利于创业企业发现创业机会。

4）认知因素

由于个体收集和处理信息的方式不同，如认知机制、认知结构等方面的区别，不同的人能够发现不同的机会。信息和处理信息的认知能力都是机会识别所必需的。一些人比另一些人更可能发现机会是因为他们拥有其他人所缺乏的信息。

5）创业经验

创业经验指的是个体在重复创业过程中所积累的知识，在实证研究中通常用个体是否第一次创业或者个体创建的企业数量来计算。通常来说，研究者认为创业经验和识别出的机会数量是正相关的。也就是说越有创业经验，在未来能够发现创业机会的可能性或者数量就越多。

9.4 网上创业风险与防范

9.4.1 网上创业风险概述

1. 创业风险的含义

创业风险是指企业在创业过程中存在的各种风险，由于创业环境的不确定性，相关政策的变化，竞争的加剧以及创业者、创业团队与创业投资者的能力与实力的有限性，而导致创业活动偏离预期目标的可能性及其后果。市场经济中，收益总是与风险相伴相随的，风险越大，回报越高，机会越大。因此，如何判断风险、选择风险及规避风险继而驾驭风险、管理风险，在风险中寻求机会创造收益，对创业活动和经营活动都具有重大意义。

2. 创业风险的特点

1) 客观存在性

外部事物发展的不确定性是客观存在的，要采取正确的态度承认、正视并积极对待创业风险。

2) 可预测性

根据过去的统计资料，通过定性或定量的方法来判断创业风险发生的概率以及会造成的不利影响的程度。

3) 可控制性

可控制性是指可以通过适当的技术来回避风险，或控制风险发生导致的不利影响的程度。

4) 关联性

关联性是指创业者面临的风险与其创业行为及决策是紧密相连的。损益双重性创业风险就意味着有可能出现坏的结果，能够正确认识并有效地管理创业风险，则有可能将创业风险转化为大量的收益。

5) 不确定性

创业过程往往是将某个"奇思妙想"或创新技术变为现实的产品或服务的过程，创业者面临着各种各样的不确定的因素。

3. 创业风险的分类

1) 按照风险的来源

① 系统风险。系统风险又称客观风险或不可控风险，指的是创业者和企业无法控制或无法抵消的风险，如政治、法律、政策、文化、经济周期等风险。

② 非系统风险。非系统风险又称主观风险或可控风险，指的是企业内部经营导致的不确定性因素，如技术风险、管理风险、市场风险、财务风险等。

2) 按创业风险产生的内容划分

① 技术风险，是指由于技术方面的不断变化以及其不确定性导致的风险。

② 市场风险，是指由于市场情况的不确定而导致的风险。
③ 政治风险，是指由于国际关系的变化、国家政策的变化而带来的风险。
④ 管理风险，是指由于创业过程中管理不善而产生的风险。
⑤ 经济风险，是指由于宏观经济环境发生大幅度的变化或波动而导致的风险。

9.4.2 网上创业风险识别

1. 创业风险识别

创业风险识别，是指创业者在分析预测各种风险因素的基础上，依据创业活动的性质，对创业企业面临的现实以及潜在风险，运用各种方法加以判断、归类并坚定风险性质的过程。企业经营者如果不能正确、全面地认识企业可能面临的所有潜在风险，就不可能及时发现和预防风险，难以选择最佳处理方案。所以，风险管理的第一步就是要正确、全面地认识可能面临的各种潜在风险。

创业风险是创业过程中不可避免的现象，直面风险并解决风险是创业过程中的重要任务。风险识别是应对一切风险的基础，只有识别了风险才可能有化解风险的机会。

2. 风险识别要注意的问题

1) 信息收集要全面

收集信息可以有两个途径，一是内部积累或者是由专人负责收集信息，二是借助外部专业机构来收集信息。借助外部专业机构能够获得全面的、足够的信息，能够有效地帮助企业识别风险，但是需要支付高额的费用。

2) 因素罗列要全面

对创业过程中可能遇到的风险进行全面的概括，找到主要风险、次要风险，然后再进行细分，力求能够将主要风险分析透彻。

3) 进行综合分析

对数据信息或文字信息进行分析时，既要有定量分析，也要有定性分析，并且可以借助不同模型分析同一问题，综合不同手段来进行风险识别。

9.4.3 网上创业风险的防范

1. 网上创业风险

1) 项目选择的风险

创业者在创业时如果缺乏前期市场调研和论证，只是凭自己的兴趣和想象来决定投资方向，甚至仅凭一时心血来潮做决定，就面临项目选择的风险。创业者在创业初期一定要做好市场调研，在了解市场的基础上创业。一般来说，如果创业者资金实力较弱，选择启动资金不多、人手配备要求不高的项目，从小本经营做起比较合适。

2) 资金匮乏的风险

是否有足够的资金创办企业是创业者遇到的第一个问题。企业创办起来以后，就必须考虑是否有足够的资金支持企业的日常运作。除了银行贷款、自筹资金、民间借贷等传统方式外，还可以充分利用风险投资、创业基金等融资渠道。对于初创企业来说，如果连续几个月入不敷出或者因为其他原因导致企业的现金流中断，都会给企业带来极大的威胁。相当多的企业在创办初期因资金紧缺而严重影响业务的拓展,最终导致企业破产。另外,如果没有广阔的融资渠道,创业计划只能是一纸空谈。

3) 管理风险

一些创业者虽然技术出类拔萃,但理财、营销、沟通、管理方面的能力普遍不足。要想创业成功,创业者必须技术、经营两手抓,可从合伙创业、家庭创业或从虚拟店铺开始,锻炼创业能力,也可以聘用职业经理人负责企业的日常运作。创业失败者,基本上都是管理方面出了问题,其中包括决策随意、信息不通、理念不清、患得患失、用人不当、忽视创新、急功近利、盲目跟风、意志薄弱等。

4) 竞争风险

寻找蓝海是创业的良好开端,但并非所有的新创企业都能找到蓝海,而且蓝海也只是暂时的,因而如何面对竞争是每个企业都要随时考虑的事,而对新创企业更是如此。如果创业者选择的行业是一个竞争非常激烈的领域,那么在创业之初极有可能受到同行的强烈排挤。一些大企业为了吞并或者击垮小企业,常会采用低价销售的手段。对于大企业来说,由于规模效益或实力雄厚,短时间的降价并不会对它造成致命的伤害,而对初创企业这可能意味着彻底毁灭的危险。因此,考虑好如何应对来自同行的残酷竞争是创业企业生存的必要准备。

5) 核心竞争力缺乏的风险

对于具有长远发展目标的创业者来说,他们的目标是不断地发展壮大企业,因此,企业是否具有自己的核心竞争力就是最主要的风险。一个依赖别人的产品或市场来打天下的企业是永远不会成长为优秀企业的。核心竞争力在企业创业之初可能不是最重要的问题,但要谋求长远的发展,就是最不可忽视的问题,没有核心竞争力的企业终究会被淘汰出局。

6) 其他风险

其他风险还有团队存在投机的心态或者侥幸心理,创业项目是否符合法律要求等法律方面的风险。创业者需要具有非常强的解决问题的能力,很强的执行能力,创业者可能存在缺乏创业技能的风险。

2. 创业风险管理的基本方法

1) 风险规避

当创业团队发现从事某项活动有过高的风险时,可以决定不进入这个领域或改变活动方向,以减少或者甚至是完全规避风险。

2) 保险方式的风险转移

保险是一种转移风险的方式,它把风险转移给保险公司。一旦发生意外损失,保险公司就要承担补偿保险人损失的责任,这实际上是把少数人遭受的损失分摊给相同险种的所有投保人。对于创业企业来说,投保是其对企业各类风险进行管理的最为有效的手段之一。

3) 非保险方式的风险转移

非保险方式风险转移是指将责任划分清楚,包括团队成员的责任及承担的风险,以及广义的创业团队即投资人、供应商或者分销商等的责任及承担的风险,这在创业企成立之前就应做出明确的规定。比较普遍的非保险方式风险转移包括合同、租赁和专业责任条款等。

9.5 商业计划书

9.5.1 商业计划书概述

1. 商业计划书

商业计划书是创业者在创业前需要准备的一份书面计划,是创业者创业的蓝图,也是筹措资金的重要依据。商业计划书预测企业的成长率,并且也是指导创业者做好未来行动规划的战略计划书。商业计划书是企业寻求合作、指导运营的必备工具,是全面展示企业和项目状况、未来发展潜力、执行策略的书面材料,要求体现项目的核心竞争力、市场机会、成长性、发展前景、盈利水平、抗风险能力、回报等。

2. 商业计划书的作用

(1) 商业计划书可以使创业者理清自己的创业思路,可以通盘考虑自己所从事的事业。

(2) 商业计划书可以帮助创业者寻求到战略投资者,或者商业合作者以及供应商、销售商的支持与理解。商业计划书是企业融资成功的重要因素之一,也是企业的行动纲领和执行方案,可以使企业有计划地开展商业活动,增加成功的概率。

(3) 商业计划书可以为企业经营定下比较具体的方向、范围和重点。

9.5.2 商业计划书的结构及内容

商业计划书没有严格的统一模板,编写商业计划书时一般包括执行总结、公司概况、产品或服务、市场分析及预测、市场营销、生产制造计划、资本结构及财务预测、风险评估和附录九个方面。下面对各个部分的内容进行简单的描述。

1. 执行总结

执行总结是对整个商业计划的简单描述,内容包括公司概述、产品和服务、目标市场的描述和预测、竞争优势与竞争策略、盈利能力预测、团队概述、财务预测等。投资者通过阅读执行总结,应该能够了解整个计划的大体情况,以便决定是否阅读计划的完整内容。执行总结是整个商业计划非常关键的部分,除了简洁地描述整个计划之外,应该尽量突出商业计划中最吸引人的卖点,尽可能引起投资者的兴趣。

2. 公司概况

这一部分要介绍公司的主营产业、产品、服务和管理团队。除此之外,还可以进一步阐述公司的经营宗旨、经营目标、价值观和远景规划等公司基本的问题。需要对公司的重要人物进行介绍,包括他们的职务、工作经验、受教育程度等。企业的管理人员既要是互补型的,又要具有团队合作精神。一个企业必须要具备负责产品设计与开发、市场营销、生产作业管理、企业理财等方面的专门人才。在商业计划书中,必须要对主要管理人员加以介绍，介绍他们所具有的能力，他们在本企业中的职务和责任，他们过去的详细经历及背景。

3. 产品或服务

这部分对公司的产品或服务进行详细介绍，包括描述产品和服务的用途和优点、有关的专利、著作权、政府批文等。着重分析本公司的产品或服务所具有的与众不同的特点和市场定位，让投资者确信公司所提供的产品或服务具有强劲的吸引力，在投放市场以后可以迅速占领市场份额。

产品或服务介绍的内容比较具体，通常产品介绍应包括以下内容：产品的概念、性能及特性；主要产品介绍；产品的市场竞争力；产品的研究和开发过程；发展新产品的计划和成本分析；产品的市场前景预测；产品的品牌和专利。

在产品或服务介绍部分，企业家要对产品或服务做出详细的说明，说明要准确，也要通俗易懂，使不是专业人员的投资者也能明白。

4. 市场分析及预测

（1）清晰地描述行业市场的状况是成功的商业计划的关键要素之一。因为风险投资者通常在寻觅的是一些市场前景广阔、难以复制的商业计划。本部分必须对公司的市场定位、市场容量、竞争对手和各自的竞争优势、估计的市场份额和销售额、市场发展的走势进行清晰的描述，尽可能引用行业的数据进行表述。

（2）对市场分析首先是对宏观环境进行分析，包括经济因素、政治和制度因素、社会文化因素、技术创新因素。其次是对行业环境进行分析，包括市场结构、市场规模、市场份额和增长率、进入和退出市场壁垒等。最后是对竞争者的分析，分析现有和潜在的竞争对手，它们的优势和劣势，以及本公司的优势和战胜竞争对手的方法，对目标市场做出营销计划等。竞争对手的状况对于新进入企业在行业竞争中的成败是至关重要的，对手在规模、技术领先性和研发、管理能力上的优势可能会产生进入壁垒。因此，在本部分要尽可能分析竞争对手的实力，确信本公司在未来的竞争中可以找到立足之地。

（3）市场预测。首先，要对需求进行预测，市场是否存在对这种产品的需求，需求程度是否可以给企业带来所期望的利益，新的市场规模有多大，需求发展的未来趋向及其状态如何，影响需求的因素都有哪些。其次，市场预测还包括对市场竞争的情况，对企业所面对的竞争格局进行分析，市场中主要的竞争者有哪些，是否存在市场空白点，本企业预计的市场占有率是多少等问题。

5. 市场营销

首先根据市场分析的结果来确定营销战略、市场细分以及目标市场，这是企业的整体营销战略，能够具体指导营销策略。营销策略包括产品策略、价格策略、促销策略以及渠道策略，而每一种营销策略又有相应的具体策略，具体请参照本书第五章的内容。

营销是企业经营中最富挑战性的环节，影响营销策略的主要因素有四个方面：消费者的特点、产品的特性、企业自身的状况、市场环境方面的因素。

6. 生产制造计划

商业计划中的生产制造计划应包括以下内容：产品制造和技术设备现状、新产品投产计划、技术提升和设备更新的要求、质量控制和质量改进计划。在寻求资金过程中，为了增大企业在投资前的评估价值，风险企业家应尽量使生产制造计划更加详细、可靠。一般地，生产制造计划应回答以下问题：企业生产制造所需的厂房、设备情况如何，怎样保证新产品在进入规模生产时的稳定性和可靠性，设备的引进和安装情况，谁是供应商，生产线的设计与产品组装是怎样的，供货者的前置期和资源的需求量，生产周期标准的制定以及生产作业计划的编制，物料需求计划及其保证措施，质量控制的方法等相关的其他问题。

7. 资本结构及财务预测

这部分主要包括公司目前及未来资金筹集和使用情况、公司融资方式、融资前后的资本结构表、公司目前的财务报表，主要是盈利预测和现金流量、投资的退出方式（公开上市、股票回购、出售、兼并或合并）。财务预测必须预测到公司的盈亏平衡年度，确定大概的盈利时间。

财务规划需要花费较多的精力来做具体分析，其中包括现金流量表、资产负债表以及损益表的制备。流动资金是企业的生命线，因此企业在初创或扩张时，对流动资金需要有预先周详的计划和进行过程中的严格控制；损益表反映的是企业的盈利状况，它是企业在一段时间运作后的经营结果；资产负债表则反映在某一时刻的企业状况，投资者可以用资产负债表中的数据得到的比率指标来衡量企业的经营状况以及可能的投资回报率。

财务规划一般要包括的内容有：①经营计划的条件假设；②预计的资产负债表；预计的损益表；现金收支分析；资金的来源和使用；③融资数量及途径；④融资的归还和退出方式，包括资金的投资回收期及相应的本金等。

8. 风险评估

所有的创业项目都存在风险，风险评估向投资者传达一种信息，就是创业者能够预测到可能出现的风险，可能对风险进行控制，并将风险降到最低。说明创业者已经做好了充分的风险准备并具有一定的风险应对能力。风险评估主要包括以下两个方面。

（1）风险的类型。根据创业企业自身的状况和市场环境的因素，分析企业在未来可能面临哪些风险。

（2）风险的应对措施。主要根据上述所说的可能会出现的风险，提出有针对性的而且比较详细的解决办法。

9. 附录

支持上述信息的资料：管理层简历、技术资料、销售手册、产品图纸、媒体对本公司的报道等，以及其他需要介绍说明的资料。

9.5.3 商业计划书模板

1. 执行总结

（在两页纸内写成执行总结）

1.1 公司基本情况

公司名称、成立时间、注册地区、注册资本，主要股东、股份比例，主营业务，过去三年的销售收入、毛利润、纯利润，公司地点、电话、传真、联系人。

1.2 主要管理者情况

姓名、性别、年龄，学历/学位、毕业院校，政治面貌，行业从业年限，主要经历和经营业绩。

1.3 产品/服务描述

产品/服务介绍，产品的技术水平，产品的新颖性、先进性和独特性，产品的竞争优势。

1.4 行业及市场

行业历史与前景，市场规模及增长趋势，行业竞争对手及本公司竞争优势，未来3年市场销售预测。

1.5 营销策略

在价格、促销、建立销售网络等各方面拟采取的策略及其可操作性和有效性。

1.6 产品制造

生产方式，生产设备，质量保证，成本控制。

1.7 财务预测

融资说明，资金需求量、用途、使用计划，拟出让股份，投资者权利，退出方式，未来3年或5年的销售收入、利润、资产回报率等。

1.8 风险控制

项目实施可能出现的风险及拟采取的控制措施。

2. 公司概况

2.1 公司基本情况

具体内容包括公司名称、成立时间、注册地点、公司性质、目前公司主要股东情况等。

列表说明目前股东的名称及其出资情况，如表9-3所示。

表9-3 股东的名称及其出资情况

股东名称	出资额	出资形式	股份比例	联系人	联系电话
甲方					
乙方					
丙方					
丁方					
戊方					

另外，说明公司近期及未来3~5年要实现的目标，比如行业地位、销售收入、市场占有、产品品牌以及公司股票上市等，以及公司近期及未来3~5年的发展方向、发展战略和要实现的目标。

2.2 管理团队

1) 公司管理层

董事长

姓名_____ 性别_____ 年龄_____ 联系电话_____

学历_____ 学位_____ 所学专业_____ 职称_____
毕业院校_____
主要经历和业绩：着重描述在本行业内的技术和管理经验及成功事例。
总经理
姓名_____ 性别_____ 年龄_____ 联系电话_____
学历_____ 学位_____ 所学专业_____ 职称_____
毕业院校_____
主要经历和业绩：着重描述在本行业内的技术和管理经验及成功事例。
技术开发负责人
姓名_____ 性别_____ 年龄_____ 联系电话_____
学历_____ 学位_____ 所学专业_____ 职称_____
毕业院校_____
主要经历和业绩：着重描述在本行业内的技术水平、经验和成功事例。
市场营销负责人
姓名_____ 性别_____ 年龄_____ 联系电话_____
学历_____ 学位_____ 所学专业_____ 职称_____
毕业院校_____
主要经历和业绩：着重描述在本行业内的营销经验和成功事例。
财务负责人
姓名_____ 性别_____ 年龄_____ 联系电话_____
学历_____ 学位_____ 所学专业_____ 职称_____
毕业院校_____
主要经历和业绩：着重描述在财务、金融、筹资、投资等方面的背景、经验和业绩。

其他对公司发展负有重要责任的人员（可增加附页）
姓名_____ 性别_____ 年龄_____ 联系电话_____
学历_____ 学位_____ 所学专业_____ 职称_____
毕业院校_____
主要经历和业绩：根据公司的需要，来描述不同人员在特定方面的专长。

2) 公司目前职工情况

如：拥有员工____人，其中管理人员____人，生产工人____人；管理人员中，大专以上文化程度的有_____人，占员工总数____%；大学本科以上的有____人，占员工总数____%；硕士学位（含中级职称）以上的有____人，占员工总数_____%；博士学位（含高级职称）以上的有_____人，占员工总数_____%。最好列表说明，如表9-4所示。

表 9-4 公司目前职工情况

员工人数	专科文化程度		大学本科		硕士（中级职称）		博士（高级职称）	
	人数	比例	人数	比例	人数	比例	人数	比例
管理人员								
生产工人								

3. 产品/服务

3.1 产品/服务描述

这里主要介绍拟投资的产品/服务的背景、目前所处发展阶段、与同行业其他公司同类产品/服务的比较，本公司产品/服务的新颖性、先进性和独特性，如拥有的专门技术、版权、配方、品牌、销售网络、许可证、专营权、特许权经营等。

比如公司现有的和正在申请的知识产权（专利、商标、版权等），专利申请情况，产品商标注册情况，公司是否已签署了有关专利权及其他知识产权转让或授权许可的协议，如果有，请说明（并附主要条款）。

3.2 产品更新换代周期

更新换代周期的确定要有资料来源。

3.3 产品标准

详细列明产品执行的标准。

3.4 本公司产品/服务的竞争优势

包括性能、价格、服务等方面。

3.5 售后服务及用户技术支持

4. 行业及市场情况

行业发展历史及趋势，哪些行业的变化对产品利润、利润率影响较大，进入该行业的技术壁垒、贸易壁垒，政策限制等，行业市场前景分析与预测。

4.1 全行业销售总额

过去 3～5 年全行业销售总额，必须注明资料来源。如表 9-5 所示。

表 9-5 过去 3～5 年全行业销售总额

（单位：万元）

年 份	前 5 年	前 4 年	前 3 年	前 2 年	前 1 年
销售收入					
销售增长率					

4.2 全行业销售收入预测

未来 3～5 年全行业销售收入预测，必须注明资料来源。如表 9-6 所示。

表 9-6　未来 3~5 年全行业销售收入预测

（单位：万元）

年　份	第 1 次	第 2 次	第 3 次	第 4 次	第 5 次
销售收入					

4.3　主要竞争对手的比较

描述销售市场中的主要竞争对手。如表 9-7 所示。

表 9-7　主要竞争对手比较

竞争对手	市场份额	竞争优势	竞争劣势
本公司			

4.4　产品进入壁垒

市场销售有无行业管制，公司产品进入市场的难度分析。

4.5　公司未来销售收入预测

公司未来销售收入预测如表 9-8 所示。

表 9-8　公司未来销售收入预测

（单位：万元）

年　份	第 1 年	第 2 年	第 3 年	第 4 年	第 5 年
销售收入					
市场份额					

5．营销策略

5.1　营销战略

营销战略包括市场细分、目标市场及市场定位。

5.2　竞争优势的因素

如果产品已经在市场上形成了竞争优势，请说明与哪些因素有关，如成本相同但销售价格低、成本低形成销售优势，以及产品性能、品牌、销售渠道优于竞争对手，等等。

5.3　营销策略

(1) 在建立销售网络，销售渠道，设立代理商、分销商方面的策略与实施；

(2) 在广告促销方面的策略与实施；

(3) 在产品销售价格方面的策略与实施；

（4）在建立良好销售队伍方面的策略与实施；

（5）产品售后服务方面的策略与实施；

（6）其他方面的策略与实施。

6. 产品制造

6.1 产品生产制造方式

公司采取自建厂生产产品，还是委托生产，或其他方式，并说明原因。

6.2 公司自建厂情况

购买厂房还是租用厂房，厂房面积，生产面积，厂房地点，交通、运输、通信是否方便。

6.3 现有生产设备情况

专用设备还是通用设备，先进程度如何，价值是多少，是否投保，最大生产能力是多少，能否满足产品销售增长的要求，如果需要增加设备，说明采购计划、采购周期及安装调试周期等。

6.4 产品的生产制造过程、工艺流程

生产周期标准的制定以及生产作业计划的编制，物料需求计划及其保证措施，质量控制的方法是怎样的，以及相关的其他问题。

7. 财务计划

7.1 融资说明

为保证项目实施，需要新增投资金额，新增投资中，需要投资方投入资金金额等。

7.2 投入资金的用途和使用计划

（1）希望让投资方参股本公司还是投资合作成立新公司；

（2）拟向投资方出让多少权益，计算依据是什么；

（3）预计未来3年或5年平均每年净资产收益率是多少；

（4）投资方以何种方式收回投资，具体方式和执行时间。

7.3 税种、税率

在与公司业务有关的税种和税率方面，公司享受哪些政府提供的优惠政策及未来可能的情况，如市场准入、减免税等方面的优惠政策等。

7.4 需要对投资方说明的其他情况

（1）产品形成规模销售时，毛利润率、纯利润率分别为多少；

（2）未来3~5年的项目盈亏平衡表、项目资产负债表、项目损益表、项目现金流量表、项目销售计划表、项目产品成本表。

8. 风险评估

请详细说明该项目实施过程中可能遇到的风险及控制、防范手段，包括政策风险、技术开发风险、经营管理风险、市场开拓风险、生产风险、财务风险、汇率风险、投资风险、股票风险、对公司关键人员依赖的风险等。

9. 附录

略。

（资料来源：百度文库，商业计划书模板 http://wenku.baidu.com/link?url=

第 9 章 网上创业

u3jaICPmR07CsFPeC7dIro6xiTEoGSSA4R6PYdXG7yEQoq4nKkuephWVwYPmqDhox
D9-YQxbsdHdfyp2PDvDO8iX8LnLGIGNHKRqxZUIT53）

　　本章主要对网上创业的含义、创业者与创业团队、创业机会的识别、网上创业风险与防范以及商业计划书进行介绍。

　　网上创业是指创业者在网络经济的背景下，以现代网络技术及其他电子通信技术为基础，发现和识别新的市场机会，组织各种资源，提供新的商品或服务以创造价值的过程。其模式主要有产品/服务销售模式、增加访问量模式、创意类商品交易模式三种。

　　创业者应具备一定的心理、身体、能力素质，具有相应的创新、策划、组织、控制等能力。创业团队的发展要经历成立期、动荡期、稳定期和高产期四个阶段。

　　创业机会识别要经历三个阶段，即机会搜寻、机会识别和机会评价，影响创业机会识别的因素主要有先验知识、创业警觉性、学习、认知因素和创业经验。

　　创业风险是创业过程中不可避免的现象，直面风险并解决风险是创业过程中的重要任务。要注意网上创业的项目选择风险、资金匮乏风险、管理风险等。

　　商业计划书内容主要包括执行总结、公司概况、产品或服务、市场分析及预测、市场营销、生产制造计划、资本结构及财务预测、风险评估和附录九个方面。

关键词

网上创业；创业团队；创业机会；风险识别；风险防范；商业计划书。

习题

一、选择题

1. 网上创业包含的要素有（　　）。
   ① 创业者　② 商业机会　③ 组织　④ 资源
   A. ①②③④　　　B. ①②③　　　C. ①②④　　　D. ②③④

2. 开设网上商店属于（　　）的网上创业模式。
   A. 增加访问量模式　　　　　　B. 建立搜索引擎网站模式
   C. 创意类商品交易模式　　　　D. 产品/服务销售模式

3. 下列创业者应该具备的素质不包括（　　）。

  A. 心理素质   B. 身体素质
  C. 能力素质   D. 受教育水平

4. 人类进入知识经济时代，专业知识增长迅猛，科学技术日新月异，这要求创业者具备（　　）。
  A. 创新能力   B. 控制能力
  C. 学习能力   D. 协调能力

5. 决策效率比较低的创业团队类型是（　　）。
  A. 网状创业团队   B. 星状创业团队
  C. 虚拟星状创业团队   D. 线性创业团队

6. 创业机会主要包括如下几种（　　）。
  ① 技术机会   ② 市场机会   ③ 政策机会   ④ 风险机会
  A. ①③   B. ②③④   C. ①②③   D. ①②③④

7. 通过对整体的市场环境，以及一般的行业分析来判断该机会是否是属于有利的商业机会，这一步骤属于机会识别的（　　）阶段。
  A. 机会搜寻   B. 机会识别
  C. 机会评价   D. 机会利用

8. 按照风险来源，可以将创业风险分为（　　）。
  ① 系统风险   ② 非系统风险   ③ 技术风险   ④ 市场风险
  A. ①③   B. ②④   C. ①②   D. ②③④

9. 商业计划书的作用是（　　）。
  ① 帮助创业者理清自己的创业思路   ② 帮助创业者寻求战略投资者
  ③ 为企业经营定下方向、范围和重点   ④ 获得商业合作者的支持与理解
  A. ①③④   B. ②④   C. ①②③   D. ①②③④

二、思考题

1. 简述创业的含义。
2. 简述创业者应具备的基本能力。
3. 简述创业团队应具备的条件。
4. 简述创业机会的类型。
5. 简述创业机会识别的过程。
6. 简述创业风险的类型。
7. 试编写一份网上创业的商业计划书。

实战演习——淘宝开店教程

1. 实验目的
了解淘宝开店过程，并能够在淘宝网上进行企业店铺注册。
2. 实验步骤
（1）单击 https://www.taobao.com 进入淘宝网，按照相关步骤注册淘宝账户，

如图 9-2 所示。

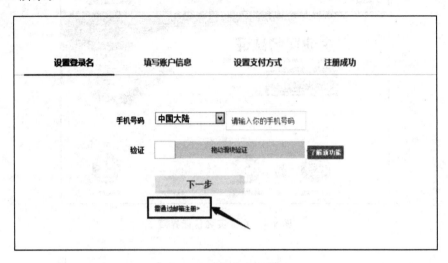

图 9-2　淘宝账户注册页面

(2) 企业支付宝账户设置。在注册淘宝网账户成功后，重新登录，并完成自主开通账户。然后进行身份信息的设置，注意选择的是企业账户，如图 9-3 所示。

图 9-3　设置身份信息界面

(3) 支付宝企业实名认证。
① 支付宝企业实名认证，如图 9-4 所示，并准备好如图 9-5 所示的材料。

电子商务概论

图9-4 企业实名认证界面

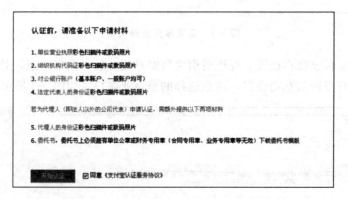

图9-5 企业实名认证需要准备的材料

② 开始认证后,就进入到法定代表人信息界面,读者按照相关要求进行填写,如图9-6所示。单击"下一步"按钮时,出现企业信息,进行信息确认,确认无误后进行下一步。

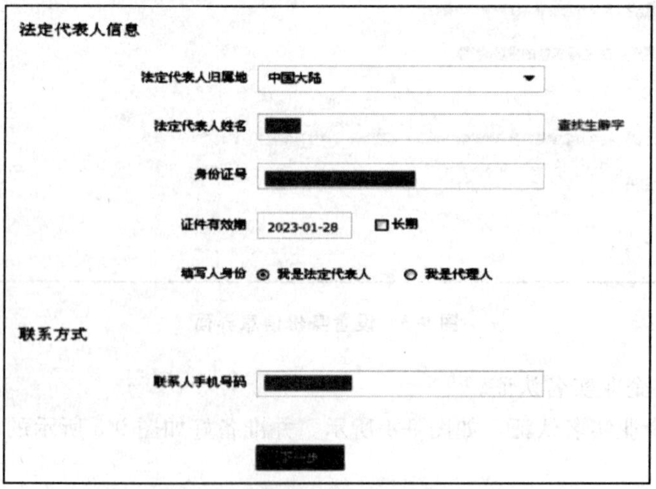

图9-6 法定代表人信息界面

③ 填写银行卡信息，需要注意的是所填的是对公银行账号，如图9-7所示。

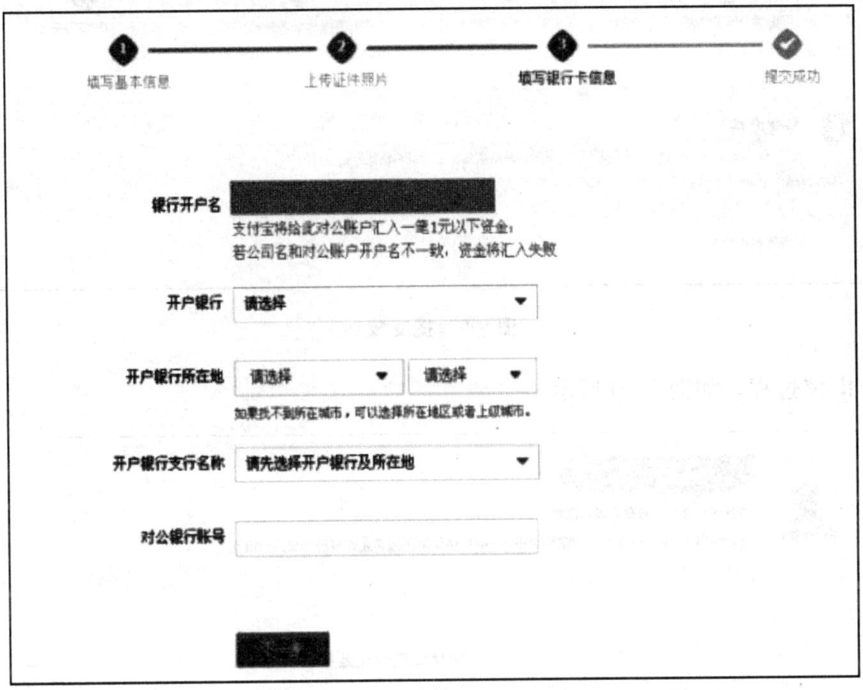

图9-7 银行卡信息界面

④ 提示上传证件照片，如图9-8所示，完成后，单击"下一步"按钮，显示提交成功，如图9-9所示。

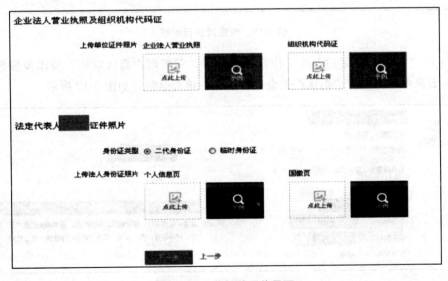

图9-8 上传证件照片界面

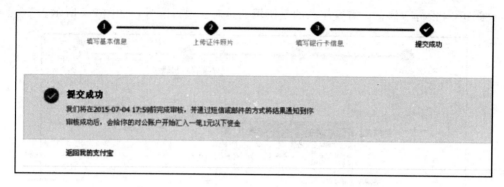

图 9-9 提交成功

⑤ 审核过程，如图 9-10 所示。

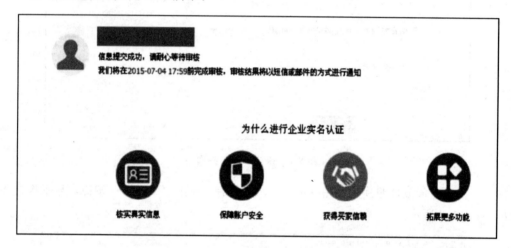

图 9-10 淘宝网进行审核

⑥ 如图 9-11 所示经过几个工作日的审核后，需要用户确认审核，操作步骤是进入淘宝网卖家中心，单击"确认汇款金额"按钮，填写金额，如图 9-12 所示。

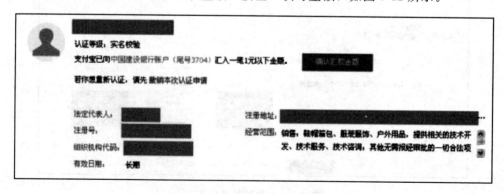

图 9-11 申请者确认汇款金额

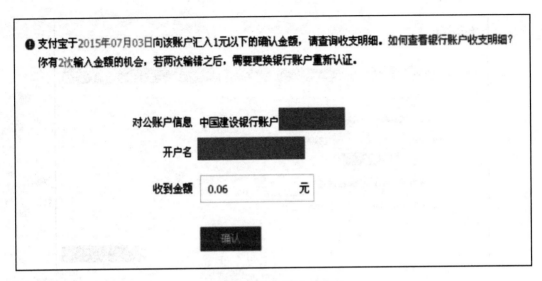

图 9-12　填写汇款金额页面

⑦ 支付宝实名认证成功后返回到淘宝网卖家中心，免费开店，如图 9-13 所示。

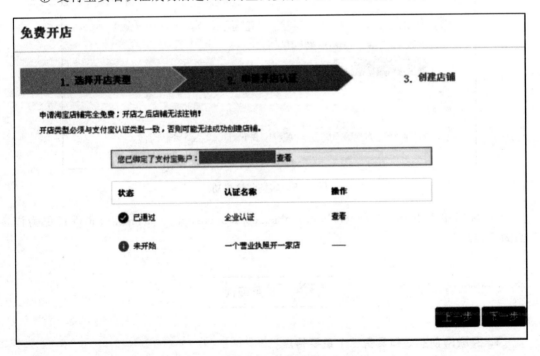

图 9-13　免费开店

⑧ 创建店铺，如图 9-14 所示，然后签署开店协议，如图 9-15 所示。

图 9-14 创建店铺

图 9-15 店铺创建成功

⑨ 可以单击 https：//openshop.taobao.com/openshop/welcome.htm 进行更为详细的了解。

扩展阅读

1. 互联网创业必须具备三个重要特点

韩都衣舍创始人兼 CEO 赵迎光在"创业天府 菁蓉汇·电子商务专场"活动上发表了演讲，作为此次路演活动的特邀大咖，赵迎光分享了韩都衣舍从草根到知名电商公司的 8 年创业之路。

链接地址：http：//www.ebrun.com/20160326/170348.shtml

2. 中国产业监测研究网

中国产业监测研究网收录了很多关于商业计划书的内容，读者可以根据自己的兴趣查找相关的商业计划书。

链接地址：http：//www.chinawpn.com/bgxiangqingyes23552.html

3. 创客、威客相关网站

创客中国：http：//www.cnmaker.org.cn/

创客中国·央视网：http：//news.cntv.cn/special/video2015/chuangkezhongguo/index.shtml

北京创客空间：http：//www.bjmakerspace.com/

猪八戒：http：//www.zbj.com/

参考文献

[1] 刘宏. 电子商务概论 [M]. 2版. 北京：清华大学出版社，2013.
[2] 杨兴凯. 电子商务概论 [M]. 大连：东北财经大学出版社，2014.
[3] 武化岩，仝新顺. 电子商务概论 [M]. 北京：中国水利水电出版社，2015.
[4] 曹晟，卢红霞. 电子商务概论 [M]. 杭州：浙江大学出版社，2015.
[5] 曲延明，刘靖. 移动战争：开启移动互联电上店下商业模式4.0时代 [M]. 北京：人民邮电出版社，2015.
[6] 李海刚. 电子商务物流与供应链管理 [M]. 北京：北京大学出版社，2014.
[7] 郭靓，徐辉，苏欣，等. 微营销 [M]. 北京：电子工业出版社，2014.
[8] 陈建英，黄演红. 互联网＋大数据：精准营销的利器 [M]. 北京：人民邮电出版社，2015.
[9] 王忠元. 移动电子商务 [M]. 北京：机械工业出版社，2015.
[10] 王一恒，张凯. 互联网金融实战：互联网金融时代的企业资本运营 [M]. 北京：中华工商联合出版社，2015.
[11] 陈凯. 互联网金融那些事儿 [M]. 北京：清华大学出版社，2015.
[12] 周翔. 决战移动电商 [M]. 北京：电子工业出版社，2014.
[13] 张少平，陈建兰. 创业筹划 [M]. 广州：华南理工大学出版社，2012.
[14] 张少平，牛玉清. 创业实施 [M]. 广州：华南理工大学出版社，2012.
[15] 刘越，徐超，于品显. 互联网金融：缘起、风险及其监管 [J]. 社会科学研究，2014 (3)：28-33.
[16] 魏伶如. 大数据营销的发展现状及其前景展望 [J]. 现代商业，2014 (15)：34-35.
[17] 宋磊. 大数据营销：新媒体环境下出版业营销新启示 [J]. 编辑之友，2014 (10)：40-43.
[18] 刘玉军，杨晔. 我国移动电子商务运营模式分析与发展对策研究 [J]. 情报科学，2014 (4)：122-125.
[19] 谢姝君. 中国移动电子商务的发展现状及机遇 [J]. 电子商务，2015 (9)：8-9.
[20] 唐金成，李亚茹. 中国移动互联网保险营销渠道研究 [J]. 金融与经济，2015 (3)：76-78.
[21] 陆定国. 我国互联网保险发展研究 [D]. 成都：西南财经大学，2014.
[22] 郭晓合，赖庆晟. 上海自贸区跨境电子商务创新发展研究 [J]. 北华大学学报（社会科学版），2015 (4)：27-32.
[23] 叶华. 从亚马逊看进口跨境电商问题 [J]. 现代商贸工业，2015 (21)：57-58.
[24] 李湘滇. 广州跨境电商模式分析 [J]. 当代经济，2015 (15)：106-108.
[25] 方灿，杭言勇. 我国跨境电商平台的运营模式探讨 [J]. 时代金融，2015 (11)：311.
[26] 刘伟娜. 郑州发展跨境电子商务模式分析 [J]. 现代经济信息，2016 (1)：334-335.
[27] 胡贝贝，王胜光，任静静. 互联网时代创业活动的新特点：基于创客创业活动的探索性研究 [J]. 科学学研究，2015 (10)：1520-1527.
[28] 张红，葛宝山. 创业机会识别研究现状述评及整合模型构建 [J]. 外国经济与管理，2014 (4)：

15-24.

[29] 陈婷婷. 社会网络、创业者认知偏差对创业风险识别的影响研究[D]. 杭州：浙江理工大学，2014.

[30] 李智虎. 二维码支付安全探析[J]. 商业观察，2016（11）：40-41.

[31] 孟韬，张黎明，董大海. 众筹的发展及其商业模式研究[J]. 管理现代化，2014（2）：50-53.

[32] 李萍，董龙飞. 网络时代的病毒营销探析[J]. 科技创业月刊，2010（6）：62-64.

[33] 王佑镁，叶爱敏. 从创客空间到众创空间：基于创新2.0的功能模型与服务路径[J]. 电化教育研究，2015（11）：5-12.

[34] 刘燕. 创客文化的特质与教育变革[J]. 中国青年研究，2016（1）：79-83.

[35] 韦秀萍. 科技创新视域下的创客文化研究[D]. 沈阳：沈阳师范大学，2016.

[36] 朱小栋，陈洁. 我国社交化电子商务研究综述[J]. 现代情报，2016（1）：172-177.

[37] 左腾. 人脸识别技术综述[J]. 软件导刊，2017（2）：182-185.

[38] 佚名. 我国电子商务物流的发展现状及存在的问题[EB/OL].［2014-07-01］. http://articles.e-works.net.cn/eb/article117679.htm

[39] 向欣. 我国电子商务物流业发展的几点趋势和展望[EB/OL].［2015-02-06］. http://news.56888.net/201526/7092154390.html.

[40] 肖岳. 农村电商迎来爆发期，物流人才匮乏是难题[EB/OL].［2016-04-05］. http://www.cs.com.cn/ssgs/hyzx/201604/t20160405_4940322.html.

[41] 佚名. 大学生创业应防范哪些风险？[EB/OL].［2013-04-27］. http://www.qncye.com/ruhe/daxue/04274266.html.

[42] 佚名. 海淘新政来袭，亚马逊助力无需担心地买买买[EB/OL].［2016-04-22］. http://mt.sohu.com/20160422/n445521088.shtml.

[43] 佚名. 亚马逊中国发布"2016海淘白皮书"网购真的越做越大[EB/OL].［2016-04-18］. http://www.tnc.com.cn/info/c-001006-d-3569153.html.

[44] 刘芬. 股权众筹、债权众筹是什么？有何区别？[EB/OL].［2016-03-25］. https://www.rong360.com/gl/2016/03/25/94130.html.

[45] 佚名. 阿里发布首款智能语音终端 声纹识别支付开启新未来[EB/OL].［2017-07-06］. http://stock.jrj.com.cn/2017/07/06065522704205.shtml.

[46] 佚名. 人脸识别支付靠谱吗[EB/OL].［2015-08-05］. http://finance.sina.com.cn/money/roll/20150805/143622884126.shtml.